REMÉDIOS ANTITRUSTE

AMANDA FLÁVIO DE OLIVEIRA
RICARDO MACHADO RUIZ
Coordenadores

REMÉDIOS ANTITRUSTE

ALLICE FERREIRA DE OLIVEIRA
AMANDA ATHAYDE LINHARES MARTINS
BRUNO BRAZ DE CASTRO
CAMILLA CAPUCIO
CAROLINA NUNES NERY
CÉSAR MATTOS
FELIPE MOREIRA DOS SANTOS FERREIRA
FERNANDA RODRIGUES GUIMARÃES ANDRADE
FERNANDO INÁCIO ÁLVARES E SILVA
HUGO EVO MAGRO CORRÊA URBANO
JOÃO PAULO GODOY
LUCAS MENDES DE FREITAS TEIXEIRA
PAULO HENRIQUE TEIXEIRA RAGE
PEDRO GAZZINELLI COLARES
RENATO DOLABELLA MELO
VINÍCIUS MARQUES DE CARVALHO

EDITORA SINGULAR

São Paulo
2011

R385 Remédios antitruste. / Coordenadores: Amanda Flávio de Oliveira e Ricardo Machado Ruiz. Colaboradores: Allice Ferreira de Oliveira, Amanda Athayde Linhares Martins, Bruno Braz de Castro, Camilla Capucio, Carolina Nunes Nery, César Mattos, Felipe Moreira dos Santos Ferreira, Fernanda Rodrigues Guimarães Andrade, Fernando Inácio Álvares e Silva, Hugo Evo Magro Corrêa Urbano, João Paulo Godoy, Lucas Mendes de Freitas Teixeira, Paulo Henrique Teixeira Rage, Pedro Gazzinelli Colares, Renato Dolabella Melo, Vinícius Marques de Carvalho. São Paulo: Singular, 2011.

376 p.
ISBN: 978-85-86626-57-9

1. Direito da concorrência. 2. Concorrência, Brasil. 3. Concorrência, regulação, Brasil. 4. Truste, Brasil. 5. Política antitruste, Brasil. 6. Cartel, Brasil. 7. Concentração econômica, Brasil. I. Oliveira, Amanda Flávio de (Coord.). II. Ruiz, Ricardo Machado (Coord.).

CDU: 339.137.2:34(81) CDD: 341.3787

Padronização e diagramação: Microart
Capa: Aeroestudio

Editora Singular

Tel/Fax: (11) 3862-1242
www.editorasingular.com.br
singular@editorasingular.com.br

Sumário

Parte II

Teoria Aplicada à Prática Antitruste: estudo de casos

Sobre os coordenadores

AMANDA FLÁVIO DE OLIVEIRA

Doutora e mestre em Direito Econômico pela UFMG. Diretora da Faculdade de Direito da Universidade Federal de Minas Gerais (UFMG). Professora dos cursos de graduação e pós-graduação em Direito na UFMG. Foi Diretora do Departamento de Proteção e Defesa do Consumidor do Ministério da Justiça (DPDC/MJ) e Secretária de Direito Econômico Substituta do Ministério da Justiça (SDE/MJ). Foi assessora de Ministro do Supremo Tribunal Federal. Advogada.

RICARDO MACHADO RUIZ

Doutor em Economia pela The New School for Social Research. Professor na Faculdade de Ciências Econômicas (FACE) da Universidade Federal de Minas Gerais (UFMG). Conselheiro do Conselho Administrativo de Defesa Econômica (CADE/MJ).

Sobre os autores

ALLICE FERREIRA DE OLIVEIRA

Graduada em Direito pela UFMG. Pós-graduada em Direito Público Material pela Universidade Gama Filho, Técnica Judiciária do Tribunal Regional Federal. Intercambista do Programa de Intercâmbio do CADE de 2009.

AMANDA ATHAYDE LINHARES MARTINS

Graduada em Direito Universidade Federal de Minas Gerais - UFMG. Graduada em Administração com habilitação em Comércio Exterior pelo Centro Universitário UNA. Ex-intercambista na Université Paris I - Panthéon Sorbonne e do Conselho Administrativo de Defesa Econômica - CADE. Chefe de Divisão do Departamento de Proteção e Defesa Econômica da Secretaria de Direito Econômico - SDE, do Ministério da Justiça.

BRUNO BRAZ DE CASTRO

Graduado em Direito pela Universidade Federal de Minas Gerais (2009). Mestrando em Direito Econômico na Universidade Federal de Minas Gerais. Primeiro colocado no Prêmio Literário CIEE/CADE, Edição 2009. Segundo colocado no IX Concurso Nacional de Monografias sobre Defesa da Concorrência – Prêmio IBRAC/ESSO 2008. Participante do XXVI Programa de Intercâmbio do CADE (XXVI PinCADE). Advogado.

CAMILLA CAPUCIO

Advogada e Professora. Mestre em Direito Internacional Econômico pela UFMG. Pesquisadora do Núcleo de Estudos Avançados em Direito Econômico da Concorrência – UFMG.

CAROLINA NUNES NERY

Mestranda em Direito Econômico pela Universidade Federal de Minas Gerais (2010). Ex-professora substituta de Direito Econômico e Direito do Consumidor da Faculdade de Direito da Universidade Federal de Minas Gerais (2010). Graduada em Direito pela Universidade Federal de Minas Gerais (2007). Advogada com experiência nas áreas de Direito Econômico, com ênfase em Direito do Consumidor, Direito Civil e Direito Processual Civil.

CÉSAR MATTOS

Doutor em economia pela Universidade de Brasília (UnB). Ex-Conselheiro do Conselho Administrativo de Defesa Econômica (CADE/MJ). Consultor legislativo da Câmara dos Deputados.

FELIPE MOREIRA DOS SANTOS FERREIRA

Mestrando em Direito Econômico na Universidade Federal de Minas Gerais e advogado.

FERNANDA RODRIGUES GUIMARÃES ANDRADE

Bacharel pela Faculdade de Direito da Universidade Federal de Minas Gerais. Advogada do Escritório Lima Netto, Campos, Fialho, Canabrava Advogados. Integrante do Grupo de Estudos de Direito Internacional (GEDI). Participante do Curso de Verão de Direito Internacional Privado e Público da Academia de Haia. Intercambista da Universidade de Coimbra, Portugal.

FERNANDO INÁCIO ÁLVARES E SILVA

Mestrando em Economia pela Universidade Federal de Minas Gerais (2010-2012). Graduado em Economia pelo IBMEC-MG (2009). Atuou como

Analista Júnior de Fundo de Investimento de Capital Semente e Teacher Assistant em Econometria II – Séries Temporais.

HUGO EVO MAGRO CORRÊA URBANO

Bacharel em Direito (2005) pela UFMG, onde também cursou o Mestrado (2009) e faz seu Doutorado. Advogado.

JOÃO PAULO GODOY

Bacharel em Direito pela Faculdade de Direito da Universidade de São Paulo. Ex-coordenador de acompanhamento processual do Conselho Administrativo de Defesa Econômico (CADE/MJ). Advogado em São Paulo.

LUCAS MENDES DE FREITAS TEIXEIRA

Advogado trainee do Itaú Unibanco S/A. Membro do Grupo de Estudos Avançados em Concorrência da UFMG. Ex-assessor da presidência do CADE.

PAULO HENRIQUE TEIXEIRA RAGE

Advogado e Analista em Comércio Exterior. Graduado pela Faculdade de Direito da UFMG. Analista em Comércio Exterior pela Aduaneiras. Foi Advogado no Programa de Política Comercial da Embaixada do Brasil em Washington, EUA e Coordenador de Relações Governamentais e Internacionais da Câmara Americana de Comércio (AmCham). Atualmente é sócio do escritório Tavernard, Oliveira, Rage – TOR Advogados e Diretor da Câmara de Comércio Brasil-Moçambique (CCIABM).

PEDRO GAZZINELLI COLARES

Formado em Direito (UFMG) e Relações Internacionais (PUC-MG). Mestrando em Direito Econômico pela Universidade Federal de Minas Gerais. Advogado.

RENATO DOLABELLA MELO

Mestre em Direito Econômico pela UFMG. Mestre em Propriedade Intelectual e Inovação pelo INPI. Pós-graduado em Direito de Empresa pelo CAD/Universidade Gama Filho – RJ. Membro das Comissões de Terceiro Setor e de Concorrência e Regulação Econômica da OAB/MG. Professor universitário. Advogado.

VINÍCIUS MARQUES DE CARVALHO

Doutor em Direito Comercial pela Universidade de São Paulo e em Direito Comparado pela Universidade Paris I (Panthéon-Sorbonne). Ex-Conselheiro do Conselho Administrativo de Defesa Econômica (CADE/MJ). Atualmente, é Secretário de Direito Econômico do Ministério da Justiça.

Este livro é dedicado aos estudiosos
do antitruste no Brasil.

Apresentação

A obra que ora se apresenta é resultado de reflexões realizadas a partir de um grupo de estudos, denominado "Núcleo de Pesquisas Avançadas em Direito da Concorrência", que se reuniu, quinzenalmente, na Faculdade de Direito da UFMG, ao longo do ano de 2010.

Em comum, os participantes do grupo, estudantes de graduação e pós-graduação, de Direito e de Economia, bem como representantes do CADE, apresentavam o interesse e a dedicação pela temática do antitruste, além da preocupação em contribuir para a construção de uma abordagem antitruste que fosse a mais adequada ao nosso país, tanto no que concerne ao seu estágio de desenvolvimento econômico, quanto aos limites impostos pelo ordenamento jurídico brasileiro.

Desde a escolha do tema geral para estudo, bem como em todas as etapas de desenvolvimento das pesquisas e desta obra, houve a participação efetiva e decisiva de todos os integrantes, o que significou uma oportunidade real de troca de ideias e de aprimoramento de possíveis soluções. O tema geral, "remédios antitruste", apresentou-se, naquele momento, como carente de desenvolvimento doutrinário em Direito e em Economia a partir da realidade brasileira. Ademais, reconheceu-se que ele constitui ponto sensível na etapa atual de amadurecimento institucional no Brasil no que concerne a controle do mercado.

É de se esclarecer, neste momento, que a própria denominação dada ao tema geral constituiu ponto de debate. Questionou-se se a expressão "remédios antitruste" seria a mais adequada a ser utilizada. Após discussões, concluiu-se pela adequação do termo "remédios", como se verá em alguns dos textos integrantes da obra. A utilização da palavra "antitruste", no entanto, justificou-se apenas por razões de clareza quanto ao conteúdo, visto que o termo "concorrência", em Direito, também se refere a outros institutos, distantes da abordagem deste livro.[1]

1. Uma opção que se orientasse pela técnica precisa preferiria a expressão "Remédios concorrenciais". É que, como se sabe, o Direito da Concorrência brasileiro

A presente obra encontra-se dividida em duas partes. Na primeira, encontram-se textos teóricos relacionados ao tema geral. Na segunda parte, foram estudados casos julgados pelo Conselho Administrativo de Defesa Econômica (CADE) em que foram utilizados remédios antitruste como forma de refletir sobre seu significado e sua eficiência. Procurou-se, assim, aplicar a teoria apreendida.

O grupo de estudos não teria acontecido com a mesma qualidade sem o esforço concreto de algumas pessoas. Destaca-se, nesse sentido, a liderança assumida pelo Dr. Bruno Braz de Castro, presença essencial desde o momento da propositura de temas, passando pela organização dos trabalhos, e culminando com suas intervenções precisas nas discussões, o que reafirmou seu talento e sua capacidade crítica em relação ao direito antitruste.

Igualmente merecem ser mencionados os nomes dos Drs. José Antonio Batista de Moura Ziebarth e Bruno Corrêa Burini, então integrantes do CADE, que contribuíram ativamente para a fase de instalação do grupo de estudos, inclusive participando, presencial ou virtualmente, de algumas reuniões.

Agradecemos, também, os então Conselheiros do CADE, Drs. César Mattos e Vinícius Marques de Carvalho, que, prontamente, mesmo com todo o volume de trabalho que enfrentavam, aceitaram contribuir para a obra, oferecendo textos de incontestável qualidade e de fundamental importância para o desenvolvimento da doutrina antitruste no Brasil.

Por fim, e principalmente, agradecemos à Editora Singular pelo interesse na publicação da obra. É indiscutível o protagonismo assumido por essa Editora na publicação de livros voltados para o seleto público estudioso do antitruste no Brasil. Por essa razão, nossa preocupação em oferecer a essa comunidade um conteúdo refletido e de qualidade, dado o acervo de excelência de que goza a Editora.

Agradecemos e cumprimentamos a todos os coautores deste trabalho. Desejamos, sinceramente, que ele represente um estímulo real para o prosseguimento de seus estudos.

Amanda Flávio de Oliveira
Ricardo Machado Ruiz

---

não admite uma interpretação que conclua, *a priori*, pela ilicitude da formação ou da existência de poder econômico, ideia de alguma forma subjacente no termo "antitruste".

Parte I

Aspectos Teóricos

Remédios antitruste e o ordenamento jurídico brasileiro: primeiras reflexões

Amanda Flávio de Oliveira

1. Introdução

À medida que se desenvolve a prática antitruste no Brasil, a compreensão adequada dos institutos e medidas previstos na lei respectiva impõe ao estudioso a realização de reflexões mais aprofundadas, e que compreendam esses institutos e medidas, de maneira pertinente, no contexto das normas constitucionais. Com a reconhecida efetividade crescente da política antitruste no Brasil, autorizada por uma economia de mercado em franca consolidação e pelo papel decisivo e firme que vem sendo desempenhado pelas autoridades públicas correspondentes, destaca-se o estudo dos "remédios antitruste", em conformidade com o ordenamento jurídico brasileiro, como carente de realização.

O presente texto pretende contribuir para uma reflexão inicial a respeito dessa matéria. Busca-se, então, sem se descuidar da experiência de jurisdições mais maduras em política antitruste, inserir as bases para um estudo jurídico dos remédios antitruste no contexto da ideologia e das normas presentes na Constituição da República de 1988, em especial, naquilo que se convencionou denominar de normas integrantes da "Constituição Econômica".

2. "Remédios" antitruste? Em busca de uma definição adequada à disciplina antitruste em conformidade com o ordenamento jurídico brasileiro

A Constituição da República de 1988 fez clara opção pela economia de mercado. Ao consagrar a liberdade de iniciativa como fundamento da República (art. 1.º) e a Ordem Econômica (art. 170, *caput*), ao conceder ao poder econômico privado o papel de protagonista no desempenho da atividade econômica (arts. 173 e 174), foram estabelecidas as bases do sistema capitalista e para a ação limitada do Estado na economia. Nesse contexto, a concorrência entre as empresas emerge como fato a se preservar, como valor a se proteger. A ação ou intervenção estatal,[1] por sua vez, deve ser exercida nos exatos limites necessários para a manutenção, preservação e proteção desse valor.

Sabe-se que a Constituição de 1988 consagrou, pela primeira vez no constitucionalismo brasileiro, a livre concorrência como princípio informador da Ordem Econômica (art. 170, IV), ao lado de outros valores, ali também assegurados como princípios: a defesa do consumidor, do meio ambiente, a redução das desigualdades regionais e sociais, entre outros. A realização desses princípios, que demandam interpretação sistemática, visa alcançar o valor maior da Ordem Econômica, expresso como sua finalidade: a dignidade da pessoa humana (art. 170, *caput*).

Ainda no plano constitucional, verifica-se a consagração necessária de direitos indispensáveis à plena realização de uma economia de mercado, como, em especial, o direito de propriedade privada, além dos direitos de liberdade, dos quais deriva o direito de contratar. São, assim, tornados fundamentais, direitos assecuratórios da existência de um poder econômico privado.

No plano infraconstitucional, a legislação estabelece mecanismos para a adequada disciplina da concorrência, nos limites estabelecidos constitucionalmente, e que reconhecem a concorrência como valor relativo, a ser conciliado com os demais princípios informadores da Ordem Econômica, de maneira a se alcançar a finalidade maior da Constituição Econômica. A coletividade, nesse quadro, é eleita a real destinatária das normas antitruste, e a defesa da concorrência revela-se como política de Estado, apta a realizar o objetivo da dignidade humana.

Os "remédios" antitruste, assim compreendidos os instrumentos previstos em lei para a obtenção do valor da preservação da livre concorrência, dentro desse contexto, devem ser classificados como formas de intervenção do Estado no domínio econômico, ou de ação estatal no mercado, na modalidade indireta.[2] Sua existência, seus limites e seus objetivos, contudo, para serem legítimos, devem fiel observância às normas da Constituição Econômica de 1988.

1. Washington Peluso Albino de Souza menciona o suposto caráter ideológico do termo "intervenção", em contraposição ao termo "ação estatal" na economia, dado que aquele traria em si o princípio ideológico liberal da abstenção do Estado em termos de ação econômica direta (SOUZA, Washington Peluso Albino. *Primeiras linhas de direito econômico.* 5. ed. São Paulo: LTr, 2003. p. 318).
2. Entende-se como indireta a intervenção estatal na economia que se dá por meio de normas, ao passo que a intervenção direta realiza-se pela existência do Estado como agente econômico, ou o Estado-empresário.

Os "remédios" antitruste, tais como os conhecidos "remédios" constitucionais ou "remédios" processuais, têm como finalidade última a contenção de um abuso de poder, ou a retificação de uma ação em desconformidade com o ordenamento jurídico. *Os "remédios" jurídicos em geral, buscam, portanto, sanar dano a bem jurídico, retificar comportamentos.* Da mesma forma, *os remédios antitruste são medidas ou instrumentos previstos em lei para a conversão de ilicitudes antitruste em condutas ou atos lícitos, sanando o dano à livre concorrência que se configura e/ou adequando o comportamento em desconformidade com a lei a esta.*

Os remédios antitruste, como modalidades de intervenção que são, constituem instrumentos ou medidas autorizados por lei e colocados à disposição da autoridade pública responsável pela aplicação da lei no plano administrativo. Essa afirmação carrega em si algumas compreensões:

- Embora a liberdade de iniciativa seja um valor constitucional, a própria Constituição estabelece limites a esse valor. A definição, em lei, de instrumentos para intervenção estatal que corrija distorções da concorrência no mercado é legítima, desde que esses instrumentos sejam exercidos dentro daqueles limites;[3]
- Os remédios antitruste são instrumentos disponíveis ao aplicador da lei no âmbito administrativo;
- Os remédios antitruste têm como principal função sanar afrontas à livre concorrência, retificar comportamentos, condutas e atos, de forma a preservar a livre concorrência e o mercado, conter abusos de poder econômico, e tão somente isso. Utilizar-se dos remédios antitruste para um escopo mais abrangente do que essas suas funções importa em desvirtuar-lhe a existência e não encontra amparo na Constituição Econômica brasileira.

Duas últimas observações ainda devem ser realizadas em relação à definição dos "remédios" antitruste.

Primeiramente, há que se afastar qualquer resistência à utilização do termo "remédio" que se sustente na possível tradução ou importação precipitadas do termo tal qual empregado no sistema antitruste norte-americano. É de se reconhecer que uma tal preocupação encontra sua razão de ser no atual estágio de desenvolvimento do Direito Antitruste no Brasil. É que a prática antitruste brasileira tem sido pródiga em valer-se de institutos, doutrina, jurisprudên-

3. É de se reconhecer, como o fez Farjat, que a concorrência representa, cada vez mais, uma forma de organização, e não um estado natural ou espontâneo do mercado (FARJAT, Gérard. *Pour un droit économique*. Paris: PUF, 2004. p. 126).

cia e terminologias de outras jurisdições, muitas vezes desnecessariamente ou sem a devida adaptação ou abordagem crítica. Assim, a própria definição "antitruste" para a legislação brasileira não se revela precisa, nem tampouco consentânea com a ordem jurídica nacional, embora tenha se consolidado como a melhor e mais clara referência para o "Direito da Concorrência" brasileiro.[4] Não é o caso dos "remédios" antitruste, no entanto.

Os "remédios", como já se mencionou, são institutos consagrados no ordenamento jurídico brasileiro desde há muito. São reconhecidos os "remédios constitucionais", entre eles, o "remédio heróico", amplamente utilizados na doutrina e consagrados na prática do Supremo Tribunal Federal. São exemplos o mandado de segurança, o *habeas corpus*, o *habeas data*, o direito de petição, a ação popular, entendidos, segundo os constitucionalistas, como garantias constitucionais destinadas a assegurar o gozo de direitos violados, em vias de ser violados ou simplesmente não atendidos.[5] Os remédios antitruste constituem uma espécie do gênero "remédios jurídicos" e devem estar previstos nas normas em vigor: o Termo de Compromisso de Desempenho (TCD), o Termo de Compromisso de Cessação (TCC), o APRO (Acordo para Preservação da Reversibilidade da Operação), a Medida Preventiva, são exemplos.

Por fim, é de se sublinhar que, ao passo que a definição de "remédios" antitruste se vincule, segundo uma abordagem jurídica, à ideia de controle de abusos de poder econômico ou de retificação de ilicitude de condutas e atos praticados no mercado, uma abordagem econômica dos "remédios" antitruste refere-se à ideia de correção de falhas de mercado. São abordagens perfeitamente convergentes, no entanto.

3. Direito de propriedade e direito de contratar *versus* remédios estruturais e remédios comportamentais

Sustentáculos de uma economia de mercado, os direitos de propriedade e de contratar encontram-se devidamente consagrados na Constituição da República de 1988.[6] Por sua vez, os remédios antitruste costumam ser classifi-

4. Outro exemplo de tradução inadequada para o nosso idioma em material de direito antitruste encontra-se na terminologia "mercado relevante". Gérard Farjat, não sem razão, prefere, no idioma francês, referir-se ao "marché pertinent" ou ao "marché de référence" (FARJAT, Gérard. Op. cit., p. 137).
5. Nesse sentido: SILVA, José Afonso da. *Curso de direito constitucional positivo*. 28. ed. São Paulo: Malheiros, 2007. p. 442.
6. Segundo Cabral de Moncada, os direitos de propriedade e de iniciativa "indicam-nos que a actividade económica é em larga medida auto-regulada e imune à acção dos poderes públicos" (MONCADA, Luís S. Cabral de. *Direito económico*. 5.

cados genericamente, em conformidade com as doutrinas econômica e jurídica, em remédios estruturais e comportamentais.

Remédios "estruturais" são aqueles que se referem, em geral, à venda de ativos físicos dos agentes econômicos envolvidos.[7] Por sua vez, os remédios "comportamentais" são aqueles por meio dos quais se impõe uma obrigação de fazer ou não fazer para o agente econômico, indicando-lhe certo comportamento ou conduta.

Essa classificação não é livre de críticas. Em primeiro lugar, porque, não raro, o caso concreto requer a adoção de medidas estruturais em conjunto com medidas comportamentais, muitas vezes como forma de se garantir sua plena realização. Em segundo lugar, porque, por vezes, certa medida imposta apresenta difícil classificação entre uma dessas modalidades. É o caso de medidas que envolvam direitos de propriedade intelectual, por exemplo.[8]

Os direitos de propriedade e de contratar são direitos fundamentais, portanto, positivados no Texto Constitucional. Não são, no entanto, direitos absolutos, como, de resto, não o são nenhum dos direitos fundamentais. Seus limites encontram-se no próprio texto constitucional e, não raro, direitos fundamentais distintos colidem-se no caso concreto.

Os remédios estruturais encontram-se diretamente em confronto com uma visão absoluta de direito de propriedade. Ao se determinar o desfazimento de unidades fabris em um ato de concentração, por exemplo, ou ao se determinar o desfazimento de um ato de concentração *in totum*, o direito de propriedade do agente econômico envolvido sofre inequívoca intervenção estatal limitadora. Por sua vez, os remédios comportamentais revelam uma clara intervenção na liberdade de conduta, de iniciativa e de contratar do agente econômico.[9]

Se, por um lado, os direitos fundamentais envolvidos na realização da atividade econômica, como os direitos de propriedade, de iniciativa e de con-

---

ed. Coimbra: Coimbra Ed., 2007. p. 140). Dalla Via, por sua vez, evidencia ser a liberdade de contratar de importância essencial para a existência do mercado (DALLA VIA, Alberto R. *Derecho constitucional económico.* 2. ed. Buenos Aires: Abeledo-Perrot, 2006. p. 529).

7. É essa a definição do Departamento de Justiça norte-americano, referindo-se especificamente a remédios aplicáveis em fusões. Us Department of Justice. Antitrust Division. *Antitrust division policy guide to merger remedies.* Out. 2004, p. 7.

8. A própria OCDE reconhece não ser essa classificação muito precisa. OECD. *Policy roundtables. Merger remedies*, 2003, p. 8.

9. No mesmo sentido: HELLSTRÖM, Per et al. Remedies in European antitrust law. *Antitrust Law Journal*, v. 76, n. 1, 2009, p. 47.

trato, não são absolutos, por outro, não podem ser reduzidos a uma mínima existência, sob pena de se malferir a economia de mercado, assegurada pela Constituição Econômica. Assim é que não se pode reduzir o direito de iniciativa à mera autorização para existência de agentes econômicos privados, mas deve-se lhes assegurar o protagonismo e a preferência de atuação.[10] É nesse ponto que se releva os limites da intervenção estatal na economia,[11] em todas as suas modalidades e, em especial neste texto, os limites dos remédios antitruste a serem definidos no caso concreto.

Há certa tendência à preferência pelos remédios estruturais, *a priori*, em especial em controle de atos de concentração. Essa tendência se justificaria, basicamente, por se tratar de medida de cumprimento mais claro e menos custoso para o Estado. Ao seu turno, remédios comportamentais implicariam em um custo de monitoramento. Nessa linha, a própria Organização para Cooperação e Desenvolvimento Econômico (OCDE), em documento em que analisa o atual estágio de desenvolvimento da política antitruste brasileira, sugeriu a adoção de medidas estruturais de forma preferencial pelas autoridades brasileiras, tendo constatado um suposto "excesso" de medidas comportamentais determinadas em atos de concentração analisados.[12]

Embora por vezes sugeridos como preferenciais *a priori*, os remédios estruturais nem sempre têm sido a primeira opção em jurisdições mais maduras em aplicação de normas antitruste.[13] Ademais, a doutrina reconhece as limitações intrínsecas aos remédios estruturais, entre elas, a questão da assimetria de informações entre autoridade e agente econômico (administrador e administrado), bem como os problemas de incentivo decorrentes dessa espécie de remédios e a elevação da possibilidade de efeitos pró-colusivos.[14] Além disso,

10. No mesmo sentido: MONCADA, Luís S. Cabral de. Op. cit., p. 144.
11. Alberto Venâncio Filho destaca que, do ponto de vista jurídico, o que mais importa no exame da intervenção do Estado na ordem econômica é a conciliação entre as medidas de intervenção e os direitos fundamentais (VENÂNCIO FILHO, Alberto. *A intervenção do Estado no domínio econômico.* Rio de Janeiro: Renovar, ed. Fac-similar, 1998. p. 60).
12. OECD/BID. Lei e política de concorrência no Brasil – uma revisão pelos pares. 2010, p. 35-36. A OCDE atribui o elevado número de remédios comportamentais ao fato de o SBDC lidar com fusões *ex post.*
13. Nesse sentido, estudando a atuação da Comissão Europeia: HELLSTRÖM, Per et al. Op. cit., p. 53. Segundo Duso e outros, é o que também acontece na realidade canadense: DUSO, Tomaso et al. *EU Merger remedies: a preliminar empirical assessment.* Discussion Paper SP II 2005-16. Berlin, 2005. p. 17.
14. Sobre isso: DUSO, Tomaso et al. Ibidem, p. 4.

há o risco de se alienar ativos para compradores inadequados, assim como o risco de se realizar intervenção excessiva.[15] Soma-se a isso o fato de que se constata que, por vezes, em atos de concentração em que as eficiências geradas são cruciais, deve-se preferir remédios comportamentais.[16]

Há, ainda, aqueles que, estudando a prática europeia e norte-americana em remédios antitruste, concluem que a experiência em ambas as jurisdições faz crer que o receio de um monitoramento de medidas comportamentais é, por vezes, exagerado.[17]

Verifica-se, assim, ser injustificada, *a priori*, por razões de fato ou econômicas, qualquer preferência por uma ou outra modalidade de remédio antitruste. Quando inseridas em um contexto de restrição de direitos fundamentais, essa preferência deixa de ser sustentável, definitivamente.

4. Restringindo direitos fundamentais: remédios estruturais e/ou comportamentais

Sabe-se que direitos fundamentais somente podem ser restringidos por normas de nível constitucional ou por normas constitucionais elaboradas em observância daquelas.[18] Especificamente, sabe-se que direitos fundamentais como, por exemplo, o direito à liberdade, requerem tanto uma prestação positiva quanto negativa por parte do Estado. Assim, se o Estado não pode atuar de forma a malferi-lo, igualmente a ele é dado agir para sua garantia. Encontra-se, aí, para o que interessa no presente estudo, o fundamento para uma intervenção estatal que aja, de forma a impedir entraves à livre concorrência, praticados por agente econômico no mercado.

15. Idem, ibidem.
16. Nesse sentido: ORMOSI, Peter L. *Merger remedies versus efficiency defence: an analysis of merging parties' litigation strategy in EC merger cases.* ESRC Centre for Competition Policy, Univesrity os East Anglia, nov. 2009, p. 46.
17. FIRST, Harry. Netscape is dead: remedy lessons from the Microsoft litigation. *Law & Economics Research paper series*, working paper n. 8-49, New York Universtity School of Law, 2008, p. 28-29. A própria OCDE reconhece, em documento que versa sobre remédios e sanções em abuso de posição dominante, ter a história mesma demonstrado que, nesses casos, os remédios estruturais nem sempre têm sido fáceis de serem monitorados. OECD. Remedies and sanctions in abuse of dominance cases. 2007.
18. É o que ensina: ALEXY, Robert. *Teoría de los derechos fundamentales.* Madrid: Centro de Estudios Políticos y Constitucionales, 2002. p. 277.

Ademais, é de se reconhecer a eficácia horizontal dos direitos fundamentais.[19] Nesse sentido, aos particulares também é dado o dever de resguardar os direitos fundamentais consagrados na Constituição, ou, de outra forma, não lhes é permitido atuar de forma a impedir o exercício de direito fundamental por outrem. Está, portanto, configurado o quadro que autoriza a utilização de remédios antitruste pela autoridade pública quando em risco o exercício de direito fundamental, bem como para promover o seu exercício mesmo. A liberdade jurídica deve ser, assim, garantida e promovida.

Por outro lado, a restrição a direitos fundamentais somente se legitima se observados os parâmetros de proporcionalidade. Nessa linha, restrições a direitos de propriedade e de liberdade, tanto quanto ocorre com os demais direitos fundamentais, somente serão legítima e constitucionalmente aceitáveis se observadas as três "máximas parciais" da proporcionalidade: necessidade, adequação e proporcionalidade em sentido estrito.[20]

Os remédios antitruste, nesse contexto, como medidas de intervenção estatal na economia que são, e por representarem limitações claras a direitos fundamentais, somente serão legítimos e sustentáveis se observarem, no caso concreto, os três subprincípios da proporcionalidade. Em outras palavras: *somente se admite, no âmbito da ordem constitucional de 1988, remédios antitruste que se mostrem necessários, adequados e proporcionais ao dano à concorrência verificado no caso concreto.*

A experiência verificada em jurisdições mais maduras em direito antitruste permite identificar parâmetros de proporcionalidade em sentido amplo, aptas a orientar a aplicação dos remédios antitruste em conformidade com o ordenamento jurídico brasileiro. Com base nessa experiência, é possível selecionar e elencar as seguintes diretrizes gerais iniciais para a definição da proporcionalidade do remédio antitruste, independentemente de sua caracterização como estrutural ou comportamental:

1. O remédio deve ser claro e preciso de forma a permitir àquele a ele submetido a prefeita compreensão de seus direitos e obrigações.[21]

2. O ponto de partida para a definição do remédio apropriado deve ser a perfeita configuração de um inequívoco dano à concorrência e de seus efeitos reais.[22]

19. Sobre esse tema: SARLET, Ingo Wolfgang. *A eficácia dos direitos fundamentais.* Porto Alegre: Livraria do Advogado, 2007. p. 398 e ss.
20. ALEXY, Robert. Op. cit., p. 111 e ss.
21. Baseado em: HELLSTRÖM, Per et al. Op. cit., p. 51.
22. Idem, ibidem, p. 63.

3. O remédio deve ser hábil a sanar o dano verificado e seus efeitos, bem como deve ser suficiente e um meio eficaz para tal finalidade.

4. Devem ser ponderadas as externalidades decorrentes da realização do remédio, especialmente em relação a terceiros.

5. O remédio não deve representar uma forma de sanção dos agentes econômicos aos quais ele se destina,[23] não deve representar uma punição ou penalização dos mesmos, mas tão somente deve representar forma de sanar problemas concorrenciais, corrigir ou retificar comportamentos e atos.

6. O delineamento do remédio deve levar em consideração as características específicas do mercado relevante a que se destina e ponderar sobre os incentivos dele decorrentes nesse mercado.[24]

7. Deve ser considerada a eficácia real do remédio, a partir da experiência crítica acumulada na matéria, além da avaliação adequada dos recursos públicos disponíveis para o acompanhamento de sua efetivação.

8. Deve-se optar pelo remédio que restrinja o mínimo possível os direitos fundamentais em confronto.

9. Deve ser considerada a possibilidade de flexibilização do remédio, na hipótese de fato superveniente e independente que altere o mercado relevante de forma a redimensionar o dano causado e seus efeitos.

10. O remédio deve servir estritamente para o fim de sanar a ilicitude ou retificar comportamento abusivo, não podendo ser instrumento de realização de outros objetivos de política econômica, que extrapolem os limites do caso concreto.

5. Remédios como formas de intervenção estatal na economia de mercado: a opção por uma economia "negociada" ou "contratual"

É temerosa a opção, *a priori*, pela adoção preferencial de remédios estruturais ou comportamentais quando diante de um dano concorrencial, inde-

23. A OCDE, em estudo sobre remédios em casos de abuso de posição dominante, concluiu haver uma importante diferença entre remédios e sanções, aqui incluídas, principalmente, as multas. OECD, *Remedies and sanctions of dominance cases,* 2007, p. 7. No mesmo sentido, HELLSTRÖM, Per et al. Op. cit., p. 50. É de se reconhecer que não se trata de entendimento unânime. Há estudiosos que compreendem os remédios antitruste de forma ampla, abarcando, entre eles, as multas. Nesse último sentido: FIRST, Harry. Op. cit., p. 25 e ss.

24. Inspirado em OECD, Remedies and sanctions of dominance cases, 2007. p. 25.

pendentemente de se tratar de ato de concentração ou conduta anticoncorrencial. Uma tal definição também se mostra insustentável se analisada a partir da Ordem Econômica constitucional. Por representarem modalidades de intervenção na economia que constituem restrições de direitos fundamentais, os remédios antitruste devem, necessariamente, ser delineados no caso concreto, de forma a se garantir a perfeita proporcionalidade em seu delineamento. Apenas no caso concreto, tomando-se por base as características intrínsecas do mercado relevante em questão, pode-se verificar qual a medida melhor atende os subprincípios da necessidade, adequação e proporcionalidade em sentido estrito.

Ainda sobre a questão da escolha e delineamento do remédio antitruste, é de se refletir sobre maneira adequada de se determiná-lo, em termos procedimentais, tendo em conta o fato de que, em conformidade com o ordenamento jurídico brasileiro, essa determinação compete à autoridade pública.

A esse respeito, é de se considerar o desenvolvimento recente verificado nos métodos de intervenção estatal na economia.

Inicialmente, é de se constatar certa ideia equivocadamente generalizada de que a questão da imposição ou determinação de remédios antitruste é uma questão que se coloca entre a autoridade e o poder econômico, de forma a que os custos decorrentes desse remédio e de sua efetivação são custos a que incorrem exclusivamente os seus destinatários.

Além dos custos sociais do remédio escolhido, que atinge não apenas concorrentes, mas todo o mercado em questão, e que devem ser ponderados no caso concreto, o processo de definição e implementação de um remédio antitruste também implica em custos para a autoridade que o determina, e expõe suas fragilidades, especialmente relacionadas às suas limitações de recursos.[25] Assim, é de se superar a compreensão dos remédios como uma situação de embate entre autoridade e poder econômico, ou entre Administração Pública e administrado.

25. Referindo-se especificamente sobre o controle de fusão na realidade norte-americana, Farrell assim afirma: "Merger policy is typically analyzed as if 'the government always wins' (...) But it doesn't. Litigation is costly and risky for the government as well as for the merging parties" (FARRELL, Joseph. *Negotiation and merger remedies: some problems.* Competition policy center, University of California. Berkeley, 2003). Por sua vez, Kovacic alertou para a discrepância de recursos e investimentos de capital existente entre as empresas privadas, submetidas à ação das agências antitruste, e os recursos e investimentos de capital destas últimas (KOVACIC, William E. Measuring what matters: the Federal Trade Commission and investments in competition policy research and develop. *Antitrust Law Journal*, v. 72, 2004-2005, p. 868-869).

Em tal contexto, emerge a opção por uma solução "concertada", ou "negociada", "contratual", como a mais apta a obter a maior eficácia possível, em decorrência do envolvimento efetivo do poder econômico em sua definição. Esse "estilo" de intervenção estatal tem-se mostrado o mais adequado a reger os fatos econômicos, sempre complexos e dinâmicos, bem como mostra-se capaz de compensar a reconhecida assimetria de informações verificável entre Administração e administrado.[26]

Supera-se, assim, um modelo de intervenção estatal na economia unilateral e autoritária por um modelo negociado, mais coerente com a opção constitucional por uma economia de mercado, mas sempre capaz de interferir para resguardar a sua realização.[27] Essa opção por uma administração negociada ou contratual representa uma forma contemporânea de busca de legitimidade da intervenção estatal na economia, e constitui meio seguro de se garantir que os direitos fundamentais sejam restringidos apenas dentro dos limites da proporcionalidade.[28]

Essa opção traz em si também a vantagem de diminuir ou minimizar as zonas de conflito entre a Administração e administrado, conduzindo, ao menos em tese, a um menor índice de judicialização das decisões administrativas.[29] Esse dado não deve ser subestimado.

O delineamento preciso de um remédio antitruste evoca, necessariamente, considerações acerca de sua eficácia e de sua efetividade. Em um sistema constitucional que resguarda a revisão judicial de decisões administrativas, e, tendo em conta as reconhecidas discrepâncias entre o tempo no Direito, em especial no andamento do processo judicial, e o tempo econômico, é de se bus-

26. André de Laubadère refere-se, a esse respeito, a uma opção por uma economia "contratual", complemento da economia "concertada" (LAUBADÈRE, André de. *Direito público económico.* Coimbra: Almedina, 1985. p. 422-423).

27. A OCDE acredita que, em atos de concentração, os acordos entre autoridade e requerentes no Brasil se tornarão cada vez mais importantes na hipótese de adoção de um sistema de notificação prévio. OECD/BID. Lei e política de concorrência no Brasil – uma revisão pelos pares, 2010. p. 50.

28. Sobre esse assunto, recomenda-se a leitura de: MONCADA, Luís S. Cabral de. Op. cit., p. 61 e ss. Afirma esse autor: "O contrato económico é a homenagem devida pelo Estado à ordem jurídica liberal da economia (...)" (op. cit., p. 628).

29. Nos termos da Constituição da República de 1988 e em conformidade com o princípio da inafastabilidade do Poder Judiciário, as decisões do CADE, Conselho Administrativo de Defesa Econômica, estão sujeitas a revisão judicial. Sobre esses limites: (OLIVEIRA, Amanda Flávio de. *O direito da concorrência e o Poder Judiciário.* Rio de Janeiro: Forense, 2002).

car evitar a judicialização das decisões administrativas antitruste, como forma de se assegurar que o remédio determinado atinja sua finalidade última.[30]

6. Remédios antitruste: efetividade e eficácia

Embora pouco estudados na doutrina nacional, os remédios têm sido amplamente utilizados na prática antitruste nacional. São muito poucos, entretanto, os estudos concludentes e sistematizados sobre sua efetividade e eficácia em casos concretos julgados no Brasil, após sua determinação e realização.[31]

Essa não é, contudo, uma deficiência exclusivamente brasileira. Mesmo em jurisdições em que a política antitruste é centenária, como é o caso dos Estados Unidos, os primeiros estudos sobre a efetividade *ex post* dos remédios aplicados datam de final da década de 1960.[32]

Um tal estudo, principalmente se realizado pela própria autoridade, permite identificar erros, casos de excessos na intervenção determinada, e registrar experiências, hábeis a desenhar um padrão de entendimento nacional que possa conduzir, inclusive, ao desenvolvimento de "guidelines" perfeitamente adequadas à realidade brasileira e sua prática em termos de "remédios" antitruste.[33] A OCDE, em estudo sobre remédios em casos de abuso de posição dominante, alerta para o fato de que, embora o monitoramento da efetividade dos remédios antitruste possa consumir recursos limitados da autoridade, seu valor potencial é elevado.[34]

30. É de se reconhecer na atuação do Poder Judiciário um ponto crítico da implementação efetiva dos remédios antitruste no Brasil. Note-se, a esse respeito, que, a decisão do CADE de não aprovação do ato de concentração realizado entre Nestlé e Garoto, datada do ano de 2004, encontra-se ainda *sub judice*, sem perspectiva de solução a um curto ou médio prazo.
31. Uma iniciativa pioneira e de excelência, no Brasil, encontra-se no livro *A revolução do antitruste no Brasil*, organizado por Cesar Mattos, cuja leitura recomenda-se (MATTOS, César (coord.). *A revolução antitruste no Brasil.* São Paulo: Singular, 2003).
32. Sobre uma compreensão histórica da evolução da análise da efetividade dos remédios antitruste efetivamente aplicados, leia-se DUSO, Tomaso et al. Op. cit., p. 3 e ss.
33. Sobre o tema da adequação dos remédios à realidade nacional, é relevante a ponderação de Harry First: "o fato de que nós não sabemos qual remédio é o 'melhor não é apenas uma questão de saber o que funcionará. É também uma questão de saber o que as diferentes jurisdições entendem a respeito do que é 'melhor'" (FIRST, Harry. Op. cit., p. 17 – tradução livre da autora).
34. OECD, Remedies and sanctions of dominance cases, 2007, p. 9.

7. Reflexões finais

A Suprema Corte norte-americana, certamente a autoridade judicial detentora da mais vasta experiência em questões antitruste do mundo, tem constantemente afirmado que o propósito de um remédio antitruste é a proteção e a restauração da concorrência.[35] Essa compreensão é perfeitamente compatível com a compreensão genérica de "remédios" no ordenamento jurídico brasileiro, como instrumentos legais para sanar abusos de poder, ou retificar comportamentos ilícitos.

Embora ampla e legitimamente utilizados pela autoridade administrativa brasileira, uma vez que se encontram previstos nas normas antitruste nacionais, o tema dos remédios antitruste revela-se carente de estudos consistentes, seja para o estabelecimento de seus limites no âmbito do ordenamento jurídico, seja para a avaliação dos resultados dos remédios aplicados e a consequente formulação de uma expertise nacional na matéria.

O presente texto pretendeu oferecer uma introdução a essas reflexões, pontualmente naquilo que se refere ao enquadramento dos remédios antitruste no contexto das normas constitucionais disciplinadoras da economia presentes no Texto de 1988. Muitos outros aspectos jurídicos dos remédios antitruste ainda representam um convite à reflexão.

Referências bibliográficas

ALEXY, Robert. *Teoría de los derechos fundamentales.* Madrid: Centro de Estudios Políticos y Constitucionales, 2002.

DALLA VIA, Alberto R. *Derecho constitucional económico.* 2. ed. Buenos Aires: Abeledo-Perrot, 2006.

DUSO, Tomaso et al. *EU merger remedies: a preliminar empirical assessment.* Discussion Paper SP II 2005-16. Berlin, 2005.

FARJAT, Gérard. *Pour un droit économique.* Paris: PUF, 2004.

FARRELL, Joseph. *Negotiation and merger remedies: some problems.* Berkeley: Competition policy center, University of California, 2003.

FIRST, Harry. Netscape is dead: remedy lessons from the Microsoft litigation. *Law & Economics Research paper series*, working paper n. 8-49, New York, Universtity School of Law, 2008.

HELLSTRÖM, Per et al. Remedies in European antitrust law. *Antitrust Law Journal*, v. 76, n. 1, 2009.

35. US Department of Justice. Antitrust Division. *Antitrust division policy guide to merger remedies.* Out., 2004, p. 2.

KOVACIC, William E. Measuring what matters: the Federal Trade Commission and investments in competition policy research and develop. *Antitrust Law Journal*, v. 72, p. 868-869, 2004-2005.

LAUBADÈRE, André de. *Direito público económico.* Coimbra: Almedina, 1985.

MATTOS, César (coord.). *A revolução antitruste no Brasil.* São Paulo: Singular, 2003.

MONCADA, Luís S. Cabral de. *Direito económico.* 5. ed. Coimbra: Coimbra Ed., 2007.

OECD. *Policy roundtables. Merger remedies*, 2003.

OECD. *Remedies and sanctions in abuse of dominance cases*, 2007.

OECD/BID. *Lei e política de concorrência no Brasil – uma revisão pelos pares*, 2010.

OLIVEIRA, Amanda Flávio de. *O direito da concorrência e o Poder Judiciário.* Rio de Janeiro: Forense, 2002.

ORMOSI, Peter L. *Merger remedies versus efficiency defence: an analysis of merging parties' litigation strategy in EC merger cases.* ESRC Centre for Competition Policy, University os East Anglia, nov. 2009.

SARLET, Ingo Wolfgang. *A eficácia dos direitos fundamentais.* Porto Alegre: Livraria do Advogado, 2007.

SILVA, José Afonso da. *Curso de direito constitucional positivo.* 28. ed. São Paulo: Malheiros, 2007.

SOUZA, Washington Peluso Albino. *Primeiras linhas de direito econômico.* 5. ed. São Paulo: LTr, 2003.

US DEPARTMENT OF JUSTICE. ANTITRUST DIVISION. *Antitrust division policy guide to merger remedies.* Out. 2004.

VENÂNCIO FILHO, Alberto. *A intervenção do Estado no domínio econômico.* ed. Fac-similar. Rio de Janeiro: Renovar, 1998.

Remédios jurídicos no direito concorrencial brasileiro: um panorama

Bruno Braz de Castro*

1. Conceito

A expressão técnica "remédio jurídico" deriva do latim *remedium juris*, e é apresentada por De Plácido e Silva, em seu clássico *Vocabulário*, como "o meio, a disposição ou a medida utilizados para se reparar um dano ou para se restabelecer a relação jurídica interrompida".[1] Em linha consonante, Maria Helena Diniz confere-lhe o sentido de "meio lícito utilizado para fazer atuar o direito objetivo e restabelecer a ordem jurídica; (...) meio previsto em norma jurídica para reparar um dano".[2]

É sob esse sentido que se compreendem, igualmente, as demais utilizações do termo em searas específicas da doutrina pátria.

Ilustra tal situação a teoria dos remédios constitucionais, definidos por José Afonso da Silva como "meios postos à disposição dos indivíduos e cidadãos para provocar a intervenção das autoridades competentes, visando sanar, corrigir, ilegalidade e abuso de poder em prejuízo de direitos e interesses individuais",[3] e por Manoel Gonçalves Ferreira Filho como "meios de reclamar o restabelecimento de direitos fundamentais violados: remédios para os males da prepotência".

* O autor agradece ao Professor Luciano de Araújo Ferraz pelo essencial auxílio à compreensão de conceitos importantes para a formatação da classificação que ora se apresenta.

1. SILVA, De Plácido e. *Vocabulário jurídico.* 2. ed. Rio de Janeiro: Forense, 1967. v. 4, p. 1338.
2. DINIZ, Maria Helena. *Dicionário jurídico.* 2. ed. São Paulo: Saraiva, 2005. v. 4, p. 149
3. SILVA, José Afonso da. *Curso de direito constitucional positivo.* 32. ed. São Paulo: Malheiros, 2009. p. 370.

Ainda a título exemplificativo, observe-se a doutrina processualística de Pontes de Miranda que, em sua tese distintiva do direito de ação do direito ao processo, assevera que "há pretensão a que o Estado preste justiça, pretensão que pertence às classes das ações sem que com elas se confunda. Ao meio empregado dá-se o nome de remédio jurídico processual".[4]

É de se observar, então, que todas as referências apresentadas comungam do entendimento de que o termo "remédios jurídicos" refere-se aos meios, instrumentos, para a realização de objetivos delimitados pelo ordenamento jurídico.

O entendimento não é diferente quando se trata do direito concorrencial brasileiro. Neste ramo da ciência jurídica, entende-se serem "remédios" os meios juridicamente estabelecidos com o escopo de garantir a efetividade do princípio constitucional da livre concorrência - art. 170, IV, da Constituição da República - ou, dito de maneira mais específica, de prevenir e reprimir "o abuso do poder econômico que vise à dominação dos mercados, à eliminação da concorrência e ao aumento arbitrário de lucros" - art. 173, § 4.º, da Constituição da República.

2. Modalidades e amplitude dos remédios jurídicos no direito concorrencial brasileiro

A análise dos remédios jurídicos concorrenciais deve pautar-se por duas diferentes perspectivas. Se, por um lado, há que se apurar os *instrumentos jurídicos* pelos quais as intervenções na ordem concorrencial podem ser empreendidas (aspecto formal), por outro é essencial apurar o *objeto*, o *conteúdo* de tais medidas (aspecto material).

2.1 Sistematização dos remédios jurídicos concorrenciais – perspectiva formal

Serão analisados, inicialmente, os *instrumentos jurídicos* disponibilizados pelo ordenamento brasileiro para que seja preservada a efetividade do princípio da livre concorrência. Para os fins do presente trabalho, serão rele-

4. PONTES DE MIRANDA, Francisco Cavalcanti. *Tratado de direito privado.* 8. ed. Rio de Janeiro: Borsoi, 1972. t. XXXV, p. 193-194. Ainda sob a ótica processual, Maria Helena Diniz define o dito "remédio legal", como "medida prevista em lei, que é idônea para aplicar a norma a um caso concreto, restabelecendo a relação jurídica ameaçada ou violada, e compondo o litígio".

vantes as intervenções estatais na realidade econômica processadas mediante atos do Poder Judiciário (decisões judiciais) e do Poder Executivo (atos administrativos).

A. Decisões judiciais

O ordenamento pátrio atribui, ao Poder Judiciário, amplo escopo de atuação em prol da efetividade do princípio da livre concorrência, tanto no âmbito criminal como no cível.

A.1 – A manutenção da ordem concorrencial pela via penal

A criminalização de infrações à livre concorrência é tema que divide opiniões doutrinárias, e que tem merecido diferentes tratamentos pelas principais jurisdições do planeta.

A favor da criminalização, pesam argumentos como: (a) a mera punição pecuniária às empresas, para que atinja seus objetivos de desestimulo ao ilícito, iria requerer multas mais altas do que se pode normalmente cominar; (b) a imposição de multas às empresas, muitas vezes, não fornecem aos seus executivos os incentivos adequados à cessação de práticas ilícitas, já que estes podem não ser diretamente penalizados; (c) a penalização individual gera maiores incentivos à leniência; (d) a mensagem moral transmitida à coletividade pela prisão individual é mais significativa do que a transmitida quando da imposição de multas a empresas.[5]

Em sentido oposto, argumenta-se que, sob o regime criminal, as garantias ampliadas do acusado e as rigorosas exigências quanto à robustez da prova podem criar obstáculos, quiçá intransponíveis, à efetiva aplicação dos preceitos de ordem concorrencial. Teme-se, ainda, que, diante da variedade de formas sob as quais a atividade econômica se processa, a tipificação rígida exigida pelo Direito Penal dificilmente seria atingida, sob o custo de severa agressão ao princípio da segurança jurídica e à efetividade da lei penal.[6]

5. Cf. WILS, Wouter P. J. Is criminalization of EU antitrust law the answer? *World Competition*, v. 28, n. 5, jun. 2005, p. 27-52.
6. Cf. WALLER, Spencer Weber. The incoherence of punishment on antitrust. *Chicago Kent Law Review*, v. 78. Disponível em: <http://ssrn.com/abstract=977589>. Acesso em: 29 out. 2010.

O *Sherman Act* (1890), principal diploma normativo do antitruste norte-americano, possui caráter eminentemente criminal.[7] Com efeito, as reformas legislativas ocorridas ao longo das décadas só fizeram acentuar a penalização das infrações à ordem econômica: o máximo de pena de prisão cominada passou de 1 (um) para 10 (dez) anos, e o limite das multas foi elevado ao patamar de US$ 100 milhões.[8] Assim é que, entre 2000 e 2009, a Divisão Antitruste do *Department of Justice* norte-americano registrou que se obteve a condenação de 334 indivíduos à prisão por violação às leis antitruste, totalizando mais de cento e vinte mil dias de cadeia.[9]

Aos arts. 101 e 102 do Tratado da União Europeia, por outro lado, não se reconhece natureza criminal. O art. 23 (5) do Regulamento (CE) 01/2003, do Conselho da União Europeia, deixa claro que as multas impostas a agentes econômicos com fundamento nos arts. 101 e 102 "não possuem caráter penal".[10] Por outro lado, o mesmo Regulamento permite que os Estados-Membros criminalizem condutas econômicas, desde que estejam inseridas no teor dos arts. 101 e 102.[11] Tal possibilidade tem fomentado o debate acerca da

7. Note-se, no entanto, que, embora as disposições criminais do Sherman Act cubram todo o tipo de ação restritiva da livre concorrência, o *Department of Justice* norte-americano busca, tradicionalmente, restringir a persecução criminal às violações ditas "*hard core*", como os cartéis.

8. *Antitrust Criminal Penalty Enhancement and Reform Act of 2004, H.R. 1085.* Disponível em: <http://www.govtrack.us/congress/bill.xpd?bill=h108-1086>. Acesso em: 29 out. 2010.

9. Cf. UNITED STATES. US Department of Justice. *Antitrust Division Workload Statistics, 2000-2009.* Disponível em: <http://www.justice.gov/atr/public/workstats.htm>. Acesso em: 29 out. 2010.

10. CONSELHO DA UNIÃO EUROPEIA, Regulamento (CE) n. 1/2003 do Conselho, de 16 dez. 2002, relativo à execução das regras de concorrência estabelecidas nos arts. 81.º e 82.º do Tratado. Disponível em: <http://eur-lex.europa.eu/LexUriServ/LexUriServ.do?uri=CELEX:32003R0001:PT:HTML>. Acesso em: 29 out. 2010

11. Idem. O art. 5.º do Regulamento n. 1/2003 permite aos Estados que, na aplicação dos arts. 101 e 102, decidam "aplicar multas, sanções pecuniárias compulsórias ou *qualquer outra sanção* prevista pelo respectivo direito nacional" (grifamos) e, no art. 12 (3), trata do intercâmbio de informações com as jurisdições nacionais com relação às "sanções em pessoas singulares" e à imposição de "penas privativas de liberdade", confirmando a ideia de "qualquer outra sanção" disposta no art. 5.º.

criminalização de condutas econômicas, em diversos países europeus como a Irlanda e o Reino Unido.[12]

O Brasil alinha-se às jurisdições que optaram pela criminalização. A vigente legislação referente aos delitos contra a ordem econômica – Lei Federal 8.137/1990 – tipifica algumas condutas infringentes à ordem concorrencial. Dentre elas, destaca-se o cartel, tipificado pelo art. 4.º desse diploma legal, com pena de reclusão de 2 (dois) a 5 (cinco) anos, ou multa.[13]

A.2 – A execução cível da obrigação de reparar danos provocados a consumidores e concorrentes por infração concorrencial, e a obtenção da cessação de práticas que constituam infração à ordem econômica

Em tese, qualquer consumidor ou concorrente é legitimado a, individualmente, requerer indenização pelos danos causados por determinada infração concorrencial, com amparo no art. 927, c/c o art. 186, ambos do Código Civil Brasileiro.[14] A Lei de Defesa da Concorrência, nessa linha, dispõe que os prejudicados, por si ou por seus representantes processuais, poderão ingressar em juízo para, em defesa de seus interesses individuais ou individuais homogêneos, obter o recebimento de indenização por perdas e danos sofridos.

A dificuldade de individualização dos prejuízos causados por determinada conduta econômica, no entanto, leva a crer que o meio, por excelência, para obter a reparação dos danos em questão é a *ação civil pública*, atualmente regulada pela Lei 7.347/1985. Tal remédio jurídico, baseado na tutela ao direito difuso à livre concorrência, é apto à obtenção da reparação dos danos sofridos pela coletividade, sendo que, nos termos do art. 13 da referida lei, os

12. Para um panorama detalhado dos debates através dos vários países europeus, Cf. WILS, Wouter P. J. Op. cit.

13. "Art. 4.º Constitui crime contra a ordem econômica: I – abusar do poder econômico, dominando o mercado ou eliminando, total ou parcialmente, a concorrência mediante: a) ajuste ou acordo de empresas; (...) II – formar acordo, convênio, ajuste ou aliança entre ofertantes, visando: a) à fixação artificial de preços ou quantidades vendidas ou produzidas; b) ao controle regionalizado do mercado por empresa ou grupo de empresas; c) ao controle, em detrimento da concorrência, de rede de distribuição ou de fornecedores."

14. "Art. 186. Aquele que, por ação ou omissão voluntária, negligência ou imprudência, violar direito e causar dano a outrem, ainda que exclusivamente moral, comete ato ilícito. (...) Art. 927. Aquele que, por ato ilícito (arts. 186 e 187), causar dano a outrem, fica obrigado a repará-lo."

valores auferidos a título reparatório serão direcionados ao Fundo de Direitos Difusos (FDD), cuja gestão é presidida pela Secretaria de Direito Econômico do Ministério da Justiça.

É importante observar que, em nosso sistema jurídico, a natureza da indenização é *compensatória*, no sentido de que, via de regra, deve guardar estrita correspondência aos danos provocados pelo ato ilícito.[15] Excepcionalmente, no entanto, na apuração do *quantum* indenizatório, poderá a autoridade judiciária levar em conta a *teoria do desestímulo* ao agente, não estabelecendo valor irrisório o suficiente para que a prática ilícita torne-se, em última análise, rentável ao agente econômico.[16]

Tal escopo – em regra, *compensatório* – do direito brasileiro difere radicalmente daquele adotado pelo sistema norte-americano, em que a reparação assume caráter eminentemente *punitivo* (*punitive damages*). Evidencia tal situação o fato de que o *Clayton Act*, de 1914, atribui às vítimas de violação às leis antitruste o direito a pleitear "reparação de danos em triplo" (*treble damages*).

Para além da obtenção da reparação de danos, deve-se notar, ainda, que é possível a obtenção judicial da cessação de práticas que constituam infração à ordem econômica, mediante ação direta proposta por qualquer dos legitimados mencionados na Lei de Defesa da Concorrência.

A.3 – A execução e revisão judicial das decisões do Conselho Administrativo de Defesa Econômica

As decisões plenárias do Conselho Administrativo de Defesa Econômica (CADE) constituem *título executivo extrajudicial*, a serem executados perante a Justiça Federal pela Procuradoria da autarquia antitruste, em caso de descumprimento. Tratando-se, contudo, de decisão tão somente cominatória de

15. Cf. STJ, REsp 913131/BA, *DJe* 06.10.2008: "Ressalte-se que a aplicação irrestrita das 'punitive damages' encontra óbice regulador no ordenamento jurídico pátrio que, anteriormente à entrada do Código Civil de 2002, vedava o enriquecimento sem causa como princípio informador do direito e após a novel codificação civilista, passou a prescrevê-la expressamente, mais especificamente, no art. 884 do Código Civil de 2002".

16. Cf. STJ, REsp 604801/RS, 2.ª T., Rel. Min. Eliana Calmon, *DJ* 07.03.2005: "O valor do dano moral tem sido enfrentado no STJ com o escopo de atender a sua dupla função: reparar o dano buscando minimizar a dor da vítima e punir o ofensor, para que não volte a reincidir. (...) 3. Fixação de valor que não observa regra fixa, oscilando de acordo com os contornos fáticos e circunstanciais".

multa, o débito será inscrito como Dívida Ativa da União, e promovido na forma da Lei Federal 6.830/1980.

Paralelamente à competência para execução das referidas decisões administrativas, tem-se que, diante do princípio da inafastabilidade do controle judicial (art. 5.º, XXXV, da Constituição da República), e conforme doutrina prevalecente,[17] as decisões do Conselho Administrativo de Defesa Econômica poderão ser inteiramente revistas - inclusive, em seu mérito - pelo Poder Judiciário, em sede de embargos à execução ou de ação autônoma para desconstituição do título executivo.

Sob o ponto de vista da efetividade dos remédios antitruste, tal poder revisional deve ser tratado com grave cautela por parte do Judiciário brasileiro. Ocorre que a complexidade técnica da análise concorrencial dos mercados apresenta-se como grande obstáculo a uma análise fática e jurídica acurada por parte dos quadros funcionais do Poder Judiciário - que, muitas vezes, não possuem a necessária *expertise* para tal tarefa. Aliada a tal fato está a alta volatilidade das condições econômicas que fundamentam as decisões antitruste, que - por demandarem intervenções em tempo hábil a evitar a alteração dos fatores econômicos que justificaram a decisão - o que pode gerar problemas caso se verifique grande morosidade nas discussões em sede do Poder Judiciário.

Ilustra perfeitamente tal situação o ocorrido a partir do Ato de Concentração 08012.001697/2002-89 - cujas requerentes são Nestlé Brasil Ltda. e Chocolates Garoto S/A - em que o CADE decidiu pela desconstituição da operação, em fevereiro de 2004. A maratona litigiosa no Poder Judiciário, no entanto, fez com que a decisão administrativa, quase uma década após ter sido notificada a concentração, continuasse em discussão no Poder Judiciário, o que acarretou completo distanciamento entre os fatos discutidos no âmbito processual e os dados econômicos da dinâmica realidade fática em que a decisão final pretenderá impor seus efeitos.

B. Os atos administrativos

Conforme conceitua a Professora Maria Sylvia Zanella Di Pietro, ato administrativo é "a declaração do Estado ou de quem o represente, que produz

17. Para conhecimento aprofundado da discussão, cf.: OLIVEIRA, Amanda Flávio de. *Direito da concorrência e Poder Judiciário*. Rio de Janeiro: Forense, 2002.

efeitos jurídicos imediatos, com observância da lei, sob regime jurídico de direito público e sujeita a controle do Poder Judiciário".[18]

Na sistemática formal que ora se apresenta, tal categoria refere-se, especialmente, à atuação do Sistema Brasileiro de Defesa da Concorrência (SBDC) na prática de dois diferentes tipos de atos administrativos, nos termos da Lei e Defesa da Concorrência e sua regulamentação: (a) os atos unilaterais, aqueles em que "a Administração não tem liberdade para estabelecer, por sua própria vontade, os efeitos jurídicos, que são aqueles fixados na lei",[19] de modo que o conteúdo material do ato é formado unilateralmente por órgão do SBDC, nos termos da lei, cabendo às partes interessadas acatá-lo; e (b) os contratos administrativos, atos em que "as condições de celebração não são previamente fixadas por atos normativos",[20] ou seja, há concurso de vontade entre o CADE e as partes interessadas para formação do conteúdo material do ato.

Ao Plenário do Conselho Administrativo de Defesa Econômica (CADE), é reconhecida a competência para proferimento de decisões de caráter vinculante em procedimentos administrativos, com aptidão para formação de coisa julgada administrativa – impassíveis, que são, de serem revistas por parte de qualquer outro órgão do Poder Executivo.[21]

Via de regra, essas decisões têm seu conteúdo formulado de maneira unilateral, mediante o debate e voto em plenário pelos membros do CADE.

Ocasiões há, no entanto, em que as decisões plenárias do Conselho homologam atos cujo conteúdo é formatado pela conjunção das vontades entre o Conselho e os particulares interessados no procedimento administrativo, o que se obtém mediante *negociação*. São exemplos: o Termo de Compromisso de Desempenho (TCD); o Acordo de Preservação da Reversibilidade da Operação (APRO); o Termo de Cessação de Conduta (TCC); e o Acordo de Leniência.

Tais atos caracterizam-se "negócios jurídicos administrativos", haja vista constituírem

> mais de uma declaração de vontade unitária, uma delas obrigatoriamente da Administração ou de suas entidades, servindo de base à produção de efeitos jurídicos *ex voluntate* e não *ex lege*, antes inexistentes, interesses opostos ou

18. DI PIETRO, Maria Sylvia Zanella. *Direito administrativo*. 18. ed. São Paulo: Atlas, 2005. p. 187.
19. Idem, ibidem, p. 214.
20. Idem, p. 215.
21. Note-se, no entanto, como supra-afirmado, que tais decisões são passíveis de revisão por parte do Poder Judiciário (art. 5.º, XXXV, Constituição da República).

paralelos, mas nos quais o Estado se situe em posição de preponderância em relação ao particular, regendo-se a relação por regime jurídico de direito público.[22]

Sob o gênero "negócio jurídico administrativo", então, segundo a moderna doutrina administrativista brasileira, será mais adequado classificar os atos em questão como integrantes da espécie "contrato administrativo".[23-24]

Na legislação pertinente, ademais, consta a previsão de remédios de natureza *cautelar* ou *probatória*: intervenções empreendidas a título de *intercorrências processuais*, como a Medida Cautelar, a Medida Preventiva e o Acordo para Preservação da Reversibilidade da Operação.

A classificação que se apresenta a seguir, então, levará em consideração três caracteres fundamentais: (a) a unilateralidade ou bilateralidade do ato administrativo analisado ("atos unilaterais" e "contratos administrativos"); (b) sua natureza preventiva ou final ("intercorrências processuais" e "atos aptidão

22. ARAÚJO, Edmir Netto. *Do negócio jurídico administrativo*. São Paulo: Revista dos Tribunais, 1992. p. 207.

23. Com efeito, vem-se reconhecendo natureza contratual aos atos bilaterais em que há vontade negocial entre Estado e particular, mesmo sem a presença da natureza sinalagmática - recíproca - das obrigações. Cf. FERRAZ, Luciano. Termos de Ajustamento de Gestão (TAG): do sonho à realidade. *Revista Brasileira de Direito Público*, v. 31, p. 43-50, 2010.

24. "a ampla maioria da doutrina e as codificações dos séculos XIX, XX e atual efetuam a denominada ampliação do conceito de contrato e definem o mesmo, por exemplo, como acordo para produção de efeitos jurídicos notadamente entre as partes/partícipes, que obtenha reconhecimento ou que não tenha oposição do ordenamento jurídico.

(...) se revelam ultrapassadas as análises do instituto contratual que têm como elemento fundamental das relações contratuais a existência de interesses antagônicos e/ou distintos. Tais exames são ultrapassados, na doutrina atual, por ensinamentos que enfocam as relações obrigacionais como um "todo" e como processo, e/ou que enxergam as mesmas relações para além das partes e na perspectiva dos terceiros, da sociedade e do sistema jurídico, e/ou que percebem nas relações referidas a afirmação crescente dos elementos confiança, cooperação, colaboração e parceria entre as partes/partícipes, como também constatam a afirmação, na sociedade e no ordenamento jurídico, no que se refere à matéria contratual, dos princípios, dentre outros da boa-fé, da probidade, do equilíbrio econômico, da equivalência das prestações, da equivalência material, da equidade, da justiça e da função social" (TODERO, Domingos Roberto. *Dos convênios da Administração Pública*. 2006. 656p. Dissertação (Mestrado em Direito). Pontifícia Universidade Católica do Rio Grande do Sul, Porto Alegre, p. 44).

à solução do mérito administrativo"); e (b) a modalidade de atuação do SBDC em que se inserem ("controle repressivo" e "controle preventivo").

Ressalva seja feita, por fim, ao fato de que a competência para a prática de alguns dos atos administrativos a serem analisados a seguir, no entanto, pode ser afetada *ex vi legis* a órgãos administrativos externos ao SBDC, como agências reguladoras[25] ou o Ministério Público.[26]

B.1 – O controle repressivo exercido pelo Sistema Brasileiro de Defesa da Concorrência

Sob a égide do § 4.º do art. 173 da Constituição da República – "A lei reprimirá o abuso do poder econômico que vise à dominação dos mercados, à eliminação da concorrência e ao aumento arbitrário dos lucros" – A Lei de Defesa da Concorrência define infrações administrativas à ordem concorrencial.

Nos termos do diploma legal, então, constituem infrações concorrenciais, independentemente de culpa, os atos sob qualquer forma manifestados que tenham por objeto ou possam produzir os efeitos de: (i) limitar, falsear ou de qualquer forma prejudicar a livre concorrência ou a livre iniciativa; (ii) dominar mercado relevante de bens ou serviços; (iii) aumentar arbitrariamente os lucros; ou (iv) exercer de forma abusiva posição dominante.

As condutas infratoras em questão são apuradas e julgadas pelo Conselho Administrativo de Defesa Econômica mediante o chamado "processo administrativo" (PA), instaurado e instruído pela Secretaria de Direito Econômico, de ofício ou mediante representação escrita de qualquer interessado ou de Comissão do Congresso Nacional.

---

25. Observe-se, por exemplo, que os parágrafos primeiro e segundo do art. 7.º da Lei 9.472/1997 atribuem à Agência Nacional de Telecomunicações (Anatel) a competência para instrução de atos de concentração no setor de telecomunicações, para posterior submissão ao CADE, bem como para atribuir anuência prévia "*a cisão, a fusão, a transformação, a incorporação, a redução do capital da empresa ou a transferência de seu controle societário*" (art. 97), sob a ótica, inclusive, da preservação da concorrência.

26. Tratando-se a livre concorrência de direito difuso, tem-se que o art. 5.º, § 6.º, da Lei 7.437/1997 atribui ao Ministério Público (e demais órgãos públicos mencionados nos incisos do *caput* do art. 5.º da mesma Lei) competência para firmatura de Termo de Ajustamento de Conduta com relação à infração à ordem concorrencial.

No âmbito do processo administrativo ou em seus procedimentos preparatórios,[27] há importante rol de remédios jurídicos antitruste à disposição do SBDC, sejam (i) intercorrências processuais ou (ii) atos com aptidão à solução do mérito administrativo.

B.1.1 – Controle repressivo – Intercorrências processuais

(a) Atos unilaterais

O principal remédio a ser imposto unilateralmente pelo Sistema Brasileiro de Defesa da Concorrência, a título de intercorrência processual no controle de condutas, é *a medida preventiva.*

A medida preventiva constitui determinação de cessação de determinada prática econômica e, quando possível, de reversão à situação anterior, diante de indícios ou fundado receio de que o representado em processo administrativo "direta ou indiretamente, cause ou possa causar ao mercado lesão irreparável ou de difícil reparação, ou torne ineficaz o resultado final do processo".

A competência para sua adoção é do Secretário de Direito Econômico ou do Conselheiro-Relator – de ofício ou por provocação do Procurador-Geral do CADE – que estipularão multa diária ao descumprimento da medida.

(b) Contratos administrativos

Na condição de remédio negocial no controle de condutas, encontra-se o acordo de leniência.

O instituto consiste, genericamente, em acordo celebrado entre a União – por intermédio da Secretaria de Direito Econômico – e pessoas físicas ou jurídicas autoras de infração à ordem econômica que sejam as primeiras, dentre os demais coautores, a se qualificarem para sua celebração.

Ao cumprir as obrigações avençadas no acordo de leniência – fixadas no sentido da colaboração suficientemente adequada a ponto de permitir a comprovação material da prática delituosa investigada e a identificação dos demais coautores – o particular adquire o direito à extinção da ação punitiva da administração pública ou a redução de um a dois terços da penalidade aplicável,

27. Note-se que, caso não entenda pela existência de indícios suficientes de infração para instauração direta do processo administrativo, deverá o Secretário de Direito Econômico instaurar "averiguações preliminares", ao final da instrução das quais decidirá pela instauração de processo administrativo ou por seu arquivamento, hipótese em que recorrerá de ofício ao CADE.

e à extinção da punibilidade quanto aos crimes contra a ordem econômica tipificados pela Lei 8.137/1990.[28]

A peculiaridade do acordo de leniência refere-se ao fato de que se trata de remédio com duplo escopo.

O primeiro, imediatamente interventivo, caracteriza-se pelo acréscimo de um elemento de instabilidade nos acordos entre agentes econômicos. A possibilidade de o primeiro membro a celebrar acordo de leniência eximir-se de considerável parcela de responsabilidade pela prática delituosa, conforme estabelece a lei, obriga os agentes econômicos à ponderação entre os riscos de permanecerem fiéis à colusão e os benefícios de serem os primeiros a se candidatarem para a delação da conduta.[29]

Com caráter mediatamente interventivo, o segundo escopo caracteriza-se pelo fato de que o considerável suporte probatório adquirido pelas autoridades antitruste, em razão da celebração de acordos de leniência, amplia a possibilidade de obtenção de condenações às infrações à ordem econômica.

---

28. Das disposições legais relacionadas ao acordo de leniência, é digno de destaque o fato que não assiste legitimidade para firmatura de acordo de leniência à empresa que "esteja à frente da conduta tida como infracionária" (art. 35-B, § 1.º), bem como os requisitos do § 2.º do art. 35-B: "I – a empresa ou pessoa física seja a primeira a se qualificar com respeito à infração noticiada ou sob investigação; II – a empresa ou pessoa física cesse completamente seu envolvimento na infração noticiada ou sob investigação a partir da data de propositura do acordo; III – a SDE não disponha de provas suficientes para assegurar a condenação da empresa ou pessoa física quando da propositura do acordo; e IV – a empresa ou pessoa física confesse sua participação no ilícito e coopere plena e permanentemente com as investigações e o processo administrativo, comparecendo, sob suas expensas, sempre que solicitada, a todos os atos processuais, até seu encerramento".

29. Cf. MOTCHENKOVA, Evgenia. Effects of leniency programs on cartel stability. Disponível em: <http://papers.ssrn.com/sol3/papers.cfm?abstract_id=617224>. Acesso em: 14 nov. 2010. "In a game theoretic model we assume that there is a possibility of strategic interaction between the firms in the coalition in the sense that they can break the cartel agreement by self-reporting. By doing this we allow for the possibility for the firms to betray the cartel and this influences the internal stability of the cartel". Cf, também: MOTTA, Massimo; POLO, Michele. Leniency programs and cartel prosecution. Disponível em: <http://papers.ssrn.com/sol3/papers.cfm?abstract_id=165688>. Acesso em: 14 nov. 2010.

B.1.2 – Controle repressivo – Atos com aptidão à solução do mérito administrativo

(a) Atos unilaterais

Ao final do processo administrativo (PA), o Plenário do CADE, mediante decisão da maioria absoluta de seus membros, poderá impor as penalidades previstas na Lei de Defesa da Concorrência aos responsáveis pela prática de infração à ordem econômica. O conteúdo de tal decisão será analisado quando da análise do aspecto *material* dos remédios concorrenciais, sendo importante, aqui, tão somente ressaltar o caráter unilateral de tal ato.

(b) Contratos administrativos

O mérito administrativo, em procedimentos de apuração de infração à ordem concorrencial, também pode vir a ser solucionado de forma negocial, mediante celebração de Termo de Cessação de Conduta (TCC).[30]

O TCC consiste em acordo proposto por representado em procedimento administrativo e negociado por equipe técnica do Conselho Administrativo de Defesa Econômica, com disposições relativas à cessação da prática investigada, contribuição pecuniária para o Fundo de Direitos Difusos e penalidades por seu descumprimento.

A aceitação do Termo de Cessação de Conduta é procedida mediante juízo de conveniência e oportunidade pela autoridade antitruste, e seu cumprimento acarreta o arquivamento do procedimento administrativo de controle comportamental que deu ensejo a sua celebração, com relação ao representado que for parte do acordo.

B.2 – O controle preventivo exercido pelo Sistema Brasileiro de Defesa da Concorrência

A segunda categoria de atos administrativos refere-se ao controle, pelo Sistema Brasileiro de Defesa da Concorrência, dos atos de agentes econômicos que, "sob qualquer forma manifestados, possam limitar ou de qualquer forma prejudicar a livre concorrência, ou resultar na dominação de mercados relevantes de bens ou serviços".

30. Note-se que, à vista do disposto no art. 5.º, § 6.º da Lei Federal 7.437/1985 (Lei da Ação Civil Pública), o responsável por infração à ordem econômica também poderá firmar Termo de Ajustamento de Conduta perante o Ministério Público, o que, dentre outras coisas, poderá garantir a exclusão da imputabilidade penal (vide STF, HC 92.921, rel. Min. Ricardo Lewandowski).

A apreciação de tais atos é efetuada por meio do procedimento administrativo denominado "Ato de Concentração" (AC).

Também no âmbito de tal procedimento, há importantes atos administrativos unilaterais e negociais a serem considerados quando da sistematização formal dos remédios antitruste.

B.2.1 – Controle preventivo – Intercorrências processuais

(a) Atos unilaterais

No âmbito do controle dos atos de concentração, é necessário cautela por parte do Poder Público, no sentido de se garantir que a operação notificada não avance de modo tal a frustrar a eficácia da decisão administrativa. Em outras palavras, é essencial garantir a *reversibilidade* dos atos de concentração, enquanto pendente o procedimento administrativo.[31]

Por tal razão é que poderá o Conselho Administrativo de Defesa Econômica, quando em apreciação de determinado ato de concentração, lançar mão da medida cautelar, ato unilateral com o escopo de garantir a eficácia da solução final do mérito administrativo.

Por meio da medida cautelar o Conselheiro-Relator do ato de concentração determinará, dentre outras providências, que as partes mantenham o *status* concorrencial anterior à operação, e se abstenham de praticar quaisquer novos atos decorrentes do contrato já notificado, especialmente quanto a:

I – qualquer alteração de natureza societária;

II – alterações nas suas instalações físicas e transferência ou renúncia aos direitos e obrigações relativos aos seus ativos, aí também incluídos marcas, patentes e carteira de clientes e fornecedores;

III – descontinuar a utilização de marcas e produtos;

IV – alterações nas estruturas, logística e práticas de distribuição e comercialização;

V – mudanças administrativas nas empresas que impliquem em dispensa de mão de obra e transferência de pessoal entre seus estabelecimentos de produção, distribuição, comercialização e pesquisa, quando caracterizadas como objetivando a integração das empresas das requerentes;

31. As dificuldades em se garantir a reversibilidade das concentrações econômicas, no controle *a posteriori*, é um dos argumentos utilizados com o subsídio à proposta de alteração do sistema de controle estrutural pelo SBDC. Assim é que o PL 3937/2004 – que visa a alterar a Lei 8.884/1994, reformando o Sistema Brasileiro de Defesa da Concorrência – quanto à matéria, propõe o controle *prévio* das concentrações econômicas.

VI – interrupção de projetos de investimento pré-estabelecidos em todos os setores de atividade da empresa adquirida e de implementação de seus planos e metas de vendas;[32]

A medida cautelar poderá ser expedida *ex officio* ou a requerimento de terceiro interessado, da Secretaria de Direito Econômico, da Secretaria Especial de Acompanhamento Econômico, da Procuradoria do CADE ou de Agência Reguladora. A medida será submetida a *referendum* do Plenário do CADE na sessão seguinte à sua prolação, e poderá ser revogada ou alterada a qualquer tempo – caso contrário, conservará sua eficácia até o fim do julgamento do mérito do ato de concentração.

(b) Contratos administrativos

O mesmo objetivo acima referido – qual seja, garantir a *reversibilidade* das concentrações econômicas submetidas à apreciação do Sistema Brasileiro de Defesa da Concorrência – também poderá ser perseguido por meio do ato negocial denominado Acordo para Preservação da Reversibilidade da Operação (APRO).

O acordo – de iniciativa do Relator do ato de concentração ou proposto pelas partes envolvidas – estabelecerá o mesmo tipo de disposições referidas pelo art. 136 do Regimento Interno do CADE (enumeradas no item acima), com o idêntico objetivo de "preservar inalteradas as condições de mercado, prevenindo alteração irreversível ou de difícil reparação, até o julgamento do mérito do Ato de Concentração, evitando o risco de tornar ineficaz o resultado final do procedimento".[33]

Se, após negociação e redação final, a minuta de APRO não for homologada pelo Plenário, caberá ao Conselheiro-Relator submeter a *referendum* plenário sua decisão acerca de Medida Cautelar para o ato de concentração em questão, sem prejuízo de elaboração de nova minuta de APRO.

B.2.2 – Controle preventivo – Atos com aptidão à solução do mérito administrativo

(a) Atos unilaterais

À semelhança do que ocorre no controle de condutas, tem-se que, encerrado o procedimento administrativo do Ato de Concentração, o Plenário do

32. Regimento Interno do Conselho Administrativo de Defesa Econômica, art. 136 (incisos).
33. Regimento Interno do Conselho Administrativo de Defesa Econômica, art. 139, parágrafo único.

CADE, mediante voto da maioria de seus membros, deverá decidir pela *aprovação, rejeição* ou *aprovação com restrições* da operação econômica notificada.

O juízo de valor necessário a tal decisão é orientado pelo parâmetro que os atos e contratos que "possam limitar ou de qualquer forma prejudicar a livre concorrência, ou resultar na dominação de mercados relevantes de bens ou serviços" poderão ser aprovados pelo CADE na hipótese de atenderem às seguintes condições:

> I – tenham por objetivo, cumulada ou alternativamente:
>
> *a)* aumentar a produtividade;
>
> *b)* melhorar a qualidade de bens ou serviço; ou
>
> *c)* propiciar a eficiência e o desenvolvimento tecnológico ou econômico;
>
> II – os benefícios decorrentes sejam distribuídos equitativamente entre os seus participantes, de um lado, e os consumidores ou usuários finais, de outro;
>
> III – não impliquem eliminação da concorrência de parte substancial de mercado relevante de bens e serviços;
>
> IV – sejam observados os limites estritamente necessários para atingir os objetivos visados.

Ademais, os atos e contratos em questão poderão ser considerados legítimos "desde que atendidas pelo menos três das condições previstas nos incisos do parágrafo anterior, quando necessários por motivo preponderantes da economia nacional e do bem comum, e desde que não impliquem prejuízo ao consumidor ou usuário final".[34]

(b) Contratos administrativos

Ao formular a decisão final no procedimento administrativo do Ato de Concentração, poderá o Plenário do CADE condicionar a aprovação da operação econômica notificada à celebração do ato negocial denominado Termo de Compromisso de Desempenho (TCD).

34. Demais esclarecimentos acerca da análise empreendida para verificar o atendimento a tais requisitos encontra-se no importante "Guia para análise econômica de atos de concentração horizontal": Portaria Conjunta SEAE/SDE 50, de 1.º.08.2001 (publicada no *DOU* 158-E, de 17.08.2001, Seção 1, p. 12 a 15), Disponível em: <www.seae.fazenda.gov.br/central.../guias/portconjseae-sde.pdf>.

Com o objetivo de garantir que os objetivos e eficiências levados em consideração para aprovação do ato de concentração serão efetivamente atingidos após a decisão do Conselho Administrativo de Defesa Econômica, o Termo fixará uma série de metas quantitativas e qualitativas a serem observadas pelas partes da operação econômica notificada, em prazos pré-definidos.

O descumprimento dos compromissos de desempenho negociados acarretará revogação da aprovação do ato econômico e a abertura de processo administrativo para apuração de responsabilidades.

Figura 1 – Sistemática Formal dos Remédios Antitruste (itens com * designam intercorrências processuais)

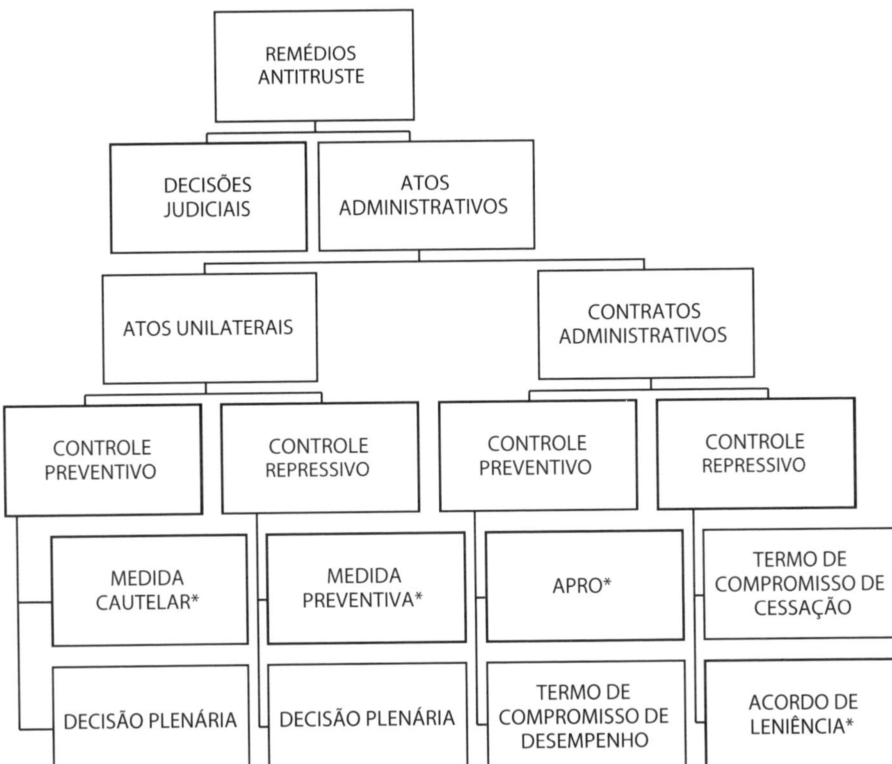

2.2 *Sistematização dos remédios jurídicos concorrenciais – perspectiva material*

Analisando-se os remédios antitruste a partir de seu *conteúdo*, é útil separá-los conforme seu *escopo* e seu *modus operandi*.

2.2.1 A diferença de escopo dos remédios antitruste

Não obstante o fato de todos os remédios antitruste apresentarem, como objetivo final, a concretização dos objetivos consagrados pelo sistema jurídico-concorrencial brasileiro, é de se observar que, imediatamente, seu escopo de atuação é bastante diversificado.

(a) Remédios punitivos

Os remédios de escopo punitivo têm como objetivo a aplicação de sanções aos agentes econômicos, com vistas a reprimir e prevenir condutas infratoras à ordem concorrencial. Sob esse rótulo, encontram-se, especialmente: (i) as sanções criminais previstas na Lei 8.137/1990; (ii) as multas cominadas às empresas e seus administradores; (iii) as sanções adicionais previstas pela Lei de Defesa da Concorrência.[35]

(b) Remédios indenizatórios

Sob a legenda de "remédios antitruste indenizatórios", incluem-se as medidas aptas a promover a reparação pecuniária aos lesados por atos contrários ao sistema jurídico-concorrencial. Compreendem-se aqui, então, as ações judiciais individuais e coletivas de caráter indenizatório, cuja causa de pedir seja infração aos preceitos concorrenciais.

(c) Remédios constitutivos

Possuem escopo constitutivo os remédios aptos a promoverem a anulação de atos jurídicos contrários aos objetivos da legislação concorrencial. Exemplificam tal categoria as ações populares (Lei 4.147/1965) e ações civis públicas (Lei 7.347/1985) cujo objeto refira-se à declaração de nulidade de de-

35. Nesse contexto destacam-se: a publicação, em meia página e às expensas do infrator, em jornal indicado na decisão, de extrato da decisão condenatória, por dois dias seguidos, de uma a três semanas consecutivas; a proibição de contratar com instituições financeiras oficiais e participar de licitação tendo por objeto aquisições, alienações, realização de obras e serviços, concessão de serviços públicos, junto à Administração Pública Federal, Estadual, Municipal e do Distrito Federal, bem como entidades da administração indireta, por prazo não inferior a cinco anos; a inscrição do infrator no Cadastro Nacional de Defesa do Consumidor; a recomendação aos órgãos públicos competentes para que: a) seja concedida licença compulsória de patentes de titularidade do infrator; b) não seja concedido ao infrator parcelamento de tributos federais por ele devidos ou para que sejam cancelados, no todo ou em parte, incentivos fiscais ou subsídios públicos".

terminados atos administrativos, em razão de sua contrariedade ao princípio constitucional da livre concorrência.

(d) Remédios compensatórios

Os remédios compensatórios, que desempenham papel de destaque no controle de atos de concentração, têm como escopo "assegurar a realização das eficiências alegadas pelas requerentes, bem como seu compartilhamento com os consumidores".[36] Tais remédios, então, desenvolvem-se sob a égide da Lei de Defesa da Concorrência, que recomenda a forma de compromissos de desempenho para garantir "a realização das condições levadas em consideração pelo Conselho Adminisrativo de Defesa para aprovação do at de concentração.

(e) Remédios saneadores

Paralelamente aos remédios compensatórios, no controle preventivo, encontram-se aqueles designados a "afastar o potencial dano à concorrência, eliminando o fator que confere a posição dominante resultante ou fortalecida pela operação",[37] denominados remédios saneadores.

Tais medidas visam a assegurar a eficácia dos dispositivos da Lei de Defesa da Concorrência, que preceituam que somente serão aprovadas operações econômicas quando "não impliquem eliminação da concorrência de parte substancial de mercado relevante de bens e serviços" e "sejam observados os limites estritamente necessários para atingir os objetivos visados".[38]

É de se observar, ademais, que, também no controle repressivo, o legislador previu a possibilidade de remédios de escopo saneador, ao atribuir ao CADE, o poder-dever de determinar, como pena cumulativa à multa por infração concorrencial, "a cisão de sociedade, transferência de controle societário,

36. BRASIL. Conselho Administrativo de Defesa Econômica. Ato de Concentração 08012.005846/99-12 – Parecer da Secretaria de Direito Econômico (SDE), p. 196. Tal distinção entre remédios compensatórios e saneadores também fora apresentada em Voto-Vista da Conselheira Lúcia Helena Salgado no Ato de Concentração 0058/95.

37. BRASIL.Conselho Administrativo de Defesa Econômica. Ato de Concentração 08012.005846/99-12 – Parecer da Secretaria de Direito Econômico (SDE), p. 196. Tal distinção entre remédios compensatórios e saneadores também fora apresentada em Voto-Vista da Conselheira Lúcia Helena Salgado no Ato de Concentração 0058/95.

38. Cf. BRASIL. Conselho Administrativo de Defesa Econômica. Ato de Concentração 08012.005846/99-12 – Parecer da Secretaria de Direito Econômico (SDE), p. 196.

venda de ativos, cessação parcial de atividade, ou qualquer outro ato ou providência necessários para a eliminação dos efeitos nocivos à ordem econômica".

2.2.2 O modus operandi *dos remédios compensatórios e saneadores*

Para a consecução de seus objetivos acima relatados, poderão os remédios compensatórios e saneadores traduzir-se em duas diferentes formas de intervenção: medidas estruturais e medidas comportamentais.

(a) Conceitos

Conforme define Massimo MOTTA, os remédios *estruturais* são aqueles que "modificam a alocação de direitos de propriedade", incluindo o "desinvestimento de um negócio inteiro, em andamento, ou um desinvestimento parcial (possivelmente uma mistura e combinação de ativos e atividades das diferentes firmas envolvidas no projeto de concentração)",[39] de modo tal a alterar a estrutura do mercado.

Exemplifica tal tipo de medida a decisão do CADE para o Ato de Concentração 08012.000212/2002-30, entre PepsiCo Inc. e Companhia Brasileira de Bebidas, em que a aprovação da operação econômica foi condicionada à alienação de "todos e quaisquer registros, pedidos e direitos inerentes" à marca "Marathon" "e suas extensões, assim como todos os demais elementos de propriedade intelectual, relativos a esse signo distintivo", de modo a evitar a acumulação, pelas Requerentes, da parcela de 94,25% do mercado relevante de bebidas isotônicas artificiais.[40]

Os remédios *comportamentais*, por sua vez, ao invés de implicarem a transferência de direitos de propriedade, impõem restrições em sua utilização pelas firmas – especificamente, obrigações de fazer e não fazer.

É ilustrativa, nesse sentido, a determinação do CADE no Ato de Concentração 78/1996, entre White Martins S/A e Unigases Comercial Ltda., condicionando a aprovação da operação econômica a compromissos comportamentais das empresas requerentes, como a venda de "CO2 a preços normais de mercado, para concorrentes ou revendedores, sempre que se verificar ca-

39. MOTTA, Massimo; POLO, Michele; VASCONCELOS, Helder. Merger remedies in Europe: an Overview. Paper apresentado no evento "Guidelines for Merger Remedies – Prospects and Principles". École des Mines, Paris, 17.01.2002. Disponível em: <http://www2.dse.unibo.it/mmotta/Papers/RemediesMPV10.pdf>. Acesso em: 23 nov. 2010.

40. BRASIL. Conselho Administrativo de Defesa Econômica. Ato de Concentração 08012.000212/2002-30. Rel. Cons. Miguel Tebar Barrionuevo. *DOU* 29.07.2004.

pacidade ociosa nas unidades produtivas das compromissárias, caso ocorra manifesto interesse daqueles, por escrito".[41]

(b) Análise comparativa

Apontam-se, classicamente, importantes vantagens comparativas a serem levadas em conta pela autoridade concorrencial, ao optar por remédios estruturais em detrimento das medidas comportamentais.

Uma intervenção estrutural, basicamente, encerra-se logo após a conclusão da operação de desinvestimento determinada pela autoridade pública: por haver clara alteração da titularidade dos direitos de propriedade, o monitoramento da observância à decisão é significativamente facilitado. Por essa razão, os remédios dessa natureza são considerados mais "limpos", por evitarem prolongado envolvimento governamental em determinado mercado.[42]

Os remédios comportamentais, por sua vez, requerem extenso envolvimento do poder público no mercado relevante, haja vista a necessidade de se fiscalizar a observância à regra de conduta fixada.[43]

Apontam-se, nessa esteira, quatro tipos de custos evitados por um remédio estrutural, relativamente a medidas comportamentais:[44]

(1) Custos públicos associados ao monitoramento das condutas dos agentes econômicos, para verificar sua adesão à regra comportamental fixada, enquanto os custos privados são reduzidos – relacionados, tão somente, a eventual perda de faturamento. As intervenções estruturais, por sua vez, implicam maiores custos privados (o desinvestimento) e menores custos públicos (monitoramento simplificado);

41. BRASIL. Conselho Administrativo de Defesa Econômica. Ato de Concentração 0078/96. Rel. Cons. Márcio Felsky. *DOU* 10.09.1999.

42. "Divestiture has been called the most important of antitrust remedies. It is simple, relatively easy to administer, and sure": Estados Unidos da América. United States Supreme Court. United States V. E.I. du Pont de Nemours & CO., 366 U. S. 316 (1961), p. 366 U. S. 331.

43. "Apart from the fact that divestiture directly achieves the Commission's goal, structural remedies also are preferable because they do not include monitoring costs, as may be the case with behavioral remedies": SULLIVAN, Thomas E. Antitrust Remedies in the U.S. and E.U.: Advancing a Standard of Proportionality. *48 Antitrust Bulletin* 377, 2003, p. 20.

44. Os custos aqui apresentados derivam do demonstrado em: UNITED STATES OF AMERICA. U.S. Department of Justice. *Antitrust Division. Antitrust Division Policy Guide to Merger Remedies.* Outubro de 2004, p. 11. Disponível em: <http://www.justice.gov/atr/public/guidelines/205108.htm>. Acesso em: 24 nov. 2010.

(2) Custos sociais indiretos relacionados ao esforço do agente econômico para, ao longo do tempo, violar o "espírito" do remédio comportamental sem violar sua literalidade. A medida estrutural, noutro giro, impõe-se definitivamente, afastando o risco de tal comportamento elisivo por parte do agente econômico;

(3) O risco de o remédio comportamental restringir comportamentos pró-competitivos do agente econômico – ex.: uma proibição genérica de discriminação de preços poderá impedir a ocorrência de situações em que a fixação diferenciada de preços é eficiente, como no caso de consumidores com baixa demanda e consumidores com alta demanda;

(4) O risco de que um remédio comportamental, fixado em determinado período econômico, impeça que o agente responda de forma eficiente a condições mercadológicas mutantes, no futuro.

No Ato de Concentração 83/2006, a Conselheira-relatora Lúcia Helena Salgado resume tal pensamento da seguinte forma:[45]

Tabela 1 – Modalidades de remédios, custos e benefícios

	Medidas Estruturais	Medidas Comportamentais
Custos Privados	alto	baixo
Custos Públicos	baixo	alto
Benefícios Públicos	alto	baixo

Sobre a tabela, a Conselheira apresenta a seguinte legenda:

> Custos Privados: mais elevados quando medidas estruturais são adotadas. Em geral, essas atingem o próprio investimento realizado. Já os remédios comportamentais, como multas ou ordens de cessação resultam em custos privados menores, associados à redução de faturamento.
>
> Benefícios públicos: maiores quando resultantes de medidas estruturais, que proporcionam uma resolução, senão definitiva, de longo prazo, em contraste com os resultados temporários que se obtém com remédios comportamentais.[46]

45. BRASIL. Conselho Administrativo de Defesa Econômica. Ato de Concentração 0083/96. Rel. Cons. Lúcia Helena Salgado. *DOU* 27.06.1997. A tabela, aqui, é apresentada com os acréscimos feitos pela Secretaria de Direito Econômico em BRASIL. Conselho Administrativo de Defesa Econômica. Ato de Concentração 08012.005846/99-12 – Parecer da Secretaria de Direito Econômico (SDE), p. 198.
46. Idem, ibidem.

Também filia-se à preferência por remédios estruturais a Organização de Cooperação e Desenvolvimento Econômicos (OCDE) que, no último relatório de *peer review* acerca da lei e política de concorrência no Brasil, observa:

> O CADE tem imposto regularmente remédios comportamentais a atos de concentração. Poderia ser útil a realização de um estudo sobre a eficácia desses remédios em alguns dos casos. Em outros países, *a experiência tem mostrado serem as restrições estruturais mais eficazes que as comportamentais, além de mais fáceis de administrar*[47] (grifo nosso).

A prevalência da aplicação de remédios comportamentais em nosso país, segundo a OCDE, decorreria primordialmente de problemas estruturais do Sistema Brasileiro de Defesa de Concorrência, como o sistema de controle *a posteriori* de concentrações econômicas:

> (...) o Sistema continua padecendo da ausência de notificações prévias. O resultado são longos períodos de análise de atos de concentração sujeitos ao procedimento ordinário e maiores obstáculos para a imposição de remédios estruturais pelo CADE quando as fusões forem consideradas anticoncorrenciais.[48]

Todas as vantagens comparativas aqui referidas têm sido acompanhadas, modernamente, de alertas quanto a duas situações específicas.

(a) Necessidade de remédios comportamentais para assegurar a eficácia de remédios estruturais

Identificam-se situações em que a aplicação isolada de medida estrutural não será considerada eficiente.

É possível, por exemplo, que determinado remédio comportamental seja essencial à *transição* para a nova estrutura de mercado criada pelo desinvestimento: exemplo disso seria a imposição de um contrato de distribuição, de curto prazo, entre as participantes do ato de concentração e o adquirente dos bens desinvestidos, para garantir o acesso do novo *player* do mercado relevante a fatores econômicos que, só após algum tempo, este poderia obter sozinho.[49]

47. Organização para Cooperação e Desenvolvimento Econômicos (OCDE). Lei e Política de Concorrência no Brasil: uma revisão pelos pares. 2010, p. 87. Disponível em: <http://www.cade.gov.br/upload/OCDE_Peer_Review_2010_portugues.pdf>. Acesso em: 24 nov. 2010.
48. Idem, p. 36.
49. UNITED STATES OF AMERICA. U.S. Department of Justice. Antitrust Division. *Antitrust Division Policy Guide to Merger Remedies*. Outubro de 2004, p. 18.

Outro exemplo é previsto pela Comissão Europeia, em sua "Commission Notice on Remedies Acceptable Under Council Regulation 4064/89 and Under Commission Regulation 447/1998", relativamente à detecção de múltiplas preocupações concorrenciais ocasionadas por determinada concentração econômica:

> Devido às especificidades dos problemas concorrenciais ocasionados por determinada concentração em vários mercados, as partes poderão ter de oferecer "pacotes de remédios", que prevejam uma combinação de remédios de desinvestimento a outros remédios, que facilitem a entrada no mercado ao garantir o acesso à rede ou a conteúdo específico.[50]

(b) Situações em que a intervenção estrutural é impossível ou inadequada

Em determinadas concentrações econômicas, tem-se que a determinação de desinvestimento ou a rejeição da operação possuiriam o condão de sacrificar eficiências e de alta relevância, sejam específicas da operação ou preexistentes a esta. Situações há, ainda, em que a estrutura de determinado mercado torna impossível o desenho de remédio de desinvestimento eficiente – ex.: integração vertical entre agente com uma única planta industrial, a montante, e agente com única planta industrial, a jusante[51] – ou a venda de ativos não se pode concluir com sucesso.

Diante de quadros como os descritos, é possível que um remédio comportamental seja a intervenção ideal a sanar a preocupação concorrencial. Tal situação é observada pela OCDE em seu *peer review*, em referência à experiência brasileira:

> O CADE afirma que tem uma preferência por medidas estruturais, mas que tem consciência da necessidade de preservar os ganhos de eficiência que uma concentração propicia, o que poderia não ser possível com a aplicação de um remédio estrutural. Em uma recente fusão envolvendo estradas de ferro, por exemplo, os sistemas ferroviários das partes envolvidas não se sobrepunham diretamente, mas o CADE concluiu que a operação iria eliminar a concorrência no transporte de soja, um dos principais produtos agrícolas

50. EUROPEAN UNION. European Comission. "Comission notice on remedies acceptable under Council Regulation (EEC) No 4064/89 and under Commission Regulation (EC) No 447/98". *Official Journal of the European Communities*, 03.02.2001, p. 68/3. Disponível em: <http://eur-lex.europa.eu/LexUriServ/LexUriServ.do?uri=OJ:C:2001:068:0003:0011:EN:PDF>. Acesso em: 24 nov. 2010.

51. UNITED STATES OF AMERICA. U.S. Department of Justice. Antitrust Division. Antitrust Division... cit., p. 21.

de exportação do Brasil, do oeste do Brasil para outros portos alternativos em São Paulo e Santa Catarina. Além disso, uma das partes da fusão era verticalmente integrada na produção de soja e a transação poderia resultar em que a empresa passasse a discriminar produtores não integrados. *Entretanto, o CADE também identificou eficiências significativas resultantes da fusão*, que poderiam reduzir significativamente os custos de embarque. *O CADE e as partes envolvidas entraram em um acordo que não envolvia a venda de ativos, mas que impunha restrições comportamentais*, proibindo discriminação por parte da nova entidade e incluindo certas limitações de preço e serviço com o propósito de assegurar que os benefícios fossem passados aos consumidores[52] (grifo nosso).

A intervenção estrutural pode mostrar-se inadequada, ainda, quando o problema concorrencial em determinado mercado é eminentemente comportamental. Em mercados, por exemplo, em que o acesso a direitos de propriedade intelectual ou a infraestruturas essenciais é a barreira à entrada mais relevante, o remédio mais eficiente poderá ser o compartilhamento do acesso a tais investimentos – sem transferência, portanto, de propriedade.[53]

Merece consideração, por fim, o alerta de que a eficiência na formatação de intervenções estatais na ordem econômica, no caso concreto, costuma estar relacionada à *combinação* de medidas comportamentais e estruturais, de modo que tal distinção, na prática, não é definitiva.

3. Diretrizes para implementação eficiente de remédios antitruste

Para que a aplicação de remédios antitruste seja apta a atingir os objetivos estabelecidos pelo princípio constitucional da livre concorrência, a doutrina se esforça em fixar algumas diretrizes para sua formatação eficiente, dentre os quais cabe mencionar:

a) Deve haver simetria e proporcionalidade entre o remédio fixado e a violação à ordem concorrencial apurada.[54] Se a medida for ampla demais, poderá gerar efeitos indesejados e desincentivar a concorrência no mercado

52. Organização para Cooperação e Desenvolvimento Econômicos (OCDE). Lei e Política de Concorrência no Brasil: uma revisão pelos parescit., p. 36.

53. SULLIVAN, Thomas E. Op. cit., p. 20.

54. "Before recommending a proposed remedy to an anticompetitive merger, the staff should satisfy itself that there is a close, logical nexus between the recommended remedy and the alleged violation (...)". Em: UNITED STATES OF AMERICA. U.S. Department of Justice. Antitrust Division. Antitrust Division... cit., p. 6.

relevante; se excessivamente restrita, será ineficiente em reprimir a conduta proibida;[55]

b) Os custos públicos associados à aplicação de remédios não deverão exceder os ganhos sociais deles decorrentes. A relação custo-benefício deverá levar em conta o objetivo final de assegurar um benefício líquido aos consumidores;;[56]

c) O remédio deverá visar à ampliação das condições concorrenciais do mercado relevante, ao invés de focar-se na proteção de um concorrente em particular;[57]

d) Deve-se garantir que a formatação do remédio seja apta a vincular todas as partes necessárias à sua implementação. É essencial, ainda, que a medida seja redigida com termos estritos – de modo a tornar seu conteúdo claro inclusive, no futuro, para um juiz estranho às negociações da medida – e seja monitorado pela autoridade concorrencial até sua completa efetivação.[58]

Particularmente quanto ao Sistema Brasileiro de Defesa da Concorrência, deve-se atentar para os princípios constitucionais inafastáveis da atividade da Administração Pública, tais como: (a) razoabilidade; (b) proporcionalidade; (c) isonomia (Constituição da República/88, art. 37, *caput*); (d) juridicidade (CR/88, art. 37, *caput*); (e) devido processo legal administrativo (CR/88, art. 5.º, LIV); e (f) contraditório e ampla defesa (CR/88, art. 5.º, LV).

4. Conclusão

Através do presente escrito, procurou-se apresentar os conceitos, modalidades e princípios regentes dos remédios jurídicos do direito concorrencial brasileiro.

Considera-se "remédios antitruste" os meios jurídicos designados à concretização dos objetivos da legislação de defesa da concorrência no Brasil. Para compreendê-los, é possível empreender análise sob o ponto de vista formal – analisando as formas jurídicas por meio das quais a intervenção se veicula, como decisões judiciais, atos administrativos unilaterais e atos administrativos negociais – ou sob uma perspectiva material – analisando o conteúdo veiculado pelas formas jurídicas referidas. Por fim, é de se observar que a implemen-

55. SULLIVAN, Thomas E. Op. cit., p. 16.
56. Idem, ibidem.
57. UNITED STATES OF AMERICA. U.S. Department of Justice. Antitrust Division. Antitrust Division... cit.,, p. 7.
58. Idem, p. 8.

tação de tais remédios deve observar diversos parâmetros dirigentes, a fim de verificar-se sua eficiência e sua juridicidade, e, principalmente, sua adequação à Ordem Econômica instituída pela Constituição da República de 1988.

5. Referências bibliográficas

ARAÚJO, Edmir Netto. *Do negócio jurídico administrativo*. São Paulo: Revista dos Tribunais, 1992.

BRASIL. Conselho Administrativo de Defesa Econômica. Ato de Concentração 08012.005846/99-12 – Parecer da Secretaria de Direito Econômico (SDE).

______. Conselho Administrativo de Defesa Econômica. Ato de Concentração 08012.000212/2002-30. Rel. Cons. Miguel Tebar Barrionuevo. *DOU* 29.07.2004.

_______. Conselho Administrativo de Defesa Econômica. Ato de Concentração 0078/96. Rel. Cons. Márcio Felsky. *DOU* 10.09.1999.

_______. Conselho Administrativo de Defesa Econômica. Ato de Concentração 0083/96. Rel. Cons. Lúcia Helena Salgado. *DOU* 27.06.1997.

DI PIETRO, Maria Sylvia Zanella. *Direito administrativo*. 18. ed. São Paulo: Atlas, 2005.

DINIZ, Maria Helena. *Dicionário jurídico*. 2. ed. São Paulo: Saraiva, 2005. v. 4.

EUROPEAN UNION. Conselho da União Europeia. Regulamento (CE) 1/2003 do Conselho, de 16 de dezembro de 2002, relativo à execução das regras de concorrência estabelecidas nos arts. 81.º e 82.º do Tratado. Disponível em: <http://eur-lex.europa.eu/LexUriServ/LexUriServ.do?uri=CELEX:32003R0001:PT:HTML>. Acesso em: 29 out. 2010.

______. European Comission. Comission notice on remedies acceptable under Council Regulation (EEC) No 4064/89 and under Commission Regulation (EC) No 447/98. *Official Journal of the European Communities*, 03.02.2001, p. 68/3. Disponível em: <http://eur-lex.europa.eu/LexUriServ/LexUri Serv.do?uri=OJ:C:2001:068:0003:0011:EN:PDF>. Acesso em: 24 nov. 2010.

FERRAZ, Luciano. Termos de Ajustamento de Gestão (TAG): do sonho à realidade. *Revista Brasileira de Direito Público*, v. 31, p. 43-50, 2010.

MOTCHENKOVA, Evgenia. *Effects of leniency programs on cartel stability*. Disponível em: <http://papers.ssrn.com/sol3/papers.cfm?abstract_id=617224>. Acesso em: 14 nov. 2010.

MOTTA, Massimo; POLO, Michele. Leniency programs and cartel prosecution. Disponível em: <http://papers.ssrn.com/sol3/papers.cfm?abstract_id=165688>. Acesso em: 14 nov. 2010.

MOTTA, Massimo; POLO, Michele; VASCONCELOS, Helder. *Merger remedies in Europe: an overview.* Paper apresentado no evento "Guidelines for Merger Remedies – Prospects and Principles". École des Mines, Paris, 17.01.2002. Disponível em: <http://www2.dse.unibo.it/mmotta/Papers/RemediesMPV10.pdf>. Acesso em: 23 nov. 2010.

OLIVEIRA, Amanda Flávio de. *Direito da concorrência e Poder Judiciário*. Rio de Janeiro: Forense, 2002.

ORGANIZAÇÃO PARA COOPERAÇÃO E DESENVOLVIMENTO ECONÔMICOS (OCDE). *Lei e política de concorrência no Brasil: uma revisão pelos pares.* 2010, p. 87. Disponível em: <http://www.cade.gov.br/upload/OCDE_Peer_Review_2010_portugues.pdf>. Acesso em: 24 nov. 2010.

PONTES DE MIRANDA, Francisco Cavalcanti. *Tratado de direito privado.* 8. ed. Rio de Janeiro: Borsoi, 1972. t. XXXV.

SILVA, De Plácido e. *Vocabulário jurídico.* 2. ed. Rio de Janeiro: Forense, 1967. v. 4.

SILVA, José Afonso da. *Curso de direito constitucional positivo.* 32. ed. São Paulo: Malheiros, 2009.

SULLIVAN, Thomas E. Antitrust remedies in the U.S. and E.U.: advancing a standard of proportionality. *48 Antitrust Bulletin* 377, 2003.

TODERO, Domingos Roberto. *Dos convênios da Administração Pública*. 656p. Dissertação (Mestrado em Direito). Porto Alegre: Pontifícia Universidade Católica do Rio Grande do Sul, 2006.

UNITED STATES OF AMERICA. *Antitrust Criminal Penalty Enhancement and Reform Act of 2004, H.R. 1085.* Disponível em: <http://www.govtrack.us/congress/bill.xpd?bill=h108-1086>. Acesso em: 29 out. 2010.

______. U.S. Department of Justice. *Antitrust Division Workload Statistics, 2000-2009.* Disponível em: <http://www.justice.gov/atr/public/workstats.htm>. Acesso em: 29 out. 2010.

______. U.S. Department of Justice. Antitrust Division. *Antitrust Division Policy Guide to Merger Remedies*. Outubro de 2004, p. 11. Disponível em: <http://www.justice.gov/atr/public/guidelines/205108.htm>. Acesso em: 24 nov. 2010.

______. United States Supreme Court. United States V. E.I. du Pont de Nemours & CO., 366 U. S. 316 (1961).

WALLER, Spencer Weber. The incoherence of punishment on antitrust. *Chicago Kent Law Review*, v. 78. Disponível em: <http://ssrn.com/abstract=977589>. Acesso em: 29 out. 2010.

WILS, Wouter P. J. Is criminalization of EU antitrust law the answer? *World Competition*, v. 28, n. 5, jun. 2005.

Remédios em atos de concentração: a experiência internacional e o Brasil[1]

César Mattos

1. Introdução

A grande parte da análise econômica antitruste em atos de concentração (ACs) diz respeito aos *trade-offs* entre custos concorrenciais e potenciais eficiências, sendo as referências mais clássicas Williamsom (1969) e Farrel e Shapiro (1990). Em sendo constatado que os custos superam os benefícios, a questão se torna o que a agência de concorrência deve fazer para lidar com o problema? A alternativa mais evidente é simplesmente rejeitar o AC.

No entanto, medidas intermediárias entre a rejeição e a aprovação plena do AC, menos custosas para as requerentes e/ou superiores do ponto de vista do bem estar, usualmente denominadas como "remédios", podem ser aplicadas. Muitas vezes apenas uma parcela dos mercados relevantes afetados pela operação geram impactos liquidamente negativos, não justificando uma rejeição integral do AC. Além de desproporcional, a rejeição pode fazer perder eventuais eficiências. Nesse caso, a intervenção ou os "remédios" devem, na medida do possível, se restringir aos mercados onde foram constatados problemas. Como coloca a ICN (2005): "A contribuição chave dos remédios é gerar um resultado modificado ao AC que restaure ou mantenha a concorrência ao mesmo tempo que permita a realização dos benefícios relevantes, alcançando, portanto, um resultado melhor que decisões que aprovem ou rejeitem integralmente a fusão".

A experiência da Comunidade Europeia (CE), conforme Whish (2009), mostra clara preferência por tais soluções intermediárias. Conforme o autor, até março de 2008, a CE havia rejeitado a fusão em apenas 20 casos contra 243 casos com remédios. No Brasil, conforme a OCDE (2005 e 2010), entre 2000 e

1. Gostaria de agradecer a Amanda de Oliveira e Carlos Joppert Ragazzo pelas sugestões feitas a este artigo. Erros remanescentes são de exclusiva responsabilidade do autor.

2010, houve apenas quatro casos de reprovação integral contra 259 ACs aprovados com remédios.[2]

É frequente a situação em que o AC como um todo tenha efeito liquidamente positivo do ponto de vista do bem estar e ainda sim haja espaço para intervenção. Assumindo que o ato de concentração possa ser particionado em "n" partes, é plausível que se observem "n-k" partes que tenham efeito líquido positivo e "k" partes que tenham efeito líquido negativo. Os remédios neste caso se concentrariam nas "k" partes problemáticas, sendo o seu desenho consistente a esta partição.

O objetivo deste artigo é apresentar ao leitor brasileiro interessado no antitruste uma síntese da doutrina e prática internacionais sobre remédios em uma perspectiva econômica. Alguns exemplos de julgados no Conselho Administrativo de Defesa Econômica (CADE) serão contrapostos à jurisprudência internacional, de forma a se avaliar qual tem sido o efeito concreto dessa discussão nos casos de remédios em ACs no Brasil.

Além desta introdução, o presente artigo conta com mais cinco itens. O item 2 procura classificar os princípios que devem ser seguidos na definição de remédios. O item 3 apresenta algumas classificações de remédios existentes. O item 4 discute remédios estruturais e o 5 comportamentais. O item 6 conclui e apresenta a importância da capacitação institucional da autoridade de concorrência com o objetivo de aperfeiçoar os remédios adotados.

2. Princípios para o desenho de remédios

Tal como qualquer forma de intervenção do Estado, especialmente as de ordem regulatória, é fundamental seguir determinados princípios na elaboração de remédios para ACs com potenciais efeitos anticompetitivos.

Documentos da ICN(2005) e OCDE (2004), além das Diretrizes americanas (DOJ (2004) e FTC (2003)) e europeias (2003 e 2007) sobre remédios em fusões fornecem um mapeamento de tais princípios. Consolidamos um total de doze princípios:

1) *Nexo causal entre o dano à concorrência e o AC.* Só deve haver intervenção se for identificado prejuízo à concorrência em decorrência daquele AC. Se o problema concorrencial detectado não surgiu e nem aumentou em função do AC, não cabe intervenção.

Como destaca a OCDE (2004), ainda que os efeitos esperados dos remédios possam ser considerados positivos em função da constatação de uma

2. A partir de 2005, entre 40% a 78% dos remédios comportamentais constituem tão somente remoções de cláusula de não concorrência.

concorrência pouco vigorosa em um determinado mercado, a autoridade de concorrência não pode extrapolar os impactos específicos do AC em pauta.

Adicionalmente, por este princípio, eventuais problemas gerados pelo AC que não sejam de concorrência não devem ser considerados como causa de intervenção da autoridade antitruste.

2) *Os remédios não devem gerar efeito líquido negativo sobre a economia.* Há duas dimensões a se avaliar aqui. A concorrência representa apenas uma das variáveis importantes para definir a eficiência do setor e da economia, constituindo um meio e não um fim em si próprio.[3] Assim, é fundamental que se avaliem os efeitos do remédio sobre todas as variáveis (econômicas ou não) relevantes. Ainda que fomentando a competição, o remédio deve ter efeito líquido positivo sobre o bem estar social.

3) *Os remédios devem ser consistentes com o dano concorrencial gerado pelo AC.*[4] Os remédios não devem ser desenhados com o objetivo de aumentar a concorrência relativamente ao momento anterior à fusão, mas sim para restaurar a competição aos níveis pré-fusão. Um corolário deste princípio é que o remédio deve ser direcionado a defender a concorrência e não aos concorrentes.

4) *Os remédios devem ser suficientes para endereçar todos os problemas concorrenciais gerados pelo AC.* É possível que haja mercados/problemas mais críticos no âmbito de um AC, o que pode fazer com que a autoridade concentre seus esforços apenas nestes. No entanto, a autoridade deve sempre procurar ser o mais abrangente possível no conjunto de problemas concorrenciais gerados em um dado AC.

5) *O ônus gerado às requerentes pela intervenção deve ser proporcional ao dano concorrencial identificado no AC.* Não se pode, por exemplo, rejeitar integralmente um AC em função de um problema concorrencial constatado em um mercado que representa percentual pequeno do negócio total. Note-se que este princípio relativiza o anterior, pois remédios suficientes para endereçar todos os problemas gerados pelo AC podem ser desproporcionais. Um corolário deste princípio é que os remédios não devem gerar obrigações a terceiros, por não participar do AC e, portanto, não gerar dano algum.

6) *O remédio escolhido deve ser a opção menos restritiva ou onerosa (intervenção minimalista) para a parte disponível à agência.* Este princípio está

3. As Diretrizes para análise de ACs da SEAE/SDE (2001), que são a base da metodologia empregada no Brasil, fazem esta afirmação de princípio expressamente.

4. A ICN (2005) aponta ainda se desejável que os remédios de fusões em um país para casos específicos sejam consistentes com os eventuais remédios adotados em outras jurisdições.

fortemente conectado com o anterior,[5] mas não são iguais. Podem haver vários remédios proporcionais, respeitando o princípio "5", sendo apenas um ou alguns deles o(s) que gera(m) o menor ônus, justificando sua diferenciação.

7) *Os remédios não podem objetivar regulação ou planejamento setorial.* A agência de concorrência não possui *expertise* e nem está equipada seja para a regulação setorial, seja para a implementação de política industrial, havendo outros segmentos do Estado em melhores condições institucionais para exercer tais tarefas. Conforme a OCDE (2004) "as autoridades de concorrência resistem fortemente a se tornarem reguladores de fato pela "porta dos fundos" dos remédios em fusões dado que eles, em geral, não possuem os recursos humanos, a cultura e o conjunto de instrumentos requeridos para tal papel".

8) *Os efeitos positivos dos remédios devem ter elevada probabilidade de ocorrer.* É intrínseco a qualquer intervenção estatal a incerteza dos resultados, que é ainda maior considerando a assimetria de informação do Estado frente às requerentes. A autoridade deve procurar remédios cujos efeitos positivos sejam os mais prováveis de ocorrer.

9) *Os remédios devem ser implementáveis do ponto de vista prático, monitoráveis e ainda permitirem à agência garantir o cumprimento pelas requerentes (enforcement).* Um corolário deste princípio é que a implementação, monitoramento e enforcement dos remédios devem ser o menos custosos possível para a agência. O problema para a satisfação deste princípio é que como as requerentes não têm incentivos para a implementação dos remédios e dada a assimetria de informação, há relevantes problemas de *moral hazard*.

Outro problema relacionado a este princípio é que quaisquer remédios acordados com as requerentes são naturalmente contratos incompletos. Nem as requerentes e nem a autoridade antitruste são capazes, no ato em que se firma o compromisso para a adoção do remédio, de prever todos os problemas práticos de implementação (ou, de forma equivalente, seria excessivamente custoso fazê-lo). Isso vale tanto para a relação entre a agência e as requerentes como entre essas últimas e terceiros interessados (por exemplo, o adquirente do negócio alienado em um remédio estrutural). A solução dos conflitos com a agência deve ser resolvida por esta última de acordo com o critério clássico da literatura de análise econômica do direito: se determinado problema de implementação fosse previsto desde o momento da pactuação do remédio, qual deveria ser a forma mais adequada de resolvê-lo, tendo em vista os objetivos

5. A ICN (2005) considera, inclusive, este princípio como integrante do princípio 5 da proporcionalidade.

concorrenciais visados.[6] A mudança de cenários econômicos do setor ou da economia também pode ensejar a necessidade de alterações no próprio desenho do remédio.

Já no caso de conflitos das requerentes com terceiros interessados ou a agência intervém, seguindo o mesmo princípio acima, ou cria mecanismos de resolução de disputas, incluindo arbitragem.[7]

Isto implica ser desejável sempre procurar reduzir a complexidade do remédio. Como colocado pelas Diretrizes da CE (2007).

> quando (...) as requerentes submeterem propostas de remédios que sejam muito extensas e complexas de forma a não ser possível para a Comissão determinar, no momento de sua decisão, o grau de certeza requerido sobre sua implementação e efeito sobre a competição, a autoridade não pode autorizar a fusão.

10) *A implementação e o efeito esperado dos remédios deve ocorrer no mais curto período de tempo possível.* Remédios com efeitos mais rápidos devem ser preferíveis àqueles com efeitos mais demorados.

O prazo para desinvestimento em remédios estruturais é chave neste ponto. O manual de melhores práticas da CE (2003) recomenda como prazo médio para a alienação do pacote de desinvestimento seis meses, o qual foi utilizado em 60% dos casos estudados pela Comissão (2005).

11) *Os remédios devem ser transparentes.* Os objetivos e efeitos dos remédios devem ser claros e bem compreendidos não apenas pelas requerentes

6. Segundo Posner (1998), "a tarefa para um tribunal solicitado a interpretar um contrato de forma a cobrir uma contingência que as partes não previram é imaginar como as partes teriam tratado aquela contingência se elas tivessem que decidir sobre ela. As vezes há pistas na linguagem do contrato. Mas, frequentemente, também não haverá tais pistas e o tribunal deverá se engajar em um típico exercício de racionalidade econômica – deverá decidir qual seria a forma mais eficiente de lidar com a contingência".
7. A ICN (2005) apresenta no anexo C de seu estudo a discussão dos remédios aplicados ao caso Val Morgan de distribuidores de filme para salas de exibição na Austrália. Foi criado um mecanismo de resolução de disputas tendo em vista que a autoridade de concorrência australiana (ACCC) considerava "não ter o tempo, recursos ou expertise para decidir conflitos entre o distribuidor e os exibidores". O fato de haver um conjunto muito grande de terceiros interessados do lado dos exibidores, elevaria excessivamente o custo de acompanhamento para a ACCC. O mecanismo previa a contratação de um *expert* independente por acordo das partes que analisaria as informações com base no disposto no remédio. A ACCC enfatiza que ideia seria o *expert* não ser um árbitro.

como também por concorrentes, fornecedores e clientes. A transparência para os terceiros interessados ajuda ainda a satisfação do princípio "9", reduzindo o problema de *moral hazard* da autoridade.

12) *O remédio não pode criar problemas concorrenciais em outros mercados.* É possível que a alienação de um negócio para um terceiro elimine o problema concorrencial em um mercado, mas crie em outro. A autoridade estaria simplesmente transferindo problemas entre segmentos/consumidores. Assim, ainda que a autoridade acredite que os problemas resolvidos sejam proporcionalmente mais graves que os criados, a autoridade deve evitar a promoção destas transferências.

Naturalmente, é muito difícil conceber remédios que respondam de forma perfeita a todos esses princípios simultaneamente. Na prática, as escolhas entre os vários remédios possíveis, incluindo a não adoção de remédio algum, representam a avaliação de inevitáveis *trade-offs* entre estes vários princípios. Por exemplo, muitos remédios completos no sentido do princípio 4 podem não ser proporcionais no sentido do princípio 5. Remédios com efeitos mais rápidos no sentido do princípio 10 podem ser menos prováveis no sentido do princípio 8 e assim por diante. As possibilidades de *trade-offs* entre tais princípios são muito variadas, devendo ser analisadas caso a caso. Ao longo do artigo procuraremos apontar os que entendemos mais frequentes.

Com base nesses princípios, passamos agora às classificações mais importantes de remédios em ACs.

3. Classificação dos remédios

A principal classificação dos remédios em fusões é a divisão estruturais/comportamentais.

A ICN (2005) entende que remédios estruturais são,

> em geral, remédios aplicados de uma só vez que visam a restauração da estrutura competitiva do mercado. [Ademais,] os desinvestimentos de ativos seriam a forma mais comum de remédio estrutural (...) criando uma nova fonte de concorrência pela venda de um negócio ou conjunto de ativos para um novo participante do mercado ou para (...) uma fonte já existente de concorrência (...) independente das requerentes que se fundem.

Ainda segundo a ICN (2005), remédios comportamentais são "em geral, remédios de aplicação contínua que visam a modificar ou constranger o comportamento das requerentes".

A definição que nos parece mais simples e precisa é a dada por Motta (2004) e OCDE (2004) que indica ser o remédio estrutural uma intervenção que determina a *realocação ou transferência de direitos de propriedade*, enquanto o remédio comportamental apenas determina *restrições ao exercício destes direitos de propriedade.*

Há uma presunção de que remédios estruturais sejam superiores aos comportamentais. Conforme a ICN (2005),

> um remédio estrutural, tal como um desinvestimento, provavelmente será mais efetivo, dado que endereça a causa do dano concorrencial de forma mais direta e que incorrerá menores custos de monitoramento ou de possíveis distorções de mercado.

A OCDE (2004), por sua vez, argumenta que,

> dado que as fusões geram mudanças estruturais e permanentes no mercado, um remédio estrutural frequentemente será a solução mais apropriada (...) além disso (...) os remédios estruturais são tipicamente mais fáceis de administrar dado que não requerem monitoramento contínuo da autoridade.

Segundo as Diretrizes do DOJ (2004),

> a velocidade, certeza, custo e eficácia do remédio são medidas importantes de sua potencial efetividade. Os remédios estruturais são preferíveis aos comportamentais em fusões porque são relativamente mais limpos e certos, evitando em geral custosas intervenções do governo no mercado. Um desinvestimento cuidadosamente desenhado é "simples, relativamente fácil de administrar e claro" para preservar a concorrência. Um remédio comportamental, de outro lado, é tipicamente mais difícil de desenhar, mais complicado e custoso, e mais fácil de burlar que o remédio estrutural.[8]

O DOJ (2004) ainda aduz contrariamente ao remédio comportamental os custos indiretos representados pela tentativa do compromissário em evadir os objetivos do remédio e a limitação à capacidade de a firma compromissária responder eficientemente às mudanças no mercado.

A forma mais simples de entender o argumento favorável aos remédios estruturais está associada à dicotomia transferência/restrição dos direitos de propriedade. Quando se transferem os direitos de propriedade, há uma mudança significativa de incentivos na forma de gerenciamento dos ativos, dado que haverá um novo dono. Segmentando a propriedade de duas massas de capital, os incentivos à coordenação de decisões sobre o uso desses ativos desaparece ou se reduz substancialmente. Em especial, as decisões de preços dos produtos gerados pelos ativos alienados deixam de internalizar os seus efeitos sobre os lucros gerados pelos ativos que permaneceram nas mãos das reque-

8. As Diretrizes da CE (2007) também declaram sua preferência por remédios estruturais.

rentes. Esta "não internalização dos efeitos" é justamente a causa de resultados mais competitivos no mercado como preços menores. O *moral hazard* deixa de ser um problema pois os incentivos dos agentes se tornam, em tese, alinhados com os do regulador no remédio estrutural.

Já no caso de remédios comportamentais, como não há alteração de propriedade de ativos, não há mudanças sobre os incentivos do proprietário. O regulador da concorrência terá que sempre induzir ao proprietário do ativo a tomar decisões econômicas que ele provavelmente não tomaria na ausência da intervenção. É como que a autoridade tivesse que estar sempre trabalhando contra a natureza do proprietário do ativo, tarefa de grande dificuldade haja vista os problemas de *moral hazard*.

Mais do que isso, a importância dos direitos de propriedade em economia está associada com a cesta de direitos a que o proprietário faz jus, quais sejam: (i) usar o ativo, auferindo renda dele, o que induz ao proprietário direcionar seus esforços ao uso do ativo que maior valor gera; (ii) excluir terceiros de usar os ativos, evitando a "tragédia dos comuns"; e (iii) vender o ativo e a cesta de direitos correspondente[9] viabilizando a que o ativo possa mudar de mãos, dos agentes com menor capacidade de criação de valor para os com maior capacidade. É a capacidade de exercício desses direitos que permite aos empresários gerar riqueza a partir dos seus ativos. Em geral, quanto menos restrita tal capacidade, maior a geração de riqueza, a não ser na presença de externalidades que justifiquem a intervenção do Estado, o que inclui aquelas derivadas do exercício do poder de mercado.

Em um remédio estrutural, há um constrangimento *once and for all* de vender o ativo (direito iii). Após realizada a venda, nem o novo proprietário contará mais com qualquer restrição em sua cesta de direitos e nem o proprietário antigo estará constrangido no uso dos ativos que permanecerem consigo. Ou seja, após a aplicação do remédio, é reestabelecida a capacidade de fruição plena dos três componentes da cesta de direitos de propriedade, a qual está na base do processo de criação de riqueza da sociedade nas economias modernas. Já no remédio comportamental, ou o direito de usar o ativo (direito i) e/ou o direito de excluir terceiros de usar os ativos (direito ii) serão constrangidos ao longo do prazo de vigência da intervenção. Nesse caso pode-se comprometer tanto os incentivos do proprietário a direcionar seus esforços aos usos do ativo de maior valor quanto a capacidade de evitar a "tragédia dos comuns".

Entretanto, cada vez mais se chama a atenção para o fato de que remédios comportamentais se revelam muitas vezes como complementos importantes de remédios estruturais. Ainda, mesmo sendo aplicados de uma vez só, cons-

9. Ver Miceli (2004).

tatam-se custos não desprezíveis de alguns remédios estruturais, o que pode tornar mais apropriado um remédio comportamental.

A OCDE (2003) oferece uma classificação levemente diferenciada dos remédios, ainda que baseada na distinção clássica estrutural/comportamental. Para a OCDE (2003) há quatro tipos de remédios:

1) desinvestimento de negócios autônomos (*stand-alone*);

2) desinvestimento de negócios menores que um negócio autônomo;

3) arranjos contratuais como o licenciamento de propriedade intelectual ou contratos de fornecimento de insumos;

4) outros remédios comportamentais.

A ICN (2005) mantém a divisão básica estrutural/comportamental, propondo subdivisões.

a) Remédios estruturais:

a.1) desinvestimento pleno ou parcial;

a.2) remédios baseados em direitos de propriedade intelectual;

b) Remédios comportamentais:

b.1) facilitação de rivalidade horizontal;

b.1.1) modificação de relações com consumidores finais. Exs: proibição de venda casada e exclusividade, redução de custos de troca.[10]

b.1.2) restrição de efeitos de relações verticais. Exs: controle de preços de insumos, compromisso de fornecer insumos; compromisso de não discriminação entre associados e não associados; restrições de acesso a informação confidencial dentro da companhia (firewalls);proibição de contratos de fornecimento ou distribuição exclusiva.

b.1.3) facilitação de mudanças no comportamento dos compradores. Exs: uso de processos licitatórios abertos, requerimento de um número mínimo de fornecedores a serem contatados em um processo licitatório.

10. Um caso de remédio determinando redução do custo de troca para o consumidor foi o do AC Banco do Brasil/Nossa Caixa., 08012.011736/2008-41, disponível em: <http://www.cade.gov.br/temp/D_D000000547461205.pdf>. As partes acordaram a instalar um telecentro para atender correntistas interessados em exercer o direito das portabilidades cadastral, bancária e de crédito, reguladas pelo Banco Central.

b.2) controle de resultados de mercado para endereçar danos competitivos;

b.2.1) controles de preços;

b.2.2) compromissos de ofertar;

b.2.3) acordos para preservação de qualidade de serviço.

A Comissão Europeia (2005) propõe um outro tipo de classificação com 4 principais tipos de remédios com subdivisões:

1) compromissos para transferir uma posição de mercado:

1.a) desinvestimento do controle em uma companhia que já era um negócio autônomo (*stand-alone business*)

1.b) desinvestimento de uma unidade de negócio que precisou ser "cavado" (*carve out*) extensivamente de uma estrutura maior da companhia;

1.c) desinvestimento de um pacote de ativos que combinaram ativos de mais de uma das requerentes (o chamado *mix and match*)

1.d) desinvestimento ou concessão de uma licença exclusiva de longo prazo com duração indefinida ou até a expiração da proteção patenteária.

2) compromisso para sair de uma *joint-venture*;

3) compromisso para conceder acesso (usualmente em bases não exclusivas)

3.a) concessão de acesso a infraestrutura ou a plataformas técnicas;

3.b) concessão de acesso a tecnologia via licenças ou outros direitos de propriedade intelectual;

3.c) término de acordos verticais com exclusividade.

4) outros.

Os esforços de classificação dos remédios respondem à tentativa de definir alguns padrões genéricos de desempenho relativamente aos princípios enumerados no item 3. Cada tipo e subtipo de remédio apresenta características diferenciadas frente a estes princípios. É o que avaliaremos no próximo item.

4. Remédios estruturais

4.1 Trade-offs *de princípios e remédios estruturais: visão econômica*

Os principais *trade-offs* dos remédios estruturais dizem respeito à satisfação dos princípios 2 de que a intervenção não gerará efeitos negativos sobre a eficiência econômica, 4 da suficiência do pacote de desinvestimento para endereçar todos os problemas concorrenciais gerados pelo AC, 5 da proporcionalidade, 6 da intervenção minimalista e 9 da capacidade de implementação. Nesse contexto, a forma e o tamanho da segmentação dos ativos que permanecerão com as requerentes e dos que integrarão o pacote de ativos a ser alienado ou o chamado "pacote ou negócio de desinvestimento" é fundamental.

Para cumprir o princípio 2, é desejável que ambos os conjuntos de ativos, os que ficam e os que vão, mantenham ou mesmo ampliem sua capacidade de geração de valor econômico, ou seja, que a intervenção não gere ineficiências.

Em primeiro lugar, as autoridades de concorrência se preocupam com a preservação das eficiências alocativas pré-fusão, as quais dependem diretamente da concorrência no mercado. No entanto, as autoridades também considerarão as eficiências produtivas e dinâmicas.[11] E a realização de tais eficiências no pacote de desinvestimento amplia a atratividade e a viabilidade futura deste último para potenciais compradores, ajudando a satisfação do princípio "9", qual seja a capacidade de implementação do remédio.

A eficiência produtiva tanto do pacote de desinvestimento quanto dos ativos que permanecerão com as requerentes dependem das sinergias entre os ativos. Parte das ditas "sinergias" dizem respeito às economias de escala, escopo e de rede. Assim, não se pode determinar nem a alienação e nem a manutenção de ativos que resultem em nível excessivamente baixo de produção, fazendo perder economias de escala. Também há limites na segmentação de duas linhas de produto distintas em função da potencial perda de economias de escopo. Pode até ser o caso que as economias de escopo ou de rede sejam derivadas da existência de ativos comuns entre os dois negócios, implicando indivisibilidades significativas das duas linhas de negócio. Simplesmente, não há como alienar ou manter uma linha de negócio sem a outra.[12] Em geral, economias de escala e de escopo são mais significativas ao

11. As quais serão consideradas de forma equivalente às eficiências alocativas caso as autoridades tenham função objetivo *welfarista* em lugar de consumerista. A forma mais simples de se entender os *trade-offs* entre eficiências alocativas e produtivas em ACs é em Williansom (1968). Para os conceitos de eficiência dinâmica, especialmente baseado em Schumpeter, e seu contraste com os outros tipos de eficiências, ver o item 2.3 de Fagundes (2003).

12. Um exemplo interessante deste tipo de consideração para indústrias de rede é destacado por Motta (2004) na rejeição pela CE de uma proposta de remédio na fusão MCI WorldCom/Sprint na qual o negócio de internet seria segmentado para desinvestimento. Conforme o autor, a CE "argumentou que o negócio de internet da Sprint era totalmente interligado com o resto do negócio de telecomu-

nível de cada planta. Isto faz com que um remédio comum seja a alienação da integralidade de uma ou mais plantas.[13]

Também podemos considerar o tamanho ótimo da firma como resultante do balanço entre custos de transação e de monitoramento, no sentido de Coase (1937).[14] Uma fonte importante de economias de custo de transação é a existência de complementaridade transacional entre os bens de forma a que seja mais eficiente para o consumidor adquirir toda uma linha de produtos de um único vendedor.[15] Como colocado pelo DOJ (2004), "em algumas indústrias é difícil competir sem ofertar uma linha completa de produtos".

A questão fundamental é que o tamanho ótimo das firmas resultantes da intervenção (o pacote de desinvestimento e o negócio que permanece com as requerentes) pode diferir daquele que respeita os princípios 5 da proporcionalidade e 6 da intervenção minimalista. Ou seja, para assegurar um pacote eficiente de desinvestimento, o qual deve ser suficientemente atrativo para compradores potenciais, pode ser necessário ir além daquele conjunto de ativos necessário para compensar os problemas concorrenciais observados. Este problema tende a ser observado em praticamente todos os remédios estruturais. Ademais, provavelmente haverá um *trade-off* entre as sinergias dos ativos do pacote de desinvestimento e daqueles que remanescerão com as requerentes. Quanto mais privilegiado o pacote de desinvestimento, mais carente fica o conjunto de ativos remanescente e vice-versa.

A doutrina internacional, no entanto, confere maior importância à eficiência do pacote de desinvestimento do que ao conjunto de ativos que permanece com as requerentes. A importância atribuída a estes últimos é tratada de forma mais indireta pelos princípios 5 e 6. Analisaremos a doutrina internacional em remédios no próximo subitem.

nicações da Sprint, sendo que o negócio de desinvestimento nunca se constituiria em um competidor forte e viável da entidade que se fundiu".

13. Economias de escala/escopo multiplantas também podem ser substanciais a depender do setor.

14. Ver ainda os sete primeiros artigos no volume de Buckley e Michie (1996).

15. A complementaridade transacional pode ser forte o suficiente para definir um mercado relevante em *cluster* como mostra Ayres (1985). Nesse caso, o próprio mercado relevante afetado pela operação se torna uma cesta de produtos complementares transacionais a qual definirá o escopo do problema concorrencial observado. Considerando o mercado relevante em *cluster*, a própria constatação de problema concorrencial deve incidir sobre todo o conjunto de produtos vendidos. Assim, incorporar todo este conjunto de bens no remédio não implicaria extrapolar os mercados relevantes negativamente afetados pela operação.

4.2 Trade-offs *de princípios e remédios estruturais: visão das autoridades antitruste e de organização multilaterais*

Conforme estudo da CE (2005)

> o escopo de um negócio desinvestido determina em grande medida se o novo operador será viável, capaz de ser operado de forma independente das requerentes alienantes (stand alone) e constituir –nas mãos de um comprador adequado – uma força competitiva efetiva e duradoura em relação às requerentes e outros competidores.

Assim, recomenda-se sempre alienar uma combinação de ativos que seja capaz de operar de forma independente de transações/relações com o alienante, os chamados negócios autônomos (*stand-alone*). Assim, é desejável que o pacote de desinvestimento dependa o menos possível do alienante, o que inclui fornecimento de insumos, assistência técnica, pessoal ou outras formas de cooperação do alienante.[16-17]

A capacidade de atuação autônoma do negócio de desinvestimento é bastante favorecida pela alienação de uma entidade de negócio preexistente e que já opere no mercado de forma independente. Conforme coloca o DOJ (2004)

> O DOJ prefere o desinvestimento de uma entidade de negócios preexistente que já tenha demonstrado sua capacidade de competir no mercado relevante. Uma entidade de negócios preexistente deve possuir não apenas todos os ativos físicos, mas também o pessoal, a carteira de clientes, os sistemas de informação, os ativos intangíveis e a infraestrutura gerencial necessários para a produção e distribuição eficiente do produto relevante. (...) Uma entidade de negócios preexistente provê aos consumidores correntes e potenciais um histórico com o qual se pode avaliar se a unidade continuará a ser um fornecedor confiável do produto relevante. O histórico de uma entidade de negócio preexistente estabelece uma forte presunção de que esta pode se transformar em um competidor viável e eficiente nos mercados em tela. Esta entidade, em um sentido muito real, já foi testada pelo mercado.

A existência de economias de escala/escopo e de custos de transação significativas na operação conjunta dos ativos pertencentes a tal entidade são

16. Em estudo da FTC (1999) sobre o resultado de remédios acordados entre 1990 e 1994, constatou-se que 86,3% dos remédios estruturais que envolveram a alienação de negócios autônomos foram bem sucedidos contra 60% nos outros casos, denotando a importância desta característica.
17. Como visto no item 3, a CE (2005) considera o desinvestimento de um negócio autônomo importante o suficiente para ser uma modalidade de remédio estrutural a parte.

muito prováveis, dado que, caso contrário, o próprio proprietário já teria reorganizado o processo produtivo de outra forma. Em síntese, a alienação de um negócio preexistente mitiga grande parte dos problemas de assimetria informacional que acometem tanto a autoridade quanto os compradores relativamente às requerentes alienantes no desenho do pacote de desinvestimento. Esta modalidade torna o remédio estrutural mais implementável, satisfazendo o princípio 9 (remédio implementável).[18]

À alienação de um negócio de desinvestimento preexistente, contrapõe-se à alternativa do chamado *mix and match*, pela qual se reúnem ativos de propriedade das requerentes sem uma coordenação mútua preexistente. A falta de um "teste de mercado" para este pacote de desinvestimento construído faz com que o problema de *moral hazard* na construção do pacote de desinvestimento seja mais agudo, tornando esta alternativa menos atraente para a autoridade. Segundo ainda a FTC (2003), isto faz com que o processo de alienação seja mais vagaroso, comprometendo a satisfação do princípio 10 (implementação célere).

O principal problema da alienação de uma unidade de negócio preexistente e autônoma, no entanto, são os princípios 5 da proporcionalidade e 6 da intervenção minimalista, haja visto que o mercado no qual se constatou problema competitivo pode ser uma parte bem menor que aquele negócio.

O processo de segmentar os ativos de uma unidade preexistente do negócio para integrar o pacote de desinvestimento é chamado de *carve-out*.[19]

18. Um exemplo conhecido de decisão do CADE na qual se alienou uma cesta de ativos que não constituía entidade preexistente e que não se realizou avaliação sobre a viabilidade/atratividade do pacote de desinvestimento foi a Ambev (AC 08012.005846/1999-12, disponível em: <http://www.cade.gov.br/temp/D_D0000004 30411032.pdf>). Nesse caso foram alienadas quatro plantas e a marca Bavária.

19. Apesar de baseado na CE (2009), Which (2009) define o *carve-out* de uma forma ligeiramente diferente como o processo *de* "colocar um conjunto de ativos juntos de forma que possam ser desinvestidos, mas que não existiam anteriormente como uma entidade separada". Ou seja, a visão de Which (2009) aproxima a noção de *carve-out* do *mix and match* e, portanto, simplesmente como a antítese da ideia de alienar entidades funcionais preexistentes. A despeito de reconhecermos a dificuldade em diferenciar o *carve out* do *mix and match*, tal como descrito na literatura, optamos por considerar o primeiro como um processo mais organizado que se inicia por uma entidade preexistente e vai evoluindo de acordo com as remoções/adições/substituições de ativos naquele pacote inicial. Já no *mix and match* não se inicia a construção do pacote de desinvestimento obrigatoriamente por uma entidade de negócio preexistente. Como visto na no item 3, a CE (2005)

Em alguns casos, a CE (2007) admite um procedimento reverso de *carve-out*: inicia-se com uma unidade de negócio maior para o pacote de desinvestimento e vai removendo ativos considerados desnecessários para os adquirentes e que podem não ser alienados pelas requerentes. O processo de *carve-out* pode também implicar a constituição de novos ativos pelo alienante ou mesmo a utilização de ativos de outras unidades, para substituir ativos removidos, aproximando-se do *mix and match*.

A substituição de um processo de alienação de uma entidade preexistente por outra construída demanda das requerentes um ônus maior de prova frente à autoridade acerca da adequação do pacote de desinvestimento. As requerentes devem demonstrar porque os ativos removidos da unidade de negócios preexistente ou foi satisfatoriamente substituída por outros ativos no *carve out* ou podem ser facilmente replicados pelo comprador.

Quando o pacote de desinvestimento se expande em relação aos mercados considerados problemáticos no AC, com o objetivo de aumentar a atratividade econômica do negócio a ser alienado, denomina-se a parcela expandida como as "joias da coroa" (*crown jewels*). Conforme a OCDE (2004), estas últimas objetivam "requerer que as requerentes alienem um pacote mais atraente do que o inicialmente proposto, assim criando um 'pacote de desinvestimento' mais alienável". Conforme a CE (2005), as *crown jewels* podem ser "um *upgrade* no negócio original ou um negócio alternativo atrativo".

O problema principal das *crown jewels*, conforme Baer e Redcay (2001), citados pela OCDE (2004), é que elas

> criam incerteza sobre quais ativos serão sujeitos a tal provisão e quais ficarão com o proprietário atual. Isto pode atrasar a integração de ativos e a realização de eficiências decorrente da fusão. Assim, se as crown jewels forem parte da solução, elas devem ser utilizadas apenas onde forem realmente necessárias.

O DOJ (2004) não recomenda o uso de *crown jewels*. A ideia é que se elas forem necessárias provavelmente o remédio é insuficiente e o ideal é rejeitar o AC. Caso sejam desnecessárias, o remédio deixa de ser proporcional, comprometendo o princípio "5".[20]

---

distingue os desinvestimento por *carve-out* dos por *mix and match* como procedimentos distintos.

20. O exemplo de *crown jewel* citado pela OCDE (2004) é o da fusão Nestle/Ralston Purina na qual determinou-se a alienação da marca Nestlé Friskies na Espanha. Se isto não ocorresse no tempo previsto, as empresas deveriam desinvestir 50% das ações da Ralston Purina na *joint-venture* espanhola com a Agrolimen, "um pacote maior e mais facilmente alienável comparativamente às marcas Friskies da

De outro lado, a CE (2005) mostra que os remédios estruturais cujo pacote de desinvestimento foi além dos ativos que geravam concentração horizontal no mercado tiveram um grau de efetividade pleno em 86% dos casos. Este constitui um índice de sucesso maior que os casos em que o pacote de desinvestimento compreendeu tão somente os ativos que geraram concentração horizontal, 57%.

Além do desenho do pacote de desinvestimento, a doutrina internacional recomenda cuidado para que as requerentes escolham um comprador considerado apropriado de forma a satisfazer o princípio 4 da suficiência do remédio para endereçar o problema concorrencial. Como os compradores serão futuros concorrentes do alienante, há um incentivo natural deste escolher compradores de quem se espera baixa rivalidade.[21] Este comportamento foi confirmado no estudo da FTC (1999). Não obstante, no estudo da CE (2005), constatou-se ter havido apenas uma rejeição formal de candidatos a compradores, o que se derivou do fato destes não atuarem no negócio que seria alienado (petróleo) "não tendo nem a capacidade de manter o negócio e nem a de desenvolvê-lo como um competidor efetivo".

O problema aqui é o potencial conflito com os princípios 4 (suficiência) e 12 (não comprometimento de outros mercados). Os *players* maiores e financeiramente mais capazes são justamente os que podem fazer ressurgir o problema concorrencial que se deseja evitar, prejudicando o princípio 4.[22] Por exemplo, a

Nestle". Nesse caso, as *crown jewels* se colocam como segunda opção, o que apresenta duas vantagens. Primeiro, assegura que este instrumento, que compromete o princípio da proporcionalidade, só será utilizado caso seja frustrada a alienação do pacote menor sem *crown jewel*. Segundo, provê os incentivos à alienante não fazer o "corpo mole" na venda dos ativos.

21. O CADE nem sempre entendeu bem este ponto. No caso em que se determinou a alienação de supermercado Sendas em Cabo Frio (AC 08012009959/2003-34), houve dificuldade de se acharem interessados. O CADE chegou a afirmar que o simples fechamento da unidade já seria suficiente para cumprir o remédio acordado. Ao final, se flexibilizaram as condições de venda e foi determinada a alienação *preferencialmente* para outro supermercado. A falta de obrigatoriedade provavelmente gera incentivos a não se procurar comprador que será futuro concorrente.

22. Leilões podem ser um mecanismo impessoal interessante de se definir um comprador, o que afastaria a tendência de o vendedor escolher *players* incapazes de competir no futuro. O problema de leilões, conforme Motta (2004) é que os *players* mais prováveis de ganharem podem ser justamente aqueles que devem reintroduzir problemas concorrenciais no mercado. Isso porque tais *players* incorporaram em seus lances rendas de poder de mercado que outros *players* menores não incorporarão. Essa preocupação, no entanto, poderia ser afastada com restrições sobre os *players* elegíveis a participar do leilão, algo que deve ser pré-

"familiaridade" de um comprador com o setor pode se derivar exatamente de sua atuação expressiva no próprio mercado relevante. A "familiaridade" também pode se derivar de o player ser um fornecedor ou um cliente expressivo, o que também pode fazer surgir problemas de fechamento vertical de mercados. Adicionalmente, caso o pacote de desinvestimento contenha ativos e produtos de outros mercados, o remédio pode gerar problemas nestes outros mercados, comprometendo o princípio 12.

Assim, o comprador não deve nem ser um *player* dominante dos mercados relevantes afetados ou mesmo das cadeias produtivas envolvidas e nem um aventureiro desconhecido com baixa viabilidade de competir. A CE (2005), de outro lado, alerta que a experiência comunitária demonstra que *players* menores e/ou entrantes podem ser até mais funcionais do ponto de vista da concorrência futura.[23]

Visando conciliar princípios potencialmente conflitantes, a CE (2005) enumera os seguintes requisitos que deve ter um comprador: 1) *expertise* comprovada; 2) recursos financeiros; 3) incentivos adequados para manter e desenvolver o negócio desinvestido como uma força competitiva relevante; 4) independência das requerentes; 5) não criar novas preocupações competitivas e nem aumentar a probabilidade de que o cronograma de implementação do remédio será atrasada; 6) deve ser esperado a receber todas as aprovações regulatórias necessárias.

-identificado pela autoridade, o que pode ser comprometido por falta de informação suficiente. No caso da alienação de duas unidades da DGB Logística no CADE (AC 08012008847/2005-28) foram previstos dois leilões, sendo o pacote de desinvestimento apenas alienado no segundo leilão. Uma das dificuldades foi o preço mínimo, que foi removido no segundo certame (o que, no entanto, pode se tornar remédio que gera custo desproporcional sobre o alienante, comprometendo princípio 5). Entendeu-se ainda que o mecanismo de leilão gera maior complexidade e custos ao processo que comprometem princípio 5 da proporcionalidade, os quais podem ser evitados. Assim, atualmente o leilão no CADE tende a ser previsto como segunda opção, caso o alienante não tenha sido bem-sucedido no processo de alienação em um determinado prazo.

23. A CE (2005) cita um caso importante em que uma firma desinvestiu um produto mais velho para uma firma menor. Enquanto este produto já estava sendo substituído no portfolio do alienante por um produto mais novo, ele passou a ter um papel importante no portfolio do comprador, o qual devotou bons recursos em seu desenvolvimento, inclusive com inovações. O remédio estrutural efetivamente transferiu o ativo de um player que atribuía menor valor de uso para outro que atribuía maior valor de uso, gerando ganhos de comércio e eficiência.

É fundamental nos remédios estruturais a previsão de que a autoridade revisará a implementação do remédio e avaliará os compradores antes de autorizar a fusão e a alienação do pacote de desinvestimento, que são os chamados requisitos de *up front buyers*. Estes requisitos reduzem a necessidade de uso de *crown jewels* dado que se a autoridade de concorrência ratificar o comprador é porque todos os ativos necessários para atrair um competidor apropriado foram incluídos no pacote de desinvestimento. Ademais, como a escolha do comprador pelas requerentes deve ser ratificada pela autoridade, isto elimina a necessidade de se determinar *a priori* a forma de escolha do comprador.

Há uma clara conexão entre a escolha do "pacote ótimo de desinvestimento" e o "comprador apropriado". Para empresas maiores com uma linha já diversificada de produtos, o pacote de desinvestimento ótimo pode ser inferior àquele requerido por empresas menores. Isto porque as empresas maiores mais provavelmente já devem contar com um conjunto de ativos complementares suficientemente grande, reduzindo a demanda por expandir o pacote de desinvestimento.

De forma mais genérica, é plausível defender que empresas maiores sejam simplesmente mais capazes de recuperar as sinergias para um dado tamanho do pacote de desinvestimento. Isto reduz o tamanho do pacote de desinvestimento necessário para viabilizar o negócio, permitindo melhor compatibilidade do remédio simultaneamente com o princípio 5 da proporcionalidade, 6 da intervenção mínima, 12 da ausência de efeitos negativos sobre outros mercados com o 4 da suficiência.[24]

A expansão do pacote de desinvestimento para as *crown jewels* nem sempre é positiva para efeito deste princípio 4, tendo em vista o tipo de comprador atraído. A CE (2005) constatou que muitos alienantes surpreendentemente

24. No caso Sanofi/Medley (AC 08012.003189/2009-10, disponível em: <http://www.cade.gov.br/temp/D_D000000528861891.pdf>), se determinou a alienação de três marcas de medicamentos, sem quaisquer outros ativos complementares. Assim, a alienação teria que ocorrer para *players* já instalados e não entrantes. Um entrante, sem fábricas e marca de laboratório estabelecido tornaria o pacote de desinvestimento claramente insuficiente. A própria decisão já restringia os *players* que poderiam ser adquirentes, conforme a participação de mercado no mercado relevante baseado na classe terapêutica. Ademais, o remédio definia a necessidade de capacidade e viabilidade do comprador. A empresa que adquiriu os três remédios, a Hypermarcas, é uma empresa forte em medicamentos, mas sem qualquer participação nas classes terapêuticas afetadas. Sua capacidade de alavancar as marcas adquiridas, inclusive pelas sinergias que deverá conseguir reconstruir com os seus outros ativos e linhas complementares no setor de farmacêuticos foi expressamente considerada satisfatória pelo CADE.

expandem o pacote de desinvestimento com o objetivo de atrair *players* que estejam mais interessados em ativos distintos daqueles nos quais se observa o problema concorrencial. Também é o caso de o alienante simplesmente escolher compradores que sabe que devem redirecionar os ativos adquiridos para outros mercados relevantes de produto ou geográfico, o que é possível quando os ativos não são específicos locacionalmente.[25]

Em algumas situações, a CE (2005) também constatou que o adquirente aceitou um conjunto de ativos insuficiente para uma atividade competitiva vigorosa no mercado alvo, em troca de boas reduções do preço de venda dos ativos. Embora o preço do negócio desinvestido em si não seja de interesse direto para a autoridade, o fato de descontos no preço de aquisição reduzirem a quantidade/qualidade dos ativos alienados torna esta variável relevante. Isto demonstra que nem sempre o adquirente apresenta os mesmos interesses que a autoridade, podendo até serem indesejavelmente próximos aos do alienante.

Assim, cabe avaliar não apenas a capacidade de competir, mas os incentivos a competir no mercado relevante do comprador no qual se identificaram os problemas.

Quando o dano concorrencial constatado estiver relacionado ao poder de mercado coordenado, a dificuldade em achar compradores apropriados do ponto de vista concorrencial é maior, dado que quanto maior a participação de mercado, maior a propensão à colusão. Motta (2004) ainda destaca que se o remédio ampliar o número de mercados que alienante e comprador se encontram e a simetria entre os *players*, o remédio pode aumentar o poder coordenado de mercado. Isso faz com que a participação de mercado dos compradores ideais tenha que ser muito baixa, no limite, um entrante. Associado a isto, a existência de conexões entre o alienante e o comprador, tais como participações acionárias ou contratos de longo prazo também devem ser avaliadas de forma a avaliar os reais incentivos a uma atuação independente.

4.3 Medidas de preservação do pacote de desinvestimento

O fato de os compradores serem os futuros concorrentes do alienante também gera um incentivo a que os alienantes deteriorem os ativos a serem alienados.

Visando evitar este problema, a CE (2007) determina que "todos os ativos a serem alienados sejam mantidos de acordo com as boas práticas e curso normal dos negócios, sendo que nenhum ato com impacto significativamente adverso sobre o negócio deve ser efetuado". Enquanto a ideia é bastante clara, há

25. Ver a classificação de ativos específicos por Williamsom (1985).

mais uma vez um problema de *moral hazard*, dada a dificuldade da autoridade em avaliar quais ações/omissões estão dentro daqueles princípios. De fato, algumas ações/omissões são particularmente difíceis de avaliar. Por exemplo, em que medida uma perda de clientes ou de funcionários importantes do negócio a ser alienado é casual ou deliberadamente promovido pelo alienante? Como avaliar que houve deliberada falta de cuidado na manutenção dos equipamentos? Como a autoridade é capaz de constatar omissão com a saúde do negócio por adiar ou não implementar planos de investimento?

O estudo da CE (2005) identificou vários exemplos nos quais as requerentes deliberadamente degradaram ou foram negligentes com ativos tangíveis e intangíveis do pacote de desinvestimento. Em particular, constatou-se que as requerentes utilizaram estratégias de retenção da carteira de clientes, inclusive a adoção de programas de fidelidade. Ademais, também se verificou a estratégia de ampliar fortemente as vendas dos produtos por preços excessivamente agressivos um pouco antes da alienação de forma a incrementar os estoques dos clientes e prejudicar as vendas futuras dos adquirentes, uma conduta chamada de *front-loading*. Em setores de bens duráveis este problema tende a ser particularmente sensível A CE (2005) também constatou falta de suporte a programas de investimento do pacote de desinvestimento.

Uma fonte importante de comprometimento do valor do pacote de desinvestimento, constatada também pela CE (2005), diz respeito à perda de capital humano. Considerando que há um determinado conjunto de funcionários que praticamente representam ativos específicos de capital humano para a firma, qualquer troca de pessoal nesse conjunto gera substanciais custos de transação adicionais ao comprador. Especialmente em casos que demandam a transferência de *know how*, a manutenção de pessoal chave no pacote de desinvestimento se revelou fundamental. À demissão ou absorção deste pessoal pelo alienante como estratégia de deterioração do pacote de desinvestimento se associa a natural incerteza destes empregados sobre os rumos do negócio incluído no pacote de desinvestimento e o simples fato que este ativo peculiar não pode ser obrigado a integrar o pacote de desinvestimento. Pode se tornar necessário nesses casos que a autoridade determine ao alienante que proveja os incentivos necessários à manutenção deste pessoal chave de forma a não comprometer o valor do pacote de desinvestimento.

É preciso, de qualquer forma, que a autoridade adote um conjunto de medidas mais amplo que garanta a higidez do pacote de desinvestimento entre o acordo do remédio e sua implementação. Alguns mecanismos são recorrentemente utilizados.

Primeiro, a indicação de *trustees* para monitorar os ativos até sua alienação. A experiência da CE neste aspecto é bastante contundente. Dos 68 casos de remédios estruturais de desinvestimentos estudados pela CE (2005), em apenas dois, não havia previsão de *trustee*, sendo que em outros dois acabou-se não indicando um *trustee* (em um deles pela rapidez da alienação tê-lo tornado desnecessário). Conforme a CE (2005),

> em todos os 4 casos em que não houve indicação do trustee de monitoramento, a CE entendeu que a presença desta figura teria reduzido de forma significativa o risco de implementação inefetiva dos compromissos como uma consequência da preservação inadequada dos ativos ou da informação inadequada prestada aos compradores. Em contraste, nenhum dos remédios para os quais um trustee de monitoramento foi efetivamente indicado demonstrou-se a sua desnecessidade.

Seriam quatro as principais funções do *trustee*: a) preservação do negócio; b) monitoramento do processo de separação (*carve out*) do "pacote de desinvestimento"; c) separação (*hold separate*) do pacote de desinvestimento do resto dos negócios do alienante; d) monitoramento do processo de busca de um comprador adequado.[26-27-28]

As diretrizes básicas para o uso de *trustees*, colocadas pela ICN (2005), definem que estes devem atuar sob o comando da autoridade de concorrência (a despeito de serem remunerados pelas requerentes) para viabilizar a implementação do remédio, sendo independentes das requerentes e não sujeitos a quaisquer conflitos de interesses.[29] Muito do papel do *trustee* é mitigar o problema de *moral hazard*, que compromete a satisfação do princípio 9. O DOJ (2004) enfatiza que o *trustee* não deve se tornar o executivo do negócio, dada a sua falta de *expertise*.

26. A CE (2003) publicou ainda diretrizes para as melhores práticas de *trustees*.
27. Não obrigatoriamente será o mesmo *trustee* para todas essas funções.
28. A figura do *trustee*, nesses termos, nunca foi utilizada no Brasil, o que é uma séria crítica ao *enforcement* de decisões do CADE. O mais próximo que se chegou foi a nomeação de responsáveis pela manutenção da separação dos negócios com maior potencial de intervenção futura pelo CADE do resto dos negócios em Acordos de Preservação de Reversibilidade da Operação (APROs-ver mais abaixo). No caso Sanofi/Medley (AC 08012.003189/2009-10, disponível em: <http://www.cade.gov.br/temp/D_D000000446001998.pdf>), por exemplo, previu-se a contratação de auditoria independente para garantir a separação dos ativos (*hold separate orders*), tendo se contratado a Price Waterhouse.
29. Segundo a CE (2005), os *trustees* devem atuar como "*os olhos e os ouvidos*" da Comissão. Certamente, o problema de potencial captura, dado que o agente que paga (a parte) é diferente do agente a quem o *trustee* deve responder (a autoridade), é elevado.

Segundo, a obrigação de segmentar os negócios a serem alienados do resto da firma (as chamadas *hold separate orders*). Conforme a CE (2005),

> o propósito dos dispositivos de *hold-separate* é estabelecer a independência dos ativos a serem desinvestidos e cortar, tão rápido quanto possível, toda a influência das requerentes no negócio a ser desinvestido para assegurar a preservação de sua viabilidade, boas condições de alienação (*marketability*) e competitividade. Além disso, apenas um negócio que é mantido separado das requerentes neste período de transição terá a chance de exercer alguma pressão competitiva no mercado relevante.[30]

Medidas de separação que usualmente acompanham *as "hold separate orders"* são aquelas de segmentação de informação entre os negócios ou *ring--fencing* entre o alienante e o pacote de desinvestimento. Estas tem o objetivo de restaurar o mais rápido possível a atuação independente do pacote de desinvestimento em relação às requerentes. A experiência da CE (2005), no entanto, indica que o *ring-fencing* pode dificultar o trabalho de alienação do pacote de desinvestimento, o qual demanda ao alienante uma razoável quantidade de informação para a negociação com os potenciais adquirentes. O *ring-fencing* se revelou no estudo da CE (2005) de mais fácil aplicação "quando o negócio de desinvestimento já era um negócio independente (*stand alone*) com uma gerência distinta (do alienante)". De qualquer forma, há um problema de *moral hazard* significativo no *ring-fencing*, sendo o monitoramento deste tipo de obrigação pela autoridade, em geral, muito difícil.

Para avaliar o sucesso do vigor concorrencial *a posteriori* dos negócios desinvestidos no âmbito dos remédios estruturais, a CE (2005) avaliou a taxa de mortalidade desses negócios e a participação de mercado pós-implementação. Dos 84 remédios de desinvestimentos, 87% continuavam na mão dos compradores originais entre 3 e 5 anos após a implementação. Em relação à evolução da participação de mercado, o balanço não foi tão positivo. Apenas 18% dos negócios desinvestidos conseguiram ampliar sua participação contra 44% e 34% cujas participações, respectivamente ,caíram ou ficaram constantes entre 3 e 5 anos após a implementação do remédio.

A aplicação de remédios estruturais encontra uma barreira significativa em países nos quais os ACs podem ser apresentados depois de terem ocorrido. Nesse caso, pode haver grande dificuldade de separar algo que já foi unificado, o que será tão mais verdadeiro quanto maior o espaço de tempo entre o fecha-

30. Naturalmente, a pressão competitiva do negócio a ser desinvestido sobre o negócio remanescente a ser mantido pelas partes apenas será plena após completada a operação de desinvestimento.

mento da operação e a decisão. A figura que se usa nesse caso é a dificuldade de "reconstituição de um ovo quebrado" (*unscramble the eggs*).

No Brasil, até 2011, os ACs podiam ser notificados após a concretização da operação, o que se constituiu em importante fator limitador da adoção de remédios estruturais. De qualquer forma, criou-se um instrumento para remediar este problema chamado de "Acordo de Preservação da Reversibilidade da Operação" - APRO. Assim, em operações nas quais a autoridade constatava elevada probabilidade de aplicação de remédio estrutural, buscava-se um acordo prévio com as requerentes. A ideia era principalmente manter a integridade dos ativos com maior probabilidade de serem alienados em uma decisão futura, utilizando-se de *hold separate orders*.

4.4 Fix it first

Medidas reparadoras estruturais da concorrência que sejam oferecidas unilateralmente pelas requerentes antes da submissão do AC são aceitas nos EUA, sendo chamadas de *fix it first*. Segundo as Diretrizes do DOJ (2004)

> um remédio *fix-it-first* constitui um remédio estrutural que as requerentes implementam e o DOJ aceita antes da consumação da fusão. Um remédio fix it first elimina as preocupações antitruste do DOJ, tornando desnecessária a própria submissão.[31]

O DOJ encoraja as requerentes a adotarem tal prática pois o *fix it first* remove a necessidade de litígio, permite que o DOJ utilize seus recursos de forma mais eficiente e poupa custos à sociedade". Além disso, o DOJ considera que o "*fix-it-first* pode prover maior flexibilidade em desenhar um pacote de desinvestimento que seja apropriado".

> Na Europa, o mais próximo do *fix it first* seria a aceitação pela autoridade de uma proposta de remédio logo na fase 1 do período de análise, quando se entende realizar uma análise menos pormenorizada que na fase 2, na qual, usualmente, se sinaliza que a probabilidade de intervenção é muito alta.[32]

No Brasil, com a recente introdução da pré-notificação e de um sistema em que se prevê a possibilidade de acordos em controle de concentração ain-

31. Na Europa, o mais próximo do *fix it first* seria a aceitação de uma proposta de remédio logo na fase 1 do período de análise.
32. Which (2009) afirma que a maioria dos casos que vão para a fase 2, de fato, acabam por ser resolvidos por remédios. Dada a função de reação das partes em face do comportamento usual da autoridade, Which (2009) coloca que dos 46 casos que foram para a fase 2 na Europa, em 9 acabou por haver desistência total da operação.

da (e apenas) na fase de investigação na Superintendência Geral (art. 92 do Projeto de Lei 06/2009), com o acompanhamento do relator do Tribunal, o incentivo ao oferecimento de um *fix it first* se torna bem mais forte do que no regime da Lei 8.884/1994.

Nesta última, além da regra de notificação pós fusão, os acordos em remédios, concretizados nos chamados "Termos de Compromisso de Desempenho" (art. 58),[33] eram negociados somente na fase de julgamento, fazendo com que houvesse incentivos às requerentes postergarem ao máximo a oferta de soluções prévias.

Na nova lei são previstas duas fases potenciais de investigação, uma simples inicial e outra complexa, caso se entenda necessário aprofundamento da análise pela Superintendência. Se as requerentes desejarem reduzir a probabilidade de uma fase complexa na Superintendência, o *fix it first* pode ser uma alternativa interessante. Isso porque se as requerentes tiverem a expectativa de acelerar o processo de análise, ofertando o *fix it first* e evitando a passar para a "fase complexa" (II da CE), é possível gerar incentivos às requerentes aderirem à prática. No entanto, se as requerentes entenderem que a probabilidade de escapar à fase complexa, mesmo oferecendo um *fix it first* razoável é baixa e que a Superintendência costuma considerar os remédios oferecidos no *fix it first* como um "piso" para outros compromissos, o incentivo às requerentes se adiantarem no sentido de um acordo razoável pode ficar comprometido.

5. Remédios comportamentais

5.1 A preferência por remédios estruturais e a reabilitação dos remédios comportamentais

Os remédios comportamentais são usualmente menos recomendados que os estruturais especialmente em função dos princípios 4 (suficiência), 7(regulação de mercado), 8 (probabilidade dos efeitos) e 9 (capacidade de implementação). Primeiro, como os remédios comportamentais não alteram o

33. Note-se que no CADE nem todas as soluções intermediárias foram acordadas nos compromissos de desempenho. A decisão de suspensão da marca Kolynos em pasta de dente, por exemplo, foi uma decisão unilateral do CADE, sem compromisso de desempenho. Dutra (1998) e Andrade (2002), no entanto, destacam o fato de que o CADE na década de noventa impunha (não negociava) compromissos de desempenho, contrariamente às outras jurisdições. Na década de 2000 os compromissos de desempenho passaram a ser sempre negociados. Ver Klajmic e Nascimento (1997) para uma avaliação da evolução do instituto no Brasil em meados dos 90 e Mattos (1997) para a crítica da política de remédios do CADE nesta época.

comando sobre ativos relevantes, acredita-se que dificilmente eles serão suficientes para endereçar todos os problemas concorrenciais gerados por um AC, comprometendo o princípio 4. Como a alteração do comando de ativos representa uma mudança permanente dos incentivos econômicos relativos àqueles ativos, acredita-se que os resultados concorrenciais dos remédios comportamentais devem ser menos prováveis, comprometendo o princípio 8.

Remédios comportamentais que usualmente demandam constante monitoramento de relações entre agentes econômicos podem constituir, na prática, verdadeira regulação do mercado, comprometendo a satisfação do princípio 7. Ademais, como o tempo de monitoramento está relacionado ao custo total de monitoramento pela agência, também deve ferir o princípio 9.

A superioridade absoluta do remédio estrutural, no entanto, tem sido cada vez mais questionada. Conforme a OCDE (2004),

> algumas autoridades de concorrência estão concluindo que remédios estruturais na forma de alienações não são sempre mais eficientes e menos custosos que os remédios comportamentais; quando o desinvestimento for impraticável ou desproporcional para remediar os efeitos adversos de uma fusão, os remédios comportamentais podem algumas vezes ser preferíveis.

Como vimos no item anterior, o custo para as requerentes de uma alienação de ativos, característica dos remédios estruturais, pode ser desproporcional em contradição ao princípio "5", especialmente quando são requeridas as *crown jewels* para viabilizar a alienação. O remédio comportamental pode representar ainda a alternativa de menor ônus à parte, satisfazendo o princípio 6 de intervenção minimalista.

Dada a complexidade dos procedimentos para a alienação de um negócio, a qual ainda por cima não conta com a (boa) vontade da parte, o custo de implementação de um remédio estrutural pode acabar sendo mais elevado, tornando mais recomendável, pelo princípio 9 (capacidade de implementação), o remédio comportamental. Ademais, a dificuldade em encontrar compradores apropriados pode ser especialmente forte em economias menores, onde há um sortimento naturalmente menor de capitais independentes entre si, adicionando mais uma dificuldade à implementação do remédio estrutural (princípio 9).

Muitos ACs referem-se a aquisições de participações minoritárias de uma empresa em outra. No caso de ACs horizontais, a maior preocupação diz respeito ao aumento do poder de mercado coordenado, enquanto em ACs verticais, avalia-se qual o incremento do incentivo a discriminar rivais. Além da alienação de parte ou do total das participações, um típico remédio estrutural, também se pode pensar em remédios comportamentais como restrições na participação de uma empresa no processo decisório da outra. Assim, restrições nos direitos de uma empresa acionista no processo decisório, como, por exemplo, o veto na capacidade de votar em assembleia ou mesmo compromisso de não participar no conselho de administração, podem ser consideradas em alguns casos como suficientes em relação à opção estrutural de simples alienação.[34]

O fato de os remédios estruturais gerarem mudanças permanentes irreversíveis também pode ser uma razão para a indicação de remédios comportamentais. No caso específico de mercados que passam por rápido processo de transformação e cuja estrutura pode alterar, em curto período de tempo, de forma significativa,[35] o risco de errar é ainda maior, comprometendo a satisfação do princípio 8 (probabilidade dos efeitos).

Dentro da tipologia proposta pela ICN (2005) sobre os remédios comportamentais, apresentada no item 3, usualmente se recomendam os que facilitam rivalidade horizontal (b1) relativamente aos que controlam resultados (b2).[36] O problema desses últimos são as distorções da alocação de recursos que podem ser geradas. Por exemplo, quando se controlam preços e quantidade de fornecimento de insumos e/ou produtos, é razoável postular que a entrada no mercado de insumos se tornará menos atrativa.[37] Assim, um problema

34. Nos ACs referentes à aquisição de participação minoritária da Telefonica na Telecom Itália e da Votorantim na Polimix (AC 53500.012487/2007 disponível em: <http://www.cade.gov.br/temp/D_D000000546881937.pdf> e ACs 08012.008847/2005-28 e 08012.008848/2005-7, disponível em: <http://www.cade.gov.br/temp/D_D000000378791539.pdf>, o CADE adotou Termos de Compromisso de Desempenho nessa linha, além de vedações de troca de informações. Já no AC entre Polimix/Tupy (AC 08012.002467/2008-22, disponível em: <http://www.cade.gov.br/temp/D_D000000561331853.pdf>), o CADE optou por uma abordagem menos benigna, rejeitando o AC e questionando mesmo a capacidade daquele tipo de remédio neste setor ser suficiente para endereçar os problemas concorrenciais verificados.

35. Um exemplo citado pela OCDE (2004) é o remédio comportamental acordado na fusão Borland/Ashton-Tate. Como o problema competitivo da fusão se derivou da interação entre direitos de propriedade intelectual e o controle de padrões tecnológicos, a linha foi a Borland concordar em abrir mão de reclamar seus direitos de *copyright* do *software* utilizado. Adicionalmente, havia a possibilidade de acesso a informação no caso em que as partes mantivessem confidenciais as informações necessárias para a interoperabilidade dos diferentes equipamentos.

36. Mattos (1997) mostra como o CADE de meados da década de 90 tinha uma forte preferência por este tipo de remédio comportamental com claras ineficiências.

37. A Comissão de Concorrência britânica nos casos Drager Medical/Hillebrand impôs price caps. No caso de serviços de ônibus na Escócia (Firstgroup/Scotrail),

concorrencial de curto prazo que seria naturalmente corrigido no médio e longo prazos pelo movimento de entrada e saída se torna bloqueado pelo próprio remédio. Esta seria uma distorção que representaria a antítese do próprio objetivo precípuo da autoridade de concorrência. Isto implica que a opção por remédios que controlam resultados, mais do que aqueles que facilitam rivalidade, deve ser temporária, com a adoção de um *phasing-out* transparente para a sociedade.

Em geral, remédios comportamentais devem ser temporários, de forma a evitar o problema apontado no princípio 7 sobre transformação da autoridade de concorrência em regulador setorial. Os remédios comportamentais devem se constituir em uma alternativa mais permanente apenas se não houver previsão de entrada em horizonte de tempo considerado razoável. O ideal nesse caso seria a autoridade de concorrência propor ao governo a criação de uma regulação mais permanente, que seria exercida por órgão competente.[38] De qualquer forma, a previsão de que os remédios comportamentais serão revistos periodicamente é sempre recomendável, sinalizando da forma mais clara possível quais as condições para prorrogar o remédio e quais as condições para encerrá-lo.

5.2 Remédio comportamental em integrações verticais

Em muitos casos, o fato de se buscarem remédios que não a simples rejeição do AC se deriva justamente do objetivo de manter as eficiências esperadas, o que pode ser o caso de redução de custos de transação e internalização de externalidades usualmente geradas em integrações verticais.[39] Tal preocupação é consistente ao princípio 2 em que o remédio não pode gerar efeito líquido negativo no bem-estar, o que seria o caso ao abrir-se mão de eventuais eficiências produtivas/dinâmicas geradas superiores aos problemas gerados pela mitigação da concorrência em função do AC.

---

foram admitidos remédios envolvendo tarifas, qualidade de atendimento e configuração das rotas.

38. Na Europa, o principal critério para a imposição de regulação sobre um *player* no setor de comunicações eletrônicas é a existência do chamado Poder de Mercado Significativo (PMS). E uma das características de segmentos com PMS é que não se espera a emergência de concorrência pelo funcionamento natural do mercado em um horizonte de tempo considerado razoável. Este talvez seja o exemplo mais interessante de incorporação da métrica concorrencial de forma expressa na regulação, revelando convergência das funções objetivo de ambas as autoridades. Para o entendimento da CE do PMS, ver CE (2002) e Valcke, Queck e Lievens (2005).

39. Ver Carlton e Perloff (1994, cap. 13).

Como vimos no item passado, quanto maiores as sinergias entre ativos, maior o número de ativos que deverão ser alienados para tornar o remédio viável e não perder as eficiências do pacote de desinvestimento. De outro lado, quanto mais ativos a serem alienados, mais provável de se perderem as referidas eficiências geradas pelo AC, pela diminuição do conjunto de ativos que permanece com as requerentes. No caso de problemas de fechamento vertical gerado pelo AC é possível que o objetivo de criar um pacote de desinvestimento que constitua um negócio autônomo irá requerer a inclusão de ativos de mais de um elo da cadeia produtiva. Isto certamente resultaria em um pacote de desinvestimento excessivamente amplo comprometendo a eficiência dos ativos que remanescem com as requerentes e a proporcionalidade do remédio, princípio 5.

De fato, boa parte das motivações favoráveis aos remédios comportamentais estão associadas a integrações verticais. Conforme a OCDE (2004) "os remédios comportamentais são considerados particularmente apropriados em fusões com elementos verticais dado que eles podem ser mais apropriados para preservar eficiências potenciais ao mesmo tempo que previnem riscos de fechamento de mercado". O próprio DOJ (2004) aponta que "algumas integrações verticais são simplesmente não passíveis de um remédio estrutural, como é tipicamente o caso de uma firma a montante adquirindo uma firma a jusante que tenha uma única planta".

No entanto, talvez a razão mais importante para uma maior parcimônia em remédios estruturais aplicados em integrações verticais seja a própria incerteza da teoria econômica no que diz respeito à robustez da teoria do fechamento vertical de mercado. Após as observações de Posner (1976) e Brock (1978) sobre a falta de racionalidade em uma integração vertical gerar fechamento vertical, seja a jusante, seja a montante, os temores das autoridades antitruste sobre os potenciais efeitos negativos deste tipo de fusão ficaram menores.[40]

Uma das formas de atenuar o problema da excessiva amplitude de pacotes de desinvestimento quando o problema concorrencial se deriva das

40. Para uma síntese das principais críticas à ideia de fechamento vertical de mercado gerado por uma fusão, ver Ordover, Saloner e Salop (1990) e Hart e Tirole (1990), que ainda constroem complexos modelos de jogos nos quais tais críticas podem ser relativizadas. A possibilidade teórica atualmente mais aceita de fechamento vertical após uma integração vertical é oferecida por Rey e Tirole (2007). De outro lado, a teoria sobre os potenciais benefícios é muito melhor consolidada como vemos em Carlton e Perloff (1994, cap. 13).

relações entre elos distintos da cadeia produtiva e da menor ênfase da teoria econômica nos potenciais problemas decorrentes de integrações verticais sãos os remédios comportamentais, complementares ou não aos remédios estruturais. Esta complementaridade é especialmente frequente em integrações verticais. Por exemplo, quando um incumbente verticalmente integrado aliena uma unidade a jusante que depende dos insumos variáveis fornecidos pelo negócio a montante, a inclusão de um contrato de fornecimento pode ser fundamental para gerar atratividade e viabilidade ao pacote de desinvestimento.

Os principais remédios comportamentais em integrações verticais, são obrigações de concessão de acesso a insumos considerados fixos, o que pode ser a uma infra-estrutura com caraterísticas de facilidade essencial[41] ou a direitos de propriedade intelectual como patentes. Não raramente os remédios de condições de acesso se localizam em setores regulados, devendo a intervenção antitruste estar em plena sintonia e complementar à regulação, especialmente a de acesso. É possível, inclusive, que uma regulação de acesso eficaz já torne desnecessário o remédio antitruste.[42]

Tais remédios viabilizariam uma transição mais segura para um ambiente mais competitivo, satisfazendo princípio 8 (probabilidade dos efeitos), devendo ser mantidos enquanto não se desenvolverem outras fontes de fornecimento seja de insumos variáveis seja de acesso a insumos fixos.[43]

Há um padrão comum dos remédios que prevêem acesso, que é a demanda pelo regulador de cláusulas de não discriminação. O provedor do acesso deve ofertar o acesso em bases não discriminatórias, tratando os demandantes

41. Conforme Rey e Tirole (2007), o "fechamento de mercado se refere à prática da firma dominante que nega acesso apropriado a um insumo que seja uma facilidade essencial, com o intento de estender o seu poder de monopólio de um segmento do mercado (a facilidade essencial) a outro (potencialmente competitivo). Essencialidade significa que o produto da firma dominante não pode, de forma barata, ser duplicado pelos entrantes a quem está sendo negado acesso. Exemplos de facilidade essencial incluem um estádio, uma ponte, um porto, uma central de transmissão, uma rede local de telecomunicações e um sistema de reservas de computador".

42. Ver Geradin e Sidak (2005), para uma crítica à atuação da autoridade de concorrência similar à da autoridade reguladora em telecomunicações nos EUA e Europa.

43. Na Europa, Which (2009) mostra o caso na Inco/Falconbridge no qual, além de um remédio estrutural de desinvestimento, requereu-se um contrato de longo prazo de insumos da vendedora para a compradora.

não associados da mesma forma que aqueles que sejam associados ao grupo econômico dele.[44-45]

Na prática, no entanto, é muito difícil para o regulador avaliar se há ou não tratamento não discriminatório, dado que a assimetria de informação da autoridade em relação às requerentes gera problemas de *moral hazard*. Quanto menos observáveis forem as variáveis que determinam as condições de acesso, mais difícil verificar o cumprimento desta cláusula. A não discriminação sobre a variável "preço de acesso"[46] é razoavelmente fácil de a autoridade acompanhar. Já a não discriminação na qualidade do serviço de provisão do acesso tende a ser mais difícil.[47]

Quando as necessidades dos requerentes são diferenciadas, a verificação da isonomia é ainda mais complicada. No caso específico de direitos de propriedade intelectual, por exemplo, a CE (2005) destaca que "dado serem eles por definição direitos de monopólio e o fato das licenças serem desenhadas sob encomenda às demandas dos licenciados individualmente, não é fácil em geral determinar se houve não discriminação ou mesmo um preço justo de mercado". O estudo da CE (2005) constatou, inclusive, que "os licenciadores

44. Which (2009) cita o caso da fusão SFR/Telé na Europa, na qual se obrigou a Vivendi, proprietária de uma rede de televisão, a não discriminar os competidores no segmento de TV fechada a jusante e nem os concorrentes na produção de conteúdo a montante. Remédios Comportamentais semelhantes (além de estruturais) foram aplicados na Consent Order da FTC relativa à aquisição da Turner pela Time Warner (Ver Sullivan e Grimes (2000) e Besen, Murdoch, O'Brien, Salop e Woodbury (1996)). No Brasil, os termos do remédio comportamental no AC Sky/Direct TV apresentou objetivo similar. Uma produtora de programas, a MTV, acusou as partes de não estarem cumprindo a obrigação de carregarem o seu programa. O CADE determinou a extensão do direito da MTV de ter seu programa carregado na Direct TV por mais um ano

45. No setor de telefonia nos EUA, Sullivan e Grimes (2000) citam ainda o caso importante da aquisição da McCam Cellular pela AT&T, obrigando ao tratamento não discriminatório nos serviços de longa distância.

46. Ver a resenha de Mattos (2003) para preços de acesso em telecomunicações.

47. Viscusi, Vernon e Harrington (1995) sumariam o caso clássico da AT&T. Enquanto para fazer ligações de longa distância pela própria empresa, os usuários apenas precisavam discar 11 dígitos, para quaisquer outros entrantes, os usuários precisavam discar 20 dígitos para a conexão, havendo dificuldades do regulador de avaliar se tal diferença seria derivada de questões técnicas ou se constituiria uma ação deliberada de degradação do acesso local aos concorrentes. Assim, "os consumidores tinham a AT&T como oferecendo um serviço de melhor qualidade, o que forçava os seus concorrentes a oferecer um bom desconto para competir".

possuem vários meios de restringir o acesso à tecnologia através de uma variedade de requisitos técnicos na licença".

Uma forma de mitigar este problema é aduzir remédios comportamentais de *fire walls* os quais objetivam reduzir o fluxo de informação entre as divisões a montante e a jusante da firma que se verticalizou. Quanto mais se limitar o fluxo de informações entre estas divisões, menos a firma que se verticalizou será capaz de discriminar concorrentes, seja a montante seja a jusante.[48-49]

A despeito de os *fire walls* serem instrumentos destinados a mitigar o problema de *moral hazard* quanto ao tratamento não discriminatório, o monitoramento deles mesmos pode ser ainda mais difícil, fazendo com que haja também aqui, um problema de *moral hazard*.

Além deste problema, os *fire walls* podem gerar uma importante ineficiência. Como uma das principais fontes de eficiência de integração vertical é a melhor coordenação entre os segmentos a jusante e a montante, especialmente em função da esperada melhoria no fluxo de informações intrafirma, é razoável postular alguma perda de eficiência em razão do instrumento de *fire walls*.

Em lugar de restringir o fluxo de informações, a autoridade/regulador pode optar por torná-lo mais transparente para fora da fronteira da firma. Em particular, as transações entre os negócios a jusante e a montante passam a ser precificadas para efeito de transparência (os preços pelos quais ocorrem estas transações intrafirma são chamados de "preços de transferência"). O remédio de separação contábil, por exemplo, usual na regulação de telecomunicações é uma forma importante de incremento na transparência.

A separação contábil, no entanto, pode ter utilidade além da verificação de não discriminação. Mesmo as cláusulas de não discriminação podem não ser suficientes, dada a possibilidade de subsídios cruzados entre as unidades a jusante e a montante que ensejem condutas de *price squeeze* contra os rivais. Assuma, por exemplo, um segmento a montante monopólico (fornecedor tanto da unidade associada quanto das rivais à jusante) e um segmento a jusante competitivo nos quais o primeiro não discrimina associadas e não associadas. A firma verticalmente integrada ainda sim pode destruir a concorrência a jusante, aumentando os preços de transferência do insumo para associadas e não

48. *Fire walls* também são usados na regulação de incumbentes verticalmente integrados com basicamente o mesmo propósito.

49. Conforme Sullivan e Grimes (2000), na aquisição da Rockwell pela Boeing, em 1997, a FTC obrigou a que a primeira não compartilhasse informação proprietária com a segunda acerca do negócio de sistema de lançamento de veículos espaciais, de forma a evitar tratamento preferencial em relação aos rivais da Boeing neste negócio.

associadas, e reduzindo os preços de mercado da associada a jusante. Ou seja, não apenas os custos dos insumos para os rivais e para a associada (contabilmente) estão mais altos, como os preços da associada a jusante estão menores. Financeiramente, o segmento a montante é financiado pelo a jusante com vistas a destruir a concorrência a jusante. Assim, mesmo cumprindo o objetivo de não discriminação, definindo o mesmo preço do insumo para a associada e as rivais, observa-se a possibilidade de uma conduta predatória contra as rivais. Havendo subsídios cruzados, a separação contábil poderá mostrar lucros bem maiores a montante e prejuízos a jusante, permitindo a ação da autoridade de concorrência ou regulatória.[50]

As lacunas abertas pelo remédio comportamental para a ineficiência econômica estão associadas ao constrangimento dos direitos de propriedade das requerentes. A obrigação de acesso, por exemplo, se de um lado pode incrementar a concorrência e aumentar a eficiência alocativa, de outro constrange os esforços das requerentes em direcionar a alocação dos ativos em seus usos mais produtivos, além de poder construir uma "tragédia dos comuns". O desenho do remédio comportamental, portanto, deve ser o menos restritivo possível, de forma a não comprometer estes objetivos próprios do sistema de direitos de propriedade.

5.3 Remédios híbridos estruturais/comportamentais

Há casos de remédios estruturais que apresentam alguns elementos comportamentais tão importantes que acabam por ser considerados, conforme a ICN (2005) como "híbridos estruturais/comportamentais". O exemplo dado é o do licenciamento de um direito de propriedade intelectual, o qual deve estar sempre associado, conforme princípio 3 (consistência do remédio ao problema identificado), aos problemas concorrenciais gerados pelo direito de uso exclusivo de uma tecnologia.

50. No CADE houve um caso importante de *price squeeze* em telecomunicações. No PA 535001821/2002, Embratel e Intelig acusaram as concessionárias regionais desta conduta. A evidência trazida foi de que, em vários degraus tarifários, os preços de acesso local cobrados pela concessionária de suas associadas de longa distância, a despeito de serem os mesmos cobrados das rivais, eram superiores aos preços do seu próprio serviço final de longa distância. Isto caracterizaria um subsídio cruzado com o objetivo de congelar as margens das rivais. O CADE, no entanto, considerou que a prática de *price squeeze* só restaria confirmada se todo o negócio de longa distância das concessionárias em todos os degraus tarifários não fosse lucrativo. O fato de não ser lucrativo em apenas alguns degraus impediu a condenação. Este é um padrão de análise a se reavaliar.

Como colocado pela CE (2005), licenças de direitos de propriedade intelectual com exclusividade, impedindo inclusive o licenciador de explorar diretamente o direito, objetivam a transferência de posição de mercado da firma que se fundiu para outrem, um típico objetivo de remédio estrutural. Já no caso de se facultar também ao licenciador o usufruto do direito, a obrigação de cooperação com o licenciado se torna tão somente um constrangimento do direito de excluir terceiros da exploração do direito de propriedade intelectual, tipicamente um remédio comportamental.

Esta dicotomia dos direitos de propriedade intelectual deriva do fato de seu uso ser "não rival".[51] Ou seja, contrariamente a outros ativos, dois ou mais *players* podem utilizar o ativo ao mesmo tempo sem inviabilizar o uso pelo outro. Isto permite uma escolha da autoridade acerca de (i) se ao licenciador será autorizado o uso do direito; (ii) se o direito de propriedade intelectual será oferecido a vários ou a apenas um licenciado. De um lado, permitir o uso pelo licenciador mantém a capacidade de gerar valor diretamente pelo uso de seu direito, o que é socialmente positivo, especialmente por sua maior familiaridade com este ativo. Abrir o uso do direito para quantos licenciados desejarem também aumenta a capacidade de geração de valor, inclusive com usos ainda não testados.

De outro lado, tanto a permissão para que o licenciador utilize o direito quanto a extensão da licença para tantos quantos forem os demandantes da licença podem comprometer a capacidade e os incentivos de cada licenciado em se diferenciar, especialmente do licenciador, e ainda geram um problema de subinvestimento no desenvolvimento da capacidade econômica do ativo,[52] típico problema de *free-riding*.

Outro remédio analisado pela CE (2005) na experiência europeia que se situa ema faixa de fronteira entre o estrutural e o comportamental foi o compromisso de uma empresa em retirar uma marca do mercado de forma a abrir espaço a outros competidores. Sua característica é predominantemente comportamental dado não envolver transferência de direitos de propriedade, mas tão somente restrição em seu uso ou, mais precisamente, uma determinação de não utilizar a marca em um ou mais produtos. O estudo da CE (2005) fez uma avaliação negativa deste remédio:

> Enquanto o remédio pode ter, em um grau limitado, fortalecido os concorrentes (embora não haja garantia que a participação de mercado liberada por esta retirada da marca não tenha sido parcial ou totalmente devolvida às re-

51. Quando há suficiente capacidade ociosa, o acesso a facilidades essenciais também é não rival, valendo a mesma análise.

52. O DOJ (2004) explora com mais vagar este importante *trade-off* da fronteira das matérias de concorrência e propriedade intelectual.

querentes que se fundiram), a retirada da marca reduziu o espaço de escolha do consumidor e destruiu seu valor comercial. Sua efetividade deve portanto ser avaliada de forma crítica, em particular por que a opção de desinvestir ou licenciar a marca e o produto eram opções factíveis.

Este caso, e sua crítica, encontram paralelo na experiência brasileira no caso da suspensão da marca Kolynos por cinco anos em 1996, quando da aquisição da Kolynos pela Colgate.[53]

Um remédio alternativo nesse tipo de caso é o *re-branding*, citado pela CE (2007), no qual o licenciamento da marca seria transitório até que o licenciado, com a reputação emprestada da marca principal seria capaz de construir sua própria marca. Algo similar foi implementado no CADE no caso da fusão Merck-Schering-Plough, no qual marcas de medicamentos conhecidos foram licenciados temporariamente até que os licenciados fossem capazes de registrar o produto com sua própria marca, além de licenciar a patente.[54]

Um exemplo interessante de remédio híbrido foi o da aquisição do Mate Leão pela Coca-Cola.[55] Para que esta última pudesse ultimar a operação, o CADE impôs a condição de que tal empresa abrisse mão do acordo de distribuição do Nestea da Nestlé no Brasil. Nesse caso, pode-se entender o remédio como comportamental, por tratar-se de restrição no direito de distribuir uma marca, ou estrutural dado que equivaleu à obrigação de transferir para outrem a exploração da distribuição de Nestea no Brasil.

5.4 Remédios comportamentais contingentes

Um remédio comportamental diferente foi utilizado no caso de uma *joint venture* entre a Peninsular and Oriental Steam Navigation Company e a

53. Ver Salgado (2003). O possível licenciamento ou alienação da marca Kolynos nesse caso, no entanto, esbarrava no fato que o único segmento de negócio com problemas concorrenciais foi o de pasta de dente. Não havia necessidade de qualquer remédio para os segmentos de escova e fio dental e enxaguante bucal, para os quais manteve-se a marca Kolynos. Assim, caso houvesse licenciamento ou alienação, a marca Kolynos teria dois responsáveis, a Colgate e o licenciado, com potenciais problemas de *free-riding* na promoção da marca.

54. AC 08012.002252/2009-92, disponível em: <http://www.cade.gov.br/temp/D_D00000056247 1190.pdf>. Este foi o único caso no CADE que envolveu a possibilidade de licenciamento de uma patente. Como a autoridade reguladora de medicamentos demora, no mínimo, dois anos para autorizar um novo medicamento, o simples licenciamento da patente resultaria em substancial atraso de implementação do remédio, comprometendo o princípio 10.

55. AC 08012.001383/2007-91, disponível em: <http://www.cade.gov.br/Default.aspx?e75caa69bb59df29f818091cee22e63dd53513e021f5>.

Stena Line AB no mercado de serviços de transporte de passageiros aquaviário no canal da mancha. A autoridade de concorrência inglesa determinou um "remédio contingente" no qual se determinaria um *price cap* sobre as tarifas se determinadas condições de concorrência no mercado se deteriorassem no futuro.

Outro exemplo de "remédio contingente", levantado pela CE (2005), foi utilizado no caso de fusão de empresas farmacêuticas que se encontravam em período de pesquisa de um determinado composto. As requerentes se comprometeram a licenciar o produto caso os testes clínicos fossem bem sucedidos. O problema levantado pela própria CE (2005) é que tal remédio geraria incentivos à redução do empenho da empresa em concluir os testes de forma bem sucedida, mitigando o esforço de inovação. Certamente, quando as contingências estiverem relacionadas às decisões da compromissária, como neste caso, o resultado final tem grande propensão a ser ineficiente, comprometendo o princípio 2 (não reduzir eficiência da economia).

Por fim, a Office of Fair Trading britânica, como mostra Which (2009), impôs um remédio contingente comportamental no caso IVAXInternational BmbH/3M, limitando o preço de inaladores para asmáticos até que novos concorrentes surgissem no mercado. Naturalmente, a própria limitação de preços deve constranger a entrada, reduzindo a possibilidade de sua remoção, implicando sua indesejável perenidade.

Os casos trazidos mostram que o desenho dos remédios comportamentais contingentes deve ser realizado com grande cuidado, dado seu potencial de gerar distorções indesejáveis nos incentivos econômicos. Cabe uma análise caso a caso.

6. Conclusões

A escolha dos remédios apropriados em ACs é um exercício realizado pela autoridade de concorrência no caso a caso. A definição dos princípios a regerem tal escolha, realizada no item 2, nos permite clarear os *trade-offs* envolvidos. No entanto, a medida dos custos e benefícios pode variar significativamente para cada remédio adotado.

O objetivo deste artigo foi tão somente sistematizar a discussão dos remédios na doutrina e jurisdições internacionais para uma audiência brasileira. Não obstante, aproveitamos o ensejo e trouxemos alguns exemplos da experiência brasileira, levantando ainda alguns pontos relevantes da adaptação da doutrina ao país.

O aperfeiçoamento dos processos de escolha e implementação dos remédios antitruste em fusões, no entanto, demandam aprimoramentos institucionais relevantes. Em algumas partes do texto, em especial no subitem 4.4, comentamos a situação brasileira antes e após a mudança instituída pela nova legislação. A introdução da pré-notificação, a instituição dos acordos em controles de concentração em lugar dos compromissos de desempenho mais a criação de duas fases potenciais de análise, simples e complexa, aumentam, significativamente a capacidade de aprimoramento do sistema brasileiro de remédios em ACs. Estas melhorias legais, no entanto, demandam também uma reorganização dos esforços internos do CADE no desenho e implementação dos remédios.

Nesse sentido, Posner (1976) destaca que os funcionários da agência derivam tanto mais satisfação pessoal quanto perspectivas de carreira ao longo do processo de julgamento e escolha do remédio comparativamente ao processo mais concreto de *implementação a posteriori* do remédio. Ou seja, as agências antitruste, em geral, apresentariam uma tendência de sobreinvestir em atividades de julgamento para chegar a uma decisão e de subinvestir em atividades de acompanhamento e *enforcement* dessas mesmas decisões. Aduziríamos ainda a falta de apetite para avaliação de desempenho da política, problema que permeia a ação (ou falta de ação) dos governos em geral.

Isto sugere ser necessário prover os incentivos internos à autoridade antitruste no sentido de aperfeiçoar o acompanhamento de decisões de remédios em ACs. Vale citar o exemplo da criação pela CE de uma unidade especial com a missão de apoiar o desenho e a implementação de remédios. Isto permite a definição de padrões mínimos de análise, otimizando a transparência de atuação da autoridade, o desenvolvimento de padrões de intervenção e da consistência da ação antitruste, além do *learning by doing* institucional. A FTC americana também possui uma divisão de cumprimento de decisões com missão semelhante.

No CADE, foi criada em 1998, a Comissão de Acompanhamento de Decisões - CAD/CADE, mas não houve um aprimoramento institucional visível. Em 2009, as funções da CAD/CADE foram transferidas para um setor de cumprimento de decisões (SCD), órgão da Procuradoria do CADE. Seria importante que esta função pudesse ser incrementada, incluindo não apenas o acompanhamento administrativo das decisões, mas o próprio desenho dos remédios e avaliação dos efeitos, o que certamente demandará um conjunto de recursos maior para o setor responsável. A mudança legal a partir de 2011 constitui uma excelente oportunidade para ampliar o status do desenho e implementação de remédios no CADE, o que tem elevado potencial de melhoria do desempenho desta importante política pública.

Referências bibliográficas

ANDRADE, M. C. *Controle de concentrações de empresas.* São Paulo: Singular, 2002.

DUTRA, P. A negociação antecipada de condição de aprovação de ato de concentração. *Revista do IBRAC*, São Paulo: Singular, n. 4, 1998.

AYRES, I. Rationalizing antitrust cluster markets. *The Yale Law Journal*, v. 95, n. 1, nov., 1985.

BESEN, S. M. et al. Vertical and horizontal ownership in cable TV: time warner-turner. In: KWOKA, J. e WHITE, L. (ed.). *The antitrust revolution*, 1996.

BORK, R. *The antitrust paradox.* New York: Basic Books, 1978.

BUCLEY, P.; MICHIE, J. *Firms organizations and contracts.* Oxford Management Readers, 1996.

CARLTON, D.; PERLOFF, J. *Modern industrial organization.* 2. ed. University of California at Berkeley. Harper Collins College Publishers, 1994.

COASE, R.H. The nature of the firm. *Economica*, v. 4, n. 16, nov., 193.

EUROPEAN COMMISSION. *Commission guidelines on market analysis and the assessment of significant market power under the Community regulatory framework for electronic communications networks and services.* (2002/C 165/03). Disponível em: <http://www.ictregulationtoolkit.org/en/Publication.2589.html>.

______. *Commission notice on remedies acceptable under Council Regulation (EEC) 139/2004 and under Commission Regulation (EC) n. 802/2004.* 2007. Disponível em: <http://ec.europa.eu/competition/mergers/legislation/draft_remedies_notice.pdf>.

______. *Best practice guidelines: the commission's model texts for divestiture commitments and the trustee mandate under the EC Merger Regulation.* May, 2003. Disponível em: <http://ec.europa.eu/competition/mergers/legislation/note.pdf>.

______. *Merger remedy study.* Disponível em: <http://ec.europa.eu/competition/mergers/legislation/remedies_study.pdf>. October, 2005.

FAGUNDES, J. *Fundamentos econômicos das políticas de defesa da concorrência.* São Paulo: Singular, 2003.

FARRELL, J.; SHAPIRO, C. Horizontal mergers: an equilibrium analysis. *The American Economic Review*, vol. 80, n. 1, mar. 1990.

FEDERAL TRADE COMMISSION. *Statement of the Federal Trade Commission's Bureau of Competition on Negotiating Merger Remedies,* 2003.

Disponível em: <http://www.ftc.gov/bc/bestpractices/bestpractices030401.shtm>.

GERADIN, D.; SIDAK, G. European and American Approaches to Antitrust Remedies and the Institutional Design of Regulation in Telecommunications. In: MAJUMDAR, S.; VOGELSANG, I.; CAVE, M., ELSEVIER B.V. (ed.). *Handbook of Telecommunications Economics*, 2005. v. 2.

HART, O.; TIROLE, J. *Vertical integration and market foreclosure*. Brookings Papers on Economic Activity, Microeconomics, 1990.

INTERNATIONAL COMPETITION NETWORK (ICN) – ICN Merger Working Group: Analytical Framework Subgroup: Merger Remedies Review Project. Report for the 4th ICN Annual Conference. Bonn June, 2005.

KLAJMIC, M.; NASCIMENTO, C. Compromisso de desempenho: uma abordagem introdutória. *Revista do IBRAC*, n. 25, jan.-jul. 1997.

MATTOS, C. C. A. Interconnection Policy: A theoretical survey. *Revista Nova Economia –UFMG/MG*, v. 13, n. 1, jan.-jun. 2003.

______. The recent evolution of competition policy in Brazil: na incomplete transition. *Revista do IBRAC*, v. 4, n. 6, 1997.

MICELI, T. *The economic approach to law*. Stanford University Press, 2004.

MOTTA, M. *Competition policy: theory and practice*. Cambridge University Press, 2004.

OCDE: *Lei e política de concorrência no Brasil: uma revisão pelos pares*. 2005.

______. ______. 2010.

OECD POLICY ROUNDTABLES – Directorate for Financial and Enterprise Affairs – Competition Committee. *Merger Remedies*, 2003.

ORDOVER, J.; SALONER, G.; SALOP, S. Equilibrium vertical foreclosure. *American Economic Review*, march 1990.

POSNER, R. *Antitrust law: an economic perspective*. The University of Chicago Press, 1976.

POSNER, R. *Economic analysis of law*. 5. ed. Aspen Law & Business, 1998.

REY, P.; TIROLE, J. A primer on foreclosure. In: ARMSTRONG, M.; PORTER, R. (ed.). *Handbook of Industrial Organization*, 2007. v. 3.

SALGADO, L. H. O caso Kolynos-Colgate e a introdução da economia antitruste na experiência brasileira. In: MATTOS, César (ed.). *A revolução antitruste no Brasil:* a economia aplicada a casos concretos. São Paulo: Singular, 2006.

SEAE/SDE: *Portaria Conjunta SEAE/SDE n. 50, de 1.º.08.2001. Anexo Guia para Análise Econômica de Atos de Concentração Horizontal.* Disponível em: <http://www.seae.fazenda.gov.br/central_documentos/guias>.

SULLIVAN, J.; GRIMES, W. *The law of antitrust:* an integrated handbook. 2. ed. Horbook Series. Thomson West, 2000.

US Department of Justice (DOJ). *Antitrust division policy guide to merger remedies.* oct. 2004.

VALCKE, P.; QUECK, R.; LIEVENS, E. *EU communications law:* significant market power in the mobile sector, 2005.

VISCUSI, W.; VERNON, J.; HARRINGTON, J. *Economics of regulation and antitrust.* 2. ed. The MIT Press, 1995.

WILLIAMSOM, O. Economies as an antitrust defense: the welfare trade-offs. *American Economic Review*, 58, mar. 1968.

______. *The economic institutions of capitalism.* New York: Free Press, 1985.

Política antitruste e intervenções: algumas reflexões a partir de teorias da firma

Ricardo Machado Ruiz

1. Introdução

Esse artigo apresenta de forma sintética algumas teorias da firma e busca algumas conexões dessas teorias com a política antitruste. A razão para tal empreitada é simples: a larga maioria das intervenções antitrustes ocorre nas firmas e modifica seu comportamento, organização interna, processo decisório, escala e escopo produtivos e mesmo seu controle de capital. Portanto, é fundamental ter uma avaliação da firma para, assim, tornar as políticas antitrustes mais eficientes no controle do poder de mercado e parcimoniosas e precisas na intervenção na firma.[1]

Antes de iniciar a discussão, vale enunciar uma "popular" da teoria da firma: as firmas são agentes que buscam maximizar receitas e minimizar custos ao definir uma quantidade produzida e um preço que geram o maior lucro possível, dados certos parâmetros tecnológicos e preço de insumos que formam um conjunto de parâmetros estruturais sobre as quais se teria pouco ou modesta influência. Foos, Lando & Thomsen (1999) assim descrevem a firma:

> Under the assumption of a perfect set of contingent markets, as well as certain other restrictive assumptions, the model describes how markets may produce efficient outcomes. The question how organizations should be structured does not arise, because market-contracting perfectly solves all incentive and coordination issues. By assumption, firm behavior (profit maximization) is invariant to institutional form (for example, ownership structure). The whole

1. Note, para surpresa de alguns, que livros conhecidos como de Viscusi et al (2005), Hovemkamp (2005) e Motta (2004) não apresentam uma discussão sistemática sobre teorias da firma. Contudo, esses livros discutirem intervenções antitrustes que são direcionadas em larga medida às firmas!

> economy can operate efficiently as one great system of markets, in which autonomous agents enter into very elaborate contracts with each other (p. 632).

A firma toma essa decisão de maximizar lucros a partir dos conhecimentos que possuí sobre o mercado ou consumidores (formalmente, uma equação de demanda), dos preços e quantidades de insumos (equação de custos), que combinados geram as possibilidades de lucro (equação de lucros). Ao igualar receitas e custos marginais, a firma é capaz, então, de obter uma posição ótima: máximo lucro.

Existem inúmeras variações a partir desse argumento teórico, mas todos mostram a firma como um agente maximizador onde há uma ausência de tensões tecnológicas e organizacionais, há uma pacífica oferta e alocação de fatores de produção e a precificação leva a um ponto de maximização de lucros onde poucos erros podem ser cometidos de forma sistemática.[2]

As teorias selecionadas nesse artigo mostram que a firma é um agente mais complexo que essas corriqueiras colocações de que ela é um agente racional e maximizador. As teorias a serem apresentadas mostram que a visão estruturalista rígida e a abordagem estática e alocativa têm seus espaços reduzidos quando a firma passa a ser um agente que incentiva comportamentos, inova, imita e condiciona seu entorno por meio de contratos e posse de ativos específicos, exclusivos e não comercializáveis (*non-tradable*).

A "popular teoria da firma" apresenta a firma como um agente passivo frente a uma organização de mercado, mas que já foi largamente questionada por teorias do oligopólio de diferentes vertentes teóricas. Pode-se citar teoria dos jogos estáticos e dinâmicos, jogos infinitos, finitos, com entrada e saída de *players*, modelos evolucionários, modelos com racionalidade limitada, com informação assimétrica e/ou imperfeita etc.

Há também um amplo conjunto de estudos empíricos que mostram uma diversidade de casos onde há fortes diferenças entre as firmas. Por exemplo, Dosi, Malerba, Marsili & Orsenigo (1997) destacam várias heterogeneidades em uma indústria que são reputadas às firmas. Notam, por exemplo, diferenças de produtividade, de tipo e taxa de inovação, tamanho, organização interna, rentabilidade e taxa de sobrevivência. Afirmam que essas assimetrias e heterogeneidades são persistentes e não transitórias, que as firmas apresentam estruturas e posições que não são facilmente contestadas e que não se nota nenhuma convergência para algum tipo de "firma ótima". Há, por outro lado,

2. Entende-se por erros: recursos ociosos, endividamento excessivo, excessos de oferta e de demanda, lucros elevados ou prejuízos, compra de insumos inadequados etc. Ver Rumelt (1984) para uma crítica mais contundente sobre a firma como alocadora de recursos.

entrada e saída de firmas, reestruturações e adaptações que sustentam lideranças por certo período de tempo, em geral relacionados à vigência de um paradigma tecnológico.

Não obstante esses estudos empíricos, no que tange a firma, a tese dominante é da existência de um controle pacífico sobre custos e produtividades marginais. A natureza da firma, sua organização e processo decisório, seus controles internos e relações externas e consequentes efeitos sobre o mercado são pouco comentadas ou, quando muito, anunciadas seletivamente, em particular quando se faz referência a algum caso antitruste.

A visão da firma como agente indivisível, coeso e alocador de recursos é largamente difundida em livros textos, contudo, não se nota tal interpretação consensual nas teorias da firma aqui selecionadas para comentários, em particular quando se avaliam as estratégias e organizações internas. O argumento central a ser apresentado que é que existem teorias da firma que podem ser referências para a teoria antitruste.

Dada essa proposta, esse artigo foi dividido em seis partes, sendo a primeira essa introdução. Na segunda parte temos o clássico debate sobre a teoria da firma de Coase, com seu artigo "The nature of the firm" de 1937. Seguindo essa original proposição, alguns autores – com destaque para Willianson (1975 e 1985) – desenvolveram uma abordagem conhecida como teoria dos custos de transação, cujo foco está nas trocas de mercado e nas alternativas possíveis para organização da produção. Três alternativas são geralmente colocadas para a firma: uma primeira seria a produção intrafirma comandada por hierarquias que definem uma alocação de recursos, uma segunda seria a contratualização de atividades inter-firmas e a terceira seriam as trocas entre agentes independentes em concorrência no mercado. Essa abordagem já é largamente utilizada no debate antitruste, em particular quando o objetivo é argumentar em prol de eficiências econômicas.

Na terceira parte temos uma visão sobre a firma que a considera um conjunto de insumos e agentes sob o controle de um administrador e proprietário que busca maximizar o produto decorrente de uma produção coletiva ou de equipe (*team production*). A produção é um resultado da operação conjunta de vários insumos e trabalhadores e exige um sistema de incentivos e monitoramentos para se ter uma máxima produção com menores custos. O artigo de Alchian e Demsetz, "Production, information costs, and economic organization" de 1972, é certamente uma das mais importantes referências, além de outros, tais como o artigo de Holmstrom e Milgrom, "The firm as an incentive system", de 1994, e Hart e Moore, "Property rights and the nature of the firm", de 1990.

Na quarta parte consideramos outra visão da firma, que pode ser denominada de teoria baseada em recursos e das competências centrais. Edith Penrose é certamente uma importante referência e afirma no seu livro de 1959, *Teoria do crescimento da firma*, que a firma é um conjunto único e heterogêneo de recursos e de serviços gerenciais capazes de gerar rendas líquidas de forma específica e singular. Alfred Chandler é outro importante autor, em particular no seu livro *Scale and scope* (1990). Nesse livro ele reafirma sua perspectiva de que a firma é uma organização administrativa que reflete uma estratégia concorrencial e que os mercados são construídos a partir das estratégias de empresas líderes. Assim, Chandler rompe, mesmo que parcialmente, com os modelos estruturalistas mais rígidos.

Na quinta e última parte, são apresentadas as considerações finais. São apresentados alguns temas que poderiam ser relevantes para as políticas antitrustes. O destaque cabe a noção de firma como agente ativo, heterogêneo e único em várias dimensões. Essa singularidade requer da política antitruste uma apreciação da relevância de instrumentos e intervenções para cada caso.

2. Mercados, hierarquias e modos de governança

O debate sobre a teoria da firma tem como principal referência o artigo de Coase (1937). O ponto focal do artigo é a tensão na trocas e as potenciais desavenças entre produtores e compradores independentes, ou seja, os custos de transação em um mercado descentralizado.

A troca é sua unidade teórica básica sobre a qual se constrói reflexões sobre os limites da firma, as características dos contratos e, por fim, a organização industrial, que deixa de ser impessoal e anônima tal como em curvas de oferta e demanda agregada no nível setorial. Em outras palavras, as trocas são identificadas e podem sofrer uma ação estratégia da firma, não somente no que tange a dimensão preço e quantidade – as duas dimensões dominantes nas "tesouras Marshallianas" – mas também no que se refere as dimensões tecnológicas, temporais e geográficas. As trocas se tornam complexas e a elas é associado certo custo de transação.

Os custos de transação são as principais referências para se determinar se a firma optará por recorrentes compras no mercado ou se produzirá tais bens e serviços internamente e sob controle de um empreendedor, coordenador e/ou proprietário. Dentro de certas circunstâncias, a organização da produção interna a firma substitui a barganha e a incerteza relacionada a oferta de produtos por agentes independentes. Coase (1937) entendia que tais custos de negociação definiam os limites da firma considerando uma tradicional estratégia de minimização de custos, ou seja, uma comparação entre os custos de se produzir internamente ou comprar no mercado. Afirma Coase (1937):

> The point has been made in the previous paragraph that a firm will tend to expand until the costs of organizing an extra transaction within the firm become equal to the costs of carrying out the same transaction by means of an exchange on the open market or the costs of organizing in another firm (p. 96).
>
> To determine the size of the firm, we have to consider the marketing costs (that is, the costs of using the price mechanism), and the costs of organizing the different entrepreneurs and then we can determine how many products will be produced by each firm and how much of each it will produce (p. 103).

Esse argumento ganha dimensões ousadas, quando o próprio Coase afirma que a principal razão para se ter uma firma é a minimização dos custos de operar em um mercado não cooperativo, descentralizado e dominado por agentes oportunistas. É certo que tal assertiva vai muito além do que seria prudente deduzir da teoria, contudo, a minimização dos custos de transação continua sendo um importante e relevante argumento, inclusive no debate antitruste.

A emergência da firma como unidade minimizadora de custos de transação depende de um especialista/ordenador. O ordenador avalia as condições de mercado e a possibilidade de produção intrafirma. Ao internalizar ou contratualizar, a firma abandona os incentivos de mercado que permitem uma barganha com agentes independentes (supridores e compradores), investe recursos que são muitas vezes irrecuperáveis e, quanto oportuno, estabelece relações contratuais com outras firmas. A internalização corresponde a uma redução de custos, mas também a uma redução da flexibilidade decisória.

É certo: a firma possui um limite para a internalização da produção. Esse limite é a capacidade do especialista de comprar, articular e criar incentivos para uma produção mais competitiva que a de mercado, além dos limites colocados por um potencial grau de exposição financeira. Essa avaliação é específica a cada firma e não pode ser considerada uma característica estrutural, ou seja, uma situação de mercado sobre os quais a firma tem limitada capacidade de intervenção. Os custos de transação seriam parte das condutas das empresas: seriam opções estratégicas dentro de um espaço de solução dado por conjunto de parâmetros estruturais. É exatamente essa interpretação dos custos de transação como uma dimensão estratégica que o torna referência para a teoria da firma.

Essa interpretação é matizada recorrentemente por Oliver Williamson, a mais destacada voz na teoria dos custos de transação. Para Williamson (1981 e 2002) o foco da teoria da firma deve ser a organização interna das corporações, que são complexas, variadas e específicas de cada corporação, pois refletem uma trajetória histórica de busca de solução para redução dos custos de transação. Essa estrutura de governança da firma é uma estratégia ou conduta, mas não um determinante estrutural.[3]

Em Williamson (1981 e 1985) temos um refinamento e ampliação da teoria apresentada por Coase (1937) ao definir quais seriam os principais determinantes de um maior ou menor custo de transação. Afirma o autor que em um ambiente complexo, as firmas possuem limitada capacidade de obter e processar informações, sendo necessário construir estruturas de governança capazes de reduzir a incerteza e impedir comportamentos oportunistas e pouco cooperativos; as firmas são, portanto, agentes com racionalidade limitada. Em tais ambientes, a contratualização ou a internalização de trocas em uma estrutura de governança podem ser soluções pragmáticas, suficientes, estáveis e rápidas.

Alguns atributos da trocas que tendem a favorecer a contratualização e a internalização da produção são (a) a frequência com que o agente utiliza o mercado para aquisição de um bem ou serviço, (b) a incerteza quanto a característica do produto ofertado, o que inclui as qualidade do produto e o momento e local de entrega, e, finalmente, um dos mais importantes e (c) o grau de especificidade dos investimentos relacionados na transação. A especificidade dos ativos pode tomar a forma de ativos físicos dedicados ou sem usos alternativos, treinamento e qualificação de trabalhadores e organização de equipes, localização dos ativos, escala de oferta ou mesmo investimentos em marcas e marketing. Em suma, quanto maior a frequência das trocas, mais diferenciado o produto e maior a especificidade dos, mais provável é se torna uma contratualização ou internalização da produção (Williamson, 1981, 1989 e 2002).

Temos, portanto, três opções para a firma: primeiro, produzir internamente, segundo, comprar no mercado e terceiro, contratualizar trocas (relações interfirmas sem controle direto). Os contratos podem possuir as condições mais diversas relacionadas a (a) temporalidade, (b) tecnologias e inovações tecnológicas, (c) definições de mercado, (d) localização, (e) preços, (f) quantidades, (g) repactuação. Note que, dadas as condições contratuais pactuadas, a firma passa a ter uma rigidez definida por contratos e posse de ativos específicos.

Esses determinantes de um maior ou menor custo de transação sinalizam uma direção para a expansão das firmas: o sentido é incorporar ativi-

3. As referências históricas para esse argumento são os estudos de Alfred Chandler *Strategy and Structure* (1962) e, principalmente, *The Visible Hand* (1977), que ilustram como essas estruturas de governança surgem de forma pioneira em algumas grandes corporações norte-americanas.

dades que são recorrentes, específicas a firma, diferenciadas e para os quais o mercado não possui uma oferta regular. Entretanto, essa percepção de um maior ou menor custo de transação depende de uma avaliação interna da firma. Williansom (2002) é enfático ao afirmar que a firma é uma forma de governança específica tanto nas relações intrafirma, como também nas relações interfirmas (contratualização):

> The contract/private ordering/governance (hereafter governance) approach maintains that structure arises mainly in the service of economizing on transaction costs. Note in this connection that the firm as governance structure is a comparative contractual construction. The firm is conceived not as a stand-alone entity, but is always to be compared with alternative modes of governance (Williamson, 2002, p.178).

Dessa percepcão dos motivos e da organização e limite da firma, Williamson (1989, 2002) apresenta uma tipologia de tipos de governanças associadas às trocas de mercado. Essa tipologia parte de um nível nulo de especificidades tecnológicas (k = 0) e progride para um nível mais elevado (k > 0), onde pode encontrar situações que requerem garantias e proteções (s > 0). O gráfico abaixo sumariza essa tipologia.

Figura 1 – Especificidades, garantias e governança

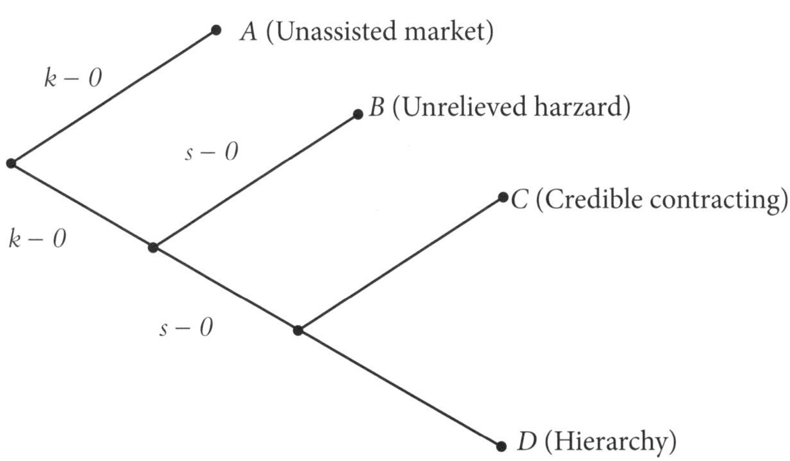

Fonte: Williamson (2002).

Quanto k = 0 temos trocas triviais (caso A) onde não existe a necessidade de controle sobre o mercado, além das regras gerais estipuladas para qualquer troca. Quando k > 0, a busca é por uma contratualização com garantias passa a ser requerida de forma progressiva (s > 0). Se a situação se torna radical (k > 0), a opção pode ser a organização interna das trocas (caso D). Caso seja possível obter garantias por meio de contratos (k > 0 e s > 0), a opção pode ser uma relação inter-firmas regulada por contratos privados (caso C). Caso não tenhamos garantias, a incerteza quanto as trocas se mantém (caso B).

A teoria dos custos de transação tem como unidade analítica as trocas em um mercado com incertezas e complexo. Há, portanto, custos de transação decorrentes da incapacidade da firma antever todas as situações de mercado. Minimizar esses custos é parte da estratégia da firma. Note, portanto, que o argumento principal da teoria dos custos de transação se direciona à geração de eficiências. Mas seria essa única leitura das integrações e contratualizações?

Na teoria dos custos de transação, a contratualização e a internalização da produção é um redutor de incertezas e, portanto, de custos. A maior certeza seria uma garantia para a rentabilidade de ativos que, então, deixam de ser "ameaçados" a montante e a jusante por escolhas divergentes de outros agentes. A importância de se evitar escolhas divergentes é particularmente importante quando temos uso intenso de ativos específicos, cuja realocação para outras atividades pode gerar perdas patrimoniais significativas.

Na perspectiva dos custos de transação, a redução da incerteza nas trocas via internalização e contratualização gera eficiências econômicas. Entretanto, pode especular com a seguinte questão: tensões e dúvidas quanto a rentabilidade de ativos podem gerar inovações, novos investimento e uma mais determinada por uma maior produtividade? Uma eficiente contratualização garante o retorno de ativos específicos, mas esse sucesso pode ser um desestímulo à inovação?

Outro aspecto que merece ser considerado com atenção é que a unidade analítica fundamental da teoria dos custos de transação são as trocas e não a concorrência. É a firma e sua organização interna e as relações interfirmas são os focos da análise. Não surpreende, portanto, a dominância dos argumentos pró-eficiência a partir dessa perspectiva. Esse viés decorrente da própria teoria produz, certamente, dúvidas a partir de uma leitura antitruste.

Em uma perspectiva antitruste, não é pacífica a tese que um processo de contratualização ou de internalização da produção estão motivadas por uma busca de maior eficiência, ou seja, a minimização de custos de transação. Contrapondo-se a essa perspectiva, pode-se citar a tradicional abordagem que destaca as barreiras à mobilidade do capital e as condutas exclusionárias variadas. Por exemplo, a verticalização ou contratualização exclusiva de fontes de matérias primas pode bloquear a entrada e aumentar a relação capital/produto de novos entrantes, o uso da contratualizado de tecnologias pode restringir mudanças tecnológicas e ampliar o ciclo de vida de produtos, a fidelização de clientes pode gerar restrições no acesso a mercados e impedir a entrada de inovadores. Todos esses movimentos podem reduzir custos de transação e/ou restringir a contestação sobre a rentabilidade dos ativos.

Então, uma pergunta: quando a teoria dos custos de transação estaria imune a uma avaliação antitruste? Uma resposta seria: quando a ação da firma for incapaz de mudar os custos de transação vigentes na indústria, ou seja, os custos de outros concorrentes. Nesse caso, o saldo seria sempre a ampliação do excedente econômico. Entretanto, se a ação da firma é capaz de mudar os custos de transação da indústria será necessário avaliar o ganho de eficiência privada e os impactos nos concorrentes.

Segue-se, por consequência, uma segunda pergunta: em que situação poderia ocorrer uma mudança nos custos de transação da indústria? Em uma indústria em concorrência oligopolística é plausível supor tais mudanças, o que as torna elegíveis para avaliação antitruste. São nas indústrias oligopolistas que encontramos empresas com poder de mercado unilateral ou coordenado, portanto, capazes de mudar o ambiente concorrencial. Somente nesses casos parecem surgir dúvidas quanto ao impacto de uma conduta induzida pela minimização dos custos de transação.[4]

Em síntese, uma mesma conduta que reduz custos de transação pode também ser vista como um movimento preservação de rendas e ativos; uma estratégia "rentista". A exclusão de concorrentes e o aumento das barreiras à entrada podem ser resultados de contratualizações e da internalização da produção. Os contratos podem visar a postergação de inovações que contestem ativos específicos. Assim, condutas que reduzem custos de transação podem ser observadas por um prisma anticoncorrencial.

Não obstante essas intencionais especulações com viés antieficiência, a teoria dos custos de transação é certamente uma notável contribuição à teoria antitruste ao defender ganhos de eficiência via internalização e contratualização. Observar as trocas, a produção interna da firma e as relações interfirmas são fundamentais, não somente para captar e aceitar eficiências, mas também para modular e precisar intervenções antitrustes que requerem mudanças nas organizações internas com manutenção de eficiências.

4. É certo que também não se discuti custos de transação em uma indústria em concorrência perfeita, pois nela não temos ativos específicos, complexidade tecnológica, incerteza, monopólios bilaterais etc. Assim por exclusão, o "mundo dos custos de transação" são os mercados em concorrência imperfeita e oligopolista.

3. Agente e principal: incentivos, contratos e desempenho

Uma segunda visão sobre a firma parte da interpretação de que ela não é um ente unificado e coeso, mas sim um conjunto de outros agentes com interesses e ações que devem ser organizados, incentivados e monitorados por um coordenador-ordenador. Vários autores compartilham dessa visão da firma como um sistema de incentivos, controles, propriedade, ou seja, uma instituição marcada pela tensa relação agente-principal, cabendo ao segundo a renda residual. Como exemplo de autores que compartilham dessa visão, pode-se citar Alchian, Demsetz, Holmström, Milgrom, Hart e Fama.

Esses autores observam a firma como um sistema de produção cuja performance só pode ser observada e mensurada a partir de um produto coletivo ou agregado decorrente de uma produção em equipe; um típico resultado da divisão de trabalho intrafirma. Para se obter a máxima produção dos fatores e agentes combinados é necessário ter contratos informais e formais, esquemas de punição e promoção, ou seja, um conjunto de incentivos. O proprietário controla todos os ativos, estabelece as relações intrafirma, posiciona e exclui trabalhadores e monitores, compra e contrata insumos e, ao fim, cabe a ele a renda residual decorrente entradas e saídas de recursos monetários (Alchian e Demsetz,1972).

> The essence of the classical firm is identified here as a contractual structure with: 1) joint input production; 2) several input owners; 3) one party who is common to all contracts of the joint inputs; 4) who has rights to renegotiate any input's contract independently of contracts with other input owners; 5) who holds the residual claim; and 6) who has the right to sell his central contractual residual status. The central agent is called the firm's owner and the employer (p. 794).

A firma deixa, assim, de ser um agente unificado e passa a ser uma combinação de fatores de produção adquiridos no mercado, ativos controlados pelo proprietário e contratos de trabalhos que estipulam funções e atividades (Hart e Moore, 1990). Contudo, em um ambiente de informação assimétrica, não é possível observar a performance dos agentes, ou seja, se suas funções e atividades estão sendo desenvolvidas com dedicação e precisão capazes de produzir uma máxima produção. É possível monitorar e observar resultados parciais desse sistema produtivo marcado pela divisão do trabalho intrafirma, mas somente no final do processo produtivo e, em alguns casos, somente após a venda do produto (e com a apuração dos rendimentos líquidos ou lucro) é possível ter certeza dos resultados.

Em tal situação, é complexa a atividade de extrair a máxima produtividade dos fatores de produção comprados ou contratados. É possível ter alguma precisão no seu custo marginal, mas ter semelhante precisão na produtividade marginal é quase impossível ou muito custoso, uma vez que o produto da firma é sempre e em alguma medida um resultado de um processo produtivo marcado pela interação de diversos agentes (produção coletiva ou em equipe). Alchian e Demsetz (1972) assim argumentam:

> Team production, to repeat, is production in which 1) several types of resources are used and 2) the product is not a sum of separable outputs of each cooperating resource. An additional factor creates a team organization problem, 3) not all resources used in team production belong to one person (p. 779).
>
> In team production, marginal product of cooperative team member are not so directly and separable (i.e. cheaply) observable. What a tem offers to the market can be taken as the marginal product of the team but not the team members (p. 780).

As complementaridades e os encadeamentos produtivos entre os agentes e as dificuldades em mensurar performances individuais requer, portanto, monitores em diversas posições capazes de observar, despedir, contratar, definir e redefinir funções. A função desses monitores é induzir a máxima produção coletiva de cada agente contrato que possui sempre alguma capacidade decisória. A função dos monitores é minimizar o problema de carona (*free-rider*) em um processo de produção marcado pela divisão do trabalho e selecionar aqueles que têm melhor performance, ou minimizar problemas de seleção adversa e risco moral no mercado de fatores. Em suma, nesse contexto, pode-se ver a firma como uma articulada e hierárquica rede de relações entre agentes ordenadores (monitor, supervisor, coordenador, proprietário) e agentes subordinados (trabalhador, funcionário, administrado ou controlado) (Alchian e Demsetz,1972; Holmström e Milgrom, 1994).[5]

Como observam Hart e Moore (1990) e Holmström e Milgrom (1994), um ponto importante é o controle de ativos econômicos. O poder de barganha intrafirma, o sistema de incentivos e a própria renda residual dependem da capacidade do proprietário de controlar alguns ativos. É esse controle que permite a ele comandar o processo produtivo em vários aspectos: primeiro, define quem será contrato ou despedido; segundo, estipula os pagamentos, remunerações e comissões; terceiro, aloca tarefas e funções; quarto, dados cer-

5. Nessa perspectiva da firma também estão presentes contratos incompletos, uma vez que é não possível capturar todas as funções, atividades, performances, remunerações em um único contrato. Vale ainda considerar que ter "indefinições" na estipulação de funções e atividades é importante para se ter flexibilidade produtiva; ou seja, há um grau de incerteza implícita nessa visão da firma.

tos parâmetros tecnológicos, esse ativos permitem definir o escopo da divisão de trabalho intrafirma e mesmo inter-firma. Dependendo do tipo de ativo, do grau de controle, dos contratos possíveis, define-se a remuneração residual e o sistema de incentivo a eles associados. Tais ativos e sistema de incentivos são também capazes de definir os limites da firma e sua capacidade de gerar algum produto coletivo da qual se extrai rendas residuais positivas.

O sistema de incentivos e o monitoramento geram um ambiente tenso e conflituoso. A firma deixa de ser uma local onde há uma alocação pacífica de insumos e passa a se um local impelido à máxima produção via imposição de ações e comportamentos. A firma passa a ser um conjunto de agentes com capacidade decisória que tentam maximizar seu bem-estar via maximização da renda e minimização do esforço próprio. Dessa atitude individual pode-se ter um conflito com os interesses da firma, que seria maximizar seus lucros e gerar rendas exclusivas aos proprietários. Em suma, um clássico problema de agente-principal.

É certo que existem outros mecanismos disciplinadores além dos administradores e monitores. Por exemplo, as ameaças de aquisições podem ser um sinal de que outras firmas tem melhor performance no seu sistema de incentivos intrafirma. Caso a aquisição seja bem sucedida e se verifique uma reestruturação interna da firma, temos um sinal de ganhos de eficiência (ajuste no sistema de incentivos). Em suma, a participação de mercado e a rentabilidade relativa são outros disciplinadores externos à firma e que afetam, em particular, a direção da firma (Hart, 1983).

Bowles (1985) também destaca a ameaça de desemprego é um mecanismo disciplinador importante. Quando em pleno emprego, a possibilidade de obter empregos alternativos aumenta e reduz a eficácia dos sistemas de incentivos. Partindo desse argumento, pode-se especular e afirmar que, para uma firma isolada, o desemprego de fatores (trabalhadores desempregados e ociosidade em firmas a montante e a juzante) é um mecanismo importante para se alcançar a máxima produção. Em outras palavras, do ponto de vista da firma, o ponto de ótimo de produção e lucro pode estar abaixo do pleno emprego de fatores, diversamente do que postularia alguns macroeconomista.[6]

6. Bowles (1985) afirma ainda que o pleno emprego é inconsistente no longo prazo com a existência de lucros, em parte devido ao poder de barganha dos trabalhadores. Considera também que a hierarquização tem a função de permitir a operação de sistemas produtivos complexos, mas é também um mecanismo de controle e coação para gerar um ambiente de cooperação na produção, mas que continua marcada pela desigualdade de poder e renda.

Dessa visão da firma como um sistema de incentivo, Holmström (1999) afirma que a firma é uma miniatura de uma economia: existem insumos, ativos, trocas, mas sem relações autônomas de oferta e demanda e monetização de trocas. Ao final, como prêmio, pertence ao principal (proprietário dos ativos) a renda líquida derivada de uma produção coletiva que não seria possível com agentes atuando de forma independente e não coordenada.[7]

Notem que nessa pequena digressão sobre a firma como um sistema de incentivos já encontramos importantes diferenças em relação a visão da firma derivada da teoria dos custos de transação. Pode-se citar: produção coletiva, dificuldades no monitoramento de performance individual, busca de rendas residuais e controle sobre ativos que permitam ao proprietário exercer o comando sobre a organização. Não há, entretanto, um conflito radical entre as duas teorias, mas sim duas perspectivas que observam a firma de pontos de vistas distintos.

Entendo que observar a firma como um sistema de incentivos é importante para a política antitruste, em particular no desenho de intervenções e na ponderação do mercado relevante como local onde se exerce o poder de mercado.

É comum encontrarmos uma intervenção antitruste que foca na venda de ativos e estruturas produtivas em determinados mercados relevantes (produto ou geográfico). Ao exigir a venda de uma parte da firma, a intervenção assume implicitamente como verdadeira a hipótese de que não existe nenhuma articulação específica desse ativo com o sistema mais amplo que é a firma. Imagina, assim, ser possível realocar um ativo tácito para um outro sistema de incentivos e, assim, transferir capacidade produtiva e poder de mercado. Contudo, do ponto de vista teórico, essa transferência pode não ser verdadeira ou completa.

Por exemplo, se um conjunto de ativos está inserido em um sistema de produção conjunta ou coletiva, sua realocação gerará uma produção inferior, pois se transfere somente uma parte do sistema de produção. Nesse caso, a venda do ativo a partir da avaliação do valor presente da sua renda residual estará superdimensionada e ainda, a mera identificação do valor desse ativo será problemática, tão problemática quanto a identificação da produtividade marginal de um fator em um sistema de produção coletiva.

Nesse caso, os danos à sociedade podem ser maiores que os danos privados. Por exemplo, transfere-se um conjunto de ativos da empresa A que perde

7. Essa visão da firma decorre dos temas abordados por Berle e Means (1932), onde são discutidos conflitos e dissonâncias entre as intenções e estratégias dos proprietários-acionistas e a administração profissionalizada da grande corporação norte-americana que surgiu na virada do século XIX.

produção mais que proporcional ao porte dos bens alienados, enquanto que a empresa B recebe um ativo como menor desempenho, dadas as assimetrias entre os sistemas de incentivos. Os danos ocorrem em ambos as firmas: A perde uma produção mais que proporcional a perda do ativo A dados os efeitos no sistema produtivo, enquanto que B recebe um ativo menos rentável do que o verificado quando inserido no sistema produtivo da firma A.

Essa interpretação leva a afirmar, então, que toda intervenção é ineficiente, pois gerará perda de eficiência em uma firma e ganhos menores em outras? De modo algum. Primeiro por que a realocação de ativos já computava os danos causados por uma conduta ou ato de concentração que geraria algum impacto negativo na indústria. Segundo, por que esse argumento não se opõe à intervenção, mas a qualifica. Vejamos esse ponto.

É certo que toda grande firma tem é um sistema de incentivos. Logo, extrair desse sistema um fator de produção isolado (exemplo: unidade produtiva, sistema de distribuição local ou regional, conjunto de contratos, equipamentos, grupo de máquinas ou mesmo uma marca) pode ser o mesmo que desestabilizar um sistema de produção coletiva. Para evitar esse dano, a intervenção antitruste deve identificar os sub-sistemas de produção dentro da firma e selecionar a alienação conjunta de ativos.

Uma intervenção com essas características amplia a escala e escopo da intervenção? Talvez em alguns casos seja de fato necessário ampliar a escala e o escopo da intervenção. Contudo, entendo que o dano maior seria alienar fatores de produção de forma independente e para diferentes agentes. Nesse caso, todo o efeito sistêmico implícito no sistema de incentivos e na produção conjunta seria perdido. Entendo que tal precaução vale tanto para mercados relevantes geográficos como, também para mercados relevantes de produtos, pois ambos observam somente uma expressão do sistema produtivo coletivo que é a firma.

4. Recursos, coerência e inovação

As assimetrias entre firmas sempre foram um tema complexo para a avaliação de estruturas industriais, seja do ponto de vista empírico como do ponto de vista teórico.[8] Dentre as diferentes visões que consideram essas assimetrias, pode-se destacar orientações teóricas e metodológicas conhecidas como "visão baseada em recursos" (VBR), teoria capacitações centrais ou ainda abor-

8. Como observa Sutton (2001), os modelos que buscaram captar essas diversidades sempre encontraram resultados difíceis de serem validados empiricamente, em particular quando buscavam reproduzir as distribuições de tamanhos das firmas.

dagem por meio da coerência corporativa. O termo "recursos" tenta capturar um conjunto de recursos específicos, tácitos e historicamente construídos que são específicos de cada firma (Dosi, Faillo e Marengo, 2003).

Esta abordagem deriva de típicas perguntas que são formuladas pelas empresas na definição de suas estratégias: Quais são os recursos mais relevantes que a empresa domina? É desejável construir novas competências nas áreas de domínio tecnológico da empresa? Como ampliar as competências da empresa?

Foss (1997) argumenta que a VBR emerge de generalizações empíricas: (a) há diferenças sistemáticas entre as firmas considerando como elas controlam recursos que são necessários para implementar suas estratégias específicas; (b) estas diferenças são relativamente estáveis e perenes. Levando em conta estas duas evidências empíricas, dois pressupostos sustentam esta abordagem: (c) diferenças na dotação de recursos entre as firmas causam diferentes performances; (d) a firma busca aumentar, não necessariamente maximizar, sua performance econômica, ou seja, pode criar recursos. De forma geral, a VBR argumenta que a firma é um sistema voltado à criação, manutenção e renovação de vantagens competitivas e ativos estratégicos, ambos articulados a áreas de diversificação e expansão. A firma não é um mecanismo que procura a melhor alocação de recursos, mas sim que procura ampliar o conjunto de capacidades sob seu controle.

Uma das fontes da VBR é o trabalho pioneiro de Penrose (1956), que tem forte viés schumpteriano. Para essa autora, os temas centrais da teoria da firma são diferentes daqueles relacionados às alocações interna e externa de recursos e mecanismos de incentivos. Seu foco é o crescimento da firma, seus horizontes de expansão, as bases produtivas, as áreas de especialização e, certamente, a inovação:

> O caráter coesivo que uma organização administrativa infunde às atividades das pessoas que nela atuam proporciona a justificativa para separar, com fins analíticos, o referido grupo de pessoas de todos os demais. As atividades deste grupo que chamamos de firma produtiva também se distinguem por sua relação com o uso de recursos produtivos para os propósitos de produzir e vender bens e serviços. Desse modo, uma firma representa mais do que uma unidade administrativa; trata-se também de um conjunto de recursos produtivos cuja disposição entre diversos usos e através do tempo é determinada por decisões administrativas (Penrose, 1958, p. 61).

A firma é, portanto, uma coleção coesa de recursos, onde se destacam principalmente os recursos gerenciais não comercializáveis, específicos da firma e endogenamente construídos. Nas considerações de Foss (1998), o papel dos serviços gerenciais é o de articulador dessa coleção recursos e afirma ser essa a principal dimensão proposta pela autora ao individualizar e distinguir as firmas e o seu desempenho. Esses serviços definem a perspectivas de crescimento da firma no longo prazo, ou seja, o ritmo e direção de crescimento.

Teece et al (1994) e argumentam que as firmas crescem e se diversificam seguindo algumas características tecnológicas e de mercado comuns e afirmam que essa coerência é característica marcante das grandes corporações. Afirmam que tais limites da grande corporação podem ser entendidas pelo aprendizado e oportunidades tecnológicas, seleção concorrencial e presença de ativos complementares. No mesmo sentido, Prahalad e Hamel (1990) definem as competências centrais observando a inovação:

> Core competencies are the collective learning in the organization, especially how to coordinate diverse production skills and intergrate multiple streams of technologies (p. 82).
>
> Finally, a core competence should be difficult for competitors to imitate. And it will be difficult if is is a complex harmonization of individual technologies and product skills. A rival might acquire some of the technologies that comprise the core competence, but it will find it more difficult to duplicate the more or less comprehensive patter of internal coordination and learning (p. 84).

É certo que as condições externas têm influência relevante nesse processo, mas o diferencial de crescimento intrasetorial ou crescimento relativo seria o resultado dessa específica "dotação de recursos" endogenamente construída e o modo com as condições externas afetam a firma. Logo, as condições externas não afetam as firmas da mesma maneira, uma vez que suas estruturas são diferenciadas.

Lucro e crescimento não são tratados de forma excludente entre si, em vez disso, admite-se uma relação entrelaçada entre essas variáveis quando analisadas dinamicamente. Os lucros retidos determinam a acumulação interna de recursos ("poupança da firma") e financiam o investimento, tanto via atração de novos capitais como permitindo um maior financiamento externo, ambos atraídos por taxas de lucro da firma acima dos custos de oportunidade do capital.

As restrições ao crescimento da firma dependem de dois conjuntos de fatores. O primeiro se refere ao aumento da complexidade das atividades gerenciais em uma situação de expansão da produção. O aumento da capacidade produtiva criar problemas de coordenação e integração entre as equipes e recursos novos e aquela já em uso na firma. O segundo conjunto se refere a adição de novos insumos e atividades, o que tende a reduzir temporariamente o diferencial de lucratividade, dado que a rentabilidade diferencial é o resultado das capacitações gerenciais que distorcem o desempenho do fatores adquiridos no mercado. Rumelt (1984) comenta:

> Which activities should a entrepreneur combine? The general answer is, those that will exhibit strongly dependent postentry efficiencies. Given a bundle of activities with total postentry efficiency determined by a random variable X, adding new activities that involved sunk costs can never be profitable if their efficiencies are uncorrelated with X. Thus new activities are added until the point where further additions would not add sufficiently large expected profits or profit variance to justify the added sunk cost (p. 139).

Note que produtos e serviços adquiridos nos mercados (fatores de produção) só são capazes de gerar lucros diferenciais se combinados de forma específica e colocarem restrições à imitação durante certo período de tempo. Essa individualidade e diferenciação são sempre tensionadas quando fatores adicionais e homogêneos são adquiridos nos mercados. A articulação dos novos aos antigos fatores pode gerar problemas de crescimento e reduzir a rentabilidade de firma.

Chandler (1990 e 1992) também se aproxima dessa visão penrosiana da firma, mas precisa algumas propostas.[9] O autor enfatiza que o processo de competição entre as firmas vai além da alocação interna de recursos é mais complexo do que a definição de preços e quantidades. Também mostrando um viés schumpteriano, entende que investimentos em processos de produção, organização interna, distribuição e em inovação com P&D *in-house* diferencia a firma no seu contexto concorrencial. O processo de crescimento das firmas seria responsável pela criação das capacidades organizacionais próprias de cada firma e que funcionam como uma espécie de barreira à entrada de novos competidores (*first mover advantage*), mesmo para aqueles que já atuam na indústria. Essas capacidades organizacionais são os diferenciais ou habilidades únicos da firma.

Em *Scale and scope* (1990), Chandler defende a posição de que não é o mercado que molda as empresas, e sim as empresas é que moldam o mercado, em particular as empresas líderes que conseguem ter elevada escala e escopo produtivo.[10] Nesse estudo histórico, o autor privilegia o papel das estratégias

9. Vale registrar, entretanto, que o seu livro *The visible hand* é uma forte referência empírica para a teoria dos custos de transação, como registrado por Williamson (1981).

10. Notem que tal assertiva vai de encontro a modelos estrutura-conduta-desempenho mais rígidos e unívocos: a conduta resulta da estrutura. Para Chandler (1990) uma grande corporação é capaz de mudar o contexto concorrencial, ação que não

de investimentos das empresas na construção de sua estrutura organizacional própria, como principal determinante de seu desenvolvimento.

Ao ler Chandler (1990), Teece (1993) argumenta que a firma Chandleriana seria determinada pela sua estratégia em desenvolver três atividades que considera essenciais para que ela obtenha vantagens competitivas em seu mercado: (a) investimento em recursos produtivos suficientes para alcançar as vantagens de custo em escala e escopo; (b) investimento em marketing, distribuição e cadeias de suprimento; (c) recrutamento e organização de administradores necessários à supervisão e coordenação dos processos produtivos e de planejamento. É certo que há, nessa leitura de Chandler, uma aproximação com a visão de Penrose.[11]

As teorias evolucionárias da firma partem do trabalho pioneiro de Nelson e Winter (1982) e se voltam à análise da dinâmica econômica puxada pelas inovações tecnológicas, como vistas por Schumpeter em Capitalismo, Socialismo e Democracia (1942, cap. 7). A teoria da firma proposta é dinâmica e baseada nos processos de busca e seleção de inovação e imitação. Nessa perspectiva, as capacidades inovadoras organizam a estrutura interna da firma, seu porte, limites, interações com o mercado e determinam as lucratividades e taxas de crescimento no longo prazo. A exploração de oportunidades geradas por novas tecnologias é o ponto-chave para explicar a trajetória de crescimento e a diversidade de firmas. Tal capacitação tecnológica diferencial gera lucros elevados à firma e um poder monopolista, ao menos temporário.

As diferenças entre as firmas são resultados de seus processos internos de aprendizado que geram vantagens específicas, tácitas e não comercializáveis, tal qual os serviços gerenciais Penrosianos (Foss, 1998; Teece, 1996). Essas capacitações não são vantagens absolutas, mas temporárias, pois podem ser imitadas e aprimoradas por concorrentes. Esse processo de inovação-imitação pode explicar mudanças nas estruturas industriais, tais como os casos exemplificados por Klepper (1997). Em resumo, a firma não é uma estrutura que

é permitida para imitadoras ou para a franja industrial, que tendem a mimetizar as firmas líderes.

11. Outras conexões podem ser vistas em Teece (1980), que combina as teorias de custos de transação conforme descritos em Coase (1937) e contribui com as ideias originais de Penrose (1956). Ver também Foss (1998), que ressalta a estrutura interna da firma com um ativo não comercializável (*non-tradable*), mesmo quando composto por "insumos" adquiridos no mercado, logo, não passível de ser avaliado do ponto de vista dos custos de transação.

minimização custos transação, mas sim uma organização voltada à inovação com apropriação privada de lucros, mesmo que temporários.[12]

Entendo que essas teorias que focam em capacitações e inovações são referências para a teoria antitruste. Um exemplo notório é quando as empresas inovadoras se tornam líderes de mercado e, dada as dificuldades de imitação, podem até mesmo promover uma elevada concentração no mercado com exclusão de concorrentes. Um segundo importante exemplo são as patentes, que ampliam a apropriação privada de lucros criando monopólios para determinadas tecnologias. Nesses dois casos, a concentração e o monopólio de tecnologias são resultados positivos de uma concorrência "schumpteriana" e não são consideradas ineficiências do ponto de vista da análise econômica e do direito antitruste.[13]

Além desses dois pontos incontroversos, essas teorias podem sinalizar para alguns outros pontos críticos da pratica antitruste, por exemplo, os mercados relevantes definidos nas dimensões produto e geográfico. Ao definir a concorrência entre firmas nessas duas dimensões, perde-se importantes aspectos da disputa concorrencial. Prahalad & Hamel (1990) afirmam que as firmas possuem competências centrais que determinam a expansão dos negócios. As grandes companhias diversificadas são compostas por unidades de negócios, equipes, ativos, produtos e tecnologias articulados:

> The diversified corporation is a large tree. The trunk and major limbs are core products, the smaller branches are units; the leaves, flowers, and fruit are end products. The root system that provides nourishment, sustenance, and stability is the core competence. You can miss the strength of competitors by looking only at their end products, in the same way you miss the strength of a tree if you look only at its leaves (p. 82).

Caso a firma seja um sistema como descrito acima, uma análise antitruste terá uma visão parcial e limitada da concorrência caso considere os mercados

12. A teoria dos custos de transação foca nas trocas existentes e na possibilidade de serem substituídas por uma produção interna. De uma perspectiva evolucionária, cabe a pergunta: como elaborar tal cálculo, se na inovação não é possível tal comparação? Por definição, ao inovar a firma faz algo que não se faz no mercado, logo, não existem referências para fazer a comparação entre a produção interna e externa à firma. Se esse argumento for aceito, limita-se significativamente a relevância da teoria dos custos de transação na teoria da firma.

13. A patente não é um monopólio de mercado, mas de tecnologias. Em um mesmo mercado podem concorrer várias tecnologias patenteadas, sendo que o grau de substituição entre elas definiria os preços e *royalties* cobrados pelas empresas que são proprietárias das patentes.

relevantes produto e geográfico com guia central da avaliação. De fato, as intervenções antitrustes correm o risco de serem ineficientes e/ou superficiais, uma vez que os mercado relevantes parecem captar somente as "folhas", mas não a "árvore".

As perguntas são: até que ponto a definição de mercado relevante por produto ou geográfico não estaria perdendo parte importante da analise das condições concorrenciais? Como consequência, até que ponto as intervenções ("os remédios") seriam realmente eficientes? Ou ainda, para que as intervenções sejam eficientes é necessário aumentar o seu escopo?

Olhar a firma a partir das competências centrais e dos negócios centrais (*core business*) fragiliza a perspectiva antitruste convencional ao "ver" a concorrência a partir dos mercados relevantes por produto e geográfico. As firmas passam a ser um conjunto variado de ativos atados em organizações que produzem e ofertam um leque de produtos em diversos mercados. O escopo produtivo e de mercado não pode ser decomposto em mercado relevantes de produtos ou geográficos, ou seja, as "folhas da árvore".[14]

Alienar, arrendar ou compartilhar uma "folha" (ou seja, um produto em um mercado geográfico) seria uma intervenção antitruste eficiente? Essa "folha" se tornaria uma árvore? Essa "folha" faria parte de uma árvore de forma competitiva e capaz de contestar o poder de mercado de supostas empresas que praticaram infrações concorrenciais? Nessa perspectiva não seria necessário intervir pelo menos na dimensão dos "galhos da árvore"?

Uma segunda pergunta derivada destas teorias se refere a estrutura de mercado. Caso a inovação seja o determinante da concorrência e da estrutura da firma, como intervir? Seria a venda de ativos comercializáveis uma intervenção realmente eficiente? De acordo com as teorias que afirmam a firma como agente inovador, esses ativos seriam os menos relevantes, pois as capacitações tácitas, o conjunto de rotinas e o aprendizado não são passíveis de venda ou comercialização. Esse é um ponto que merece atenção, pois cada firma tem a propriedade de um conjunto de ativos não comercializáveis que

14. Wernerfelt (1984) chega mesmo a afirmar de forma otimista a dominância da coerência nas aquisições: "Merger and acquisitions provide an opportunity to trade otherwise non-marketable resources and to buy or sell resources in bundles (...) A resource-based set of acquisition strategies (Salter e Weinhold, 1980), is: (i) related supplementary (get more of those resources you already have), (ii) related complementary (get resources which combine effectively with those you already have). Other acquisitions strategies are more product-oriented and tend to focus on the firm's ability to enter (and dominate) attractive markets" (p. 122).

são construídos a partir de decisões internas e autônomas da firma. Isto torna muito complexa a intervenção antitruste.

Uma terceira questão: a estrutura de mercado corrente é uma consistente referência para uma avaliação antitruste? Na presença e um agente inovador, a atenção não se deveria voltar para a conduta uma vez que a estrutura resultaria da interação de firmas inovadoras e imitadoras? Novamente, se aceita essa hipótese, o foco sai da atual estrutura industrial e migra para as capacitações da firma e sua capacidade de inovar. Assim, os temas dominantes para a política antitruste seriam, por exemplo, o propensão à inovar, o aprendizado tecnológico, a condutas que restringem a difusão ou imitação, as eficiências dinâmicas e as estrutura privadas de prospecção tecnológicas. Em suma, dever-se-ia proteger e induzir a inovação, a mudança estrutural e reduzir o foco na estrutura industrial corrente.[15]

Em resumo, as teorias da firmas centrada na inovação colocam em questão a análise antitruste focada na estruturas e desloca o foco para a conduta inovadora, para as barreiras à imitação e seleção de mercado. Os ativos transacionáveis perdem peso como eficiente modo de intervenção, pois o poder de mercado reside na capacidade de inovação e no controle de ativos tácitos ou não comercializáveis. Por outro lado, as condutas que visam a manutenção dos ativos correntes são cada vez mais geradoras de ineficiências, pois bloqueiam a emergência de novas tecnologias. Esse é um grande desafio: como balancear as condutas que buscam manter a rentabilidade dos ativos correntes e aquelas que tentam contestar o seu valor por meio de inovação?[16]

5. Conclusões

As teorias sumarizadas acima mostram uma firma diferente daquela firma como mecanismo automático de alocação de recursos. A firma é vista como um agente mais complexo, multifacetado e diferenciado. Foram discu-

15. Possas (2004) afirma: "Em suma, o mercado deve ser avaliado por aquilo que faz efetivamente – seleção –, e não por aquilo que a teoria convencional supõe que ele devesse fazer – uma alocação eficiente de bens, serviços e recursos. Nesse enfoque, a opção por um critério de eficiência dinâmica dos mercados torna-se de certo modo redundante, já que a própria visão do mercado e da concorrência que nele se processa é intrinsecamente dinâmica, indo muito além da mera avaliação de efeitos alocativos intertemporais" (p. 91).

16. No documento "*Strategy for American Innovation: driving toward sustainable growth and quality jobs*", anunciado pelo Presidente dos EUA Barack Obama em agosto de 2009, encontram-se citações explícitas sobre estratégias de grandes firmas que visam bloquear a entrada de novas firmas inovadoras. Para esses casos, afirma valer a aplicação de todos os instrumentos da política antitruste.

tidos temas como os limites da firma, sua organização interna, sistemas de incentivos, modos de governança, estratégias de inovação, coerência e coesão, bases tecnológicas, áreas de mercado etc. A discussão desses temas leva a uma percepção diferenciada da firma: a firma passa a ser um agente com autonomia decisória, com opções estratégicas, capaz de construir ativos e ter posições distintas no mercado.

Dessas leituras buscou-se identificar conexões como alguns temas da política antitruste. Especulou-se sobre:

(i) a contratualização e seus potenciais impactos sobre o aumento das eficiências,

(ii) a internalização e a contatualização com potenciais efeitos anticoncorrenciais, mesmo quando gerando eficiências econômicas,

(iii) a complexidade da intervenção quando a firma é vista como um sistema de incentivos,

(iv) os problemas que enfrentados por uma intervenção quando a firma é uma produção coletiva de equipe, ou seja, não é um agregado de insumos,

(v) a necessidade de se identificar na firma sub-sistemas produtivos,

(vi) as firmas como uma coletânea ativos *non-tradables* não passíveis de alienação e a necessidade de se identificar os ativos *non-tradables*,

(vii) a coesão interna da firma e os limites da intervenção, em particular quando se tem uma articulação em rede de ativos tangíveis e intangíveis,

(viii) a importância das capacitações organizacionais e a capacidade inovadora como determinante da estrutura,

(iv) possíveis dificuldades de adaptar a abordagem de mercados relevantes geográfico e de produto a perspectiva da firma como conjunto único e coeso de ativos,

(x) a questão de avaliar o mercado a partir de dinâmica e nele identificar as capacidades inovadoras como determinantes da performance, o que exige um olhar para dentro da firma.

Os temas listados acima são especulativos e suas conexões com a política antitruste podem ser consideradas apenas como uma agenda de pesquisa. Contudo, parece certo que para uma intervenção antitruste é necessário observar a firma de forma mais detalhada, identificar sua organização interna, seus subssistemas de produção e mecanismos específicos de alocação e inovação.

Ao fazer uma avaliação da firma, a intervenção poderá se tornar mais eficiente no que tange ao incentivo à concorrência. Como colocado no início, a intervenção antitruste parte de uma análise da concorrência, mas sua ação ocorre nas firmas, nos seus produtos, mercados e estruturas produtivas. É certo, portanto, que se deve dedicar mais atenção a organização da firma e sua relação com as estratégias em um determinado mercado. Avalio que essa perspectiva é ainda pouco explorada no debate antitruste.

Referências bibliográficas

ALCHIN, A.; DEMSETZ, H. (1972). Production, information costs, and economic organization. In: PUTTERMAN, L. & KROSZNER, R. (2008), *The Economic Nature of the Firm*, 10th printing. Cambridge University Press.

BERLE, A.A., Jr.; MEANS, G.C. (1932). *The modern corporation and private property.* New York: Macmillan.

BOWLES. S. (1985). The production process in a competitive economy: walrasian, neo-hobbesian, and marxian models. *The American Economic Review*, v. 75, issue 1 (Mar., 1985), 16-36.

CHANDLER, A. D. Jr. (1962). *Strategy and structure: chapters in the history of the industrial enterprise.* Cambridge, MA: Harvard University Press.

______ (1977). *The visible hand: the managerial revolution in american business.* Cambridge, MA: Harvard University Press:

______ (1992). Organizational capabilities and the economic history of the industrial enterprise. *Journal of Economic Literature*, v. 6, n. 3, p. 79-100, 1992.

______ (1990). *Scale and scope: the dynamics of industrial capitalism.* Cambridge, Mass. and London: Havard University Press. 860p.

COASE, H. R. (1937). The nature of the firm. In: PUTTERMAN, L.; KROSZNER, R. (2008). *The economic nature of the firm.* 10th printing. Cambridge University Press.

DOSI. G; FAILLO, M.; MARENGO, L. (2003). Organizational capabilities, patterns of knowledge accumulation and governance structures in business firms - an introduction. *Working Paper Series 2003/11*, July 2003. Italy: Laboratory of Economics and Management Sant'Anna School of Advanced Studies.

DOSI, G.; MALERBA, F.; MARSILI, O.; ORSENIGO, L. (1997). Industrial structures and dynamics: evidence: interpretations and Puzzles. *Industrial and Corporate Change* 6:1. Oxford University.

FOSS, N. (1997). The resource-based perspective: an assessment and diagnosis of problems. *Scandinavian Journal of Management*, v. 14, n. 3, p. 133-149.

_____. (1998). Edith penrose and the penrosians – or, why there is still so much to learn from The Theory of the Growth of the Firm. *Department of Industrial Economics and Strategy (working paper)*, Copenhagen Business School, Denmark.

FOSS, N.; LANDO, H.; THOMSEN, S. (1999). The theory of the firm. *Working Paper 5610* – Department of Industrial Economics and Strategy Copenhagen Business School.

HART, O. & MOORE, J. (1990). Property rights and the nature of the firm. *Journal of Political Economy,* December 1990, 98(6), p. 1119-1158.

HOLMSTROM, B. & MILGROM, P. (1994). The firm as an incentive system. *Journal of Law, Economics & Organization*, v.15, n. 1.

HOLMSTROM, B. (1982). Moral Hazard in teams. 13 *Bell Journal of Economics*, 324-340.

HOLMSTRON, B. & ROBERTS, J. (1998). The boundaries of the firm revisited. *Journal of Economic Perspectives*, v. 12, n. 4, Fall 1998, p. 73-94.

HOLMSTRON, B. & TIROLE, J. (1989). The theory of the firm. *Handbook of Industrial Organization*, Elsevier Science Publisher, North-Holland, v. 1.

HOVENKAMP, H. (2005). *Federal antitrust policy – the law of competition and its practice*. 3. ed. Thomson West.

KLEPPER, S. (1997). Industry life cycles. *Industrial and Corporate Change* (6) 1, p. 145-202.

MOTTA, M. (2004). *Competition policy: theory and practice.* 12th printing. Cambridge: Cambridge University Press.

NELSON, R. R.; WINTER, S.G. (1982). *An evolutionary theory of economic change*. Cambridge: Harvard University Press.

PENROSE, E. (1959). *Teoria do crescimento da firma*. Campinas: Editora Unicamp.

POSSAS, M. L. (1985). *Estruturas de mercado em oligopólio*. São Paulo: Hucitec, 1985.

______ (2004). Eficiência seletiva: uma perspectiva neo-schumpeteriana evolucionária sobre questões econômicas normativas. *Revista de Economia Política*, v. 24, n. 1 (93), jan.-mar. 2004.

PRAHALAD, C. J.; HAMEL, G. (1990). The core competence of the corporation. *Harvard Business Review*, 1990.

RUMELT, R. P. (1984). Toward a Strategic Theory of the firm. In: FOSS, N. (1997) *Resources, firms, and strategies – a reader in the resource-based perspective*. England: Oxford Press.

SCHUMPTER, J. A. (1942). *Capitalismo, socialismo e democracia.* Brasil: Zahar.

SUTTON, J. (2001). *Technology and market structure – theory and history.* Cambridge, Mass, & London, England: The MIT Press.

TEECE, D. J. (1980), Economies of scope and the scope of the enterprise. *Journal of Economic Behavior and Organization,* 1, 223-247.

______ (1993). The dynamics of industrial capitalism: perspectives on Alfred Chandler's 'Scale and Scope'. *The Journal of Economic Literature,* v. XXXi, march 1993, n.1.

______ (1996). Firm organization, industrial structure, and technological innovation. *Journal of Economic Behavior & Organization,* v. 31, p. 193-224.

TEECE, D. J.; RUMELT R. P.; DOSI G.; WINTER, S. G. (1994) Understanding corporate coherence: theory and evidence. *Journal of Economic Behavior and Organization* 23, 1-30.

VISCUSI, W.; HARRINGTON, J.; VERNON, J. (2005). Economics of regulation and antitrust. 4. ed. Cambridge, Mass.: MIT Press.

WERNERFELT, B. (1984). A resource-based view of the firm. In: FOSS, N. (1997) *Resources, firms, and strategies – a reader in the resource*-Based Perspective. England: Oxford Press.

WHITE HOUSE (2009). *Strategy for american innovation: driving toward sustainable growth and quality jobs.* Agosto de 2009.

WILLIAMSON, O. E. (1975). *Market and hierarchies: analysis and antitrust implications.* New York: The Free Press.

WILLIAMSON, O. E. (1981). The modern corporation: origins, evolution, attributes. *Journal of Economic Literature,* v. 19, December, p. 1537-1568.

______ (1985). *The economic institutions of capitalism.* New York: The Free Press.

______ (1989). Transaction cost economics. *Handbook of Industrial Organization,* v. I, Edited by R. Schmalensee and R.D. Willing, Elsevier Science Publishers.

O juízo de conhecimento aplicável à análise de estruturas concorrenciais e a função cognitiva desempenhada pelo direito societário

Vinícius Marques de Carvalho
e João Paulo Godoy

I. Introdução

O controle de estruturas está intimamente relacionado com a ideia de que é mais adequado analisar a sua pró-competitividade no momento de (de) formação do que permitir que essa estrutura se estabeleça para, então, e dentro dos limites legais e constitucionais, combater os abusos que dela venham a decorrer.

Este controle depende de duas avaliações sucessivas: uma para identificar quais atos precisam ser submetidos para apreciação da autoridade antitruste (juízo de conhecimento) e outro para determinar quais atos devem ser aprovados e quais não devem (juízo de mérito).

Centraremos nossa atenção no juízo de conhecimento, mas, por se tratar de tema sensivelmente delicado e, de alguma forma, negligenciado pela doutrina, não temos qualquer pretensão de esgotá-lo.

Por este motivo, e porque uma mudança legislativa parece estar próxima,[1] o objeto deste artigo será simplesmente analisar a forma pela qual o juízo de conhecimento é, nos termos da Lei 8.884/1994, influenciado por alguns con-

1. Enquanto este artigo era escrito, mais especificamente em 1.º de dezembro de 2010, o Plenário do Senado Federal aprovou, com alterações, o texto do Projeto de Lei 6, de 06.02.2009. Tal projeto (que fora apresentado à Câmara dos Deputados como Projeto de Lei 3.937/2004 e aprovado pelo seu Plenário em 17.12.2008) remodela sensivelmente a estrutura do Sistema Brasileiro de Defesa da Concorrência, alterando, também, dentre outras questões, a análise de estruturas.

ceitos de direito societário (*i.e.*, grupos, de fato ou de direito, poder de controle e coligação).

Nossa análise será realizada em quatro seções, incluindo esta introdução. Na segunda e próxima, trataremos da forma adotada pela Lei 8.884/1994 para a análise de estruturas, diferenciando o juízo de conhecimento do de mérito. Na terceira seção, abordaremos a amplitude do art. 54, *caput* e § 3.º, da Lei 8.884/1994, focando-nos na interação entre o direito societário e o direito concorrencial, mais especificamente, na relação entre, de um lado, entre as noções de "grupamento societário" e de "controle" e, do outro, de grupos de direito e de fato, poder de controle e coligação. Na quarta e última seção, apontarmos nossas considerações finais.

II. O controle de estruturas: o juízo de conhecimento e o juízo de mérito

Intimamente relacionada com o objetivo do controle de estruturas está a indiferença do direito concorrencial com a forma jurídica utilizada para se atingir uma dada estrutura.

Não é por outro motivo que o foco do juízo de conhecimento relaciona-se com a identificação dos atos, "sob qualquer forma manifestados", que tenham a *potencialidade* de "limitar ou de qualquer forma prejudicar a livre concorrência, ou resultar na dominação de mercados relevantes de bens ou serviços" (*caput* do art. 54).

Similar em alguma medida, o juízo de mérito busca a verificação de tais efeitos no mercado especificamente considerado e, se necessário, a avaliação, nos termos da lei, da relação entre custos e benefícios derivados da concentração analisada.

Para além da amplitude (o juízo de mérito envolve, também, a avaliação da relação entre custos e benefícios), a diferença entre os dois juízos também se verifica na parte em que há coincidência nos respectivos objetivos.

E, esta diferença, é bom que se diga desde já, não nos parece remontar ao fato de um destes juízos ser abstrato e o outro, concreto. Ambos são abstratos, ainda que em medidas distintas.[2]

2. Também o juízo de mérito envolve uma abstração ou, ao que equivale, a determinação da probabilidade de pró-competitividade de uma dada estrutura. Esta posição é respaldada pela própria noção da análise de estruturas, ou seja, pela ideia de que a avaliação da pró-competitividade de uma dada estrutura deva basear-se na *probabilidade* de não haver risco à concorrência ou de este risco ser "menor" que os benefícios que *provavelmente* advirão da operação, neste último caso, respeitados os termos e os limites legais.

A diferença entre os dois juízos, segundo entendemos, remonta ao *objeto* da análise de cada um deles.

Para aprofundarmos esta diferenciação, e com o fim de a abordarmos da forma que julgamos ser mais didática, partiremos da posição defendida pelo professor Tércio Sampaio Ferraz Júnior acerca da relação entre, de um lado, as determinações do § 3.º do art. 54 e, de outro, a necessidade de submeter atos para apreciação do CADE e a correspondente aplicação de multa por intempestividade.[3]

Em linhas gerais, o raciocínio desenvolvido pelo professor é o seguinte: (i) somente os atos que apresentem efeitos anticoncorrenciais deveriam ser submetidos para a apreciação do CADE, (ii) presumir-se-iam dotados de efeitos anticoncorrencias os atos em que uma das partes detivesse posição dominante, sendo que os critérios estabelecidos no § 3.º do art. 54 refletiriam presunções jurídicas acerca da caracterização de posição dominante, (iii) a presunção seria *absoluta* quando pelo menos um dos envolvidos fosse titular de 20% de participação no mercado e *relativa* quando pelo menos um dos envolvidos tivesse, no ano precedente ao do ato, faturamento igual ou superior a 400 milhões de reais.[4]

A conclusão é a seguinte:

> se um ato de concentração, em que uma ou ambas as partes se enquadra[sse] na presunção dos 400 milhões de faturamento, não vie[sse] a ser submetido à autoridade e esta, por esta razão, vie[sse] a atuá-las, a parte (ou as partes) poder[ia] opor à autuação a demonstração de que, inobstante o preenchimento da presunção, o ato de concentração não prejudica potencialmente a concorrência nem conduz à dominação de mercado, conforme regra geral do *caput* do art. 54. (...) Realizada esta demonstração e aceita ela pela autorizada concorrencial (...) ou aceita pelo juiz, em sede judicial, elid[ir]-se[-ia] a

3. Cf. FERRAZ JUNIOR, Tercio Sampaio. Das condições de obrigatoriedade de comunicação de atos de concentração. *Revista do IBRAC*, v. 5, n. 2, 1998, p. 7-15.

4. Sobre o terceiro ponto a que fizemos referencia no texto, o autor assim justifica a sua posição: "a presunção relativa aos 20% de participação no mercado é, ostensivamente, *júris et de jure*, posto que, *mencionada* no § 3.º, do art. 54, da Lei 8.884/1994, vem *legalmente explicitada* como verdadeira no art. 20, § 3.º, da mesma lei (...). Já a cifra de 400 milhões de reais, mencionada no § 3.º do art. 54, não conhece, na lei, a mesma explicitação, devendo ser tomada como presunção legal condicional ou relativa (...). E, no caso, é óbvio que a presunção dos 400 milhões de faturamento há de ser lida em conjugação com a hipótese de risco potencial de prejuízo ao mercado relevante" (FERRAZ JUNIOR, Tercio Sampaio. Op. cit., p. 11 – destaques gráficos são do original).

aplicação da multa prevista para casos de não submissão de ato obrigatoriamente comunicável (art. 54, § 4.º).[5]

Esta posição, contudo, não ficou isenta de críticas. Afirmou-se, por exemplo, que ela inverteria o sentido da presunção por ele mesma identificada[6] ou, pior, que esvaziaria o sentido do § 3.º do art. 54, tornando-o dispensável e inútil.[7]

Mas, além disso, entendemos que a posição defendida pelo professor Tércio Sampaio Ferraz Júnior parte da premissa de que os critérios expostos no § 3.º do art. 54 refletem presunções acerca da caracterização de posição dominante enquanto, ao que nos parece, e segundo a própria redação do § 3.º do art. 54,[8] as presunções nele presentes reportam-se imediatamente à prejudicialidade à concorrência ou à tendência de dominação de mercado.

Esta diferença, muito embora sutil,[9] parece-nos determinante para a correta caracterização do disposto no § 3.º do art. 54. Isto porque, ao constatar-

5. FERRAZ JUNIOR, Tercio Sampaio. Op. cit., p. 12 – os destaques gráficos são do original.

6. Segundo P. Zupo Mazzucato, muito embora o professor Tercio Sampaio Ferraz Júnior tivesse identificado no § 3.º do art. 54 a materialização de duas presunções de posição dominante (e, por via de consequência, de prejudicialidade à concorrência), sua conclusão, pelo menos com relação a um delas, apontaria para o sentido contrário (pois exigiria que a Administração rebatesse a presunção da pró-competitividade do ato para, então, obrigar as partes a submetê-lo para apreciação do CADE). Assim, e segundo tal crítica, a presunção de prejudicialidade à concorrência não só legitimaria, como exigiria a submissão do ato para apreciação do CADE, independentemente de qualquer outro fator (cf. Da comunicação e do controle dos atos de concentração – Uma reflexão acerca das presunções contidas no § 3.º do art. 54 da Lei 8.884, de 11 de junho de 1994, e suas consequências, *Revista do CAAP*, Belo Horizonte, v. 5, n. 9, 2000, p. 331).

7. Veja, nesse sentido: FORGIONI, P. A. *Os fundamentos do antitruste.* 3. ed. São Paulo: Revista dos Tribunais, 2008, p. 495; e COSTA, M. de Moura. A presunção do caráter anticoncorrencial das operações de concentração visadas pela Lei 8.884/1994. *Revista do IBRAC*, v. 5, n. 6, p. 7.

8. Se, na redação do § 6.º do art. 54, substituirmos "atos de que trata o *caput*" por "atos (...) que possam limitar ou de qualquer forma prejudicar a livre concorrência, ou resultar na dominação de mercados relevantes de bens ou serviços", o resultado (com a adaptação gramatical necessária) é o seguinte: incluem-se nos atos que podem limitar ou de qualquer forma prejudicar a livre concorrência, ou resultar na dominação de mercados relevantes de bens ou serviços aqueles que visem a qualquer forma de concentração econômica.

9. Dizemos "sutil" pois não afastamos que, na análise de mérito, a caracterização de posição dominante é uma das etapas a serem enfrentadas para se determinar a

mos que este parágrafo traz presunções sobre a prejudicialidade à concorrência prevista no *caput* do art. 54, inevitável concluir que estas presunções nada mais são do que critérios de identificação de quais atos precisam ser submetidos à apreciação do CADE. São determinações que, embora baseadas em presunções, não deixam de transmitir imposições legais puras e simples.

Nesse sentido, parece inócuo pretender adotar qualquer entendimento que se afaste da ideia de que todos os atos que preencham os critérios previstos no § 3.º do art. 54 são pressupostamente prejudiciais à concorrência e, como tais, devem ser submetidos à análise do CADE.

Isto não quer dizer, contudo, que todos os atos que se enquadram nos critérios previstos no § 3.º do art. 54 são, efetivamente, prejudiciais à concorrência.

Aliás, existem atos que, embora se enquadrem nestes critérios, em função das suas características, abstratamente consideradas, afastam qualquer probabilidade de prejuízo à concorrência ou de dominação de mercados. Nestes casos, em que a análise envolve o ato em abstrato, e é irrelevante o exame do impacto por ele especificamente causado no mercado envolvido,[10] o provimento a ser oferecido pelo CADE deve ser o de não conhecimento[11] e o resultado, exceto com relação ao sinal de que atos equivalentes não deverão ser conhecidos pelo CADE, exatamente o mesmo que seria obtido caso o ato não tivesse sido submetido.

Não se pode, contudo, confundir esta situação com a dos atos que, a despeito de preencherem os critérios do § 3.º do art. 54, mostram-se, *após a aná-*

probabilidade de o ato dar causa a prejuízos à concorrência (cf., exemplificativamente, o parágrafo 34 do Guia para Análise Econômica de Atos de Concentração Horizontal aprovado pela Portaria Conjunta SEAE/SDE 50, de 1.º.08.2001).

10. É de se reparar que a análise não se volta para o ato, juridicamente considerado, mas, sim aos efeitos dele decorrentes. Queremos, assim, dizer que pouco (ou nada) importa se se trata de uma compra e venda, de uma permuta ou da incorporação de uma sociedade, ou de uma parcela cindida. As atenções devem se voltar, por exemplo, para a caracterização do ato como uma das hipóteses de consolidação de controle de trata a Súmula n. 2 do CADE.

11. Não há que se falar em "aprovação sem análise de mérito" ao invés (ou como sinônimo) de "não conhecimento". Isto porque, como se sabe, todos os atos que precisam ser submetidos à apreciação do CADE são ineficazes até que por ele sejam *aprovados* (art. 54, § 7.º). Ainda que os efeitos da aprovação retroajam à data de realização do ato, o fato é que a eficácia plena destes atos depende da aprovação do CADE. Afirmar que, de um juízo de conhecimento negativo decorre uma aprovação, ainda que sem análise do mérito, significa confundir os juízos de conhecimento e o de mérito, e, pior, significa atribuir eficácia a um ato que já o tinha antes mesmo do provimento.

lise concorrencial, neutros do ponto de vista concorrencial ou, ainda, pró-competitivos. Isto pode advir, por exemplo, da estrutura do mercado analisado, das características dos preços ou das (supostas) barreiras à entrada. O provimento, nestes casos, deve ser o de conhecimento seguido do de aprovação.

A diferença entre estas duas situações reporta-se à necessidade, neste último caso, de se analisar os impactos causados no mercado envolvido para, então, constatar-se não haver probabilidade de se verificar efeitos anticoncorrenciais (ou, então, na hipótese de haver, constatar-se que tais efeito são, nos termos da lei, compensados pelos benefícios). Dito de outra forma, se do ato em abstrato poderiam decorrer prejuízos antitruste, mas, a análise não os identifica, deve o CADE conhecer a operação para, então, aprová-la.

A confusão entre o juízo de conhecimento e o de mérito não se restringe a esta situação a que nos referimos acima. Outro exemplo que podemos citar, e que já foi abordada em algumas oportunidades pelo conselheiro do CADE Carlos Emmanuel Joppert Ragazzo,[12] pode ser assim resumida:

> quando se está analisando se uma empresa faz ou não parte de um grupo econômico, com vistas a averiguar se esse grupo preenche ou não o critério de faturamento de R$ 400 milhões, verificar se esse grupo possui influência relevante sobre as decisões da empresa (...) parece um critério suficiente (...) Isto não significa dizer, contudo, que participações societárias só serão passíveis de gerar efeitos anticompetitivos quando outorgarem ao sócio ao menos uma influência societária relevante sobre as decisões da empresa alvo. A má aplicação dos precedentes do CADE (...) comumente gera alegações no sentido de que participações societárias só alteraram as condições concorrenciais de um mercado quando o sócio detentor do capital tiver o poder de influenciar, internamente, o comportamento da empresa, influenciando sua conduta no mercado. E isso não é verdade.

Sem dúvida que estes dois exemplos não são os únicos que retratam a confusão entre os dois juízos, de conhecimento e de mérito; mas o que estes exemplos parecem demonstrar é que, a despeito de alguma semelhança, há uma independência entre os critérios aplicáveis a cada um destes juízos.

12. Cf. votos proferido pelo conselheiro Carlos Emmanuel Joppert Ragazzo nos Atos de Concentração 08012.002467/2008-22, de relatoria do conselheiro Fernando de Magalhães Furlan, de interessa da Polimix Concreto Ltda. e Cimento Tupi S.A. e julgado pelo plenário do CADE em 06.10.2010 e 08012.008415/2009-41, de sua relatoria, de interesse de Log & Print Gráfica e de Logística S.A. e Tecnicópias Gráfica e Editora Ltda. e julgado pelo Plenário do CADE em 10.02.2009.

III. O art. 54 da Lei 8.884/1994: direito concorrencial e direito societário

Diante do que expusemos acima, a questão passa a ser identificar quais os atos que *podem* se enquadrar nos critérios estabelecidos no § 3.º do art. 54 e, ao fazê-lo, devem ser obrigatoriamente submetidos à análise do CADE? Seriam todos os atos "sob qualquer forma manifestados"?

A resposta mais simples remeteria ao próprio texto do § 3.º do art. 54: não seriam todos os atos que estariam sujeitos aos critérios ali elencados, restringindo-se "[à]queles que vis[ass]em a qualquer forma de concentração econômica, seja através de fusão ou incorporação de empresas, constituição de sociedade para exercer o controle de empresas ou qualquer forma de agrupamento societário".

O problema passaria, então, para a noção de concentração e, em seguida, para a análise das formas (que levam à concentração e) que são descritas no dispositivo sob análise. Isto porque caso um ato não se enquadrasse como uma concentração ou como qualquer das formas descritas, tal ato estaria imune à aplicação do § 3.º do art. 54, muito embora ainda estivesse sujeito, nos termos do *caput* do art. 54, a obrigação de submissão sempre que "p[uderem] limitar ou de qualquer forma prejudicar a livre concorrência, ou resultar na dominação de mercados relevantes de bens ou serviços".

A crítica a esta situação é óbvia: faltam critérios objetivos para determinar quando estas estruturas que não se enquadram no § 3.º do art. 54 devem ser submetidas à apreciação do CADE. O texto legal, por ser amplo, comporta diversas interpretações legítimas.

Muito provavelmente por este motivo, e em face da insegurança jurídica dela decorrente, a posição do CADE tem sido estender os critérios de conhecimento (relativos ao faturamento e à participação no mercado relevante) aos atos que, embora não se enquadrem como "atos de concentração" ou como qualquer das formas descritas no § 3.º do art. 54, podem "limitar ou de qualquer forma prejudicar a livre concorrência, ou resultar na dominação de mercados relevantes de bens ou serviços".[13]

Não pretendemos discutir neste artigo as questões relativas a esta opção, mas como nos propusemos a analisar a função cognitiva desempenhada pelo

13. Como exemplo desta extensão, remetemos às análises feitas aos acordos verticais (*v.g.*, envolvendo o fornecimento ou a distribuição). Para um exemplo dos pouquíssimos casos em que outros critérios foram cogitados, remetemos à proposta apresentada pelo então presidente do CADE, Arthur Sanchez Badin, no voto proferido no Ato de Concentração 08012.005472/2010-10, de relatoria do então conselheiro César Costa Alves Mattos, de interesse da Bayer S.A. e da Dow Agrosciences Industrial Ltda., decidido em 20.10.2010.

direito societário no juízo de conhecimento, não podemos deixar de analisar as consequências deste entendimento.

De toda forma, seja para justificar alguns dos aspectos da função cognitiva tradicionalmente adotada pela doutrina, seja para termos clara a amplitude das alterações que entendemos decorrer da postura adotada pelo CADE, parece-nos necessário, primeiro, repassar pelas noções de grupos, de poder de controle e de coligação, todos do direito societário.[14] É o que faremos nas próximas seções.

III.1 Grupos societários

O Brasil foi o segundo país a adotar uma legislação sobre grupo de sociedades.[15] Antes dele, só a Alemanha o tinha feito e, ao que nos consta, até o presente momento, somente Portugal, Croácia, Taiwan e Eslovênia inseriram, em suas legislações, disciplina específica sobre os grupos societários.

Especificamente com relação à sistemática da Lei 6.404, de 14.12.1976, que disciplina as sociedades por ações, é de se destacar que em um capítulo, o XX, estão previstas regras próprias para os chamados grupos de fato; enquanto que em outro, o XXI, consta uma disciplina específica para os grupos de direito.

Trataremos, inicialmente, destes últimos, isto é, daqueles constituídos entre "sociedade controladora e suas controladas", "mediante convenção pela qual se obriguem a combinar recursos ou esforços para a realização dos respectivos objetos, ou a participar de atividades ou empreendimentos comuns" (art. 265).

O interessante a destacar é que, para estes casos, a lei das sociedades por ações permitiu expressamente que se subordinasse os interesses da sociedade aos de outra ou, ainda, aos do grupo (art. 276).

14. Para que o texto deste artigo não fosse consumido por referências múltiplas (que, em alguns casos, precisariam ser diferenciadas), e porque as regras relativas às sociedades por ações já puderam, ao boa parte, ser testadas pela prática, pelos tribunais e pela Comissão de Valores Mobiliários – CVM, optamos por, ao longo deste trabalho, basearmo-nos nelas e, não, nas regras apresentadas pelo Código Civil.

15. Não é despropositada a nossa referência a "grupo de sociedades" (e, não, a grupos empresariais), uma vez que a lei das sociedades por ações exige, neste parte, que o controlador seja, necessariamente, uma sociedade (cf. COMPARATO, F. Konder. Os grupos societários na nova Lei das Sociedades por Ações. *Ensaios e pareceres de direito empresarial.* Rio de Janeiro: Forense, 1978. p. 196).

Enfatizamos este ponto, pois ele configura uma mudança significativa dos paradigmas societários clássicos[16] que, aliás, permanecem vigendo para os grupos de fato.

Com efeito, nos grupos de fato, exceção feita às regras legais sobre responsabilidade dos administradores (art. 245), relatório da administração e demonstrações financeiras (arts. 243, *caput*, e 247 a 250), participação recíprocas (art. 244), obrigação de reparação de danos pela controladora à controlada (art. 246), subsidiária integral (arts. 251 e 252), tudo deveria se passar como se tratassem de sociedades isoladas. Não haveria, pelo menos em princípio, a possibilidade de algumas sociedades atuarem no interesse do grupo (*i.e.*, como uma unidade econômica).[17]

Esta característica (presente nos grupos de direito e ausente nos grupos de fato) demonstra que a lógica deste modelo dual pressupõe serem os grupos de direito a regra e os grupos de fato, a exceção.[18]

Não é isto, porém, que se verifica na prática. Os grupos de direito são "letra absolutamente morta",[19] enquanto os grupos de fato são uma das principais, senão a principal forma de organização da atividade empresarial.

Segundo o modelo legal, os grupos de direito seriam a única forma de "legitimar" a submissão do interesse da sociedade a outros, servindo, por consequência, à "legitimação" de unidade econômica formada por um grupo de sociedades. Contudo, esta "legitimação" não proporciona uma significativa

16. Segundo E. Lacerda Teixeira e J. A. Tavares Guerreiro, "em nossa experiência, a autonomia formal das sociedades, isoladamente consideradas, sempre foi tida como dogma, com abstração quase que absoluta da realidade constituída pelos grupos, como entidades concretas e relevantes como tais para o direito" (*Das sociedades anônimas no direito brasileiro.* São Paulo: José Bushatsky, 1979. p. 696).
17. Cf. COMPARATO, F. Konder. Os grupos societários... cit., p. 203.
18. Cf. MULLER, V. Prado. *Interpretação da regra de conflito de interesses nos grupos societários de fato conforme a Lei 6.404/76.* Tese (Doutorado) apresentada ao Departamento de Direito Comercial da Faculdade de Direito da Universidade de São Paulo, 2004, p. 39.
19. SALOMÃO FILHO, C. O novo direito dos grupos: conflito de interesses *versus* regra de responsabilidade. *O novo direito societário.* São Paulo: Malheiros. 1998, p. 169. Para uma constatação empírica desta afirmação, remetemos a um texto distribuído por Fábio Konder Comparato na pós-graduação da Faculdade de Direito da Universidade de São Paulo no segundo semestre de 1996, onde se lê que até aquela data tinha-se notícia de menos de 30 grupos de direito registrados no Departamento de Registro de Empresas (apud MULLER, V. Prado. Op. cit., p. 39). E, passados 15 anos, não vemos nenhum motivo para se verificar uma alteração significativa nestes dados.

segurança e/ou outros relevantes pontos positivos aos grupos de direito (em comparação aos de fato), já que não se verifica um efetivo controle dos abusos exercidos nos grupos de fato.[20]

Por este motivo, e porque o critério utilizado pela lei de sociedades por ações para caracterizar os grupos de fato é dado pelas noções de controle e de coligação, parece-nos necessário analisá-las, ainda que de forma igualmente breve.

III.2 Poder de controle

A lei das sociedades por ações não apresenta uma definição universal de poder de controle.

E, dizemos isto não porque ignoramos os termos dos arts. 116, 243 ou 265; mas, sim, porque acreditamos que o conceito de poder de controle que decorre de cada um destes dispositivos deve ser aplicado por meio da concretização das hipóteses de incidência que, por sua vez, "ligam-se a disciplinas do ponto de vista funcional".[21]

Assim, muito embora o art. 116 da lei das sociedades por ações determine o que se entende por acionista controlador,[22] a amplitude conceito de acionista controlador (e, por via indireta, o correspondente conceito de poder de controle) deve estar em estreita conexão com a sua funcionalidade, qual seja,

20. É de se destacar a dificuldade em se constatar e sancionar os benefícios privado do controle (cf. DYCK, I. J. Alexander; ZINGALES, L. *Private benefits of control: an international comparison,* 2002. Disponível em: <http://ssrn.com/abstract=301200>. Acesso em: 3 ago. 2008, p. 1), especialmente nas "questões diárias" (cf. CONAC, P. H.; ENRIQUES, L.; GELTER, M. *Enforcing Self-Dealing Constraints on Dominant Shareholders in Continental Europe.* Disponível em: <http://repositories.cdlib.org/berkeley_law_econ/Spring2007a/7>. Acesso em: 3 ago. 2008, p. 79-80).

21. SALOMÃO FILHO, C. Nota de texto 9. In: COMPARATO, F. Konder; SALOMÃO FILHO, C. *O poder de controle na sociedade anônima.* 4. ed. Rio de Janeiro: Forense, 2005. n. 14, p. 69.

22. A definição legal é a seguinte: "[e]ntende-se por acionista controlador a pessoa, natural ou jurídica, ou o grupo de pessoas vinculadas por acordo de voto, ou sob controle comum, que: (a) é titular de direitos de sócio que lhe assegurem, de modo permanente, a maioria dos votos nas deliberações da assembleia-geral e o poder de eleger a maioria dos administradores da companhia, e (b) usa efetivamente seu poder para dirigir as atividades sociais e orientar o funcionamento dos órgãos da companhia".

a de "d[ar] *status* próprio à figura do 'acionista controlador'"[23] para o exato e específico fim de evitar que os abusos deste sujeito fiquem impunes.

Nesta mesma lógica, apesar de o § 2.º do art. 243 apontar o que considera ser uma "sociedade controlada",[24-25] a amplitude de tal conceito aparece em estreita ligação com a funcionalidade da disciplina jurídica a que se relaciona, neste caso, determinar a aplicação de algumas das regras societárias relativas aos grupos societários de fato. Também assim o § 1.º do art. 265, estabelecendo o que é "sociedade controladora, ou de comando do grupo" para fins da aplicação do regime dos grupos de direito.

Mas, ainda que a amplitude dos conceitos ligue-se ao aspecto funcional da disciplina jurídica a que eles se referem, não seria possível identificar um núcleo conceitual da noção de poder de controle?

Acreditamos que sim e entendemos que, para fins societários, o poder de controle (entendido como poder de comando) deve ser definido em função da predominância nas deliberações sociais; cabendo, ao acionista controlador, as funções "de orientar e dirigir, em última instância, as atividades sociais; ou como se diz no art. 116, *b*, da Lei 6.404/1976, no poder de 'dirigir as atividades sociais e orientar o funcionamento dos órgãos da companhia'".[26]

---

23. Exposição de Motivos 196, de 24.06.1976, do Ministério da Fazenda, referente ao projeto de lei que, ao fim, foi convertido na lei das sociedades por ações. Veja, nesse sentido, o voto do então diretor Pedro Oliva Marcilio de Sousa no Processo CVM RJ 2005/4069, decidido em 11.04.2006 e o do então diretor Marcos Barbosa Pinto no Processo CVM RJ 2008/4156, decidido em 17.06.2008.

24. O texto legal é o seguinte: "[à] sociedade na qual a controladora, diretamente ou através de outras controladas, é titular de direitos de sócio que lhe assegurem, de modo permanente, preponderância nas deliberações sociais e o poder de eleger a maioria dos administradores".

25. Com relação a esta definição, e em comparação a prevista no art. 116 da Lei das Sociedades por Ações, uma observação deve ser feita: neste artigo não há menção ao suo efetivo do poder de controle. Com relação a este ponto, concordamos com G. Döring Cunha Pereira, para quem "[u]ma sociedade, que participa em outras, o faz por ser isso o seu objeto ou como meio de realizar o objeto social, ou para beneficiar-se de incentivos fiscais" (*Alienação do poder de controle acionário*, op. cit., p. 20). Veja, também nesse sentido, muito embora estivesse analisando outra questão, MUNHOZ, E. Secchi. *Empresa contemporânea e direito societário.* São Paulo: Juarez de Oliveira, 2002. p. 103. Em sentido contrário, isto é, entendendo que se trata de "flagrante omissão do texto legislativo", veja: TEIXEIRA, E. Lacerda; GUERREIRO, J. A. TAVARES. Op. cit., v. 2, p. 702.

26. COMPARATO, F. Konder. *O poder de controle na sociedade anônima.* 3. ed. Rio de Janeiro: Forense, 1983. n. 32.A, p. 107.

Tal núcleo, é bom que se diga, refere-se a uma situação de fato[27] (e não a uma situação jurídica). Isto, porém, não retira a relevância jurídica do poder de controle. Pelo contrário, só reforça que, a despeito da diversidade de suas manifestações, a despeito de ser legitimado por diferentes institutos (jurídicos, inclusive), o poder de controle "enquanto situação de fato, pode constituir o pressuposto de aplicação de determinadas normas (uma *condicio juris*, diríamos nós)".[28]

III.3 Coligação

Até a edição da Medida Provisória 449/2008, posteriormente convertida na Lei 11.941, de 27.05.2009, existiam regras constantes da lei de sociedades por ações cuja hipótese de incidência envolvia uma situação de coligação simples e outras que compreendiam coligações "qualificadas".

Contraponha-se, nesse sentido, a redação original do art. 243 com a redação, também original, do art. 248. Enquanto para a incidência do primeiro, bastava a existência de participação superior a dez por cento, sem haver controle (*i.e.*, coligação simples); para a incidência do segundo, era necessária averiguar não só a existência de coligação, mas, também, a relevância do investimento e, pelo menos, uma das seguintes características: ou que a administração da investidora tivesse influência sobre a investida, ou que se tratasse de uma participação superior a vinte por cento do capital social.

A Lei 11.638, de 28.12.2007, alterou os termos do art. 248 da Lei das Sociedades por Ações. Se, por um lado, deixou de exigir a relevância do investimento e determinou que a porcentagem aplicável fosse calculada com base no capital votante (e não mais com base no capital social); por outro, passou a exigir que a influência da administração da investidora fosse "significativa".[29]

27. Cf. PEDREIRA, J. L. Bulhões. Alienação de quotas de *holding* de companhia aberta. In: LAMY FILHO, A.; PEDREIRA, J. L. Bulhões. *Lei das S.A.* cit., p. 701-702; e WALD, A. Do regime jurídico do usufruto de cotas de sociedade de responsabilidade limitada e de ações de sociedades anônimas. *RDM*, n. 77, 1990, p. 13.

28. COMPARATO, F. Konder. *O poder de controle*... cit., n. 8, p. 33. Em sentido equivalente, veja: PEDREIRA, J. L. Bulhões. Alienação de quotas... cit., p. 703).

29. As regras da Comissão de Valores Mobiliários, já antes da vigência da Lei 11.638/2007, apontavam os seguintes "exemplos de evidências de influência na administração da coligada: (a) participação nas suas deliberações sociais, inclusive com a existência de administradores comuns; (b) poder de eleger ou destituir um ou mais de seus administradores; (c) volume relevante de transações, inclusive com o fornecimento de assistência técnica ou informações técnicas essenciais para as atividades da investidora; (d) significativa dependência tecnológica e/ou econômico-financeira; (e) recebimento permanente de informações contábeis

A Medida Provisória 449/2008 (cuja redação, neste ponto, não foi modificada quando da sua conversão em lei) harmonizou esta situação ao alterar a própria definição de coligação. Remeteu-a para a de "influência significativa", assim entendida como "o poder de participar nas decisões das políticas financeira ou operacional da investida, sem controlá-la" (§ 1.º do art. 243 c/c o § 4.º do mesmo artigo) e instituiu a presunção de coligação para os casos de participações superiores a vinte por cento do capital votante (§ 5.º).

De toda forma, é importante, também aqui, ter clara a funcionalidade do instituto. Da sua caracterização decorre, por exemplo, a necessidade de relacionar o correspondente investimento no relatório da administração, bem como a obrigação de, neste mesmo documento, descrever as modificações ocorridas durante o exercício (*caput* do art. 243). Mas não é só. Havendo coligação, a sociedade investidora passa a, via de regra, dever avaliar os correspondentes investimentos pelo método da equivalência patrimonial (art. 248), devendo, também, incluir nas respectivas notas explicativas uma série de informações sobre as sociedades investidas (art. 247).

Ainda sobre a funcionalidade do instituto, deve-se mencionar o disposto no art. 46 da Lei 11.941/2009. Este artigo, inexistente na redação da Medida Provisória 449/2008, determinou que o conceito de coligada estabelecido no art. 243 somente deveria ser aplicado para os propósitos da lei de sociedades por ações, devendo nos casos previstos em leis especiais aplicar-se o conceito estabelecido no art. 1.099 da Lei 10.406, de 10.01.2002 (Código Civil).

III.4 O resultado da interação entre o direito societário e o juízo de conhecimento do direito concorrencial

Feitas estas breves considerações sobre os grupos societários, de fato e de direito, bem como sobre as relações de controle e de coligação, passamos à análise do art. 54.

Iniciaremos examinando a aplicação dos critérios do § 3.º do art. 54 aos atos de concentração, isto é, àqueles atos que implicam mudanças estruturais

detalhadas, bem como de planos de investimento; ou (f) uso comum de recursos materiais, tecnológicos ou humanos (parágrafo único do art. 5.º da Instrução CVM 247). Há uma grande semelhança entre estes critérios e aqueles adotados no Pronunciamento CPC 18 do Comitê de Pronunciamentos Contábeis, aprovado pela CVM por meio da Deliberação 605, de 26.11.2009 para caracterizar, em linha com a prática internacional, as evidências de influência significativa por investidor.

duradouras, com base nas quais é possível presumir que as empresas envolvidas atuarão como um único agente do ponto de vista econômico.[30]

As três primeiras hipóteses descritas no § 3.º do art. 54 ("fusão", "incorporação de empresas" e "constituição de sociedade para exercer o controle de empresas") não representam maiores problemas de interpretação. Nos dois primeiros casos, a presunção de que as sociedades envolvidas atuarão como um único agente decorre do regime legal aplicável a ambas as situações.[31] E, apesar de o mesmo não ocorrer na terceira hipótese, a existência de uma relação de dominação ("controle") é suficiente para garantir que a atividade empresarial será desempenhada como se só houvesse um único agente.

A única ressalva que fazemos diz respeito à noção de controle aplicável a esta terceira hipótese. Não há que baseá-la em nenhuma das definições presentes na lei das sociedades por ações, pois, como demonstramos (subitem III.2), a amplitude de todas definições de controle presentes na lei das sociedades por ações está relacionada com a função desempenhada por cada uma delas. Do ponto de vista concorrencial, parece-nos que a noção de controle deva ser reconduzida à de "influência dominante", desvencilhando-se da ideia de preponderância nas deliberações sociais para relacionar-se com a de planejamento empresarial, mais especificamente, com o planejamento de quatro áreas: pesquisa e desenvolvimento, investimento, produção e vendas.[32]

Pela sistemática adotada pelo legislador, caberia à quarta e última hipótese ("qualquer forma de agrupamento societário") reunir todos os demais casos que não se enquadrassem nas três acima descritas.

Desta simples constatação (aliada ao que expusemos no subitem III.1) já decorre uma importante conclusão: não se deve, de forma alguma, restringir esta hipótese aos grupos de direito. Ao contrário, deve, ela, abranger todas as demais hipóteses em que se passe a, por meios societários, exercer uma influência dominante. O exemplo mais característico seria a aquisição de quotas ou de ações em número suficiente para garantir, ao adquirente, influência dominante.

---

30. Cf. SALOMÃO FILHO, C. *Direito concorrencial – as estruturas* cit., p. 267-9.

31. Veja, nesse sentido, as definições legais de cada um destes institutos, presentes, respectivamente, no *caput* dos arts. 227 e 228 da lei de sociedade por ações: "[a] incorporação é a operação pela qual uma ou mais sociedades são absorvidas por outra, que lhes sucede em todos os direitos e obrigações" enquanto "[a] fusão é a operação pela qual se unem duas ou mais sociedades para formar sociedade nova, que lhes sucederá em todos os direitos e obrigações".

32. Cf. SALOMÃO FILHO, C. *Direito concorrencial – as estruturas* cit., p. 283.

Mas e as estruturas das quais não decorre uma influência dominante (*v.g.*, aquisição de participação societária minoritária[33]) ou das quais a influência dominante não decorre de formas societárias (*v.g.*, aquisição de ativos), estariam incluídas no suporte fático do § 3.º do art. 54?

Neste ponto, concordamos integralmente com Calixto Salomão Filho que, independentemente do que pareça ter sido a intenção do legislador, os termos do § 3.º do art. 54 (e a sua correta interpretação) não são suficientes para incluir, no âmbito da sua aplicação, hipóteses que não impliquem uma posição dominante estruturada por meio de uma forma societária.[34] Assim, e para exemplificarmos, muito embora a aquisição de uma participação de vinte e cinco por cento acarrete, para fins societários, a formação de um "grupo de fato" (pois presume-se a coligação); para fins concorrenciais, não há a incidência do § 3.º do art. 54, pois desta estrutura não decorre uma concentração econômica (*i.e.*, não é possível presumir que as empresas envolvidas passariam a atuar como um único agente do ponto de vista econômico), mas, no máximo, uma cooperação.

A estas situações aplicar-se-iam somente os termos genéricos do *caput* do art. 54.

O ponto é que, como dissemos, o CADE vem estendendo os critérios de conhecimento (relativos ao faturamento e à participação no mercado relevante) aos atos que, embora não se enquadrem como "atos de concentração" ou como qualquer das formas descritas no mencionado parágrafo, podem "limitar ou de qualquer forma prejudicar a livre concorrência, ou resultar na dominação de mercados relevantes de bens ou serviços".

Assim é que esta extensão impõe uma outra leitura do § 3.º do art. 54, não para substituir à anterior, mas para a ela se somar e determinar que, para fins do juízo de conhecimento, também estão sujeitos aos critérios de faturamento e de participação no mercado relevante (a) os atos de concentração efetivados por meio de relações de outra natureza que não a societária (como, por exemplo, a compra e venda de ativos), e (b) os atos de cooperação (como, por exemplo, os acordos verticais) estão sujeitos aos critérios de faturamento e de participação no mercado relevante.

33. Com a expressão "participação minoritária" remetemos à ideia de participações que não envolvam o controle da sociedades investida. Afastamo-nos de noções estritamente quantitativas, inclusive porque, segundo entendemos, é possível controlar sem deter a maioria das ações com direito a voto.

34. SALOMÃO FILHO, C. *Direito concorrencial – as estruturas* cit., p. 295-298.

4. Considerações finais

O controle de estruturas é feito por meio de dois juízos. Um para identificar quais atos devem ser analisados e outro, sucessivo, para avaliar quais atos devem ser aprovados.

Muito embora eles guardem alguma semelhança (inclusive porque, ambos, de alguma maneira, pretendem revelar quais atos têm a potencialidade de produzir efeitos anticoncorrenciais), não há que confundir estes dois juízos.

O objeto da análise de cada um deles é diferente. Enquanto o juízo de conhecimento se volta para o ato, abstratamente considerado, buscando verificar se ele tem o condão de produzir os efeitos mencionados no *caput* do art. 54; o de mérito avalia os efeitos daquele ato específico, no respectivo mercado relevante e, a depender da identificação de efeitos anticoncorrencias, contrapõe-os em face das eficiências especificamente consideradas.

Especificamente com relação ao juízo de conhecimento, é importante ter claro que a Lei 8.884/1994 estabeleceu no § 3.º do seu art. 54 alguns parâmetros para identificar atos que, nesta lógica, devem ser apresentados para avaliação do CADE.

Mas, como dissemos acima (itens III e III.4), ainda que o § 3.º do art. 54 tenha circunscrito o âmbito de aplicação dos parâmetros nele expostos, o CADE tem estendido a aplicação destes parâmetros aos demais atos que podem "limitar ou de qualquer forma prejudicar a livre concorrência, ou resultar na dominação de mercados relevantes de bens ou serviços".

Isto não quer dizer que, a partir desta determinação, haja uma equiparação definitiva ou absoluta entre as formas de concentração e as formas de cooperação.

De fato, o CADE pode, a qualquer momento, alterar os parâmetros aplicados aos atos não abarcados pelos termos do § 3.º do art. 54. Como dissemos (seção II), os parâmetros do § 3.º do art. 54, apesar de basearem-se em presunções, nada mais são do que critérios de identificação, não podendo, portanto, ser afastados pelos administrados ou pela própria autoridade antitruste. Isto, porém, diz respeito somente aos atos especificamente abarcados pelos termos do mencionado dispositivo. Quanto aos demais atos, como foi o CADE que, por meio de uma atividade adjudicatória, determinou a extensão destes critérios, nada impede que, respeitadas as garantias legais e constitucionais, ele os altere de acordo com um novo entendimento.

Além disso, há uma independência entre os dois juízos. Ainda que para o juízo de conhecimento este aspecto específico (diferença entre atos de concentração e de cooperação) fosse irrelevante, não poderíamos concluir de que este mesmo aspecto seria, necessariamente, irrelevante para as considerações aplicáveis ao juízo de mérito.

Mas, esta constatação sequer parece-nos necessária, uma vez que, ainda no que envolve o juízo de conhecimento, a equiparação não é absoluta. Se o objetivo deste juízo é verificar quais os atos que, abstratamente considerados, têm a potencialidade de produzir efeitos anticoncorrencias; inevitável que, nesta avaliação, considere-se as particularidades de cada um dos atos (inclusive no que envolve a sua caracterização como ato de cooperação, como ato de concentração efetivado por meio de uma estrutura societária ou, ainda, como ato de concentração efetivado por meio de estrutura não societária) e, assim, diferencie-se cada uma desses tipos de operações.

Parte II

Teoria Aplicada à Prática Antitruste: estudo de casos

Remédios antitruste: um estudo dos casos Ambev e Boeing/McDonnell Douglas

Allice Ferreira de Oliveira

Introdução

O presente artigo busca apreciar o panorama geral de dois casos emblemáticos no que tange à adoção de remédios antitruste: o agrupamento societário que resultou na formação da Ambev e a fusão da Boeing/McDonnell Douglas, esta última no âmbito da apreciação da Comissão Europeia, visto que a Federal Trade Comission – FTC – aprovou o ato sem restrições.

A análise buscará ressaltar os aspectos ligados à contratualidade presente nas negociações, à complexidade de elementos que impõe a conjugação de tipos diferentes de remédios e dos fatores que determinam a alteração dos remédios propostos no curso do acordo. A escolha destes estudos de caso não se deve à similitude de seus mercados. Ela é pautada na importância das decisões como referência em seus respectivos sistemas de proteção à concorrência, no nível de concentração muito alto resultante das fusões apreciadas em ambos os casos, na complexidade dos remédios adotados, nos fatores políticos que influenciaram as apreciações e, ainda, na contemporaneidade das fusões, que permite avaliar o comportamento das indústrias passada uma década da imposição dos remédios.

Conforme será demonstrado,é complexa a análise do desempenho dos remédios adotados, uma vez que diversos outros fatores influenciam a atual formatação do mercado competitivo. Assim como a posição dominante que pode resultar de determinados atos de concentração não implica, necessariamente, em condutas anticoncorrenciais, também não é possível afirmar que remédios mais rigorosos teriam impedido quaisquer práticas ilícitas no âmbito da concorrência. Mas esse desafio não inviabiliza o estudo, ao contrário, essa constatação indica a necessidade de mais trabalhos de aprofundamento sobre o tema e enseja uma reflexão sobre as dificuldades ainda maiores que enfrentam as autoridades antitruste ao negociarem a melhor formatação de remédios que buscarão sanar problemas potenciais num futuro sujeito às mais complexas interferências.

Desenvolvimento

A Ambev resulta de um agrupamento societário[1] ocorrido em 2000 entre as duas maiores cervejarias do Brasil à época, Brahma e Antarctica, que controlavam, juntas, aproximadamente 75% das vendas nacionais de cerveja. "Trata-se de uma transação de R$8,1 bilhões, que resultou em uma empresa com capacidade de processamento de 64 milhões de hectolitros de cerveja e 25 milhões de hectolitros de refrigerante por ano".[2]

A escolha desse caso, além da sua importância, se dá pela complexidade dos remédios antitruste adotados e pela possibilidade de se avaliar o comportamento da indústria, passados mais de dez anos da aprovação da fusão.

O mecanismo de solução negociada adotado no caso Ambev está previsto no art. 58 da Lei 8.884/1994, que autoriza o CADE a celebrar Termos de Compromisso de Desempenho – TCDs. Os TCDs são acordos firmados com as partes prevendo remédios estruturais e/ou comportamentais em atos de concentração considerados anticoncorrenciais. O TCD é um "instrumento de que dispõe a Administração para garantir que a concentração submetida à apreciação do CADE venha a atingir as eficiências mencionadas no § 1.º de seu art. 54".[3]

O termo de compromisso de desempenho regula o acordo entre a Administração e as requerentes envolvidas na operação restritiva da concorrência, e é condição da aprovação dessa operação. Conforme se explicitará nesse estudo, o CADE realiza instrução e pondera os potenciais prejuízos à concorrência que podem advir da aprovação da fusão em relação às eficiências geradas. "As vantagens de ambas as partes são evidentes: o administrado obtém a aprovação do ato, embora com limitações; a Administração aprova-o, segura de que as eficiências alegadas serão alcançadas".[4]

Os TCDs vêm sendo utilizados com mais frequência pelo CADE. Destaca o Relatório de Revisão pelos Pares (2010):

1. BRASIL. CADE – Conselho Administrativo de Defesa da Concorrência. Ato de Concentração 08012.005846/1999-121. Relator Conselheiro Hebe Teixeira Romano Pereira da Silva. Disponível em: <http://www.cade.gov.br/Default.aspx?a8889b6caa60b241d345d069fc>. Acesso em: 20 dez. 2010.
2. FARINA, Elizabeth M. M. Q.; AZEVEDO, Paulo. F. Ambev: a fusão e seus efeitos no mercado de cervejas. In: MATTOS, César (org.). *A revolução do antitruste no Brasil.* São Paulo: Singular, 2003. p. 131.
3. FORGIONI, Paula A. *Os fundamentos do antitruste.* São Paulo: Revista dos Tribunais, 2010. p. 440.
4. Idem, ibidem.

Neles, têm-se exigido ações como alienações de ativos físicos ou de propriedade intelectual, tais como marcas, conformidade com metas de desempenho e/ou de investimento, prestação ou fornecimento de bens ou serviços a clientes ou outras partes por período determinado, eliminação de acordos de exclusividade e manutenção de níveis de emprego. A utilização dos TCDs pelo CADE era comum no final dos anos 1990, mas foi abandonada entre 2000 e 2004. Desde 2005, contudo, o dispositivo voltou a ser utilizado.[5]

O caso Ambev é rico em termos de apreciações dos melhores remédios a serem impostos, pois houve divergências dentro do Sistema Brasileiro de Defesa da Concorrência - SBDC - sobre qual o remédio adequado no que tange ao aspecto estrutural. "Após posições bastante restritivas sugeridas pela SEAE e SDE - que, guardadas algumas diferenças entre si, propunham a alienação de uma das três principais marcas do grupo –, a decisão do CADE foi relativamente branda".[6] O CADE impôs uma série de condições à aprovação do ato de concentração, como a alienação da Bavária, uma das marcas menores controladas pelas duas empresas, e remédios comportamentais com o objetivo de promover o ingresso ou a expansão de marcas menores.

Numa breve análise da evolução da atuação da Ambev após a aprovação da formação do agrupamento societário, observa-se que a empresa realizou novos atos de concentração, destacando-se a fusão com a maior cervejaria da Argentina - a Ambev comprou 36,09% das ações com direito a voto da Quinsa, fabricante da centenária cerveja Quilmes, por US$ 346,38 milhões - e sua fusão com a maior cervejaria do mundo, formando a Anheuser-Busch InBev.[7]

Tendo como foco o estudo dos remédios adotados quando da formação da Ambev, passa-se a uma apresentação dos dados do caso e do termo de compromisso de desempenho firmado.

Desde o ano de 1996, a Antarctica, em razão de problemas financeiros, procurava um sócio. Havia o interesse de fazer uma associação com a Anheuser-Bush, com a finalidade de se formar uma *joint-venture,* mas o CADE colocou restrições à concentração, decisão que levou a não conclusão do ne-

5. Organização de Cooperação e Desenvolvimento Econômicos. *Lei e política da concorrência no Brasil* - Uma revisão pelos pares. 2010. Disponível em: <http://www.oecd.org/dataoecd/4/41/45154401.pdf>. Acesso em: 22 dez. 2010.
6. FARINA, Elizabeth M. M. Q., AZEVEDO, Paulo. F. Op. cit., p. 150.
7. VASCONCELOS, Viviane de Mattos. *A criação da Ambev e seus desdobramentos no setor de distribuição de bebidas.* 2004. Monografia (Conclusão do curso). Curso de Ciências Econômicas da Universidade Católica de Pernambuco, Recife, 2004. p. 22. Disponível em: <http://www.unicap.br/ccs/20041/monog_vivianevasconcelos.pdf>. Acesso em: 19 dez. 2010.

gócio. Também a Brahma iniciou negociações para formar uma *joint-venture*, a Miller do Brasil. Frustradas ambas as tratativas, Brahma e Antarctica visualizaram, então, a possibilidade de uma fusão que aumentaria sua posição societária e daria possibilidades de expansão internacional, além de uma redução de custos, em especial os relativos à distribuição que, segundo as informações prestadas, consumiam 11% do valor agregado.

O ponto ligado à distribuição foi fulcral para a análise do CADE. Dele vinham as principais eficiências, e a possibilidade de que, com a redução de custos, os consumidores fossem beneficiados. Contudo, a racionalização da distribuição também poderia ensejar reduções de emprego no setor.

A fundação da Ambev se deu em 1.º de julho de 1999. O CADE determinou em 14 de julho de 1999 que a Ambev não praticasse atos que pudessem acarretar modificações no mercado de bebidas cuja reversão fosse onerosa para a coletividade. O caso foi analisado pelo CADE durante nove meses e em abril de 2000 foi aprovada a fusão, mediante a celebração de um termo de compromisso de desempenho.[8]

A formação da Ambev proporcionou uma racionalização da produção, distribuição e comercialização de cervejas e refrigerantes,[9] o que torna as empresas mais competitivas. Contudo, uma concentração com tais dimensões no mercado de cervejas gera, inevitavelmente, preocupações concorrenciais, dada a capacidade de a nova empresa usar seu portfólio de marcas para elevar arbitrariamente os preços ou praticar uma política de preços predatórios a fim de eliminar competidores no mercado.

Na análise das repercussões concorrenciais dessa concentração horizontal, a SDE recomendou a adoção da alienação englobada, para um único comprador de uma das três principais cervejarias das requerentes, Brahma, Skol ou Antarctica,incluindo os ativos tangíveis e intangíveis necessários à viabilização do negócio. O prazo máximo para que o desinvestimento se efetivasse seria de seis meses contados da decisão final do CADE.

8. BRASIL. CVM – Comissão de Valores Mobiliários. Processo Administrativo Sancionador 09/03. Relator Wladimir Castelo Branco Castro. Disponível em: <http://www.cvm.gov.br/port/inqueritos/2006/rordinario/inqueritos/01_25_IA_09-03.asp >. Acesso em: 20 dez. 2010.

9. Quanto às repercussões no mercado de refrigerantes, tendo em conta que, segundo o parecer da SEAE no caso, a participação da Ambev nesse setor seria de 17, 5%, enquanto a Coca-Cola possuía 49,5% do mercado, observou-se que o efeito da fusão seria positivo, melhorando o posicionamento competitivo no setor.

A SEAE recomendou que as condições para a aprovação do ato de concentração fossem a alienação da totalidade dos ativos tangíveis e intangíveis[10] do negócio de cerveja da marca Skol, somada à alienação de suas plantas localizadas em Manaus e Cuiabá.

O CADE optou pela utilização de remédios estruturais combinados com comportamentais, condicionando a aprovação do ato de concentração ao cumprimento dos compromissos que, em apertada síntese, determinavam:

I – A compromissária, num prazo de 8 (oito) meses, deveria alienar a Bavária, devendo manter os níveis de investimento em *marketing* e publicidade e envidar todos os esforços para manter o nível de participação no mercado de outubro/novembro de 1999;

II – A compromissária deveria alienar 5 (cinco) fábricas, junto da marca, ao mesmo comprador;

III – A compromissária deveria implementar sistema de compartilhamento da rede de distribuição e pontos de venda em âmbito nacional, pelo prazo de 4 (quatro) anos, prorrogáveis por mais 2 (dois) anos. O prazo seria contado a partir do momento em que fosse iniciada a distribuição compartilhada;

IV – Proibição de desativar fábrica nos 4 (quatro) anos posteriores à aprovação, sem antes promover a oferta pública da unidade;

V – A compromissária deveria manter o nível de emprego, e, posteriormente à fusão, caso fossem dispensados funcionários em razão da reestruturação empresarial, promover programas de retreinamento e recolocação;

VI – Vedação de imposição de exclusividade aos postos de venda, com as seguintes ressalvas: (i) quando os investimentos e benfeitorias forem equivalentes a participação preponderante na formação dos ativos do ponto de venda; e (ii) quanto do interesse do ponto de venda e a critério deste;

VII – A compromissária deveria adotar todas as medidas visando alcançar as eficiências pertinentes à fusão, na proporção e em consonância com as obrigações e compromissos estruturais assumidos no Termo de Compromisso, bem como a distribuição equitativa entre produtor e consumidor.

Observa-se que a logística foi um dos fatores considerados centrais no TCD em análise por se tratar de um fator competitivo importante, de grande impacto nos custos de transação do setor. Por isso, as empresas que adquirissem as fábricas da Antarctica, inclusive a marca Bavária, precisariam ter viabilizado o acesso a uma rede de distribuição já montada, a fim de viabilizar eco-

10. Entendidos como ativos tangíveis e intangíveis as marcas, as plantas necessárias à sua operação, os contratos de distribuição do produto e os demais contratos vinculados ao negócio Skol.

nomicamente o negócio. Outro ponto fulcral do TCD versou sobre os acordos de exclusividade. Nesse caso, além da possibilidade de excluir competidores, buscou-se evitar a prática da venda casada.

A repercussão da aplicação dos remédios

A Ambev vendeu a Bavária e mais cinco fábricas e atualmente "faz parte da maior plataforma de produção e comercialização de cervejas do mundo, por meio da Anheuser-Bush InBev. Individualmente é a quinta maior cervejaria do mundo. É líder do mercado latino-americano".[11] "Em 2009, a receita líquida da AmBev cresceu 11,1% em termos orgânicos em relação a 2008, atingindo R$23.194,0 milhões".[12]

As denúncias de descumprimento do Termo de Compromisso de Desempenho firmado pelo CADE com a Ambev ensejaram a instauração de Processo Administrativo pela SDE em fevereiro de 2002 para apurar a ocorrência de condutas infringentes à ordem econômica, passíveis de enquadramento

---

11. "Com operações em 14 países nas três Américas, a AmBev é a quinta maior cervejaria do mundo e a líder do mercado latino americano. As operações da Companhia consistem na produção e comercialização de cervejas, refrigerantes, outras bebidas não alcoólicas e malte, dividindo-se em três unidades de negócio:

    • Operações Brasil, representadas pelas vendas de (i) cerveja ("Cerveja Brasil"); (ii) refrigerantes e bebidas não alcoólicas e não carbonatadas ("RefrigeNanc"); e (iii) malte e sub-produtos;

    • América Latina Hispânica (HILA), dividida em duas operações: (i) Quinsa, composta por operações na Argentina, Bolívia, Chile, Paraguai e Uruguai, e (ii) HILA excluindo Quinsa (denominada HILA-Ex), composta pelas operações da Companhia em El Salvador, Equador, Guatemala, Nicarágua, Peru, República Dominicana e Venezuela; e

    • América do Norte, representada pelas operações da Labatt Brewing Company Limited ("Labatt"), incluindo vendas de cerveja no Canadá e exportações para os Estados Unidos ("EUA").

    As principais marcas da AmBev incluem Skol (a quarta cerveja mais consumida no mundo), Brahma, Antarctica, Bohemia, Original, Quilmes, Labatt Blue, Brahva e Guaraná Antarctica. Além disso, a AmBev é a maior engarrafadora da PepsiCo fora dos EUA. A Companhia também produz, vende e distribui os produtos Pepsi no Brasil e em outros países da América Latina, incluindo Pepsi, H2OH!, Lipton Ice Tea e o isotônico Gatorade" (In: Companhia de Bebidas das Américas - Ambev. Relatório Anual 2009. São Paulo: Ambev, 2009. p. 44. Disponível em: <http://www.ambev.com.br/media/29728/ambev_ra_2009_pt.pdf>. Acesso em: 17 dez. 2010).
12. Companhia de Bebidas das Américas - Ambev. Relatório Anual 2009 cit., p. 4.

no art. 20, I, III e IV c/c art. 21, *caput*, V, XI, XIV e XXIV, da Lei 8.884/1994. As condutas contrárias à ordem econômica teriam resultado de descumprimento de determinações contidas no TCD prestado pela Ambev perante o CADE.

Segundo consta do voto do relator,[13] Conselheiro Carlos Emmanuel Joppert Ragazzo, no Processo Administrativo 08012.0004363/2000-89,[14] as representações tratam de supostas infrações, como redução das margens de lucro dos distribuidores, venda direta a supermercados a um preço inferior aos estabelecidos para as distribuidoras e imposição de obstáculos para o desenvolvimento de sua rede de distribuição. Segundo as representações, exigências de exclusividade impostas aos distribuidores de produtos da Ambev teriam ocasionado o fechamento de concorrentes que perderam postos de distribuição. Havia, ainda, suposta imposição de condições leoninas, como restrições creditícias, retenção abusiva de cascos e condicionamento do pagamento de dívidas à rescisão contratual.

Foi, ainda, enviado pela SDE ao CADE, em 2009, o Procedimento Administrativo 08012.011566/99-71, conexo ao já referido e conjuntamente julgado. Este procedimento também trata de representação por supostas infrações à ordem econômica cometidas pela Ambev, através da imposição de alterações nas condições de comercialização e da discriminação dos adquirentes por meio de fixação diferenciada de preços ou condições de pagamento, no que se refere aos seus distribuidores.

Destacou o relator:

> Em suma, as acusações feitas à Ambev são de imposição de condições que configurariam prejuízo à livre concorrência, aumento arbitrário de lucros e exercício abusivo de posição dominante, por meio de práticas restritivas às distribuidoras, tais quais a redução da margem de lucro, a venda direta a supermercados a um preço inferior aos estabelecidos para as distribuidoras e a imposição de exclusividade no fornecimento.[15]

13. O Plenário, por unanimidade, determinou o arquivamento, no termos do voto do relator.
14. BRASIL. CADE – Conselho Administrativo de Defesa da Concorrência. Processo Administrativo 08012.0004363/2000-89. Relator Conselheiro Carlos Emmanuel Joppert Ragazzo. Disponível em: <http://www.cade.gov.br/news/n022/Voto-PA-2009-08012-0043563-Ambev-RAGAZZO.pdf>. Acesso em: 20 dez. 2010.
15. BRASIL. CADE – Conselho Administrativo de Defesa da Concorrência. Processo Administrativo 08012.0004363/2000-89. Relator Conselheiro Carlos Emmanuel Joppert Ragazzo. p. 3. Disponível em: <http://www.cade.gov.br/news/n022/Voto-PA-2009-08012-0043563-Ambev-RAGAZZO.pdf>. Acesso em: 20 dez. 2010.

A Ambev apresentou esclarecimentos em 04 de outubro de 2000, argumentando, no que interessa ao tema em estudo, que as representações tratam de descumprimento de contrato e, portanto, possuem caráter individual, não devendo ser objeto de apreciação pela autoridade antitruste; que as cláusulas contratuais denunciadas pelas representantes como violadoras da ordem econômica em nada afetariam a concorrência; que não haveria abusividade na venda direta a supermercados nem no fato de efetuar venda a preços mais baratos ao consumidor e que não estaria submetida a regras de controle de preços.

Os pareceres da SDE, da Procuradoria do CADE e do Ministério Público Federal foram pelo arquivamento do processo administrativo. Vale registrar que a SDE trouxe aos autos o entendimento do CADE, no sentido de que não há infração à ordem econômica derivada de desacordo contratual de empresa fornecedora com seus distribuidores, pois tal conduta não afeta a livre concorrência e nem o consumidor final.

Por fim, além de reconhecer a prescrição de algumas representações, o Relator concluiu que o processo administrativo cuidava, em sua essência, de questões privadas, alheias ao objeto de atuação da autoridade antitruste e da Lei 8.884/1994, uma vez que "o escopo da lei não é proteger individualmente seus agentes, mas zelar pela existência e manutenção do ambiente concorrencial como um todo".[16]

Contudo, as condutas consistentes na criação de um programa de fidelidade e na adoção de garrafas de padrão diferente das utilizadas pelos concorrentes evidenciaram abusos por parte da Ambev. Para uma reflexão sobre a eficiência dos remédios adotados no TCD, uma análise dessas condutas, e do posicionamento do CADE em relação a elas, se faz necessária.

No Processo Administrativo 08012.003.805/2004-10 o Conselheiro-Relator Fernando de Magalhães Furlan asseverou que "há cerca de dez anos, portanto, esta autarquia, em caso ruídos o e polêmico, aprovava a criação de uma das maiores empresas do setor de bebidas do mundo". O procedimento administrativo foi instaurado com base na Nota Técnica do Departamento de Proteção e Defesa Econômica e trata da apuração de práticas ilícitas realizadas pela Ambev através dos programas "*Festeja*" e "*Tô Contigo*", da utilização da marca Antarctica como marca de combate, e da adoção de publicidade enganosa. Tais condutas que se enquadrariam naquelas previstas no art. 20, I, II e IV combinado com art. 21, IV, V, VI e XI, da Lei 8.884/1994.

16. BRASIL. CADE – Conselho Administrativo de Defesa da Concorrência. Processo Administrativo 08012.0004363/2000-89 cit., p. 18.

Nas conclusões econômicas formuladas no voto do Relator, observa-se que no processo administrativo restou demonstrada a presença de condições propícias para que a Ambev utilizasse contratos de exclusividade como forma de exclusão, aumentando as barreiras à entrada e dificultando o acesso de rivais mais eficientes. Vale registrar:

A não linearidade de preços com a presença de uma empresa líder detentora de 70% do mercado, gera a necessidade de concessão de descontos pelos rivais muito superiores àqueles concedidos pela firma dominante, provocando uma assimetria no mercado deixando em desvantagens até mesmo competidores igualmente eficientes.

Não foram encontradas eficiências econômicas advindas do Programa, não havendo justificativas para exigência de exclusividade.[17]

No que tange às práticas horizontais, consistentes na predação por meio da utilização da de marca de combate e na utilização de propaganda enganosa, concluiu o CADE que estas não foram comprovadas ao longo da instrução.

O CADE decidiu que restou provado que o "*Tô Contigo*" constitui um programa de descontos não linear praticado pela Ambev, Tal não linearidade consistiu na exigência de exclusividade e na imposição de limites de compra de cervejas concorrentes. A pesquisa de campo realizada pelo Instituto IBOPE para instruir o processo fundamenta tais conclusões. Foi evidenciado, também, o prejuízo aos consumidores finais, privados da variedade de produtos e de preços.

No voto do relator no Processo 08012.003.805/2004-10, há referência à jurisprudência europeia que "encaminha-se no sentido de considerar programas similares ao da Ambev como infrações à ordem comunitária".[18] As decisões da Comissão Europeia usadas como parâmetro foram dadas nos casos *Michelin*, *Coca-Cola* e *Intel*, nos quais as condutas condenadas foram similares à da Ambev: "(i) exigência de exclusividade; (ii) descontos vinculados a metas de compras; e (iii) exigência de volume mínimo ou percentual das provisões do PDV".[19]

O CADE concluiu que a conduta da Ambev é potencialmente danosa à concorrência, causando fechamento de mercado e elevação artificial dos cus-

17. BRASIL. CADE – Conselho Administrativo de Defesa da Concorrência. Processo Administrativo 08012.003805/2004-10. Relator Conselheiro Fernando de Magalhães Furlan, p. 80. Disponível em: <http://www.cade.gov.br/temp/D_D000000443041266.pdf>. Acesso em: 8 fev. 2011.

18. Idem, ibidem, p. 82.

19. Idem, p. 83.

tos dos competidores. A participação de mercado advinda da aprovação do ato de concentração em que se formou a Ambev – 70% do mercado de cervejas – propiciou um poder de mercado que esta exerceu de forma ilícita. "O poder de dominância atrai maiores responsabilidades". (...) "Um movimento de um elefante sempre terá maiores repercussões,num espaço delimitado, do que o movimento de um felino".[20]

Condenada nos termos do art. 23, I, da Lei 8.884/1994, foi aplicada à Ambev multa histórica no valor de R$ 352.693.696,58, 2% do faturamento bruto da empresa no Brasil no ano de 2003. Vale ressaltar que, em 2009, 5 anos depois da instauração do processo administrativo, e um dia antes de seu julgamento, a Ambev formulou proposta de TCC, que foi rejeita pelo CADE.

Da análise dos documentos que instruíram o Processo Administrativo 08012.003.805/2004-10, observa-se que a Ambev valeu-se de sua posição no mercado para praticar conduta ilícita, anticoncorrencial. Tal constatação evidencia que os remédios adotados no TCD não foram capazes de evitar a possibilidade de abuso de poder de mercado pelo agrupamento societário. Uma outra conduta praticada pela Ambev e analisada pelo CADE, consistente na introdução de garrafas de cerveja retornáveis proprietárias, garrafas de 630 ml, também evidencia comportamento anticoncorrencial viabilizado pelos altos níveis de concentração no setor cervejeiro.

A Secretaria de Direito Econômico impôs, em 2008, medida preventiva que determinava a retirada das garrafas de 630 ml do mercado e a abstenção de engarrafar cervejas nesses recipientes.. A Ambev ajuizou junto ao CADE o Recurso Voluntário 08700.002874/2008-81 em face dessa medida preventiva. A SDE entendeu que a garrafa de 630 ml era pouco diferenciada e traria custos significativos de separação para os concorrentes, consistindo em conduta anticoncorrencial. No Recurso Voluntário a Ambev argumentou que a decisão da SDE seria contraditória e incoerente, ofenderia a ampla defesa e teria invadido a competência do INPI.

Antes da introdução da garrafa de 630 ml pela Ambev, praticamente todas as cervejarias utilizavam a garrafa padrão, o que evitava a necessidade de separação de garrafas nos pontos de venda. Tal quebra de padrão gera custos de separação e troca de garrafas. O ponto analisado pelo CADE não tomou como parâmetro a necessidade de preservação de um mercado de garrafas retornáveis, mas os "efeitos potencialmente negativos sobre o ambiente concorrencial se a Ambev, que tem elevado poder de mercado, for capaz de manter

20. Idem, p. 84.

um sistema de troca de vasilhames que exclua seus concorrentes e/ou os efeitos sobre o custo de seus rivais".[21]

Na análise do recurso voluntário da Ambev destacou o Conselheiro Luiz Carlos Delorme Prado:

> Tendo em vista que a Ambev possui, em média, 70% do mercado de cerveja nacional, com pequenas diferenças de participação se considerados os vários mercados relevantes regionais, a expansão da utilização da garrafa Ambev 630 ml para outras marcas Ambev configuraria negação de acesso à infraestrutura (no caso estoque de garrafas) essencial para a viabilidade dos negócios dos concorrentes e consequente fechamento de mercado.
>
> Se 70% da cerveja em garrafa retornável consumida no país for envasada na garrafa proprietária da Ambev, esta empresa estaria criando sua própria rede de compartilhamento de garrafas que excluiria os demais concorrentes.

O recurso da Ambev foi parcialmente provido pelo CADE, que, em 2008, determinou a abstenção do envasamento de cerveja em garrafas proprietárias de 630 ml em alguns Estados do país e fixou multa diária pelo descumprimento da medida preventiva.

Tendo em vista os dados expostos, é de se verificar que os remédios que visavam evitar a eliminação de distribuidores através da unificação da rede de distribuição das cervejas da Ambev não foram suficientes para evitar tentativas de abuso de poder de mercado.

Contudo, há que considerar que o mercado de cerveja já era bastante concentrado quando a fusão foi submetida ao CADE. Verificava-se, inclusive, uma gradual desconcentração desde o final dos anos 80, determinada, principalmente, pelo crescimento da Kaiser, que se explicava pela utilização da estrutura de distribuição da Coca-Cola, aliada a investimentos de grande vulto em propaganda e *marketing*. As principais barreiras à entrada no setor são relativas à rede de distribuição, à diferenciação do produto e aos custos irrecuperáveis em propaganda, que impedem a saída sem custos.

A Ambev valeu-se de seu posicionamento favorável no mercado, propiciado pela enorme partipação no mercado de cervejas, para praticar condutas que visavam aumentar as barreiras à entrada de concorrentes e o crescimento de suas rivais.

21. BRASIL. CADE – Conselho Administrativo de Defesa da Concorrência. Recurso Voluntário 08700.002874/2008-81 (Processo Administrativo 08012.002474/2008-24). Relator Conselheiro Carlos Emmanuel Joppert Ragazzo, p. 7. Disponível em: <http://www.cade.gov.br/temp/D_D000000381561226.pdf>. Acesso em: 23 jan. 2011.

Há que considerar, contudo, que, conforme Relatório de Revisão pelos Pares da Organização de Cooperação e Desenvolvimento Econômicos:

> Houve algumas entradas de concorrentes no mercado, e estudos de acompanhamento após a fusão sugeriram que os preços realmente diminuíram, pelo menos no curto prazo, mas a AmBev continua a controlar cerca de 70% do mercado brasileiro de cerveja. Nos últimos anos, a AmBev filiou-se, por meio de atos de concentração, a várias outras cervejarias internacionais (incluindo a maior cervejaria da Argentina), e hoje é uma subsidiária da Anheuser- Busch InBev, a maior cervejaria do mundo.[22]

Segundo a ACNielsen, "a participação da Ambev no mercado de cervejas brasileiro em 2008 foi de 67,5% e em 2009 foi de 68,7%".[23] Os dados atuais da participação da Ambev no mercado de cervejas no Brasil, comparados aos índices observados quando da celebração do TCD, revelam uma pequena diminuição da participação da Ambev no mercado de cervejas desde a ocorrência da fusão, que vem sendo gradualmente recuperada, não tendo ainda atingido os níveis originais. Tais variações, tendo em conta que trata-se de uma participação de quase 70% do mercado, não são suficientes para indicar um sucesso dos remédios adotados, mas também não servem para sustentar sua ineficácia, dado que o objetivo do antitruste não é determinar uma maior ou menor participação de empresas no mercado e sim evitar que estas ensejem condutas anticoncorrenciais.

Na análise feita por Farina[24] e Azevedo afirmou-se que "a correlação competitiva entre os fabricantes mostra que mesmo com a formação da Ambev, uma elevação unilateral de preços poderá causar perdas de *market-share* e de lucratividade".[25] Os dados da participação da Ambev no mercado brasileiro em 2008 e 2009, em princípio, permitem inferir que, passados dez anos da aprovação da fusão, a posição da Ambev no mercado não lhe permitiu excluir os demais competidores do mercado, nem aumentar excessivamente os preços. Contudo, as condutas da Ambev na primeira década após a assinatura do TCD foi, mais de uma vez, condenada pelo CADE, por revelar abuso de posição dominante reprimido pela Lei 8.884/1994.

22. Organização de Cooperação e Desenvolvimento Econômicos. *Lei e política da concorrência no Brasil* – Uma revisão pelos pares. 2010. p. 28. Disponível em: <http://www.oecd.org/dataoecd/4/41/45154401.pdf>. Acesso em: 22 dez. 2010.
23. Companhia de Bebidas das Américas – Ambev. Relatório Anual 2009 cit., p. 14.
24. A autora elaborou parecer econômico sobre o ato de concentração a pedido da Ambev.
25. FARINA, Elizabeth M. M. Q., AZEVEDO, Paulo. F. Op. cit., p. 145.

Assim, ainda que seja inegável que uma análise do comportamento da Ambev após uma década da assinatura do TCD deve considerar que há uma complexidade de fatores que influenciam o sucesso da proteção à concorrência, é possível afirmar que os remédios antitruste adotados não foram suficientes para evitar práticas abusivas pela Ambev.

A fim de aprofundar as discussões sobre adoção de remédios como forma de viabilizar a aceitação de atos de concentração que implicam em altíssimas concentrações mas que possuem eficiências potenciais valorosas para o setor, passa-se à análise da decisão europeia do caso Boeing McDonnell Douglas. Ao longo dessa analise serão retomados pontos já discutidos quando da apresentação dos remédios adotados pelo CADE na fusão que originou a Ambev. Também na análise dos remédios adotados no caso Boeing McDonnel Douglas destacar-se-á a influência dos fatores políticos, as especificidades que levaram à combinação de remédios estruturais e comportamentais e os dados atuais da indústria.

O caso Boeing/McDonnell Douglas

Para iniciar uma análise dos remédios adotados pela Comissão Europeia é necessário, inicialmente, destacar que em 1 de julho de 1997, a Federal Trade Commission – FTC – anunciou o encerramento das investigações sobre a fusão Boeing/McDonnell Douglas. Por quatro votos conta um concluiu a FTC que a operação não diminuiria essencialmente a concorrência, fundada na constatação de que a parcela de mercado da McDonnell Douglas era relativamente pequena e vinha sofrendo diminuição nos últimos anos. Outro fator determinante para a FTC foi a demonstração de potenciais eficiências trazidas pelo ato de concentração. Em 30 de julho de 1997, a Comissão Europeia declarou a compatibilidade da operação de concentração com o mercado comum mediante a celebração de um termo de compromisso pela Boeing/McDonnell Douglas. A fim de permitir uma melhor análise dos remédios impostos pela autoridade europeia, passa-se a um breve relato dos principais fatores que impediram a aprovação incondicionada do ato de concentração e a um estudo dos compromissos acordados.

O acesso à mão de obra qualificada para desenvolvimento de novas tecnologias de produção de aviões comerciais da McDonnell Douglas foi um dos fatores que preocupou a Comissão em relação ao ato em análise. Quanto à propriedade intelectual, tratando-se de um setor de alta tecnologia, a fusão do maior construtor mundial de aviões comerciais com o principal construtor de aviões militares geraria grande concentração de duas importantes carteiras de direitos de propriedade intelectual.

A Comissão manifestou, ainda, forte preocupação com os acordos de exclusividade de longo prazo já firmados pela Boeing e pela possibilidade de o aumento da gama de produtos oferecidos pela empresa no mercado, após a fusão, facilitar que novos acordos de exclusividade fossem celebrados. A preocupação se fundava no fato de que a Airbus, único concorrente no mercado no setor dos grandes aviões comerciais, não poderia oferecer uma "família completa de aviões". Além do poder sobre a demanda, a fusão viria reforçar o poder de compra da Boeing face a inúmeros fornecedores de peças para aparelhos civis e militares, o que poderia aumentar a dependência dos fornecedores face à Boeing e obrigá-los a dar à ela prioridade sobre a Airbus.

Em princípio, a Comissão Europeia pretendia condicionar a aceitação da fusão à venda da Douglas Aircraft Company (DAC), que explora as atividades da McDonnell Douglas no domínio dos aviões comerciais. Foi fundamental o papel do Departamento de Justiça americano, legitimado pelo Acordo de Cooperação da Comissão Europeia com os Estados Unidos da América no domínio do Direito da Concorrência, de 23 de setembro de 1991. O Departamento de Justiça dos EUA advogou contra o remédio estrutural, argumentando que, independentemente das medidas que a Comissão Europeia viesse a impor a um terceiro adquirente da DAC, com o desinvestimento da Boeing na DAC, seria muito improvável que se conseguisse preservar a empresa como um fabricante autônomo de aviões civis. Segundo defendeu, caso ocorresse o desinvestimento na DAC a favor de um terceiro que não operasse a empresa como fabricante de aviões, a medida seria anticoncorrencial, pois criaria uma empresa com condições de aumentar preços e diminuir o serviço no que se refere ao fornecimento de peças sobresselentes e de prestação de serviços de manutenção à frota da DAC.

Assim, a Comissão inferiu que o aumento da posição dominante poderia ocorrer mesmo que a fusão fosse negada, dada a ausência de outro comprador em potencial para a McDonnell Douglas – MDC. Nem a Airbus, nem uma das suas empresas-mãe, revelaram interesse na aquisição da DAC. Só a Boeing se encontrava interessada e preparada para adquirir as atividades da MDC no setor dos aviões comerciais, mas o aumento significativo da frota em atividade com a aquisição facilitaria o acesso a dezenas de novos clientes. Outra preocupação, que veio a se concretizar, como se poderá inferir na apresentação dos dados atuais de produção da Boeing/McDonnell Douglas, vinha da possibilidade da Boeing decidir interromper a produção da totalidade ou de parte dos aviões DAC. A Comissão avaliou que ela estaria em melhor situação que a Airbus para conquistar as partes de mercado liberadas.

A. Boeing propôs à Comissão os seguintes compromissos:

1) Para melhorar a base instalada da DAC, ofereceu uma solução estrutural, o compromisso de manter por um período de dez anos a DAC como entidade jurídica distinta. Propôs, ainda, o compromisso de prestar assistência aos clientes dos aviões DAC no mesmo nível de qualidade da prestada aos aviões Boeing e não utilizar o seu acesso privilegiado à atual frota em serviço dos aviões DAC para melhorar as suas oportunidades para persuadir os operadores DAC a comprarem aviões Boeing.

2) Não concluir acordos de exclusividade[26] adicionais até 2007 e não aplicar os seus direitos exclusivos previstos nos acordos concluídos com a American, a Delta e a Continental anunciados em 1996 e 1997.

3) Licenciar numa base não exclusiva e com royalties razoáveis, qualquer patente financiada pelo Estado, que possa ser utilizada na fabricação ou venda de aviões comerciais a jato e as patentes de bloqueio em licenciamento cruzado.

4) Apresentação de relatórios anuais sobre projetos de I & D (investigação e desenvolvimento) do Governo americano no setor da aeronáutica em que a Boeing participa.

5) Diversos compromissos para evitar o exercício de influências impróprias sobre os fornecedores.

Na apreciação das propostas, a Comissão Europeia indicou que os problemas de concorrência verificam-se em duas áreas: o potencial competitivo suplementar da MDC na aviação comercial (efeitos horizontais) e o grande aumento das atividades militares e espaciais da Boeing (efeitos globais). Contudo, em face dos compromissos apresentados, as autoridades europeias consideraram o remédio proposto potencialmente eficaz para evitar que a fusão trouxesse efeitos danosos à concorrência. Vale trazer a lume trecho da decisão da Comissão:

> O pacote de compromissos apresentados pela Boeing inclui uma combinação de elementos estruturais e comportamentais. Nas circunstâncias específicas referidas supra, relativas em especial à manifesta ausência de qualquer eventual comprador para a DAC, a Comissão aceita esta combinação de compro-

26. "Entende-se por acordo de exclusividade para efeitos do presente compromisso, um compromisso contratual em que um cliente não adquire nem aluga um avião a jacto comercial a qualquer outro fabricante de aviões ou no âmbito de uma gama específica de capacidade máxima de peso bruto na descolagem nem adquire uma percentagem fixa de aviões a um fabricante" (União Europeia. Comissão das Comunidades Europeias. Processo 97/816/CE. Relator Karel Van Miert. Disponível em: <http://eur-lex.europa.eu/LexUriServ/LexUriServ.do?uri=CELEX:31997D0816:PT:NOT>. Acesso em: 20 nov. 2010.

> missos, que devem ser tratados como um todo, e considera que, globalmente, resolvem adequadamente os problemas de concorrência identificados na presente decisão e eliminam as preocupações relativas a um reforço da posição dominante da Boeing no mercado dos grandes aviões comerciais.[27]

A opção da Comissão Europeia por aceitar um conjunto de remédios propostos pela Boeing que não incluiu a alienação da DAC é atribuída à pressão norte-americana, mas a ausência de potenciais interessados na compra foi determinante, como asseverou a Comissão Europeia na Apreciação das Propostas:

> Na ausência de qualquer interesse por parte da Airbus de adquirir a DAC, mas igualmente na ausência de qualquer interesse por parte de outras companhias de entrarem neste mercado através de uma aquisição da DAC, é altamente improvável que se possa encontrar um comprador para a DAC. Um compromisso relativo a uma alienação não teria, por conseguinte, resolvido os problemas de concorrência resultantes dos efeitos horizontais. Em segundo lugar, os efeitos de transferência das actividades militares e espaciais para as actividades civis são pela sua própria natureza difíceis de quantificar ou mesmo de identificar. Estas questões são difíceis de resolver plenamente no contexto do presente processo no âmbito do regulamento das concentrações.[28]

Os impactos da fusão da Boeing com McDonnell Douglas no setor militar não são o objeto do presente estudo, mas, vale ressaltar, conforme explicita a citação acima, envolviam fatores políticos e questões estratégicas americanas que foram determinantes para a formatação final do termo assinado pela Boeing na Europa.

Segundo Araújo Jr. a fusão Boeing/McDonnell Douglas é um exemplo contundente da inadequação do modelo Estrutura-Conduta-Desempenho (ECD),[29] da teoria da organização industrial para lidar com atos de concentra-

27. Idem, ibidem.
28. Idem.
29. “O tradicional modelo Estrutura-Conduta-Desempenho foi desenvolvido na década de 30 por Edward Mason. Segundo essa teoria da organização industrial, algumas condições de oferta, tais como, tecnologia disponível, estruturas legais, disponibilidade de acesso à matéria-prima etc.; e de demanda, neste caso, elasticidade preço da demanda, produtos substitutos, estratégias de marketing etc., afetam a estrutura de mercado. Essa estrutura define a conduta de suas empresas, que por sua vez é responsável pelo desempenho do setor.

    Sabe-se que a estrutura do mercado é determinada: pelo número de compradores e vendedores, pela diferenciação de produtos, estrutura de custos, integração

ção complexos. Para o autor, "se as recomendações do guia quanto a barreiras à entrada, tempestividade e grau de concentração tivessem sido consideradas pelas autoridades, a operação certamente seria vetada".[30] As autoridades formularam suas decisões com base nas peculiaridades do processo de competição na indústria aeronáutica e nas perspectivas de longo prazo após a fusão.

Vale ressaltar que, desde meados da década de 1980, o mercado mundial de jatos com mais de 100 assentos era atendido por apenas três empresas: Boeing, McDonnell Douglas e Airbus. A participação média da Boeing neste mercado dominante nos dez anos anteriores à fusão havia sido de 60%, a da Airbus 29% e a da McDonnell Douglas 11%. Assim, somadas as participações das empresas envolvidas na fusão, o domínio atingiria aproximadamente 75% do mercado.

No caso Boeing/McDonnell Douglas, a demanda também era bastante concentrada, sendo que em 1996 existiam cerca de 250 companhias aéreas com frota superior a cinco aviões e as 12 maiores empresas operavam metade da frota mundial. "Do lado militar, o principal comprador era o Departamento de Defesa dos Estados Unidos, cujo poder de barganha dispensa avaliações."[31]

---

vertical, diversificação e existência ou não de barreiras à entrada. Já a conduta preocupa-se com a determinação de preços, centradas, neste caso na definição de estratégias de produto e propaganda, programas de investimento, táticas legais (ex. patentes) e pesquisa e desenvolvimento. O desempenho caracteriza-se pelo grau de eficiência alocativa e produtiva, pelo processo técnico, e ainda, pelo nível de emprego e produtividade (SCHERER, 1990).

Neste modelo, o aparato regulatório se faz presente quando os governos atuam no sentido de interferir, afetando tanto a estrutura do mercado quanto a conduta das empresas. Essa intervenção busca a melhora do desempenho das empresas, visto que, o grau de eficiência atingido por uma indústria é função da estrutura de mercado, da conduta de suas companhias e das políticas de regulação que lhes dizem respeito. (...) Teoricamente, o modelo E-C-D possui restrições. O mercado é tratado de forma estática, desconsiderando a mobilidade das firmas na busca de maior rentabilidade, competitividade e desempenho. Já quando se avalia o contexto externo, o modelo faz o levantamento dos pontos que afetam tanto a estrutura da indústria, quanto a conduta das empresas, apresentando-se, neste caso, bastante adequado1" (THEOTÔNIO, Rodrigo da Cunha Rocha. *Princípios de análise da reforma do setor elétrico*. 1999. Disponível em: <www.eps.ufsc.br/disserta99/theotonio/>. Acesso em: 15 jan. 2011).

30. ARAÚJO JR. José Tavares de. *Perspectivas da política de concorrência no Brasil:* o controle de fusões e aquisições. Fórum Nacional sobre política de concorrência – Instituto Nacional de Altos Estudos (INAE). Rio de Janeiro, 2006. p. 11. Disponível em: <www.ecostrat.net/files/O_controle_de_fusoes_no_Brasil.doc>. Acesso em: 1.º dez. 2010.

31. Idem, ibidem, p. 12.

Na análise realizada pelo governo americano, a FTC fundamentou sua decisão em três argumentos principais. O primeiro deles foi o fato de a McDonnell Douglas ter sofrido grande redução no poder de competição nos mercados de aviação comercial e militar, tendo sido avaliado que não havia possibilidade de que essa situação se alterasse através de alguma estratégia economicamente sustentável a longo prazo. Somada a isso, era de se considerar a existência de economias de escala e escopo que poderiam ser exploradas pelas peticionárias após a fusão. Em segundo lugar, a FTC pautou sua análise na ausência de críticas à operação por parte das 12 principais companhias aéreas por ela entrevistadas, assim como outras de 30 companhias de pequeno e médio porte. O terceiro argumento decisivo para a FTC foi o apoio ativo do Departamento de Defesa, que previa que grande parte das eficiências potenciais seriam apropriadas pelo governo.

A decisão da Comissão Europeia foi mais rigorosa, e lançou mão de remédios antitruste a fim de condicionar a conduta das peticionarias no mercado para aceitar a fusão, tendo sido especialmente mais rigorosa em relação aos contratos de exclusividade.[32]

Conforme restou demonstrado, a escolha adequada do remédio antitruste a ser aplicado a fim de evitar efeitos nocivos à concorrência nas hipóteses de fusões que provocam altos índices de concentração em seus respectivos mercados depende, em grande medida, da capacidade das autoridades de concorrência para prever o futuro da indústria em que se dá o ato de concentração. O desafio é encontrar as medidas corretas para uma solução que minore danos à concorrência sem eliminar os efeitos de aumento da eficiência da operação. Outro ponto decisivo na escolha do remédio é o custo de monitoramento das medidas impostas aos agentes do mercado. Tendo em conta esses fatores, a doutrina aponta para uma tendência europeia à escolha de soluções estruturais, especialmente a alienação de ativos que, no que tange aos custos de monitoramento, se apresentam como remédios viáveis, mais fáceis e baratos de controlar para as autoridades de defesa da concorrência.

Contudo, segundo destaca Frédéric,[33] as medidas estruturais têm necessariamente efeitos a longo prazo, enquanto as soluções comportamentais po-

32. A FTC também manifestou preocupação com os contratos de exclusividade que a Boeing havia firmado em 1996 com a American Airlines, Delta e Continental, cuja duração era de 20 anos, mas não impôs o rompimento dos contratos, apenas anunciou que iria monitorar os impactos anticompetitivos que poderiam advir deles.

33. FRÉDÉRIC, Jenny. Design and implementation of Merger Remedies in High-Technology Industries. In Merger Remedies. In: LÉVÊQUE, François e SHE-

dem ser impostas por períodos limitados de tempo. Como o futuro dos setores de alta tecnologia é bastante incerto e os benefícios decorrentes das eficiências trazidas por fusões são potenciais, os remédios comportamentais, que são mais flexíveis que os estruturais e podem ser impostos de forma temporária, muitas vezes se mostram mais apropriados.

A possibilidade de modular efeitos ao longo do tempo, de forma a impor restrições à indústria apenas num período de transição após a fusão, torna os remédios comportamentais potencialmente mais apropriados e, em alguns casos, os únicos que são viáveis, mesmo diante dos custos de acompanhamento mais altos. Soma-se a isso a dificuldade de aplicar medidas estruturais quando o mercado possui grandes barreiras à entrada, pois a alienação de partes de uma empresa gera resultados pró-competitivos somente quando o comprador conseguir se firmar como um concorrente no mercado. Segundo observa Sullivan,[34] no que tange aos altos investimentos, estes não são considerados uma séria barreira de entrada nos Estados Unidos, mas a Comissão Europeia tende a valorizá-los, assim como a considerar como barreiras à entrada custos de um bom sistema de distribuição e vantagens tecnológicas.

As diferenças observadas entre os remédios adotados pela FTC e a Comissão Europeia não derivam apenas de discordâncias teóricas sobre as melhores medidas para evitar danos concorrenciais decorrentes de fusões, mas, sobretudo, das disposições legais que regulam a proteção da concorrência americana e europeia. O objetivo geral é buscar remédios que possam atenuar os problemas de concorrência criados pelo ato de concentração sem reduzir o potencial de eficiências que decorrerão desse ato. Contudo, segundo afirma Frédéric, essas condicionantes não são sempre observadas na Europa.[35] Por força do art. 2 do Regulamento das Concentrações, a Comissão não leva plenamente em consideração os benefícios para a eficiência de uma fusão anticoncorrencial como um fator de compensação. Dentro desse sistema, o ato de concentração que gera melhoria da eficiência pode ser considerado mais ameaçador, pois os benefícios decorrentes da eficiência da fusão aumentarão a força das requerentes na concentração em detrimento de seus concorrentes.

LANSKI, Howard A. Merger Remedies. *American and European Union Competition Law*. Edward Elgar, 2003. p. 169.

34. SULLIVAN, Thomas. Antitrust remedies in the U.S. and E.U.: advancing a standard of proportionality. *48 Antitrust Bulletin* 377, 2003. Disponível em: <http://www.tilburguniversity.edu/research/institutes-and-research-groups/tilec/events/seminars/11042003/sullivan.pdf>. Acesso em: 20 out. 2010.

35. FRÉDÉRIC, Jenny. Op. cit., p. 169.

Assim, é bastante recorrente na doutrina a análise das decisões da Comissão Europeia como sendo mais rigorosas, com mais reprovações de atos de concentração e imposições de termos de compromisso como condições para aprovação. Os remédios aplicados pela Comissão Europeia no caso da Boeing/McDonnell Douglas são exemplos clássicos citados na doutrina para ilustrar o perfil rigoroso dos órgãos antitruste europeus quando comparados aos americanos.

Na análise de Sullivan, a Comissão Europeia está mais voltada para soluções estruturais e para a utilização de regras de proporcionalidade.[36] Suas decisões buscam restaurar ou remodelar a concorrência e só o mau uso da posição enseja a aplicação de remédios corretivos, não a posição dominante em si. Para ponderar os impactos da concentração, são sopesados por seus órgãos de defesa da concorrência a estrutura de mercado e os atuais e potenciais competidores; o poder econômico e financeiro das empresas que se fundem; as alternativas para fornecedores e competidores; o acesso ao abastecimento ou mercado; as barreiras à entrada; as tendências da oferta e da demanda no mercado produtivo; o interesse do consumidor direito e "downstream"; a evolução de técnicas, desde que vantajosa para os consumidores e não limitadora da concorrência e, por fim, mais recentemente, também os ganhos de eficiência. A Comissão avalia se a fusão cria ou reforça posição dominante, mas é responsabilidade das partes, diferente da forma como os Estados Unidos disciplinam a questão, propor remédios que evitem o abuso de posição dominante. Cabe à Comissão a avaliação do tipo e abrangência do remédio proposto e de sua chance de sucesso caso implementado.

No sistema europeu, os custos econômicos e sociais do remédio são exaustivamente avaliados e não devem exceder os ganhos alcançados através dele, ou seja, o remédio deve aumentar o benefício líquido para os consumidores. A proporcionalidade do remédio e a velocidade em que este pode ser implementado são, ainda, aspectos de grande relevância. Observa-se a tendência a combinar remédios estruturais e comportamentais, ou seja, medidas como venda de ativos – tais como capacidade de produção ou de distribuição, marcas ou direitos de propriedade intelectual – são conjugadas com outras que não alteram a estrutura do mercado.[37]

Por fim, muitas vezes, na hipótese em que os remédios propostos são tão complexos que a Comissão não tem como prever a sua efetividade com um razoável nível de certeza, opta-se por proibir a concentração proposta. "A experiência sugere que muitas vezes a combinação de remédios pode criar uma

36. SULLIVAN, Thomas. Op. et loc. cits.

37. Idem, ibidem.

solução mais complexa que a própria falha de mercado, desencorajando a confiança na efetividade e adequação da proposta".[38]

Já o modelo americano de política antitruste apresenta a utilização de remédios com vistas a fazer cessar determinada prática ilegal e prevenir seu reaparecimento. O foco não estaria na proporcionalidade, mas em evitar que o ato de concentração conduza a preços mais altos no mercado ou outras práticas anti-concorrenciais. Assim, utiliza a análise econômica, com maior consideração das potenciais eficiências trazidas pelo ato de concentração. Cabe às requerentes demonstrar eficiências que não podem ser alcançadas por outros meios. Os "Guidelines" indicam que as eficiências devem compensar os aumentos de preço. "A abordagem americana respeita mais a economia de mercado, usa remédios mais brandos e uma política menos cara que a das agências reguladoras".[39]

O termo de compromisso estabelecido pela Comissão Europeia à Boeing/McDonnell Douglas e a proibição da fusão General Eletric/Honeywell são frequentemente utilizados como exemplos da diferença de perfil entre as autoridades de defesa da concorrência americanas e europeias.

Muitas razões são utilizadas para explicar a diferença de rigor, dentre elas o fato de que a proteção da concorrência europeia persegue objetivos mais amplos, mais focados no bem-estar do consumidor, e possui abordagem que sublinha participação de mercado e não poder de mercado. Soma-se a isso a reticência europeia no que tange às concentrações verticais e conglomerados, postura que não encontra eco entre as autoridades antitruste americanas. Segundo Lévêque[40] o posicionamento europeu quanto à capacidade compensatória gerada pelas eficiências decorrentes de concentrações mudou nos últimos anos e as reformas na legislação iniciadas em 2003 tendem a reduzir as discrepâncias entre FTC e Comissão Europeia. As novas disposições sobre concentrações horizontais convergem com a abordagem americana. Subsistem, contudo, diferenças que decorrem, principalmente, das especificidades de cada processo, principalmente por força do papel mais limitado dos juízes na Europa.

Contudo, apesar do senso comum indicar que a Comissão Europeia é mais rigorosa no controle de fusões, Lévêque[41] sustenta, através de uma análise das decisões em todos os 75 casos que foram analisados pela Comissão e pela FTC ao mesmo tempo, no período de 1993-2004, que não há dados es-

38. SULLIVAN, Thomas. Op. et loc. cits.
39. Idem, ibidem.
40. LÉVÊQUE, François. Op. cit., p. 3.
41. Idem, ibidem, p. 5-7.

tatísticos que suportem o entendimento. Nos 75 casos, a maioria das decisões convergem. Em 51 deles as autoridades americanas e europeias tomaram a mesma decisão. Na maioria das decisões divergentes, em 18 casos, a Comissão Europeia aprovou os atos sem restrições e a FTC impôs remédios. E em apenas quatro casos a Comissão Europeia aplicou remédios e as autoridades americanas aprovaram sem restrições. Assim, o caso Boeing/McDonnell Douglas é um dos quatro, contra 18 por parte da FTC, em que, em princípio, a Comissão Europeia foi mais rigorosa.

É inquestionável que sem um estudo do conteúdo de cada decisão e dos remédios impostos, bem como das especificidades do impacto interno das concentrações para os países da União Europeia e para os Estados Unidos, não é possível afirmar que essa estatística refute a ideia de que a Comissão Europeia é mais rigorosa no controle de atos de concentração. Mas o estudo referido acima levanta um questionamento interessante, que merece melhor aprofundamento em outras pesquisas. Faz refletir, ainda, sobre o fato de as autoridades de defesa da concorrência não terem informações perfeitas e completas, estando sempre sujeitas a erros em suas análises do contexto das indústrias e de seu futuro. Fica claro que o resultado final de uma transação depende das diferenças nas informações e da racionalidade limitada.

Os remédios antitruste são melhores na medida em que são mais adaptáveis às mudanças de circunstâncias e revisões de avaliação por parte das autoridades. Mas, cabe às autoridades de defesa da concorrência, diante da impossibilidade de eliminar por completo o erro, avaliar se é menos gravoso impedir fusões que não viriam a prejudicar os consumidores e a concorrência ou permiti-las em situações em que trazem danos aos consumidores e à concorrência. Da avaliação por correr riscos de cometer erros por "falsos positivos" ou por "falsos negativos" se constroem diferentes posturas entre os órgãos de defesa da concorrência.

Dos fatores políticos e a repercussão da adoção dos remédios nos casos em estudo

Além das diferentes concepções doutrinárias que influenciam as agências antitruste, os fatores políticos internos também conduzem a soluções diversas. O caráter negociado dos remédios cede o espaço necessário para a manifestação de elementos diversos na construção das condições a serem exigidas para aprovação de atos de concentração. No caso Ambev, a possibilidade de entrada de novos concorrentes no mercado brasileiro, vindos de outros países, atraídos pelo aumento do poder de compra da população brasileira, foi um fator relevante. Também o poder econômico que envolve uma concentração no lucrativo setor cervejeiro, bem como as questões relacionadas à geração de empregos diretos e indiretos por essa indústria, pesaram sobre a decisão e a formatação dos remédios.

Os dois casos aqui analisados refletem a influência do fator político, em especial o da Boeing/McDonnel Douglas. Nesse sentido:

> Por vezes, as discussões envolvendo a obstrução de concentrações de empresas norte-americanas trazem à tona as disputas comerciais entre a União Europeia e os Estados Unidos, passando o centro da decisão quase que exclusivamente para a seara política. Exemplos desses conflitos ocorreram mais recentemente nos casos General Eletric/Honeywell, Boeing/MacDonnel Douglas (...) e também, na análise da conduta da Microsoft que, embora não versando sobre operação concentração, deixou claras as diferentes abordagens adotadas pelos dois sistemas.[42]

Os fatores políticos influenciaram decisivamente tanto a FTC quanto a Comissão Europeia na apreciação da fusão Boeing/McDonnell Douglas. Ressalta Faria[43] que os Estados Unidos tinham motivos para aprovar a fusão, mesmo tendo em conta possíveis efeitos anticoncorrenciais substanciais em nível mundial, porque a maioria dos custos seria externalizada, sentida fora dos Estados Unidos. A elevação de preços seria mais sentida pelos consumidores de fora dos Estados Unidos e os benefícios trazidos pela posição dominante da empresa americana, como a geração de emprego e receita fiscal, sentidos internamente. Já na visão americana, a imposição do termo de compromisso à Boeing/McDonnell Douglas representa o uso do direito antitruste pela Comissão Europeia para fins protecionistas, para favorecer o consórcio Airbus.

Contudo, as motivações político-econômicas de caráter protecionistas tendem a ser dissimuladas pelas autoridades antitruste. Ao aprovar sem restrições a operação, a FTC asseverou que sua decisão obedeceu exclusivamente aos critérios da legislação antitruste e que não pretendia restringir as condições de concorrência no mercado internacional para promover interesses exportadores norte-americanos.[44]

42. FORGIONI, Paula A. Op. cit., p. 428.

43. FARIA, José Ângelo Estrella. Aplicação extraterritorial do direito da concorrência. *Juris Sintese*, São Paulo, n. 77, maio-jun. 2009, p. 16. Disponível em: <www.fag.edu.br/professores/adrianenf/Extraterritorialidade.RTF>. Acesso em: 1.º dez. 2010.

44. "We do not have the discretion to authorize anticompetitive but 'good' mergers because they may be thought to advance the United States' trade interests. If they were thought to be a wise approach, only Congress could implement it. In any event, the 'national champion' argument is almost certainly a delusion. In reality,

É previsível que diferentes jurisdições privilegiem seus interesses quando analisam fusões de competidores com atuação multinacional. Os casos Boeing/McDonnell Douglas e General Electric/Honeywell demonstram como a interferência das políticas de Estado pode causar problemas diplomáticos e influenciar na construção da imagem das autoridades antitruste. Conforme já ressaltado, esses casos foram determinantes para a visão da Europa como mais rígida e protecionista e despertou críticas pela introdução de fatores políticos na análise de fusões entre empresas domésticas e estrangeiras.

> Além de potencialmente existirem práticas protecionistas atreladas à análise de fusões e aquisições, não devemos esquecer que muitos países se utilizam de mecanismos jurídicos que toleram condutas anticompetitivas contrárias aos consumidores estrangeiros, dentre eles, os brasileiros.[45]

É, contudo, inegável, que, assim como fatores protecionistas em relação à Airbus motivaram uma postura rígida da Comissão Europeia, do outro lado, o governo americano e a Boeing pressionaram a Comissão a fim de que não rejeitasse a fusão. Em atos de concentração submetidos simultaneamente a mais de uma jurisdição, os fatores políticos são preponderantes na apreciação e nos remédios a serem utilizados. Nesse sentido, Bello:[46]

> Por exemplo a aquisição da McDonnel Douglas pela Boeing foi aprovada em 1997 sob a alegação de que a primeira estava em franca decadência, não sendo mais uma concorrente efetiva da segunda. Entretanto, ficou claro que não foi esta precária argumentação o fator decisivo mas sim as pressões da Boeing e do governo dos EUA.

A existência de um acordo bilateral firmado pelos Estados Unidos e a União Europeia em 1991 viabilizou a manifestação oficial dos Departamentos de Defesa e de Justiça americanos a respeito das condições que a Comissão Europeia pretendia impor à Boeing para aceitar a fusão. Essas manifestações geraram maior repercussão em razão da atuação política do vice-presidente Al

the best way to boost the United States' exports, address concerns about the balance of trade, and create jobs is to require United States' firms to compete vigorously at home and abroad" (FTC, file n. 971-0051, p. 1).

45. CASTRO, Ricardo Medeiros. Antitruste e comércio internacional: tópicos de uma agenda de política externa. *CADE Informa*, 2009. Disponível em: <http://www.cade.gov.br/news/n021/artigo.htm>. Acesso em: 5 dez. 2010.

46. BELLO, Carlos Alberto. *Distanciamento da sociedade civil frente às questões antitruste.* 2001. Disponível em: <http://www.estig.ipbeja.pt/~ac_direito/CABello.pdf>. Acesso em: 10 dez. 2010.

Gore e o senador Trent Lott, líder da maioria no Senado, que se posicionaram enfaticamente pela aprovação da fusão.[47]

As negociações em torno das condições a serem impostas para a aprovação da fusão permitem que os concorrentes diretamente interessados se empenhem em demonstrar o cenário mais devastador para o ambiente concorrencial e pleiteiem medidas severas para a proteção de um eventual abuso de posição dominante. A Airbus, através de seus acionistas governamentais, procurou usar todos os recursos ao seu alcance para impugnar a operação.[48] A Comissão Europeia sofreu também fortes pressões internas, pois a Airbus, consórcio empresarial europeu formado com elevada participação dos governos da Alemanha, Espanha, França e Reino Unido, é um dos principais símbolos da unidade e da cooperação europeias e governos e empresas públicas "despejaram bilhões de dólares de seus contribuintes na Airbus ao longo de décadas".[49]

Contudo, destaca CADETE:

> Apesar deste caso ter as suas dificuldades, a autorização dada pela Comissão Europeia à realização da transacção, mediante o cumprimento das condições impostas na decisão final, asseguraram que fosse mantida uma concorrência efectiva no mercado dos aviões comerciais de grande porte.[50]

Uma análise do contexto atual do setor de produção de aviões indica que a combinação de remédios impostos pela Comissão Europeia foi eficaz do ponto de vista competitivo. Talvez até tenha sido muito rigorosa, fator de

47. ARAÚJO JR. José Tavares de. Op. cit., p. 13.
48. Comentário de dois consultores da Boeing no caso: "Representatives of the merging companies (...) were struck throughout the EC merger review process by the extent to which the positions of arch rival Airbus appeared to be given absolute credibility, despite their inconsistency with its prior public pronouncements, and the extent to which effects on Airbus were given high priority while evidence of customer support or neutrality toward the merger were either ignored or incorrectly cited" (BOEDER, Thomas L.; DORMAN, Gary J. The Boeing/McDonnell Douglas Merger: The economics, antitrust law and politics of the aerospace industry. *The Antitrust Bulletin*, 2000. p. 19. Disponível em: <http://www.nera.com/extImage/Boeing%20McDonnell%20Douglas%20Merger.pdf>. Acesso em: 10 dez. 2010).
49. Idem, ibidem, p. 28.
50. CADETE, Eduardo Maia. Acordos de Cooperação entre a Comunidade Europeia e os Estados Unidos da América no Âmbito da Direito da Concorrência. *Revista da Ordem dos Advogados de Portugal*, 2009. Disponível em: <http://www.oa.pt/Conteudos/Artigos/detalhe_artigo.aspx?idc=30777&idsc=84043&ida=84077>. Acesso em: 11 dez. 2010.

difícil apreciação pois o crescimento significativo de sua principal competidora, a Airbus, pode se dever às eficiências geradas por ela mesma e não ao rigor dos remédios adotados. Fato é que Boeing/McDonnell Douglas perdeu espaço no setor após a fusão, tendo sido superada no setor de produção de aeronaves com mais de cem passageiros por sua concorrente europeia pela primeira vez em 2003.[51]

A respeito da rivalidade entre Boeing e Airbus nos últimos anos, vale ilustrar:

> Nos últimos anos a empresa europeia vem conseguindo bater a rival norte-americana, ao menos no que diz respeito a aeronaves entregues: Airbus 498 x 481 Boeing (2009), Airbus 483 X 375 Boeing (2008), Airbus 453 X 441 Boeing (2007), Airbus 434 X 398 Boeing (2006), Airbus 378 X 290 Boeing (2005), Airbus 320 X 285 Boeing (2004), e Airbus 305 X 281 Boeing (2003). Porém, a BOEING leva ampla vantagem quanto o assunto é aviões em operação: de cada sete em operação 6 são da empresa americana.[52]

Quanto à manutenção da McDonnel Douglas no mercado, observa-se que, cumprido o requisito temporal fixado no acordo, a Boeing promoveu a incorporação, sendo que a McDonnell Douglas perdeu a sua identidade e o último modelo da família MDC que a Boeing fabricou, o DC-9, cuja denominação foi alterada para Boeing 717, teve sua produção descontinuada em 2006.[53]

Segundo informações fornecidas em dezembro de 2010 pelo chefe de vendas da Airbus, John Leahy, à Reuters, a Airbus, maior fabricante de aviões do mundo, à frente da norte-americana Boeing, prevê entregar 25.850 novas unidades, de aviões com mais de 100 assentos ou de carga, entre 2010 e 2029, a um valor de US$ 3,2 trilhões.[54] "Já as últimas projeções da Boeing, que mede a demanda por aeronaves de 90 assentos ou mais, enquanto que a Airbus considera apenas aviões com mais de 100 assentos, foi de 30,9 mil unidades, a um valor total de US$ 3,6 trilhões, para os próximos 20 anos."[55]

51. ENCYDIA BETA. *Boeing*. Disponível em: <http://pt.encydia.com/ca/Boeing>. Acesso em: 13 dez. 2010.
52. MUNDO DAS MARCAS. *Airbus an EADS company*. Disponível em: <http://mundodasmarcas.blogspot.com/2006/06/airbus-travel-in-peace.html>. Acesso em: 28 dez. 2010.
53. BOEING. The Boeing 717. Disponível em: <http://www.boeing.com/commercial/717/>. Acesso em: 13 dez. 2010.
54. REUTERS. *Airbus raises aircraft demand forecasts*. Disponível em: <http://www.reuters.com/article/idUSTRE6BC1AN20101213>. Acesso em: 25 dez. 2010.
55. *Folha de S. Paulo*. Airbus eleva previsão de demanda com crescimento na Ásia. Disponível em: <http://www1.folha.uol.com.br/mercado/845000-airbus-eleva-

O setor passa por remodelações, a demanda está sendo deslocada e a expectativa é de que nos próximos 20 anos um terço de todo o tráfego de passageiros mundial será na Ásia, ante os 27% que a região representa hoje. As viagens na América do Norte devem cair de 28% para 20%. Para países como China e Índia, a expectativa é de que a demanda por aviões dobre nos próximos seis anos. Nesse contexto, Boeing e Airbus enfrentam uma crescente concorrência do Canadá e da China, bem como do Brasil e da Rússia no que concerne a aviões menores.[56]

Conclusões

Assim como a elaboração de medidas a serem impostas como condição para aprovação de um ato potencialmente anticoncorrencial é um exercício incerto de previsão do futuro, analisar a evolução da participação das empresas após a implementação dos remédios não permite aferições objetivas de seu poder de influência sobre a formatação do mercado anos após a assinatura de um TCD. A complexidade de fatores que influenciam os mercados faz com que mesmo remedis excessivamente rigorosos possam terminar por ser insuficientes. Da mesma forma, um acordo com termos bastante flexíveis pode ser suficiente para evitar prejuízos a um mercado.

Os remédios não são adotados para que se mantenha tal ou qual empresa no setor, menos ainda para que se estabilizem os níveis de participação de cada uma delas no mercado. O objetivo dos órgãos antitruste é promover ambientes que possibilitem a concorrência, evitando que as concentrações aprovadas sejam meios de viabilizar um abuso da posição adquirida através do ato no mercado.

Diante disso, é possível afirmar que, nos dois casos analisados, passados cerca de dez anos da imposição dos remédios, os respectivos setores permanecem competitivos, abertos ao crescimento dos competidores que já atuavam nos mercados quando da aprovação das fusões e à entrada de concorrentes, ainda que condicionada às barreiras que já existiam em cada mercado. Contudo, no caso Ambev, observa-se que foram necessárias atuações posteriores do sistema de proteção da concorrência para fazer cessar e punir condutas anticoncorrenciais diretamente ligadas à posição dominante ocupada pela Ambev após a aprovação do ato de concentração.

Dentre outros fatores que se destacam no estudo dos casos Ambev e Boeing/McDonnell Douglas, os acordos evidenciam que quando a opção é a

-previsao-de-demanda-com-crescimento-na-asia.shtml>. Acesso em: 25 dez. 2010.

56. Idem, ibidem.

alienação de uma parte da empresa, é preciso avaliar se a parte a ser alienada tem condições de atuar em uma base individual. O comprador deve ser um concorrente viável, existente ou potencial, capaz de manter e desenvolver as atividades alienadas com uma força competitiva ativa.

A influência de fatores políticos nas decisões, conforme ressaltado, é consequência natural do perfil de negociação dos termos de compromisso e do poder econômico que as empresas que têm seus atos submetidos aos órgãos da concorrência possuem. As divergências nas análises feitas sobre a mesma fusão por diferentes agências indicam não só a repercussão de doutrinas e legislações distintas, mas, sobretudo, o fato de que a avaliação das informações pelas autoridades antitruste é imperfeita, complexa e sujeita a fatores políticos e a erros.

A forma como os outros competidores atuarão nesses mercados, suas políticas, os resultados que alcançam com investimentos em propaganda ou em desenvolvimento de tecnologias é, muitas vezes, mais definidora do futuro do setor que quaisquer remédios adotados. Contudo, a existência de um termo de compromisso de desempenho serve, para as concorrentes, como um guia e uma base de segurança sobre o comportamento das empresas que a ele se submetem

Não se vislumbra objetividade inconteste na avaliação de que remédios devem ser impostos, nem na análise de seus efeitos. Conforme ensina Waller, "a lógica nos diz que o melhor remédio deve ser uma combinação de punição, intimidação, restituição, indenização e restauração do status quo anti, mas não diz qual a proporção de cada item".[57] Além da discutível veracidade dos dados fornecidos pelas empresas, dos diversos fatores políticos e econômicos e das diferentes leituras que se pode fazer da realidade, a fixação de remédios é um exercício de previsões do futuro da oferta e demanda em setores complexos.

A combinação de remédios estruturais e comportamentais, nos presentes casos, parece ter sido uma fórmula acertada, pois viabilizou uma composição de medidas de efeito imediato e outras cujos efeitos e acompanhamento se deram por anos através de relatórios anuais. Os setores analisados continuam competitivos cerca de uma década depois de fusões que elevaram a concentração nas respectivas indústrias a um nível superior aos 70%, mas, no caso brasileiro, ocorreram abusos de poder de mercado após a aplicação dos remédios.

É indicativo suficiente para que esses casos paradigmáticos de grandes fusões sejam referência de aplicação da regra da razão e de que a adoção de

57. WALLER, Spencer Weber. The past, present, and future of monopolization remedies. *Antitrust Law Journal*, v. 76, 2008, p. 12. Disponível em: <http://ssrn.com/abstract=1146604>. Acesso em: 28 nov. 2010.

uma combinação de remédios antitruste pode garantir saúde à concorrência. Contudo, esse estudo também evidencia que as autoridades antitruste devem realizar acompanhamento atento das condutas mesmo anos após a assinatura de TCDs, pois os remédios podem ter que sofrer adaptações, tanto na hipótese de erro na sua formulação, quanto nos casos de interferência de fatores imprevisíveis quando da elaboração dos acordos.

Referências bibliográficas

ARAÚJO JR. José Tavares de. *Perspectivas da política de concorrência no Brasil:* o controle de fusões e aquisições. Fórum Nacional sobre política de concorrência – Instituto Nacional de Altos Estudos (INAE). Rio de Janeiro, 2006. Disponível em: <www.ecostrat.net/files/O_controle_de_fusoes_no_Brasil.doc>. Acesso em: 1.º dez. 2010.

BELLO, Carlos Alberto. *Distanciamento da sociedade civil frente às questões antitruste*. 2001. Disponível em: <http://www.estig.ipbeja.pt/~ac_direito/CABello.pdf>. Acesso em: 10 dez. 2010.

BOEDER, Thomas L.; DORMAN, Gary J. The Boeing/McDonnell Douglas Merger: The economics, antitrust law and politics of the aerospace industry. *The Antitrust Bulletin*, 2000. Disponível em: <http://www.nera.com/extImage/Boeing%20McDonnell%20Douglas%20Merger.pdf>. Acesso em: 10 dez. 2010.

BOEING. *The Boeing 717*. Disponível em: <http://www.boeing.com/commercial/ 717/>. Acesso em: 13 dez. 2010.

BRASIL. CADE – Conselho Administrativo de Defesa da Concorrência. Ato de Concentração 08012.005846/1999-121. Relator Conselheiro Hebe Teixeira Romano Pereira da Silva. Disponível em: <http://www.cade.gov.br/Default.aspx?a8889b6caa60b241d345d069fc>. Acesso em: 20 dez. 2010.

______. CADE – Conselho Administrativo de Defesa da Concorrência. Processo Administrativo 08012.0004363/2000-89. Relator Conselheiro Carlos Emmanuel Joppert Ragazzo. Disponível em: <http://www.cade.gov.br/news/n022/Voto-PA-2009-08012-0043563-Ambev-RAGAZZO.pdf>. Acesso em: 20 dez. 2010.

______. CADE – Conselho Administrativo de Defesa da Concorrência. Recurso Voluntário 08700.002874/2008-81 (Processo Administrativo 08012.002474/2008-24). Relator Conselheiro Carlos Emmanuel Joppert Ragazzo. Disponível em: <http://www.cade.gov.br/temp/D_D000000381561226.pdf>. Acesso em: 23 jan. 2011.

______. CADE – Conselho Administrativo de Defesa da Concorrência. Processo Administrativo 08012.003805/2004-10. Relator Conselheiro Fernando de Magalhães Furlan. Disponível em: <http://www.cade.gov.br/temp/D_D000000443041266.pdf>. Acesso em: 8 fev. 2011.

______. CVM – Comissão de Valores Mobiliários. Processo Administrativo Sancionador 09/03. Relator Wladimir Castelo Branco Castro. Disponível em: <http://www.cvm.gov.br/port/inqueritos/2006/rordinario/inqueritos/01_25_IA_09-03.asp >. Acesso em: 20 dez. 2010.

CADETE, Eduardo Maia. Acordos de cooperação entre a Comunidade Europeia e os Estados Unidos da América no âmbito da direito da concorrência. *Revista da Ordem dos Advogados de Portugal*, 2009. Disponível em: <http://www.oa.pt/Conteudos/Artigos/detalhe_artigo.aspx?idc=30777&idsc=84043&ida=84077>. Acesso em: 11 dez. 2010.

CASTRO, Ricardo Medeiros. Antitruste e comércio internacional: tópicos de uma agenda de política externa. *CADE Informa*, 2009. Disponível em: <http://www.cade.gov.br/news/n021/artigo.htm>. Acesso em: 5 dez. 2010.

COMPANHIA DE BEBIDAS DAS AMÉRICAS – Ambev. Relatório Anual 2009. São Paulo: Ambev, 2009. Disponível em: <http://www.ambev.com.br/media/29728/ambev_ra_2009_pt.pdf>. Acesso em: 17 dez. 2010.

ENCYDIA BETA. *Boeing*. Disponível em: <http://pt.encydia.com/ca/Boeing>. Acesso em: 13 dez. 2010.

FARIA, José Ângelo Estrella. Aplicação extraterritorial do direito da concorrência. *Juris Sintese*, São Paulo, n. 77, maio-jun. 2009. Disponível em: <www.fag.edu.br/professores/adrianenf/Extraterritorialidade.RTF>. Acesso em: 1.º dez. 2010.

FARINA, Elizabeth M. M. Q.; AZEVEDO, Paulo. F. Ambev: a fusão e seus efeitos no mercado de cervejas. In: MATTOS, César (org.). *A revolução do antitruste no Brasil.* São Paulo: Singular, 2003.

FOLHA DE S. PAULO. *Airbus eleva previsão de demanda com crescimento na Ásia.* Disponível em: <http://www1.folha.uol.com.br/mercado/845000-airbus-eleva-previsao-de-demanda-com-crescimento-na-asia.shtml>. Acesso em: 25 dez. 2010.

FORGIONI, Paula A. *Os fundamentos do antitruste.* São Paulo: Revista dos Tribunais, 2010.

FRÉDÉRIC, Jenny. Design and implementation of merger remedies in high-technology industries. In: LÉVÊQUE, François; SHELANSKI, Howard A. *Merger Remedies in American and European Union Competition Law.* Edward Elgar, 2003.

LÉVÊQUE, François. *Merger control: more stringent in Europe than in the United-States?*. Cerna, Centre d'Économie Endustrielle École Nationale Supérieure des Mines de Paris. Paris, 2007, p. 3. Disponível em: <http://www.cerna.ensmp.fr>. Acesso em: 2 dez. 2010.

MUNDO DAS MARCAS. *Airbus an EADS company*. Disponível em: <http://mundodasmarcas.blogspot.com/2006/06/airbus-travel-in-peace.html>. Acesso em: 28 dez. 2010.

ORGANIZAÇÃO DE COOPERAÇÃO E DESENVOLVIMENTO ECONÔMICOS. *Lei e política da concorrência no Brasil* - uma revisão pelos pares. 2010. Disponível em: <http://www.oecd.org/dataoecd/4/41/45154401.pdf>. Acesso em: 22 dez. 2010.

REUTERS. *Airbus raises aircraft demand forecasts*. Disponível em: <http://www.reuters.com/article/idUSTRE6BC1AN20101213>. Acesso em: 25 dez. 2010.

SULLIVAN, Thomas. Antitrust remedies in the U.S. and E.U.: advancing a standard of proportionality. *48 Antitrust Bulletin* 377, 2003. Disponível em: <http://www.tilburguniversity.edu/research/institutes-and-research-groups/tilec/events/seminars/11042003/sullivan.pdf>. Acesso em: 20 out. 2010.

THEOTÔNIO, Rodrigo da Cunha Rocha. *Princípios de análise da reforma do setor elétrico*. 1999. Disponível em: <www.eps.ufsc.br/disserta99/theotonio/>. Acesso em 15 jan. 2011.

UNIÃO EUROPEIA. Comissão das Comunidades Europeias. Processo 97/816/CE. Relator Karel Van Miert. Disponível em: <http://eur-lex.europa.eu/LexUriServ/LexUriServ.do?uri=CELEX:31997D0816:PT:NOT>. Acesso em: 20 nov. 2010.

VASCONCELOS, Viviane de Mattos. *A criação da Ambev e seus desdobramentos no setor de distribuição de bebidas*. 2004. Monografia (Conclusão do curso). Curso de Ciências Econômicas da Universidade Católica de Pernambuco, Recife, 2004. Disponível em: <http://www.unicap.br/ccs/20041/monog_vivianevasconcelos.pdf>. Acesso em: 19 dez. 2010.

WALLER, Spencer Weber. The past, present, and future of monopolization remedies. *Antitrust Law Journal*, v. 76, 2008, p. 11-28. Disponível em: <http://ssrn.com/abstract=1146604>. Acesso em: 28 nov. 2010.

Compromisso de cessação de prática em casos de cartel: requisitos de efetividade

Amanda Athayde Linhares Martins
e Fernanda Rodrigues Guimarães Andrade

1. Introdução

À semelhança de outras jurisdições - com destaque aos Estados Unidos e à União Europeia, o Conselho Administrativo de Defesa Econômica (CADE) tem adotado a celebração de acordos como parte de sua estratégia de defesa da concorrência. Os aludidos instrumentos compreendem, *inter alia*, o acordo de leniência, o compromisso de desempenho e o compromisso de cessação[1] - este último objeto de análise do presente trabalho.

O Termo de Compromisso de Cessação (TCC), também conhecido como compromisso de cessação de prática, é um acordo celebrado entre a parte investigada e a autoridade de concorrência - que no Brasil é o CADE,[2] cujo principal objetivo consiste em pôr fim ao processo investigativo em que se apura a suposta conduta ilegal, sem análise de mérito. Insere-se esse compromisso, segundo o Prof. João Bosco Leopoldino da Fonseca, no instituto jurídico da transação,[3] em que existe reciprocidade de concessões e em que permanece

1. FORGIONI, Paula A. *Os fundamentos do antitruste.* 4. ed. São Paulo: Revista dos Tribunais, 2010. p. 144-145. Importante ressaltar que existem outros instrumentos consensuais possíveis de serem celebrados entre o investigado e a Administração Pública, como, por exemplo, o Acordo de Preservação da Reversibilidade da Operação - Apro, mas a doutrina normalmente se refere somente a esses três remédios (acordo de leniência, compromisso de desempenho e compromisso de cessação).
2. Embora a nova redação do art. 53 da Lei 8.884/1994 tenha retirado a menção à SDE como autoridade competente para celebrar TCCs, o art. 14, IX, dessa Lei continua prevendo a competência da Secretaria para tanto, hipótese em que o TCC dependeria também da homologação do CADE.
3. FONSECA, João Bosco Leopoldino da. *Lei de proteção da concorrência.* 3. ed. Rio de Janeiro: Forense, 2007. p. 327.

inequívoca a incerteza quanto ao direito das partes.[4] O TCC instrumenta, portanto, a celebração de acordo entre a Administração e o agente econômico ao qual foi imputada a suspeita de prática de infração tipificada no art. 20 da Lei 8.884/1994 (Lei de Defesa da Concorrência brasileira).[5]

Por força do acordo, a Administração Pública, por meio da autoridade antitruste - CADE, com a intervenção do Ministério Público, abre mão do prosseguimento do processo administrativo enquanto estiverem sendo cumpridos os termos do compromisso,[6] ao passo que o administrado se compromete às obrigações por ele expressamente previstas.[7] É um instrumento, pois, voltado a elevar o grau de eficácia material da legislação.[8]

Sob essa perspectiva, o presente artigo se propõe a compreender a lógica desse remédio antitruste denominado TCC, com base no Direito Comparado, na teoria e na prática brasileira, e, por fim, o trabalho se propõe a definir os requisitos que o tornam um instrumento efetivo de defesa da concorrência na situação concreta.

Assim, afora a introdução, esse estudo subdivide-se em duas subseções. Inicialmente, serão analisados institutos internacionais similares ao TCC na União Europeia e nos Estados Unidos, sendo que nesta última jurisdição será estudado o importante precedente de recusa de acordo no caso *Microsoft*. Em seguida, passar-se-á à exposição desse remédio no contexto brasileiro: histórico, posicionamento da Secretaria de Direito Econômico (SDE), análise das razões para a recusa de TCC no caso do "cartel do cimento", jurisprudência de celebração de TCC pelo CADE, e definição dos requisitos essenciais à efetivi-

4. PEREIRA, Caio Mário da Silva. *Instituições de direito civil.* v. 2, *Teoria geral das obrigações*. 8. ed. Rio de Janeiro: Forense, 1995. p. 173-174. Segundo João Bosco Leopoldino da Fonseca, o elemento da incerteza, de dúvida, está presente porque nem a autoridade nem o representado têm segurança sobre o desfecho da investigação, que poderia confirmar a existência de infração, mas poderia também afastar essa hipótese. FONSECA, João Bosco Leopoldino da. Op. cit., p. 327.

5. GRAU, Eros Roberto; FORGIONI, Paula A. Compromisso de cessação e compromisso de desempenho na Lei Antitruste brasileira. *O Estado, a empresa e o contrato.* São Paulo: Malheiros, 2005. p. 232.

6. Os fundamentos do antitruste cit., p. 144-145.

7. Eros Grau e Paula Forgioni sustentam que o administrado comprometer-se-ia a fazer cessar imediatamente a prática, sem confessar matéria de fato ou reconhecer eventual ilicitude (op. cit., p. 232-233). No entanto, como se verificará adiante, a confissão da matéria fática pode sim ser um dos requisitos para a celebração de um TCC no Brasil.

8. Idem, ibidem, p. 231.

dade de um TCC no Brasil. Por fim, serão apresentadas as conclusões desse trabalho.

2. Institutos similares ao TCC na União Europeia e nos Estados Unidos

2.1 *"Cartel settlements" no contexto da União Europeia*

O "cartel settlement" - equivalente ao Termo de Compromisso de Cessação no âmbito da União Europeia - consiste em um acordo entre o acusado de envolvimento em cartel e a autoridade antitruste, pelo qual esta reduz em dez por cento o valor da multa eventualmente aplicada e aquele reconhece a prática da infração e sua culpa.[9]

Disciplinado pela Regulação 622/2008 da Comissão Europeia,[10] o "cartel settlement" complementa o sistema de leniência, mas com ele não se confunde[11] - assim como ocorre no Brasil. Enquanto este consiste em ferramenta de investigação destinada a arregimentar auxílio aos esforços de descoberta da verdade dos fatos, o "cartel settlement" objetiva proporcionar eficácia administrativa e economia de recursos, através do encurtamento e simplificação dos processos.[12] O momento de celebração também é um fator diferencial entre ambos os institutos. A leniência atua na fase das investigações e recompensa os delatores de forma variada, segundo a tempestividade e a extensão de sua colaboração. Uma vez concluídas as investigações, cessa a possibilidade da leniência e entra em cena a figura do "cartel settlement".[13]

9. Observe-se que, no contexto da União Europeia, o cartel é tipificado como ilícito administrativo, razão pela qual a modalidade de penalidade que lhe é cominada é a multa.

10. EC, Commission Regulation n. 622/2008 of 30 June 2008 amending Regulation (EC) No 773/2004, as regards the conduct of settlement procedures in cartel cases, [2008] O.J. L 171. Disponível em: <http://eur-lex.europa.eu/LexUriServ/LexUriServ.do?uri=OJ:L:2008:171:0003:01:EN:HTML>. Acesso em: 19 dez. 2010.

11. OECD, *Plea Bargaining and Settlement of Cartel Cases*, September 2008. Disponível em: <http://www.oecd.org/dataoecd/56/43/41255395.pdf>. Acesso em: 20 dez. 2010, p. 4-5.

12. Trata-se dos processos que discutem violações ao art. 81 do Tratado das Comunidades Europeias - relativo à repressão à figura do cartel - instaurados pela Comissão Europeia nos termos da legislação pertinente (*i.e.* EC. *Council Regulation No 1/2003 of 16 December 2002 on the implementation of the rules on competition laid down in Articles 81 and 82 of the Treaty,* [2003] O.J. L 001. Disponível em: <http://eur-lex.europa.eu/LexUriServ/LexUriServ.do?uri=OJ:l:2003:001:0001:0025:en:PDF>. Acesso em: 28 dez. 2010).

13. BAY, Matteo. *EU Cartel Settlements Theory and (First) Practice* (Palestra apresentada por ocasião do 16.º Seminário Internacional de Defesa da Concorrência do

Embora os acusados possam manifestar a intenção de se engajar em negociações com este propósito, a palavra final é da Comissão Europeia. Investida de grande discricionariedade, esta determina as empresas aptas a negociarem, toma as decisões quanto ao prosseguimento das negociações e à conclusão do "cartel settlement".[14] Para tanto, os critérios pelos quais se pauta a Comissão incluem a perspectiva de se chegar a um denominador comum com as partes envolvidas dentro de um razoável período de tempo, as eficiências administrativas esperadas e a possibilidade de surgir um precedente.[15]

Vislumbrando interesse no acordo, a Comissão disponibiliza ao representado informações, tais como a conduta pela qual é acusado, os fatos a ela pertinentes e a penalidade estimada em caso de condenação. A Comissão pode disponibilizar, outrossim, cópia dos documentos não confidenciais que embasaram as suas conclusões. Destarte, tem o representado pleno conhecimento do caso arguido contra si e de suas eventuais consequências, podendo tomar uma decisão consciente quanto às vantagens e desvantagens de prosseguir o litígio ou de firmar um acordo com a autoridade.[16] Optando por esta última alternativa, o representado deve apresentar por escrito documento denominado "settlement submission", que conterá reconhecimento expresso e inequívoco de culpa, descrição detalhada da infração e a indicação do valor máximo da multa que se dispõe a pagar.[17]

Em seguida, a Comissão apresenta o seu "statement of objections", que é uma espécie de peça acusatória. Caso este documento reflita o que foi admitido pela parte no "settlement submission", o Representado deverá confirmar o seu interesse no acordo. Ao contrário, em não havendo coincidência entre as duas peças, o "settlement submission" do infrator será tido por revogado e não poderá ser utilizado como evidência contra ele. Ser-lhe-á, então, concedida a oportunidade de apresentação de defesa e o processo continuará.

IBRAC, 26 de novembro de 2010). Disponível em: <http://www.ibrac.org.br/downloads/16%20Seminario%20Internacional%20de%20Defesa%20da%20Concorrencia/matteo_bay_gurauja_2010.pdf>. Acesso em: 19 dez. 2010.

14. EU. Commission Notice on the conduct of settlement procedures in view of the adoption of Decisions pursuant to Article 7 and Article 23 of Council Regulation (EC) No 1/2003 in cartel cases, [2008] O.J. C 167/01. Disponível em: <http://eur-lex.europa.eu/LexUriServ/LexUriServ.do?uri=OJ:C:2008:167:0001:0006:EN:PDF>. Acesso em: 19 dez. 2010, par. 5; Commission Regulation n. 622/2008 cit., preâmbulo (4), par. 4 (4).

15. Commission Notice on Cartel Settlement, ibidem, par. 5.

16. Ibidem, par. 16; Commission Regulation n. 622/2008 cit., preâmbulo (2), par. 4 (2).

17. Comission Notice on Cartel Settlement, ibidem, par. 20.

Sendo o procedimento bem sucedido, a Comissão concederá uma redução fixa de dez por cento sobre a multa aplicada.[18] Ressalte-se, também, que esta redução é cumulável com outros benefícios porventura concedidos sob a égide do programa de leniência.[19]

A disciplina do "cartel settlement" na União Europeia reflete a preocupação de que este seja simultaneamente efetivo na consecução de seus propósitos (i.e. combate aos cartéis de forma célere, e otimização dos recursos despendidos para tanto), e que não prejudique os demais instrumentos de proteção à concorrência.

Uma avaliação crítica e consistente das potencialidades e dificuldades do sistema europeu talvez seja um pouco prematura, eis que à data da redação do presente artigo o "cartel settlement" fora adotado em apenas dois casos. Entretanto, já ousamos – não obstante com ressalvas – fazer algumas observações sobre o instituto tal como concebido.

A fim de assegurar que o "cartel settlement" não inviabilize o programa de leniência, a Comissão condicionou a concessão daquele à admissão de culpa do acusado. Tal exigência, porém, pode representar uma dissuasão deveras significativa ao "cartel settlement" – o que também tem sido objeto de preocupação no tocante à aplicação do TCC no Brasil, conforme discutido adiante. Com efeito, mesmo após a apresentação do "settlement submission", pode a Comissão discricionariamente desistir do acordo. Como já visto, tecnicamente, nessa hipótese, será o "settlement submission" desentranhado dos autos e desconsiderado como evidência. Contudo, sempre subsiste o receio de que a admissão de culpa influencie a percepção dos julgadores.[20] Além disso, o fato de o infrator haver reconhecido o seu envolvimento no cartel pode ser invocado contra ele em outras ações, propostas inclusive em outras jurisdições.

Outros questionamentos são feitos quanto aos incentivos ao "cartel settlement". Primeiramente, considerando-se um dos principais fatores para o sucesso de uma proposta de "cartel settlement", *i.e.* a transparência,[21] o sistema europeu certamente deu um passo significativo ao prever o acesso do infrator às informações relevantes, e assim, viabilizar a tomada de uma decisão consciente – o que não ocorre em sua plenitude no Brasil, segundo a visão de

18. Ibidem, par. 32.
19. Ibidem, par. 33.
20. Mayer Brown International LLP. *EU & UK Antitrust/Competition Legal Alert.* 3 July 2008. Disponível em: <http://www.mayerbrown.com/london/article.asp?id=5109&nid=369>. Acesso em: 20 dez. 2010, p. 4.
21. *Plea Bargaining...* cit., p. 2-3.

alguns advogados.[22] Entretanto, ele ainda carece de certeza e previsibilidade, por força da elevada discricionariedade conferida à Comissão. Não está claro, tampouco, se uma redução de apenas dez por cento sobre a multa imposta seria motivação bastante à negociação.

O aludido percentual e os outros aspectos ora analisados, contudo, não impediram a concretização dos dois primeiros "cartel settlements" da União Europeia, no ano de 2010. O primeiro foi firmado em 19 de maio, após oito anos de investigações, em um caso referente a um cartel que vigorou por mais de quatro anos entre dez produtores de chips de memória conhecidos como DRAMs (*Dynamic Random Access Memory*).[23] De forma geral, o acordo celebrado entre os representados e a autoridade antitruste pode ser considerado bem-sucedido, eis que possibilitou a resolução de um caso relativamente complexo e ainda aplicou uma multa total superior a 331 milhões de euros (já computada a redução de 10%). Ademais, nenhum recurso foi interposto, embora subsistisse esta possibilidade.[24]

O mesmo se diga a propósito do segundo acordo, celebrado em 20 de julho de 2010, relativo ao cartel de produtores de fosfato para ração animal (*Animal Feed Phosphate*). O cartel entre seis produtores perdurou por trinta e cinco anos, tendo sido objeto de investigação por outros sete. Cinco dentre os seis envolvidos decidiram negociar e obtiveram uma redução de dez por centro sobre a respectiva multa. Um dentre eles, (Timab Industries S.A.)

---

22. SANTOS, Aurélio Marchini, em sua palestra e no material físico disponibilizado por ocasião do 16.º Seminário Internacional de Defesa da Concorrência do IBRAC, 26.11.2010.

23. *Antitrust: Commission Fines DRAM Producers € 331 Million for Price Cartel; Reaches First Settlement in a Cartel Case.* Disponível em: <http://europa.eu/rapid/pressReleasesAction.do?reference=IP/10/586&format=HTML&aged=0&language=EN&guiLanguage=en>. Acesso em: 20 dez. 2010. Ainda não se encontra disponível a versão pública do documento, conforme informação constante do sítio eletrônico da Comissão Europeia (http://europa.eu/rapid/pressReleasesAction.do?reference=IP/10/586&format=HTML&aged=0&language=EN&guiLanguage=en).

24. CAMESASCA, Peter. *EU Competition Settlements: at Crossroads, Map in Hand. Competition Law 360.* Disponível em: <http://www.dechert.com/library/Antitrust_53_06-10_First_Cartel_Settlement_in_EU.pdf>. Acesso em: 20 dez. 2010; Cleary Gottlieb Steen & Hamilton LLP. *Commission Issues its First Cartel Settlement Decision in the DRAM Case.* Disponível em: <http://www.cgsh.com/files/News/57eadca7-dac8-4763-a24e-3d176348abaa/Presentation/NewsAttachment/7b1bd469-9d41-4104-93f4-405f45009936/CGSH%20Alert%20-%20First%20Cartel%20Settlement%20Decision.pdf>. Acesso em: 20 dez. 2010.

optou por não participar do "cartel settlement", de modo que, em relação a ele, o procedimento prosseguiu normalmente. As multas impostas totalizaram aproximadamente 175 milhões de euros – dentre os quais aproximadamente 116 milhões correspondem às multas aplicadas aos cinco signatários do "cartel settlement", e 59 milhões (ou seja, mais da metade da multa aplicada aos cinco compromisssários), exclusivamente à multa da *Timab*. Houve um único recurso, proveniente, é claro, da *Timab*.[25]

Em ambos os casos, como se pode observar, as negociações ultrapassaram um ano, o que muitos não reputam o *timing* ideal, diante dos objetivos de celeridade e eficiência da Comissão Europeia. No entanto, tendo sido estas as primeiras experiências na aplicação do instituto, acredita-se que a Comissão proceda de forma mais rápida nos próximos casos. Isso porque, havendo perspectiva de eficiência, o mecanismo do "*cartel settlement*" provavelmente será aplicado com maior frequência nos próximos anos.

2.2 "Plea agreement" / "consent decree" nos Estados Unidos

Igualmente merecedor de atenção é o instituto norte-americano conhecido como "plea agreement" ou "plea bargaining". À semelhança do que ocorre no âmbito da União Europeia e no Brasil, o instituto em apreço complementa o programa de leniência,[26] mas com ele não se confunde. Os benefícios da leniência são aplicáveis tão somente ao primeiro a delatar a infração concorrencial, que é, então, beneficiado por imunidade total, não incorrendo em condenação criminal ou no pagamento de multa, e não tendo os seus executivos encarcerados.[27] Já àqueles que perderam a "corrida" pela leniência, é aberta a possibilidade de celebrar acordo com o Departamento de Justiça (DOJ), pelo qual o representado concorda em prover cooperação para a repressão à prática

25. Antitrust: European Commission Fines Animal Feed Phosphates Producers €175 647 000 for Price-Fixing and market-sharing in first "hybrid" cartel settlement case. Disponível em: <http://europa.eu/rapid/pressReleasesAction.do?reference=IP/10/985&format=HTML&aged=1&language=EN&guiLanguage=fr>. Acesso em: 28 dez. 2010. Ainda não se encontra disponível a versão pública do documento, conforme informação constante do sítio eletrônico da Comissão Europeia (http://ec.europa.eu/competition/antitrust/cases/dec_docs/38866/38866_1365_3.pdf).

26. DOJ, *The U.S. Model of Negotiated Plea Agreements: A Good Deal With Benefits For All*, October 17, 2006. Disponível em: <http://www.justice.gov/atr/public/speeches/219332.htm>. Acesso em: 21 dez. 2010, p. 1.

27. Nos Estados Unidos, o cartel é tipificado como ilícito criminal.

anticoncorrencial em questão[28] e, em contrapartida, o DOJ atenua a penalidade e se compromete a não propor outras ações a respeito dos respectivos fatos.

Diferentemente da legislação europeia, que define a eficiência administrativa e a otimização dos recursos como os principais objetivos do "cartel settlement", a legislação norte-americana considera estes aspectos ganhos colaterais do sistema. Em realidade, o "plea agreement" nos Estados Unidos tem como propósito primordial propiciar cooperação às investigações empreendidas pelas autoridades antitrustes.[29]

Por esse motivo, a qualquer momento pode a parte candidatar-se ao "plea agreement", e ela geralmente o faz na fase das investigações, anteriormente à apresentação de uma acusação formal[30] – paralelamente, no Brasil, o TCC pode ser proposto até início da sessão de julgamento do processo administrativo relativo à prática investigada.[31] Por ser a finalidade do "plea agreement" promover auxílio às investigações, os benefícios concedidos variam proporcionalmente à tempestividade e à relevância da colaboração da parte – similarmente ao que ocorre no Brasil.[32] A título ilustrativo, tem-se que em um caso norte-americano, a empresa Crompton recebeu redução de aproximadamente 59% (mais de 70 milhões de dólares) em sua multa, assim como a garantia de proteção integral a certos executivos, por sua cooperação considerada exemplar na investigação de cartel na indústria química.[33]

Ressalve-se, todavia, que, caso o representado não tenha qualquer auxílio relevante a prestar, por ter se "atrasado" em comparação a outros envolvidos na prática da infração, ainda assim pode gozar do "plea agreement", se reportar às

28. Embora o artigo se concentre na utilização do "plea agreement" como ferramenta de repressão ao cartel, é importante esclarecer que, nos Estados Unidos, o instituto também é aplicado a outras infrações concorrenciais. Ao contrário, na União Europeia, o *"cartel settlement"*, como o próprio nome sugere, destina-se exclusivamente a solucionar casos de cartel.

29. DOJ, *Cartel Settlements in the U.S. and EU: Similarities, Differences & Remaining Questions*, June 6, 2008. Disponível em: <http://www.justice.gov/atr/public/speeches/235598.pdf>. Acesso em: 21 dez. 2010, p. 6-7.

30. U.S. Model of Negotiated Plea Agreements cit., p. 6.

31. Art. 53, § 3.º, da Lei 8.884/1994.

32. DOJ, *Measuring the Value of Second-In Cooperation in Corporate Plea Negotiations*, March 29, 2006. Disponível em: <http://www.justice.gov/atr/public/speeches/215514.pdf>. Acesso em: 21 dez. 2010, p. 11-14.

33. *United States v. Crompton Corporation*, No. CR 04-0079 MJJ (N.D. Cal. 2004). Disponível em: <http://www.justice.gov/atr/cases/f214400/214448.htm>. Acesso em: 21 dez. 2010.

autoridades outra infração concorrencial da qual haja participado, sob a égide da "Anistia Plus".[34]

Ocorre que, como requisito mínimo para a celebração de um plea agreement, é exigido o reconhecimento de envolvimento na infração pelo interessado. Além de assegurar a viabilidade do programa de leniência, esta exigência pode servir de motivação ao próprio "plea agreement", quando a leniência já não se revela possível. De fato, conforme já esclarecido, o DOJ assume o compromisso – condicionado ao sucesso do plea agreement – de não perseguir novas ações em relação à infração objeto da admissão de culpa. Tratando-se de pessoas jurídicas, a promessa pode se estender a outras empresas do mesmo grupo econômico e/ou a seus administradores e empregados.[35]

Tendo a parte alguma contribuição a aportar, é preparada uma minuta de acordo, onde a autoridade antitruste estima a penalidade passível de imposição ao infrator. A minuta é, em seguida, submetida ao Poder Judiciário, cuja homologação é *conditio sine qua non* da obrigatoriedade do acordo. Havendo, pois, o aval do Judiciário, o "plea agreement" passa a se revestir da eficácia de um "consent decree", razão pela qual Forgioni e outros doutrinadores sustentam ter o TCC inspiração neste instituto.[36]

34. DOJ, *Criminal Enforcement of Antitrust Laws: the U.S. Model*. September 14, 2006. Disponível em: <http://www.justice.gov/atr/public/speeches/218336.pdf>. Acesso em: 21 dez. 2010. Cumpre esclarecer que, na legislação norte-americana, a Anistia Plus é tradução do termo *Amnesty Plus* (e não *Leniency Plus*), e diz respeito a quem chegou atrasado na própria "corrida" do *plea agreement*. Quem chegou em segundo lugar na corrida da leniência já não pode gozar dos benefícios por ela proporcionados, e deve tentar o *plea agreement*, sob cuja égide recebe redução de pena proporcionalmente à tempestividade e à relevância da contribuição. Porém, caso a empresa haja chegado após vários outros partícipes na corrida do *plea agreement*, e já não tiver qualquer contribuição relevante a prestar, pode se candidatar à Anistia Plus.
35. U.S. Model of Negotiated Plea Agreements cit., p. 11, 15-16.
36. Para o esclarecimento do significado do instituto do "consent decree", ver as definições reproduzidas por Paula Forgioni em sua obra (FORGIONI, Paula A. *Os fundamentos do antitruste* cit., p. 144-145): "Diz Milton Goldberg: "The consent decree is, of course, a compromise between two parties in a civil suit, the exact terms are fixed by negotiation between the parties and formalized by the signature of the federal district judge" (GOLDBERG, Milton. Nature, Purpose and Use of Consent Decrees, *Bureau of Business and Economic Research*. Paper n. 08, Michigan State University, 1962. p. 1). Mais recentemente James Rob Savin: "The decree is essentially a court-approved contract between defendant and the Attorney General with the legal effect of a litigated judgment. Due to the frequency of their use, the dictates of consent decrees govern a substantial number of business

Ao examinar a minuta, deve o juiz averiguar se ela atende ao interesse público, nos termos do *Tunney Act*.[37] Segundo esta norma, além de protocolar a sua proposta e o Estudo de Impacto Competitivo (*Competitive Impact Statement)* junto ao tribunal, deve o governo publicar estes mesmos documentos no Jornal Oficial (*Federal Register*) e em outros jornais de grande circulação. O propósito desta exigência é dar ao público a oportunidade de se manifestar sobre o acordo. Os comentários eventualmente recebidos e as respostas a eles devem ser publicados no *Diário Oficial* e protocolados junto ao tribunal.

Embora a palavra final seja do Judiciário, a jurisprudência tem mostrado que, em regra, o juiz tende a acatar a sugestão da autoridade antitruste.[38] Tal fato, associado ao vasto índice de precedentes de "plea agreements" celebrados, confere aos potenciais interessados certa certeza e previsibilidade quanto ao que esperar.[39]

No entanto, o fato de a penalidade ser arbitrada de forma variável e casuística, conforme as peculiaridades de cada caso, ainda pode suscitar certa insegurança. Esta, porém, é de certa forma mitigada pela possibilidade de se consultar os registros de casos anteriores, e, portanto, de se averiguar os termos dos acordos celebrados em circunstâncias semelhantes. Ademais, embora as negociações sejam mantidas em sigilo, uma vez concluída a minuta e submetida à apreciação do Judiciário, o "consent decree" torna-se público, de

and even entire industries". Ademais, "the Tunney Act requires a district court to determine that a proposed consent decree is in the public interest before the court enters the decree as judgement. (...) A consent decree represents an agreement between the federal government and a defendant created to settle a pending antitrust action. (...) The settlement, once entered, is permanent and has the same res judicata and estoppels effects against the government as would a judgment after trial (SAVIN, James Rob. Tunney Act'96: two decades of judicial misapplication. Disponível em: <http://www.law.emory.edu/ELJ/volumes/win97/savin.html>)". Diante do exposto, conclui-se que, para efeitos de terminologia, "plea agreement" e "consent decree" representam facetas de uma mesma realidade. Ambos designam o acordo firmado entre o governo e uma pessoa acusada de infração à concorrência, pelo qual se busca resolver a situação, através de concessões recíprocas. Entretanto, enquanto o termo "plea agreement" se aplica ao acordo entre as partes, a expressão "consent decree" diz respeito ao acordo que recebeu o aval do Judiciário.

37. *Antitrust Procedures and Penalties Act*. Pub.L. 93-528, 88 Stat. 1708, enacted December 21, 1974, 15 U.S.C. § 16. Disponível em: <http://www.law.cornell.edu/uscode/15/16.html>. Acesso em: 22 dez. 2010.

38. U.S. Model of Negotiated Plea Agreements cit, p. 6-7.

39. Idem, ibidem, p. 18-20.

modo que o infrator pode ter uma noção de quantos outros partícipes se submeteram ao plea agreement, e por conseguinte, da extensão da cooperação que ainda estaria apto a prover.

Pelo exposto, constata-se que, tal como concebido, o sistema de "plea agreement" pode proporcionar ganhos a todos os envolvidos. A Administração recebe cooperação, e por via dela, momentum nas investigações. Saliente-se também que, em face dos limitados recursos de que dispõe a autoridade antitruste, o "consent decree" permite a realização dos resultados desejados em um determinado setor da economia, sem que a Administração seja obrigada a despender os recursos e o tempo normalmente requeridos para a obtenção de uma sentença judicial.[40] Ademais, com o "consent decree" haveria a segurança do resultado, enquanto o sucesso da demanda não é certo.

O representado, por sua vez, obtém redução das penalidades às quais estaria sujeito, além de contar com a transparência, a certeza e a credibilidade de um instituto sistematicamente desenvolvido e consolidado pela jurisprudência norte-americana ao longo dos anos.[41] Ressalte-se que, do ponto de vista da empresa, as vantagens seriam:[42] (a) redução do trabalho a ser realizado e dos recursos a serem despendidos, se comparados àqueles ligados ao processo; (b) foco dos executivos à atividade empresarial e não ao problema judicial; (c) prevenção dos efeitos danosos à imagem normalmente advindos de uma condenação; e, (d) segurança de uma não condenação, pois, como lembram Isenbergh e Rubin, "dadas as circunstâncias, o consent decree, ao oferecer a única garantia de escapatória de eventual multa ou pena privativa de liberdade, tende a seduzir até o mais resistente homem de negócios".[43]

Assim, esse instrumento é largamente utilizado nos Estados Unidos, constituindo um dos principais instrumentos de aplicação das leis antitruste. Seu emprego vem crescendo e, nos últimos anos, algumas das práticas que causaram maior repercussão foram assim resolvidas. O sucesso desse binômio "plea agreement" / "consent decree" é corroborado pelas estatísticas do DOJ, de acordo com as quais, em 2006, estimava-se que noventa por cento dos acusados de prática anticoncorrencial haviam optado por celebrar o acordo.[44]

40. GOLDBERG, Milton. Op. cit., p. 3.
41. Measuring the Value of Second… cit.
42. GOLDBERG, Milton. Op. cit., p. 3.
43. ISENBERGH, Maxwell S.; RUBIN, Seymour J. Antitrust Enforcement through Consent Decrees. *Harvard Law Review* 53/389, 1939: "under the circumstances, the consent decree, offering as it does the only certain avenue escape from possible fine or imprisionment, must tempt the hardiest business man".
44. U.S. Model of Negotiated Plea Agreements cit, p. 1.

2.2.1 Estudo de caso: recusa de "plea agreement"/"consent decree" no caso Microsoft Corporation

Os impactos do "plea agreement" sobre a concorrência de determinado mercado relevante, e, destarte, sobre o interesse público, foram objeto de consideração do Juiz Stanley Sporkin do Tribunal do Distrito de Columbia (*U.S. District Court for the District of Columbia*), por ocasião da análise do "plea agreement" estabelecido entre o DOJ e a Microsoft Corporation, com vistas à cessação de certas condutas anticompetitivas supostamente levadas a cabo pela Microsoft no mercado de *software*.

Conforme esclarecido acima, para ser eficaz e legalmente vinculante, todo "plea agreement" deve ser homologado pelo Poder Judiciário e se revestir da formalidade do "consent decree". Em sua análise, o Judiciário deve considerar, *inter alia*, se o acordo proposto atende ou não ao interesse público, nos termos do *Tunney Act*.

De acordo com o Juiz Sporkin, o "plea agreement" entre o DOJ e a Microsoft não constituía um mecanismo efetivo de proteção à concorrência, e, por esse motivo, não atendia às exigências do interesse público. A sua conclusão se assenta em quatro fundamentos. Primeiramente, o governo teria se recusado a apresentar algumas informações requeridas pelo juízo,[45] tidas como necessárias a um adequado exame da questão da observância ou não do interesse público. Em segundo lugar, o escopo do acordo seria demasiado restrito e não abrangeria diversos produtos relevantes da Microsoft. Em terceiro lugar, as partes teriam se silenciado a respeito de determinadas práticas anticoncorrenciais que a Microsoft certamente continuaria a empregar no futuro. Finalmente, entendeu o juízo que os mecanismos de implementação e adimplemento do acordo seriam insatisfatórios.[46]

45. As informações solicitadas são as seguintes: (I) por que o acordo não abrange todos os produtos de sistemas operacionais da Microsoft? (II) como o acordo restituiria equilíbrio competitivo ao mercado de sistemas operacionais? (III) por que o acordo não deveria ser alterado para incluir cláusulas que: (i) estabeleceriam, na Microsoft, uma barreira entre o desenvolvimento de softwares de sistemas operacionais e o desenvolvimento de sistemas de aplicação; (ii) impediriam a Microsoft de se envolver na prática do "*vaporware*"; (iii) determinariam à Microsoft que divulgasse todas as instruções de seus softwares de sistemas operacionais destinadas a dar a Microsoft uma vantagem sobre seus competidores no mercado de softwares de aplicação (GILBERT, Richard J. *Networks, Standards, and the Use of Market Dominance: Microsoft (1995)*. Disponível em: <http://www.us.oup.com/us/pdf/kwoka/0195120159_17.pdf>. Acesso em: 22 dez. 2010, p. 421).

46. *United States of America, Plaintiff, v. Microsoft Corporation, Defendant*, United States District Court for the District of Columbia, Civil Action n. 94-1564 (Stan-

Posteriormente, por força de recursos interpostos tanto pelo governo quanto pela Microsoft, a Corte de Apelações do Distrito de Columbia (*Court of Appeals for the District of Columbia Circuit*) decidiu que o juízo de primeira instância havia excedido a sua autoridade sob o *Tunney Act*, e determinou a aprovação do "consent decree", impondo inclusive o afastamento do Juiz Sporkin do caso.[47]

Apesar de a rejeição do "consent decree" ter sido reformada pela segunda instância, o caso da Microsoft demonstra que, assim como no Brasil, a aprovação do "plea agreement", nos Estados Unidos, pressupõe a demonstração de que este representa um instrumento eficaz de defesa da concorrência no caso concreto.

Por óbvio, os parâmetros para esta avaliação variam conforme as peculiaridades de cada realidade nacional e as circunstâncias fáticas do caso em apreço. Todavia, a diretriz comum que deve orientar qualquer decisão acerca da celebração ou não de um acordo, independentemente da jurisdição, é a consciência de que este faz parte de um contexto mais abrangente – qual seja: a defesa da concorrência – e só deverá ser celebrado quando não frustrar a consecução deste propósito e não prejudicar outros instrumentos aptos a tanto, com destaque ao acordo de leniência. Com essa perspectiva, procedemos agora à análise da aplicação do TCC no Brasil.

3. Teoria e prática do TCC no Brasil

3.1 Histórico do TCC no Brasil

O TCC encontra previsão legislativa no caput do art. 53 da Lei 8.884/1994, cuja redação original dispunha: "em qualquer fase do processo administrativo poderá ser celebrado, pelo CADE ou pela SDE ad referendum do CADE, compromisso de cessação de prática sob investigação, que não importará confissão quanto à matéria de fato, nem reconhecimento de ilicitude da conduta anali-

ley Sporkin). Order Re Motion to Approve the Consent Decree. Disponível em: <http://www.justice.gov/atr/cases/f0100/0101.htm>. Acesso em: 22 dez. 2010; *United States of America, Plaintiff, v. Microsoft Corporation, Defendant*, United States District Court for the District of Columbia, Civil Action No. 94-1564 (Stanley Sporkin) [filed March 14, 1995]. Order. Disponível em: <http://www.justice.gov/atr/cases/f0100/0131.pdf>. Acesso em: 22 dez. 2010, p. 3.

47. *United States of America, Appellee v. Microsoft Corporation, Appellant*, United States Court of Appeals for the District of Columbia Circuit, 253 F.3d 34 (D.C. Cir. 2001). Disponível em: <http://openjurist.org/253/f3d/34/united-states-of-america-v-microsoft-corporation>. Acesso em: 22 dez. 2010.

sada". A lei exigia que o acordo previsse cláusula de cessação de prática, multa por descumprimento e a obrigação de apresentar relatórios periódicos.

Com o advento da Lei 10.149/2000, foi acrescido o § 5.º a esse artigo, que determinou a sua não aplicabilidade às condutas concertadas descritas nos incisos I, II, III e VIII do art. 21 da Lei Antitruste. Essa restrição resultou na impossibilidade de se celebrar TCC em casos de cartel.[48]

Finalmente, as alterações promovidas pela Lei 11.482/2007 voltaram a permitir a celebração de TCCs em casos de cartel,[49] na medida em que o novo *caput* do art. 53 estabeleceu que

> em qualquer das espécies de processo administrativo, o CADE poderá tomar do representado compromisso de cessação da prática sob investigação ou dos seus efeitos lesivos, sempre que, em juízo de conveniência e oportunidade, entender que atende aos interesses protegidos por lei.

Adicione-se que se passou a exigir, também, que o TCC preveja, nos casos dos incisos I, II, III e VIII do art. 21 dessa Lei (que incluem os cartéis), a contribuição pecuniária obrigatória ao Fundo de Direitos Difusos (doravante FDD),

48. Essa mudança legislativa trouxe uma importante discussão de direito intertemporal, pois a Procuradoria do CADE se pronunciou no sentido de que a restrição estabelecida pela Lei 10.149/2000 seria imediatamente aplicável aos casos em curso, eis que não haveria direito adquirido ao julgamento pela lei existente à data do fato, e também que a inovação legal seria de natureza jurídica processual e, portanto, teria aplicabilidade imediata aos processos em curso. No entanto, parte da doutrina se posicionou contrariamente a esse entendimento, como: TURRA, Leonardo Canabrava. Do compromisso de cessação de prática no sistema brasileiro de defesa da concorrência: considerações sobre a sua natureza jurídica, compulsoriedade de celebração pela Administração Pública e questões de direito intertemporal. *Revista IOB de Direito Administrativo*, n. 6, jun. 2006, p. 142-156.

49. O cartel, definido por João Bosco Leopoldino da Fonseca como acordo entre empresas concorrentes para reduzir produção, para acordar a respeito de níveis ou para vender a um preço ajustado entre elas, constitui uma das práticas mais lesivas ao ambiente concorrencial. Forgioni o define como "acordo entre agentes econômicos, que atuam no mesmo mercado relevante, destinados a regular ou neutralizar a concorrência entre eles e que tem seu objetivo ou efeito tipificado no art. 20 da Lei 8.884/1994" (FORGIONI, Paula A. *Os fundamentos do antitruste* cit., p. 144-145). Assim, além de eliminar agentes econômicos do mercado, há o desestimulo a inovações tecnológicas e prejuízo ao bem estar do consumidor. Segundo estimativas da Organização de Cooperação e Desenvolvimento Econômico (OCDE), os cartéis geralmente acarretam aumento de preço de, aproximadamente, 10 (dez) a 20 % (vinte por cento) em relação ao preço em um mercado competitivo (www.ocde.org).

no valor mínimo de um por cento do faturamento bruto da empresa no seu último exercício, excluídos os impostos, a qual nunca será inferior à vantagem auferida, quando quantificável (art. 53, § 2.º c/c art. 23 da Lei 8.884/1994).[50]

Os requisitos do TCC, por sua vez, estão previstos no § 1.º do art. 53 da Lei 8.884/1994, quais sejam: a cessação da prática, a fixação de multa por descumprimento e a contribuição ao FDD, quando cabível. Em seguida, a Resolução 46 do CADE, de 04.09.2007, veio regulamentar essa mudança legislativa, de modo a alterar os arts. 129 e 130 do Regimento Interno do próprio Conselho. No art. 129-A, exigiu-se que na proposta de TCC constem os seguintes elementos: cessação de prática, contribuição pecuniária ao FDD, adoção de um programa de *compliance*,[51] e, em caso de empresa e/ou administrador, apresentação do valor do faturamento bruto anual da empresa no exercício anterior à instauração do processo administrativo ou averiguação preliminar, conforme o caso. Percebe-se, portanto, que a Resolução 46 inovou ao prever a adoção do programa de *compliance*, já que não é este expressamente previsto na lei.[52]

Cumpre ressaltar que os dispositivos da Resolução 46 encontram-se sob a Consulta Pública 08/2010 do CADE. As principais propostas de mudança, sujeitas à contribuição da sociedade, são: (a) eliminação da exigência de observância dos requisitos elencados no art. 129-A, com o intuito de flexibilizar o acordo e permitir um maior parâmetro de negociação; (b) que o protocolo do requerimento de termo de compromisso não implique em confissão quanto à matéria fática nem em reconhecimento da ilicitude da conduta; (c) concessão de poder ao Conselheiro-Relator para suspender o prazo das negociações, a

50. Paula Forgioni traz à tona a discussão a respeito da quantia a ser paga em um TCC. Diz: "Muito se tem reclamado dos acordos celebrados nos casos de acusação de cartel porque as quantias pagas a título de multa estariam incrivelmente aquém dos benefícios auferidos pelo conluio ao longo dos anos. Sendo bastante difícil determinar qual o lucro auferido por conta da prática espúria, às empresas seria facultado 'pagar' quantia irrisória para livrar-se de penalizações maiores" (*Os fundamentos do antitruste* cit., p. 144-145).

51. *Compliance* deve ser entendido, para efeitos do presente artigo, como a adoção de um programa de prevenção de infrações à ordem econômica, nos termos do art. 129-A da Resolução n. 46 do CADE.

52. A aludida "inovação" da Resolução n. 46 do CADE em face da Lei 8.884/1994 traz discussões a respeito da legalidade desse requisito. No entanto, importante frisar que o presente artigo cinge-se à análise dos parâmetros para a efetividade do instrumento do termo de compromisso de cessação, sem adentrar no mérito da legalidade desse requisito.

fim de realizar diligências; e, (d) a previsão do valor da prestação pecuniária, caso esta seja proposta no TCC.

Em todo caso, os requisitos atualmente impostos pela Resolução 46 são meramente exemplificativos, afirmação que se comprova pela jurisprudência do CADE em TCCs, pois outros requisitos podem ser considerados *standards*, ou pelo menos, frequentes - como é o caso de confissão de culpa quando já existe acordo de leniência nos autos do mesmo processo.

Quanto ao procedimento de negociação do TCC, a principal mudança, introduzida pela Resolução 51 do CADE, de 04.02.2009, diz respeito à instituição de uma comissão técnica de negociação no âmbito do Conselho. Em síntese, os Conselheiros-Relatores continuam a ser responsáveis pela negociação dos TCCs, mas eles serão sempre assessorados por uma comissão, composta por no mínimo três servidores. A comissão nomeada é responsável por informar o andamento da negociação ao Conselheiro-Relator e apresentar relatório final com recomendação fundamentada pelo acolhimento ou rejeição da proposta de TCC pelos investigados - relatório este não vinculante. Observa-se, pois, que o objetivo principal das comissões é que estas aportem maior capacidade analítica, transparência e uniformidade para as negociações do CADE, por meio do aproveitamento do histórico acumulado em negociações anteriores.

No que concerne às atividades da comissão, o Conselheiro Fernando Furlan, no 16.º Seminário Internacional de Direito da Concorrência do IBRAC - na ocasião como Presidente interino do CADE, esclareceu que a comissão de negociação de TCC tem mandato expresso, sendo que apenas na primeira e na última reunião com as partes o Conselheiro-Relator participa. Isso, no entanto, não significaria que o Relator não tenha controle do andamento do processo. De fato, segundo o então Presidente interino do CADE, a prática teria demonstrado que o Conselheiro-Relator tem esse controle, inclusive interagindo com a comissão de negociação, caso necessário. No entanto, esse relativo "afastamento" justifica-se como forma de se garantir a independência do julgador, que não estaria eventualmente impedido de divergir do relatório da comissão.

As breves considerações acima sobre as mudanças legislativas sofridas pelo TCC atestam o quão recente é a discussão da matéria no Brasil. Demonstram, outrossim, o caráter "em construção" desse remédio antitruste, conforme bem expresso pelo Conselheiro Carlos Emmanuel Ragazzo no *supra* mencionado Seminário do IBRAC de 2010. Segundo ele, eventuais erros já cometidos seriam, passo a passo, corrigidos por meio do fortalecimento deste instrumento e da definição dos seus contornos.

Assim, verificando que estamos vivendo um período de consolidação do TCC no Direito Concorrencial brasileiro, encontramo-nos diante de terreno extremamente fértil à análise dos requisitos essenciais à sua efetividade enquanto instrumento de defesa da concorrência. Destarte, proceder-se-á à análise e à identificação dos aludidos requisitos no tocante aos termos de compromisso de cessação celebrados no contexto específico da prática de cartel. Para tanto, serão abordados, inicialmente, alguns aspectos teóricos desse remédio antitruste. Em seguida, expor-se-á o posicionamento da SDE sobre a matéria, bem como um estudo da recusa de TCC no caso do "cartel dos cimentos". Logo após, promover-se-á uma análise dos TCCs celebrados até então pelo CADE nos casos de cartel.

3.2 Aspectos teóricos da celebração do TCC

Embora a análise dos custos e benefícios advindos da celebração de um TCC pressuponha a consideração das peculiaridades inerentes a cada realidade nacional, algumas variáveis são objeto de preocupação das autoridades antitrustes em geral.

Conforme anteriormente elucidado, tanto o *cartel settlement* da União Europeia, quanto o "plea agreement" / "consent decree" dos Estados Unidos, e o TCC do Brasil constituem método de solução de controvérsias delicado sob a ótica antitruste. Sustenta o Prof. João Bosco Leopoldino da Fonseca que o objetivo primordial da existência e concretização do compromisso de cessação, para a Administração, seria o de fazer cessar a prática dos atos que ela entende estarem em conflito com a ordem econômica.[53] Por outro lado, por parte do agente econômico, interessa não dedicar o seu tempo de atividade empresarial em processos de desfecho incerto e, acima de tudo, de longa duração.

Embora possa contribuir sobremaneira à consecução dos objetivos de celeridade administrativa e preservação do interesse público, o remédio antitruste em apreço impõe desafios. Estes devem ser resolvidos com cuidado, caso se pretenda que o acordo seja um verdadeiro instrumento de defesa da concorrência, e não um instrumento traiçoeiro, propiciador de solução imediata ao problema, mas prejudicial ao sistema como um todo.

Nesse sentido, particularmente difícil é encontrar o equilíbrio, almejado em todas as jurisdições ora analisadas, entre o TCC e os demais instrumentos de repressão às práticas anticoncorrenciais – com destaque ao acordo de leniência. Relembremos que este equilíbrio é fundamental para um sistema coerente e bem sucedido de defesa à concorrência, e, consequentemente, para a salvaguarda do interesse público.

53. FONSECA, João Bosco Leopoldino da. Op. cit., p. 328.

Em síntese, diante dos potenciais benefícios proporcionados pelo TCC a todos os envolvidos, a sua celebração deve ser encorajada, e deve ele se revestir de certos atrativos em comparação ao prosseguimento do litígio. Porém, não pode o acordo oferecer benefícios tão significativos a ponto de se tornar uma alternativa mais vantajosa do que a delação, inviabilizando a leniência, ou impor uma multa insuficiente de modo que as empresas concordem em pagar para violar as normas de proteção à concorrência.

Isto é, deve-se planejar o TCC de modo que o infrator busque, como primeira opção, a leniência, e não sendo ela possível (seja porque perdeu a "corrida" para a delação, seja porque o momento não é mais adequado à propositura), esteja ainda disposto a negociar um acordo.[54] É necessário assegurar, outrossim, que este acordo possa dissuadir futuras infrações à concorrência, e não seja encarado como mero custo com o qual determinada empresa esteja disposta a arcar para prosseguir em sua conduta violatória.

Discutiremos, a seguir, a maneira pela qual todos estes elementos são sopesados por ocasião da celebração de TCC sob a égide do Sistema Brasileiro de Defesa da Concorrência.

3.3 Do posicionamento da SDE quanto ao TCC em caso de cartel

A Secretaria de Direito Econômico publicou, em fevereiro de 2008, estudo sobre "Termo de Cessação de Prática em casos de cartel".[55] A SDE entende que a celebração de um TCC apenas atenderá ao interesse público se os termos do acordo forem aptos a preservar o programa de leniência (à semelhança do que ocorre na União Europeia e nos Estados Unidos); dissuadir futuras práticas lesivas à concorrência; e, não criar obstáculos à persecução administrativa e criminal de cartéis, ou a ações privadas de indenização por danos causados por tal prática anticoncorrencial.

Em síntese, a SDE se pauta pelos seguintes critérios, para emitir o seu parecer a respeito das propostas de TCCs apresentadas ao CADE em casos de cartéis. Havendo acordo de leniência, as propostas de TCC de pessoas físicas e jurídicas devem conter, ao menos: (a) confissão de participação na prática, cujos termos correspondam, no mínimo, àqueles do acordo de leniência; (b) reconhecimento da legalidade da diligência de busca e apreensão – se apli-

54. International Competition Network – Cartel Working Group – Subgroup 1 – General Legal Framework. *Cartel Settlements*. Report to the ICN Annual Conference, Kyoto, Japan, April 2008. Disponível em: <http://www.internationalcompetitionnetwork.org/uploads/library/doc347.pdf>. Acesso em: 19 dez. 2010, p. 7.

55. SDE. *Política da SDE em Termo de Cessação de Prática em casos de cartel*. Fevereiro de 2008. Disponível em: <www.mj.gov.br/sde>. Acesso em: 28 dez. 2010.

cável; (c) obrigação de cooperação ativa na investigação - e não meramente técnica; (d) contribuição pecuniária em valor que garanta efeito dissuasório; e (e) não criação de obstáculos à persecução criminal e às ações privadas de indenização.

Tratando-se de cartel clássico,[56] com prova direta e sem acordo de leniência, erigem como requisitos mínimos das propostas de TCC das pessoas jurídicas: (a) reconhecimento de participação na prática; (b) reconhecimento da legalidade da diligência de busca e apreensão - se aplicável; (c) obrigação de cooperação ativa na investigação - e não meramente técnica; (d) contribuição pecuniária em valor que garanta efeito dissuasório; e (e) não criação de obstáculos à persecução criminal e às ações privadas de indenização.

Nas propostas de TCC de pessoas físicas, em caso de investigação de cartel clássico, com prova direta e sem acordo de leniência, deve haver, ao menos: (a) reconhecimento da legalidade da diligência de busca e apreensão - se aplicável; (b) obrigação de cooperação na investigação; (c) contribuição pecuniária em valor que garanta efeito dissuasório; e (d) não criação de obstáculos à persecução criminal e às ações privadas de indenização.

Finalmente, as propostas de TCC de pessoas jurídicas e pessoas físicas, em casos de investigações de cartéis difusos[57] e sem acordo de leniência, devem conter, ao menos: (a) reconhecimento da legalidade da diligência de busca e apreensão - se aplicável; (b) contribuição pecuniária em valor que garanta efeito dissuasório; e (c) não criação de obstáculos à persecução criminal e às ações privadas de indenização.

3.3.1 Estudo de caso: recusa de TCC no caso do "cartel do cimento"

O então Conselheiro do CADE, Paulo Furquim de Azevedo, no Requerimento para celebração de TCC 08700.004992/2007-43, formulado pela sociedade CCB-Cimpor Cimentos do Brasil Ltda., a respeito de investi-

56. Cartéis clássicos devem ser entendidos como "acordos secretos entre competidores com alguma forma de institucionalidade, com o objetivo de fixar preços e condições de venda, dividir consumidores, definir nível de produção (...), [cuja] ação não decorre de uma situação eventual de coordenação, mas da construção de mecanismos decorre para alcançar seus objetivos". CADE. Processo Administrativo 08012.002127/2002-14 – Cartel das Britas. Voto do Conselheiro-Relator, Luiz Carlos Delorme Prado. Disponível em: <http://www.cade.gov.br/temp/D_D000000223861551.pdf>. Acesso em: 28 dez. 2010.

57. Cartéis difusos devem ser entendidos como "um ato de coordenação da ação entre as empresas com objetivo similar ao do cartel clássico, mas de caráter eventual e não institucionalizado". Processo Administrativo 08012.002127/2002-14, cit.

gação de suposta conduta concertada nos mercados de cimento e concreto,[58] delineou, com base no recém-mencionado estudo da SDE, alguns princípios que devem orientar a decisão da autoridade antitruste quanto à celebração ou não de TCC em determinado caso.

Segundo o Conselheiro, seriam cláusulas obrigatórias de qualquer TCC: (a) a determinação da cessação da prática delituosa; (b) a cominação de multa ao seu inadimplemento; e (c) a previsão de recolhimento de contribuição pecuniária ao Fundo de Direitos Difusos. Por outro lado, seriam cláusulas facultativas: (a) o reconhecimento de culpa do infrator; (b) o compromisso de colaboração com as autoridades; e (c) a redução da multa eventualmente cominada.[59]

O seu posicionamento difere, portanto, das legislações da União Europeia e dos Estados Unidos – que, como visto, consagram estes últimos elementos como verdadeiros requisitos do "cartel settlement" e do "plea agreement" / "consent decree", respectivamente. Para Furquim, não obstante sejam eles de fato essenciais para garantir a efetividade do TCC enquanto ferramenta de defesa da concorrência em alguns casos, em outros, poderiam frustrar a celebração de acordos que, independentemente deles, seriam vantajosos.

Esclarecemos: a fim de se assegurar a credibilidade e a viabilidade do acordo de leniência, se este já houver sido firmado, os termos de compromisso de cessação eventualmente celebrados nos autos do mesmo processo devem necessariamente conter a admissão de culpa, o compromisso de cooperação e a previsão de uma contribuição pecuniária relativamente elevada,[60] dotada de efeito dissuasório. Em não havendo leniência, mas não sendo os custos de reconhecimento da culpa e da colaboração tão elevados a ponto de inviabilizar qualquer negociação, o TCC também deverá trazer previsão nesse sentido. Contudo, nesse caso, os termos do TCC deverão ser mais gravosos do que o do acordo de leniência, de modo a encorajar a parte a buscar a leniência como primeira opção.

Caso as partes não estejam dispostas a admitir a sua participação na infração, ainda seria possível firmar um TCC, se assim recomendassem as circuns-

58. CADE. Requerimento 08700.004992/2007-43 (referente ao Processo Administrativo 08012.011142/2006-79). Requerente: CCB – Cimpor Cimentos do Brasil Ltda. Voto do Conselheiro Relator, Paulo Furquim de Azevedo. Disponível em: <http://www.cade.gov.br/temp/D_D000000405511596.pdf>. Acesso em: 22 dez. 2010.

59. Idem, ibidem, p. 6.

60. Observe-se que a imposição de contribuição pecuniária baixa ou a concessão de desconto deveras elevado sobre a multa aplicável, além de não dissuadirem futuras práticas anticoncorrenciais, podem ter outro efeito deletério, qual seja: atrair inocentes ao grupo de interessados no TCC, o que não é socialmente desejável.

tâncias do caso concreto. Este TCC, entretanto, não deveria conceder qualquer desconto sobre a multa porventura aplicada, estando aberto tão somente àqueles que tenham grande interesse em encerrar o litígio com a Administração.[61]

Aplicando estes princípios ao caso em apreço, o Conselheiro Furquim decidiu por rejeitar a proposta de TCC apresentada pela Cimpor Cimentos do Brasil Ltda. Foi a aludida proposta julgada insuficiente, pelas seguintes razões: primeiramente, não preconizava qualquer admissão de culpa ou cooperação com as autoridades, embora fossem desejáveis; em segundo lugar, não trazia qualquer reconhecimento acerca da legalidade das buscas e apreensões realizadas no estabelecimento da Requerente – aspecto este que havia sido objeto de litigância entre esta e a Administração; por fim, o percentual de contribuição pecuniária sugerido (2,5% sobre o faturamento da sociedade em 2006) foi considerado significativamente baixo, e, por conseguinte, desprovido de efeito dissuasivo.

Observou ainda o Conselheiro que em casos similares de cartel, a política do CADE consistia em exigir contribuição não inferior a 15% do faturamento das empresas envolvidas. Finalmente, nos autos do mesmo processo administrativo, já havia sido firmado TCC cujos termos impunham contribuição muito superior àquela proposta pela Requerente, tanto em valores absolutos quanto relativos. Destarte, aceitando o TCC tal como sugerido pela requerente, o CADE estaria contrariando a sua Resolução 46/2007, segundo a qual, dentre os fatores a serem considerados no arbitramento da contribuição pecuniária, encontra-se o momento da propositura do compromisso, de modo que quanto mais cedo esta se dá, menor será a contribuição pecuniária.[62]

Passada a exposição do "leading case"[63] de recusa de celebrar TCC pelo CADE, convém analisar o que vem sendo requerido pelo CADE para a sua celebração, com base em sua jurisprudência.

3.4 Da jurisprudência do CADE

Desde a publicação da Lei 8.884/1994 até dezembro de 2010, o CADE celebrou 59 TCCs.[64] Desse total, 33 foram celebrados em processos administra-

61. Requerimento 08700.004992/2007-43, cit., p. 28-29.

62. Idem, p. 29-32.

63. Outro *leading case* nessa temática é o voto do Conselheiro Carlos Emmanuel Ragazzo no Requerimento 08700.001369/2009-09, que consubstancia uma análise do TCC como instrumento na prática. Disponível em: <http://www.cade.gov.br/temp/D_D000000451701466.pdf>. Acesso em: 3 jan. 2010.

64. Número total contido no site do CADE, disponível em: <http://www.cade.gov.br/Default.aspx?162af83bd533f90fe62617ee3bee35cf26e542d150c3>. Acesso em: 28 dez. 2010.

tivos em que se investigavam condutas uniformes e 26 foram celebrados em processos administrativos que investigavam práticas diversas, como, por exemplo, fechamento de mercado, práticas discriminatórias, dentre outras. O presente trabalho, no entanto, conforme explicitado, cinge-se à análise dos TCCs em casos de cartel, dada a controvérsia entre advogados, juristas em geral, SDE e Conselheiros do CADE quanto aos requisitos a serem exigidos nessa hipótese, para que se possa efetivamente dissuadir (e não incentivar) a prática do cartel

Tem-se a seguinte tabela referente aos TCCs em casos de cartel celebrados pelo CADE até dezembro de 2010:

Tabela 1 – TCCs em casos de cartel

Número do Processo	Compromissário	Data de celebração
08000.012720/1994-74	Banco Peres Citrus S.A.	31.10.1995
08000.012720/1994-74	Cambuhy Citrus Comercial e Exportadora Ltda.	31.10.1995
08000.012720/1994-74	Cargil Citrus Ltda.	31.10.1995
08000.012720/1994-74	Citrosuco Paulista S.A.	31.10.1995
08000.012720/1994-74	Comércio e Indústrias Brasileiras Coinbra S.A.	31.10.1995
08000.012720/1994-74	Royal Citrus Ltda.	31.10.1995
08000.012720/1994-74	Sucocítrico Cutrale Ltda	31.10.1995
08000.012720/1994-74	Bascitrus Agroindustrial S.A.	31.10.1995
08000.012720/1994-74	Citrovita Androindustria Ltda.	31.10.1995
08000.012720/1994-74	CTM Citrus S.A.	31.10.1995
08000.016384/1994-11	Fertibras S.A. Adubos e Inseticidas	07.03.1996
08000.016384/1994-11	Ferifos Administração e Participação S.A.	07.03.1996
08000.016384/1994-11	Fertiza Companhia Nacional de Fertilizantes S.A.	07.03.1996
08000.016384/1994-11	IAP S.A.	07.03.1996
08000.016384/1994-11	Manah S.A.	07.03.1996
08000.016384/1994-11	Solorrico S.A.	07.03.1996
08000.016384/1994-11	Tenekaka S.A. Indústria e Comércio	07.03.1996
08000.016384/1994-11	Ultrafértil S.A.	07.03.1996
08012.002493/2005-16	JBS S.A. (Friboi Ltda.)	28.11.2007
08012.002493/2005-16	Wesley Mendonça Batista	28.11.2007
08012.002493/2005-16	Artemio Listoni	28.11.2007

Número do Processo	Compromissário	Data de celebração
08700.004221/2007-56	Lafarge Brasil S.A.	28.11.2007
08700.005281/2007-96	Alcan Embalagens do Brasil Ltda. e Marco A. F. Santos	23.07.2008
08700.001882/2008-10	Bridgestone Corporation	27.08.2008
08700.005321/2008-81	Manuli Hidráulica do Brasil Ltda.	21.01.2009
08700.002312/2009-19	Trelleborg Industries SAS	16.09.2009
08700.002248/2009-76	Gerson Veríssimo	17.06.2009
08700.001369/2009-09	Whirpool S.A. e outros	30.09.2009
08700.003321/2009-27	José Aluízio Malagutti	30.09.2009
08700.003621/2009-14	Walter Sebastião Desiderá	30.09.2009
08700.003622/2009-51	Mauro de Carvalho Mendonça	30.09.2009
08700.001913/2008-12	Associação das Autoescolas e outro	07.10.2009
08700.002933/2009-01	União Brasileira de Avicultores e Ariel Antônio Mendes	09.06.2010

A primeira observação que se pode fazer, com base nesta tabela e na análise de todos os TCCs celebrados com o CADE até a presente data, é que não obstante a quantidade crescente de TCCs firmados ao longo dos anos, tal fenômeno ocorre concomitantemente ao aumento do número de acordos de leniência.[65] Como bem observado pelo ex-Conselheiro Furquim,[66] essa constatação demonstra que ambos os instrumentos de política antitruste vêm sendo implementados como complementares, e não como excludentes, como arguiam alguns.

A segunda observação a ser feita é que as obrigações assumidas nos TCCs supraelencados variam substancialmente ao longo dos anos. Utilizando-nos da valiosa metodologia proposta por Vicentini,[67] a tabela abaixo demonstra se foram ou não exigidos os seguintes requisitos para a celebração do TCC: obrigação de cessação imediata da prática; adoção de um programa de *compliance*;

65. Comentário como ouvinte na palestra sobre Acordos em casos de cartel, por ocasião do 16.º Seminário Internacional de Defesa da Concorrência do IBRAC, 26.11.2010.

66. Idem.

67. VICENTINI, Pedro C. A confissão de culpa nos termos de compromisso de cessação: requisito essencial ou prescindível, face ao programa de leniência? *Revista do IBRAC*, n. 17, São Paulo: Singular, 2010, p. 252-274.

previsão de contribuição pecuniária; colaboração com a investigação;[68] confissão – levando em conta a prévia celebração ou não de acordo de leniência por um dos investigados.

Tabela 2 – Requisitos para um TCC em casos de cartel

Compromissário	Requisitos					Leniência
	Cessação imediata	Compliance	Contribuição pecuniária	Colaboração com a investigação	Confissão	
Banco Peres Citrus	X	-	-	-	-	-
Cambuhy Citrus	X	-	-	-	-	-
Cargil Citrus Ltda.	X	-	-	-	-	-
Citrosuco Paulista	X	-	-	-	-	-
Coinbra	X	-	-	-	-	-
Royal Citrus	X	-	-	-	-	-
Sucocítrico Cutrale	X	-	-	-	-	-
Bascitrus	X	-	-	-	-	-
Citrovita	X	-	-	-	-	-
CTM Citrus	X	-	-	-	-	-
Fertibras	X	-	-	-	-	-
Ferifos	X	-	-	-	-	-
Fertiza	X	-	-	-	-	-
IAP	X	-	-	-	-	-
Manah	X	-	-	-	-	-
Solorrico	X	-	-	-	-	-
Tenekaka	X	-	-	-	-	-
Ultrafértil	X	-	-	-	-	-
JBS (Friboi)	X	X	X	-	-	-
Wesley M. Batista	-	-	X	-	-	-
Artemio Listoni	X	-	X	-	-	-
Lafarge	X	X	X	X	-	-
Alcan Embal. e Marco A. F. Santos	X	X	X	X	-	-
Bridgestone	X	-	X	X	X	X

68. Essa nomenclatura foi modificada por nós de "contribuição com a investigação" para "colaboração ativa com a investigação", a fim de uniformizar os termos ao longo deste artigo.

Compromissário	Requisitos					Leniência
Manuli	X	-	X	X	X	X
Trelleborg	X	-	X	X	X	X
Gerson Veríssimo	X	X	X	X	X	X
Whirpool	X	X	X	X	X	X
José Aluízio Malagutti	X	X	X	X	X	X
Walter Sebastião Desiderá	X	X	X	X	X	X
Mauro C. Mendonça	X	X	X	X	X	X
Autoescolas	X	X	X	X	X	-
Avicultores Ariel A. Mendes	X	X	X	-	-	-

Várias são as constatações que se pode extrair da tabela acima. Primeiramente, é visível que até 1996, para a celebração de um TCC, era requerida tão somente a cessação imediata da prática pelo investigado. Entre 1996 e 2007, não foram celebrados TCCs pertinentes ao escopo deste trabalho (i.e., relativos a cartel), em razão da instituição da Lei 10.149/2000, que restringiu a possibilidade de sua utilização do instrumento. Em 2007, no entanto, tal impedimento foi revogado pela Lei 11.482.

A partir desse ano, portanto, a celebração de TCCs em casos de cartel voltou a ser uma opção para os investigados. Para tanto, contudo, a cessação imediata da prática deixou de ser suficiente, e a adoção do programa de *compliance*,[69] inserido na Resolução 46 do CADE, tornou-se exigência cada vez mais frequente. A partir de 2008, possivelmente pelo fortalecimento do instituto do acordo de leniência, os TCCs passaram a exigir a confissão de culpa, a fim de que não fossem concedidos mais incentivos aos signatários de TCC, em detrimento dos signatários de acordo de leniência, e, por conseguinte, que o TCC fosse uma opção apenas quando a leniência já não se revelasse

69. Os programas de *compliance* antitruste, também conhecidos como programas de prevenção a infrações à ordem econômica ou de conformidade à legislação de defesa da concorrência, são adaptações de programas empresariais voltados pra prevenir a ocorrência de práticas ilícitas ou inapropriadas no cotidiano de uma determinada empresa ou associação de empresas (RIBAS, Guilherme Favaro Corvo. Programas de *compliance* antitruste. *Desafios atuais da regulação econômica e concorrência.* São Paulo: Atlas, 2008. p. 330).

possível. Ademais, a colaboração com a investigação se tornou requisito quase imprescindível, assim como a contribuição pecuniária em níveis cada vez mais elevados.

A partir da tabela, percebe-se, igualmente, que o CADE vem firmando uma jurisprudência no seguinte sentido: quando há acordo de leniência, a confissão de culpa será necessária, em consonância com o posicionamento da SDE. Sem o acordo de leniência, verifica-se que pelo menos a cessação da prática, a adoção de um programa de *compliance* e a contribuição pecuniária tornaram-se requisitos constantes. A colaboração com a investigação, por sua vez, é flexível, aparecendo em determinados casos, e em outros não.

Interessante, no entanto, observar, que, no caso da Associação das Autoescolas, a confissão foi obrigação imposta pelo TCC, não obstante ausente o acordo de leniência. No recente caso da União Brasileira de Avicultores, por sua vez, não foi exigida a cooperação ativa com a investigação, mesmo que isso viesse se mostrando como uma obrigação razoavelmente presente nos últimos TCCs.

3.5 Requisitos essenciais para a efetividade de um TCC

Conforme exposto acima, o então Conselheiro Paulo Furquim sustenta que seriam cláusulas obrigatórias de qualquer TCC: (a) a determinação da cessação da prática delituosa; (b) a cominação de multa ao seu inadimplemento; e (c) a previsão de recolhimento de contribuição pecuniária ao FDD. Por outro lado, seriam facultativas, em sua opinião, as seguintes cláusulas: (a) o reconhecimento de culpa do infrator; (b) o compromisso de colaboração com as autoridades; e (c) a redução da multa eventualmente cominada.[70]

A jurisprudência do CADE também vem se firmando no sentido de que seriam cláusulas obrigatórias de qualquer TCC em casos de cartel: (a) a determinação da cessação da prática delituosa; (b) a cominação de multa ao seu inadimplemento; e (c) a previsão de recolhimento ao FDD, em percentual não inferior a 1% do faturamento bruto da empresa no seu último exercício – excluídos os impostos –, a qual nunca será inferior à vantagem auferida.

Como cláusulas facultativas ao TCC, diante das peculiaridades do cartel em apreço, ter-se-ia, primeiramente, o reconhecimento de culpa do infrator – essencial quando celebrado uma leniência, e possível de ser exigido mesmo em caso contrário, como ocorreu com a Associação das Autoescolas. Já o compromisso de colaboração com as autoridades, que parecia ser consagrado pela jurisprudência do CADE como requisito essencial até 2010,

70. Requerimento 08700.004992/2007-43 cit., p. 6.

pode não mais ser considerado como tal desde o TCC da União Brasileira de Avicultura. A redução da multa eventualmente cominada, por sua vez, – necessariamente presente no "cartel settlement" da União Europeia e no "plea agreement" / "consent decree" dos Estados Unidos, ainda não foi prevista nos TCCs brasileiros. A adoção de um programa de *compliance*, finalmente, vem se firmando desde 2009, o que demonstra o objetivo de *advocacy*[71] dos órgãos de defesa da concorrência no Brasil, a fim de evitar futuras infrações pela mesma empresa.

A par da discussão de legalidade ou não da exigência desses requisitos – fundamentada na alegação de que, não estando previstos em lei, não poderiam ser exigidos do representado –, cumpre analisar, no presente artigo, a contribuição dos aludidos requisitos para a efetividade do TCC enquanto instrumento de defesa da concorrência. Entendemos que a determinação da cessação da prática delituosa, a cominação de multa ao seu inadimplemento e a previsão de recolhimento ao FDD, em percentual não inferior a 1%, são os parâmetros básicos do TCC – como a "base de uma pirâmide".

A colaboração com a autoridade antitruste, a adoção do programa de *compliance*, e o reconhecimento de culpa seriam o "corpo" da pirâmide, de modo que podem ser exigidos ou não em um determinado TCC, de acordo com as particularidades do caso. Sustentamos que o reconhecimento de culpa deve estar presente em todos (sim, todos) os casos em que haja um acordo de leniência, a fim de que estes instrumentos sejam complementares. Pode-se considerar plausível, também, a eventual exigência da confissão em um caso no qual inexista leniência, se a conduta for de tal forma condenável que a celebração de um acordo pela autoridade seja praticamente um incentivo à adoção futura de outra conduta anticoncorrencial. Sustentamos também que a colaboração com a autoridade antitruste, combinada com a adoção de um programa de *compliance* (no caso de pessoa jurídica), seria um eficiente requisito para a dissuasão de novas condutas, pois demonstraria o intuito da Representada em seguir com os ditames do Direito da Concorrência, e reduziria, em tese, a possibilidade de reincidência.

71. *Advocacy* ou Advocacia da Concorrência corresponde à atuação educativa dos órgãos do Sistema Brasileiro de Defesa da Concorrência (SBDC), destinada à divulgação de temas relacionados ao direito concorrencial aos setores que ordenam, aplicam e recebem os efeitos da aplicação concreta das normas antitruste, com destaque aos órgãos públicos. Trata-se da difusão da cultura da concorrência e do conhecimento a respeito dos benefícios da livre concorrência (como preços menores, qualidade superior de bens e serviços, além de um maior incentivo à inovação) à sociedade, empresários, juízes, promotores públicos, legisladores, administradores e reguladores.

Por fim, a redução da pena eventualmente cominada, seria o "topo" da pirâmide, prescindível à celebração do TCC, não tendo sido ainda exigida. Tratar-se-ia, pois, de uma nova possibilidade, a ser analisada pelo CADE, a exemplo do que é adotado na União Europeia e nos Estados Unidos. Acreditamos, no entanto, que o percentual de redução da multa deve ter uma ressalva: não pode ser de tal forma elevado, a fim de tornar o TCC mais atrativo do que a celebração de uma leniência.

Por todo o exposto, conclui-se que o CADE ainda não estabeleceu, definitivamente, os requisitos reputados essenciais para que o TCC erija como estratégia eficaz de combate às práticas anticoncorrenciais – apesar de ter firmado seu entendimento em determinado sentido. A Consulta Pública 08/2010 *supra* mencionada explicita bem isso, ao preconizar a modificação do art. 129-A da Resolução 46, deixando, assim, os termos de compromisso de cessação abertos à negociação, passível de maior margem de flexibilidade.

Em sendo esta proposta concretizada, a segurança jurídica estaria quiçá ameaçada, pois o Conselho poderia exigir mais do investigado do que, em tese, deveria ser requerido. Por outro lado, contudo, a mudança em tela poderia ser bastante interessante, desde que não engesse o CADE em uma fórmula-padrão de TCC que pode não ser adequada às especificidades de cada caso.

Por fim, convém ressaltar a possibilidade de que, no futuro, sejam consagrados outros requisitos à celebração do TCC. Sendo este um remédio antitruste recente no Direito Concorrencial brasileiro, é provável que ele se aperfeiçoe a ponto de exigir obrigações cada vez mais eficientes para a consecução dos objetivos antitruste.

4. Conclusão

O TCC, acordo celebrado entre a parte investigada e o CADE, cujo principal objetivo consiste em pôr fim ao processo investigativo em que se apura a suposta conduta ilegal, sem análise do mérito, vem se consolidando no Brasil como importante remédio antitruste na estratégia de defesa da concorrência.

À semelhança do que ocorre na União Europeia, com o "cartel settlement", e nos Estados Unidos, com o "plea agreement"/"consent decree", o TCC reflete a preocupação de ser ao mesmo tempo efetivo no combate às condutas anticoncorrenciais e não prejudicar os demais instrumentos de proteção à concorrência – em especial, o acordo de leniência. É por isso que o TCC se mostra, na atualidade, como uma "segunda opção", negociado apenas quando o acordo de leniência (primeira opção) não é possível.

É nesse sentido que se posiciona a SDE, para quem o TCC apenas atenderá ao interesse público se os termos do acordo estiverem aptos a preservar o programa de leniência. Assim também se firmou a jurisprudência do CADE, no caso de recusa de celebração de TCC no "cartel do cimento", cujo relator foi o então Conselheiro Paulo Furquim.

Especialmente nos casos de cartéis, a celebração de TCCs se mostra controversa, pois alegam alguns que as quantias pagas a título de multa estariam incrivelmente aquém dos benefícios auferidos pelo conluio. No entanto, no presente trabalho, demonstramos que os TCCs celebrados em casos de cartel podem ser (e têm se mostrado) um importante remédio antitruste, desde que seus requisitos garantidores de eficácia sejam exigidos pelo CADE.

Sendo o TCC remédio antitruste em fase de consolidação não apenas no Brasil, como também em outras jurisdições, ainda é prematuro definir com precisão quais requisitos ele deveria conter para instrumentalizar de forma eficiente a defesa da concorrência no Brasil. Com o presente trabalho, procuramos oferecer contribuição preliminar a esse esforço, propondo a distribuição piramidal daquilo que a doutrina e a prática nacionais e internacionais vêm apontando como possíveis parâmetros do TCC.

Nesse sentido, a determinação da cessação da prática delituosa, a cominação de multa em caso de inadimplemento e a previsão de recolhimento ao FDD, em percentual não inferior a 1%, seriam parâmetros básicos do TCC – como a "base de uma pirâmide". A colaboração com a autoridade antitruste, a adoção do programa de *compliance* e o reconhecimento de culpa, por sua vez, formariam o "corpo" da pirâmide, podendo ser exigidos ou não, de acordo com as particularidades do caso concreto. Por fim, não tendo sido ainda exigida pelo CADE, e sendo, pois, prescindível à celebração do TCC, a redução da pena eventualmente cominada estaria no "topo" da pirâmide.

Esperamos que, à medida que a utilização do TCC, como estratégia de repressão a cartéis, for se consolidando na prática do CADE, seja possível identificar as suas falhas e os seus méritos, e, consequentemente, compreender como torná-lo mais eficaz à consecução de seus propósitos. O assunto objeto do presente artigo certamente não se encerra aqui, devendo ser continuamente estudado e revisitado.

Referências bibliográficas

ANTITRUST: *Commission Fines DRAM Producers € 331 Million for Price Cartel; Reaches First Settlement in a Cartel Case*. Disponível em: <http://europa.eu/rapid/pressReleasesAction.do?reference=IP/10/586&format=HTML&aged=0&language=EN&guiLanguage=en>. Acesso em: 20 dez. 2010.

ANTITRUST: *European Commission Fines Animal Feed Phosphates Producers €175 647 000 for Price-Fixing and market-sharing in first "hybrid" cartel settlement case*. Disponível em: <http://europa.eu/rapid/

pressReleasesAction.do?reference=IP/10/985&format=HTML&aged=1&language=EN&guiLanguage=fr>. Acesso em: 28 dez. 2010.

ANTITRUST *Procedures and Penalties Act*. Pub. L. 93-528, 88 Stat. 1708, enacted December 21, 1974, 15 U.S.C. § 16. Disponível em: <http://www.law.cornell.edu/uscode/15/16.html>. Acesso em: 22 dez. 2010.

BAY, Matteo. *EU Cartel Settlements Theory and (First) Practice* (Palestra apresentada por ocasião do 16.º Seminário Internacional de Defesa da Concorrência do IBRAC, 26 de novembro de 2010). Disponível em: <http://www.ibrac.org.br/downloads/16%20Seminario%20Internacional%20de%20Defesa%20da%20Concorrencia/matteo_bay_gurauja_2010.pdf>. Acesso em: 19 dez. 2010.

CADE. Processo Administrativo 08012.002127/2002-14 – Cartel das Britas. Voto do Conselheiro-relator, Luiz Carlos Delorme Prado. Disponível em: <http://www.cade.gov.br/temp/D_D000000223861551.pdf>. Acesso em: 28 dez. 2010.

______. Requerimento 08700.004992/2007-43 (referente ao Processo Administrativo 08012.011142/2006-79). Requerente: CCB – Cimpor Cimentos do Brasil Ltda. Voto do Conselheiro Relator, Paulo Furquim de Azevedo. Disponível em: <http://www.cade.gov.br/temp/D_D000000405511596.pdf>. Acesso em: 22 dez. 2010.

CAMESASCA, Peter. *EU Competition Settlements: at Crossroads, Map in Hand. Competition Law 360*. Disponível em: <http://www.dechert.com/library/Antitrust_53_06-10_First_Cartel_Settlement_in_EU.pdf>. Acesso em: 20 dez. 2010.

CLEARY Gottlieb Steen & Hamilton LLP. *Commission Issues its First Cartel Settlement Decision in the DRAM Case*. Disponível em: <http://www.cgsh.com/files/News/57eadca7-dac8-4763-a24e-3d176348abaa/Presentation/NewsAttachment/7b1bd469-9d41-4104-93f4-405f45009936/CGSH%20Alert%20-%20First%20Cartel%20Settlement%20Decision.pdf>. Acesso em: 20 dez. 2010.

DOJ. *Cartel Settlements in the U.S. and EU: Similarities, Differences & Remaining Questions*, June 6, 2008. Disponível em: <http://www.justice.gov/atr/public/speeches/235598.pdf>. Acesso em: 21 dez. 2010.

______. *Criminal Enforcement of Antitrust Laws: the U.S. Model*. September 14, 2006. Disponível em: <http://www.justice.gov/atr/public/speeches/218336.pdf>. Acesso em: 21 dez. 2010.

______. *Measuring the Value of Second-In Cooperation in Corporate Plea Negotiations*, March 29, 2006. Disponível em: <http://www.justice.gov/atr/public/speeches/215514.pdf>. Acesso em: 21 dez. 2010.

______. *The U.S. Model of Negotiated Plea Agreements: A Good Deal With Benefits For All*, October 17, 2006. Disponível em: <http://www.justice.gov/atr/public/speeches/219332.htm>. Acesso em: 21 dez. 2010.

EC, Commission Regulation n. 622/2008 of 30 June 2008 amending Regulation (EC) n. 773/2004, as regards the conduct of settlement procedures in cartel cases, [2008] O.J. L 171. Disponível em: <http://eur-lex.europa.eu/LexUriServ/LexUriServ.do?uri=OJ:L:2008:171:0003:01:EN:HTML>. Acesso em: 19 dez. 2010.

EC. Council Regulation n. 1/2003 of 16 December 2002 on the implementation of the rules on competition laid down in Articles 81 and 82 of the Treaty, [2003] O.J. L 001. Disponível em: <http://eur-lex.europa.eu/LexUriServ/LexUriServ.do?uri=OJ:l:2003:001:0001:0025:en:PDF>. Acesso em: 28 dez. 2010.

EU. Commission Notice on the conduct of settlement procedures in view of the adoption of Decisions pursuant to Article 7 and Article 23 of Council Regulation (EC) n. 1/2003 in cartel cases, [2008] O.J. C 167/01. Disponível em: <http://eur-lex.europa.eu/LexUriServ/LexUriServ.do?uri=OJ:C:2008:167:0001:0006:EN:PDF>. Acesso em: 19 dez. 2010.

FONSECA, João Bosco Leopoldino da. *Lei de proteção da concorrência*. 3. ed. Rio de Janeiro: Forense, 2007.

FORGIONI, Paula A. *Os fundamentos do antitruste*. 4. ed. São Paulo: Revista dos Tribunais, 2010.

GILBERT, Richard J. *Networks, standards, and the use of market dominance: Microsoft (1995)*. Disponível em: <http://www.us.oup.com/us/pdf/kwoka/0195120159_17.pdf>. Acesso em: 22 dez. 2010.

GOLDBERG, Milton. Nature, Purpose and Use of Consent Decrees, paper n. 08, *Bureau of Business and Economic Research*. Paper n. 08, Michigan State University, 1962.

GRAU, Eros Roberto; FORGIONI, Paula A. Compromisso de cessação e compromisso de desempenho na Lei Antitruste brasileira. *O Estado, a empresa e o contrato*. São Paulo: Malheiros, 2005.

INTERNATIONAL COMPETITION NETWORK – Cartel Working Group – Subgroup 1 – General Legal Framework. *Cartel Settlements*. Report to the ICN Annual Conference, Kyoto, Japan, April 2008. Disponível em: <http://www.internationalcompetitionnetwork.org/uploads/library/doc347.pdf>. Acesso em: 19 dez. 2010.

ISENBERGH, Maxwell S.; RUBIN, Seymour J. Antitrust Enforcement through Consent Decrees. *Harvard Law Review* 53/389, 1939.

MAYER BROWN INTERNATIONAL LLP. *EU & UK Antitrust/Competition Legal Alert*. 3 July 2008. Disponível em: <http://www.mayerbrown.com/london/article.asp?id=5109&nid=369>. Acesso em: 20 dez. 2010.

OECD, *Plea Bargaining and Settlement of Cartel Cases*, September 2008. Disponível em: <http://www.oecd.org/dataoecd/56/43/41255395.pdf>. Acesso em: 20 dez. 2010.

PEREIRA, Caio Mário da Silva. *Instituições de direito civil*. 8. ed. Rio de Janeiro: Forense, 1995. v. 2. Teoria geral das obrigações.

RIBAS, Guilherme Favaro Corvo. Programas de *compliance* antitruste. *Desafios atuais da regulação econômica e concorrência*. São Paulo: Atlas, 2008.

SDE.*Política da SDE em Termo de Cessação de Prática em casos de cartel*. Fevereiro de 2008. Disponível em: <www.mj.gov.br/sde>. Acesso em: 28 dez. 2010.

TURRA, Leonardo Canabrava. Do compromisso de cessação de prática no sistema brasileiro de defesa da concorrência: considerações sobre a sua natureza jurídica, compulsoriedade de celebração pela Administração Pública e questões de direito intertemporal. *Revista IOB de Direito Administrativo*, n. 6, jun. 2006.

USA. *United States of America, Appellee v. Microsoft Corporation, Appellant*, United States Court of Appeals for the District of Columbia Circuit, 253 F.3d 34 (D.C. Cir. 2001). Disponível em: <http://openjurist.org/253/f3d/34/united-states-of-america-v-microsoft-corporation>. Acesso em: 22 dez. 2010.

______. *United States of America, Plaintiff, v. Microsoft Corporation, Defendant*, United States District Court for the District of Columbia, Civil Action n. 94-1564 (Stanley Sporkin) [filed March 14, 1995]. Order. Disponível em: <http://www.justice.gov/atr/cases/f0100/0131.pdf>. Acesso em: 22 dez. 2010.

______. *United States of America, Plaintiff, v. Microsoft Corporation, Defendant*, United States District Court for the District of Columbia, Civil Action n. 94-1564 (Stanley Sporkin). Order Re Motion to Approve the Consent Decree. Disponível em: <http://www.justice.gov/atr/cases/f0100/0101.htm>. Acesso em: 22 dez. 2010.

______. *United States v. Crompton Corporation*, n. CR 04-0079 MJJ (N.D. Cal. 2004). Disponível em: <http://www.justice.gov/atr/cases/f214400/214448.htm>. Acesso em: 21 dez. 2010.

VICENTINI, Pedro C. A confissão de culpa nos termos de compromisso de cessação: requisito essencial ou prescindível, face ao programa de leniência? *Revista do IBRAC*, São Paulo: Revista dos Tribunais, n. 17, 2010.

Remédios concorrenciais e propriedade intelectual

Camilla Capucio
e Renato Dolabella Melo

1. Introdução

A interface entre os direitos de Propriedade Intelectual (PI) e a Defesa da Concorrência tem sido objeto de análise cada vez mais frequente.[1] As possíveis restrições concorrenciais provocadas pela exclusividade de exploração de tecnologias, sinais distintivos e demais ativos intangíveis protegidos pela PI podem, eventualmente, configurar um elemento muito importante para o julgamento de atos de concentração e condutas entendidas como infrações à ordem econômica. Assim, é necessário examinar como as formas de intervenção

1. Destaca-se que atualmente a doutrina reconhece a complementaridade entre essas esferas e o compartilhamento de objetivos, embora seja necessário também equilíbrio e racionalidade na aplicação conjunta das regras jurídicas que regulam a PI e aquelas que regem a Defesa da Concorrência. A esse respeito: "Although antitrust law seeks to maximize competition while patent law affirmatively impairs it, neither pursues its role single-mindedly and autonomously. Rather they (together with other regimes) operate cooperatively in pursuit of the same larger goal – better aligning an imperfect real world with the assumptions required for maximally efficient overall market operation. When they interact, the issue is not determining which regime should prevail. It is ensuring their joint application produces a maximally efficient market" (CHIAPPETTA, 2010, p. 10). Relevante também destacar que a predominância dessa abordagem de complementaridade é relativamente recente: "Over the past several decades, antitrust enforcers and the courts have come to recognize that intellectual property laws and antitrust laws share the same fundamental goals of enhancing consumer welfare and promoting innovation. This recognition signaled a significant shift from the view that prevailed earlier in the twentieth century, when the goals of antitrust and intellectual property law were viewed as incompatible: intellectual property law's grant of exclusivity was seen as creating monopolies that were in tension with antitrust law's attack on monopoly power" (U.S. Department of Justice; Federal Trade Commission, 2007, p. 1).

concorrencial podem recair sobre os direitos de PI de maneira a resguardar, de forma eficiente, o bom funcionamento do mercado.

A Propriedade Intelectual é um ramo do Direito que visa tutelar certas criações do intelecto humano. Divide-se em Propriedade Industrial (patentes, desenhos industriais, marcas e indicações geográficas), Direitos Autorais e de *Software*, Cultivares e Topografias de Circuitos Integrados.

As patentes visam proteger criações de natureza tecnológica, que apresentam uma solução técnica para um problema. As inovações que são protegidas por esse tipo de direito propõem algum tipo intervenção na dinâmica da natureza, de modo a gerar um efeito novo e passível de ser aproveitado na indústria.[2] Os desenhos industriais, ao contrário das patentes, não protegem nenhum aspecto funcional da criação, mas somente suas características estéticas. Nesse sentido, tutela-se o formato de um produto ou um conjunto de linhas e cores (estampa) que possa ser aplicado em sua superfície. Esses dois tipos de direito visam conceder exclusividade no uso de uma inovação de natureza tecnológica e industrial, no que diz respeito a aspectos funcionais ou estéticos, respectivamente.

As marcas e as indicações geográficas, apesar de também integrarem a Propriedade Industrial, possuem características e funções bastante distintas das patentes e desenhos industriais. Basicamente, são espécies de sinais distintivos, cuja principal atribuição é a de diferenciar os concorrentes dentro do mercado. Além de resguardar a identidade dos fabricantes, comerciantes e prestadores de serviço, esse tipo de sinal também visa reduzir custos de transação, na medida em que facilita a busca do demandante pelo objeto que deseja. A diferença básica entre as marcas e as indicações geográficas é que as primeiras podem ser de titularidade de uma pessoa,[3] que terá a liberdade de definir

2. "Invento é uma solução técnica para um problema técnico. Essa a noção que deriva do texto constitucional. Invenção é a criação intelectual maior, objeto da patente de invenção, à qual, tradicionalmente, se concede prazo maior e mais amplidão de proteção. Assim, invento é termo genérico, do qual invenção é específico. A proteção, assim, se volta para uma ação humana, de intervenção na Natureza, gerando uma solução técnica para um problema técnico. Não têm proteção, mediante patentes, a simples descoberta de leis ou fenômenos naturais, as criações estéticas ou as criações abstratas (não técnicas), como planos de contabilidade, regras de jogo ou programas de computador. (...) Assim, não é invento a criação que não é técnica – se for abstrata, ainda que economicamente relevante, ou se for artística não satisfará o requisito de ser invento" (BARBOSA, 2003, p. 337 e 346).

3. Deve-se destacar que a legislação brasileira prevê a existência de uma espécie de marca chamada "coletiva", para identificar produtos ou serviços provindos de membros de uma determinada entidade. Contudo, não se confunde com as

quem poderá usar ou não o seu nome/símbolo. Já as segundas necessariamente se vinculam a um local de produção e serão utilizadas pela coletividade de ofertantes presentes naquela área, de modo a indicar a origem geográfica do produto ou serviço.

Um traço comum a todas as espécies de Propriedade Industrial é que a proteção é concedida para que as criações sejam efetivamente exploradas no mercado, diretamente por seus titulares ou por meio de terceiros devidamente autorizados. Tais direitos não se propõem a estabelecer barreiras absolutas à concorrência, mas sim determinar restrições temporárias[4] para incentivar os agentes a inovar. Assim, a concessão do direito pressupõe que seu objeto venha a ser efetivamente explorado economicamente.

Ainda em relação à Propriedade Industrial, é preciso destacar que, historicamente, as normas referentes a esse ramo da PI também tratam da repressão à concorrência desleal.[5] Contudo, deve-se notar que isso não se confunde com a defesa da concorrência ou da ordem econômica. A concorrência desleal é tida como uma prática contrária "aos usos honestos em matéria industrial ou comercial",[6] o que é usualmente entendido como o desvio ilícito de clientela por meio de alguma trapaça. Nesse caso, um concorrente se vale de algum "truque sujo" para obter ganhos em detrimento de um adversário. A legislação trata esse tema em conjunto com a Propriedade Industrial porque as patentes, desenhos industriais, marcas e indicações geográficas são consideradas formas de repressão à concorrência desleal, na medida em que buscam evitar que um agente se aproprie indevidamente de uma tecnologia ou sinal distintivo que pertence a terceiro. Ao usurpar o ativo intangível, aquele que age dessa forma poderia obter para si uma clientela que, caso fosse respeitada a exclusividade sobre a inovação, estaria naturalmente destinada ao inovador e não àquele que se comporta de forma desonesta. Dessa forma, o respeito à Propriedade Industrial evita esse acesso indevido e reprime a concorrência desleal nesse âmbito.

---

indicações geográficas, porque, ao contrário destas, não possui vinculação com nenhuma região específica.

4. Exceto pelas indicações geográficas, todas as demais espécies de Propriedade Industrial possuem um prazo limitado de duração. As marcas, em que pesem poder ter seu registro renovado quantos vezes o titular desejar, formalmente têm vigência de dez anos, nos termos do art. 133 da Lei 9.279/1996. Findo esse prazo, deve ser requerida sua prorrogação.

5. Já havia referência à repressão à concorrência desleal na Convenção da União de Paris – CUP, que foi o primeiro tratado internacional sobre Propriedade Intelectual, celebrado em 1883. O Brasil foi signatário e fundador da Convenção.

6. Art. 10, *bis*, da CUP, conforme revisão de 1967 (Estocolmo) e Decreto 75.572/1975.

A repressão à concorrência desleal visa, portanto, assegurar o direito de clientela de um determinado concorrente. Este é o titular do interesse protegido, que, sob esse aspecto, pode ser considerado de repercussão microjurídica, na medida em que se limita a tutelar um agente específico em sua relação com um concorrente que age de forma desonesta.

A Defesa da Concorrência, ao contrário, possui um aspecto mais amplo. Não visa proteger o interesse de um concorrente, mas sim toda a dinâmica de competição entre os agentes no mercado, de modo que esse possa operar de maneira satisfatória. Nesse sentido, busca assegurar o bom funcionamento da economia, o que é um interesse muito mais amplo do que o de uma única pessoa e tem toda a coletividade como titular desse direito protegido.[7] Assim, a defesa da concorrência trata de situações que possam afetar o mercado de forma concreta ou potencial, não sendo objeto de suas normas qualquer fato que não tenha essa característica.

Dessa forma, para a correta compreensão da interface entre a Propriedade Intelectual e a Defesa da Concorrência, é preciso entender que esta última não é um sinônimo de repressão à concorrência desleal. São situações distintas, cujo objeto de proteção e respectivos titulares de direitos também são diferentes.

Feito esse esclarecimento, passamos a apresentar os aspectos relativos aos Direitos Autorais, espécie de PI distinta da Propriedade Industrial. A legislação de Direito Autoral busca tutelar as chamadas "obras do espírito", assim nomeadas por serem consideradas projeções da personalidade do autor no mundo concreto. Ao contrário da Propriedade Industrial, não tutelam aspectos tecnológicos industriais e tampouco possuem como elemento inerente à proteção o aproveitamento econômico da criação, ainda que este não seja vedado. Nesse âmbito, encontram-se as obras artísticas e científicas, tais como textos, músicas, fotografias, esculturas e filmes, entre outras.

No Brasil, os *Softwares* (ou programas de computador) são tratados como espécies de Direito Autoral,[8] embora estejam sujeitos à aplicação de certos dispositivos específicos.[9] A tutela recai sobre um conjunto de instruções elaborado para fazer funcionar algum tipo de máquina. A exclusividade, portanto, é sobre o texto que contém tais comandos. Por fim, deve-se ainda destacar a existência de duas outras espécies de Propriedade Intelectual: as Cultivares, que protegem melhoramentos feitos em espécies vegetais, e as Topografias de Circuitos Integrados, que tutelam a configuração tridimensional de um circui-

7. Parágrafo único do art. 1.º da Lei 8.884/1994.
8. Art. 7.º, XII, da Lei 9.610/1998.
9. Lei 9.609/1998.

to, assim entendida como a disposição geométrica e arranjos concebidos em cada uma de suas camadas.

É possível perceber, portanto, a existência de diversos tipos distintos de direitos de Propriedade Intelectual, cada um com um escopo definido. Entre si, possuem como aspecto similar o fato de a legislação conceder exclusividade de exploração sobre o seu objeto, que é oriundo do intelecto humano.

2. Formas de intervenção concorrencial na propriedade intelectual

Apresentadas as espécies de PI, é preciso analisar como os remédios concorrenciais[10] podem interagir com esse tipo de direito. Basicamente, a questão relevante diz respeito ao acesso à exploração daquele conhecimento protegido, que será o foco dos mecanismos de intervenção, sejam eles estruturais ou comportamentais.

Uma forma para que terceiros tenham acesso a um ativo protegido pela Propriedade Intelectual é a cessão. Esse mecanismo consiste na transferência definitiva de direitos, que efetivamente muda de titular. Dada a natureza de alienação, quando imposta pela autoridade de defesa da concorrência,[11] é uma medida relacionada a intervenções de ordem estrutural.[12]

10. Remédios concorrenciais podem ser entendidos como mecanismos de intervenção, aplicados pela autoridade estatal de defesa da concorrência, visando assegurar os princípios constitucionais da ordem econômica e o bom funcionamento do mercado. Os remédios podem ter natureza estrutural ou comportamental, conforme sejam aplicados, respectivamente, de modo a intervir na participação dos agentes no mercado ou em condutas que estes venham a praticar.

11. Lembrando que uma cessão de direitos de Propriedade Intelectual pode também ter natureza contratual e não de intervenção, quando realizada por livre vontade das partes envolvidas na alienação.

12. Intervenções estruturais, como o próprio nome evidencia, configuram medidas relacionadas à estrutura do mercado e à participação dos agentes ali presentes (*market share*). São atos destinados a modificar essa composição do mercado ou evitar alterações na mesma que possam gerar limitações exarcebadas na concorrência. Considerando que a Propriedade Intelectual pode ser determinante para que um empresário detenha certa parcela do mercado, a imposição de uma alienacão (cessão) de direitos de PI seria uma medida de intervenção estrutural, pois visa modificar o *market share* do agente e/ou criar condições que facilitem a entrada de novos concorrentes no mercado. Já as intervenções comportamentais destinam-se a exigir do agente a prática de certas ações para assegurar o bom funcionamento do mercado, de modo a evitar danos potenciais ou concretos a este. Contudo, esse tipo de intervenção não determina a alienação de ativos, que são medidas relacionadas estruturais. Nesse sentido, o mecanismo de cessão aplica-se

Outro instrumento é a licença ou licenciamento. Nesse caso, o titular do direito permanece inalterado. Contudo, um ou mais terceiros serão autorizados a explorar a criação. A legislação brasileira admite inclusive a licença voluntária, que possui caráter contratual e decorre do acordo de vontade entre as partes. Contudo, em alguns casos específicos, é previsto uma forma específica de licenciamento compulsório, no qual o Estado determina quem receberá a licença, quanto pagará por isso e qual será o seu prazo de duração. Nessas hipóteses, a vontade do titular do direito não é levada em conta para a concessão da autorização, o que evidencia o caráter compulsório da medida.

É importante perceber que, apesar de o mecanismo de "licença compulsória", tal como previsto na legislação de Propriedade Intelectual, poder ser acionado em alguns casos de abuso de poder econômico,[13] usualmente as autoridades de defesa da concorrência (inclusive o CADE) lançam mão do licenciamento de forma um pouco distinta da que é estipulada nas normas de PI. Isso pode ser verificado especialmente no caso de remédios negociados, tais como o Termo de Compromisso de Desempenho ou o Termo de Cessação de Conduta, quando o agente fica obrigado a licenciar o ativo sem que a autoridade determine, entre outros pontos, um beneficiado específico, o valor da remuneração ou prazo da licença. Assim, ainda que assuma a obrigação de promover o licenciamento, o titular do direito permanece com alguma margem de decisão quanto à forma de sua efetivação, o que não se aplica no licenciamento compulsório previsto nos dispositivos de Propriedade Intelectual, como dito anteriormente. Normalmente, a autoridade de defesa da concorrência se limita a exigir que as condições da negociação sejam compatíveis com as usualmente praticadas no mercado e que não haja discriminação entre os concorrentes, o que é muito distinto do papel que o Estado assume quando determina todos os aspectos da licença compulsória. Como exemplo, é possível apontar o licenciamento compulsório do medicamento Efavirenz, ocorrido em 2007. O Decreto 6.108/2007, ao determinar a licença, também estipulou o valor a ser pago ao titular da patente,[14] não tendo sido conferido a este nenhum direito de negociação quanto a esse montante.

---

a remédios vinculados a questões de estrutura, dada sua natureza de tranferência definitiva de direitos.

13. No Brasil, há previsão expressa para tanto no caso de patentes, cultivares e topografias de circuitos integrados. Entretanto, a legislação de Propriedade Intelectual não faz nenhuma permissão nesse sentido no caso de marcas, indicações geográficas, direitos autorais e programas de computador. Vide: MELO, 2010.

14. Decreto 6.108/2007: "Art. 2.º A remuneração do titular das patentes de que trata o art. 1.º é fixada em um inteiro e cinco décimos por cento sobre o custo do me-

Por fim, além da cessão e da licença, é também possível identificar uma outra forma de intervenção Trata-se da obrigação de retirada do mercado de uma marca por um determinado período, mecanismo que já foi aplicado no passado pelo CADE. Nesse caso, entende-se que o sinal configura um elemento muito forte de fidelização de clientela e sua permanência no mercado dificulta a entrada de novos concorrentes, que teriam que promover gastos com publicidade e fixação de sua própria marca junto aos demandantes.[15] Exemplo clássico dessa hipótese é o caso Colgate/Kolynos,[16] no qual, em função da concentração, as duas marcas líderes no mercado brasileiro de cremes dentais ficariam sob o comando de um mesmo agente. O CADE ofereceu três possibilidades para aprovação da aquisição: cessão da marca, seu licenciamento exclusivo a um concorrente ou sua retirada do mercado pelo prazo de cinco anos. A Colgate optou pela última alternativa.

Na prática, tais mecanismos abstratos (cessão, licença ou retirada do ativo) são usualmente aplicados pelas autoridades de defesa da concorrência inseridos em algum instrumento estrutural ou comportamental mais amplo, efetivado em função do julgamento de um ato de concentração ou de uma conduta enquadrada como uma infração contra a ordem econômica. Mesmo no caso de licenciamento compulsório, nos termos da legislação de Propriedade Intelectual, a única hipótese na qual o CADE pode efetivar a licença em um procedimento autônomo será no caso das Cultivares, conforme previsto na Lei 9.456/1997. Conforme arts. 31 e 33 dessa norma, o Ministério da Agricultura receberá o requerimento de licença compulsória, devendo elaborar parecer técnico e encaminhar a demanda ao CADE, cabendo a este decidir a matéria. Nas demais situações, a intervenção se dará como consequência de um julgamento de conduta infratora ou ato de concentração, nos termos da Lei 8.884/1994. Deve-se ainda destacar, por fim, que nos casos de licença compulsória de Patentes ou de Topografias de Circuitos Integrados, caberá ao INPI a concessão da medida, conforme Leis 9.279/1996 e 11.484/2007. No primeiro caso, inclusive, o papel do CADE limita-se a reconhecer a ocorrência de abuso de posição dominante e recomendar ao INPI o licenciamento (e não "determinar"), nos termos do art. 24, IV, "a" da Lei 8.884/1994.

---

dicamento produzido e acabado pelo Ministério da Saúde ou o preço do medicamento que lhe for entregue".

15. Gastos esses tradicionalmente considerados custos irrecuperáveis (*sunk costs*), uma vez que não poderão ser reavidos pelo concorrente caso este se retire daquele mercado no qual promoveu os investimentos.

16. Ato de Concentração 24/1995.

3. Caso Gemplus/Axalto

Para ilustrar a aplicação de um remédio concorrencial em um caso concreto, passaremos a descrever o ato de concentração que envolveu a Gemplus e a Axalto, julgado tanto pelo CADE[17] quanto pela Comissão da União Europeia.[18] Basicamente, o caso refere-se a fabricantes de cartões plásticos de segurança e ofertantes de *softwares, hardwares* e serviços relacionados.

3.1 União Europeia

A análise dos atos de concentração na União Europeia é realizada pela Comissão Europeia, conforme estabelecido no *European Commission Merger Regulation,* Regulamento 4064/89, com modificações posteriores pelo Regulamento 139/2004.[19]

Embora não tenha uma dimensão comunitária segundo os critérios estabelecidos no Regulamento, no caso em questão as partes requereram que a transação fosse analisada pelo órgão comunitário, vez que a concentração era passível de análise por diferentes autoridades nacionais de defesa da concorrência de seis Estados membros (França, Alemanha, Grécia, Portugal, Espanha e Reino Unido). Tal pedido foi acatado, tendo em vista que nenhum dos Estados membros competentes se manifestou contrariamente.

17. Conselho Administrativo de Defesa Econômica, 2006.
18. Comission of European Communities, 2006.
19. "Article 1. Scope 1. Without prejudice to Article 4(5) and Article 22. this Regulation shall apply to all concentrations with a Community dimension as defined in this Article. 2. A concentration has a Community dimension where: (a) the combined aggregate worldwide turnover of all the undertakings concerned is more than EUR 5000 million; and (b) the aggregate Community-wide turnover of each of at least two of the undertakings concerned is more than EUR 250 million, unless each of the undertakings concerned achieves more than two-thirds of its aggregate Community-wide turnover within one and the same Member State. 3. A concentration that does not meet the thresholds laid down in paragraph 2 has a Community dimension where: (a) the combined aggregate worldwide turnover of all the undertakings concerned is more than EUR 2500 million; (b) in each of at least three Member States, the combined aggregate turnover of all the undertakings concerned is more than EUR 100 million; (c) in each of at least three Member States included for the purpose of point (b), the aggregate turnover of each of at least two of the undertakings concerned is more than EUR 25 million; and (d) the aggregate Community-wide turnover of each of at least two of the undertakings concerned is more than EUR 100 million, unless each of the undertakings concerned achieves more than two-thirds of its aggregate Community-wide turnover within one and the same Member State."

Quanto ao mercado relevante na dimensão do produto, a Comissão entendeu por bem segmentá-lo em categorias principais, segundo a aplicação dos cartões e a tecnologia usada nos respectivos chips. A análise dos efeitos concorrenciais se deu, portanto, em relação a segmentos diferenciados como: (1) cartões SIM (com chip microprocessador), (2) cartões de telefone pré-pago (com chip de memória) e (3) demais cartões, como cartões de pagamento (com chip microprocessador em sua maioria), cartões governamentais e de identificação (com chip microprocessador em sua maioria) e outros como cartões de transporte ou TV paga. Atenção especial é conferida aos dois primeiros e principais segmentos, dada a observada ausência de efeitos nessa terceira segmentação.

Outro mercado relevante distinto considerado na operação se refere à plataforma OTA de administração de cartões SIM, produtos e serviços relacionados com a administração de cartões SIM já emitidos, feita através da tecnologia denominada Over-The-Air ("OTA"), que permite aos operadores de celulares atualizar e aplicar comandos a cartões SIM sem estarem conectados fisicamente ao cartão. Embora as partes tenham argumentado se tratar de produto associado diretamente aos cartões, a Comissão observa que, sob a perspectiva da demanda, a plataforma OTA de administração é não substituível em relação aos demais produtos e serviços operacionais de cartões disponíveis no mercado, e sob a perspectiva da oferta as funcionalidades da OTA requerem *know-how* diferenciado daquele necessário a serviços operacionais gerais.

No que se refere ao mercado relevante em sua dimensão geográfica, a Comissão determinou que, no segmento dos cartões SIM, trata-se de um escopo circunscrito à Área Econômica Europeia. Especificamente no que tange aos cartões para pagamento, a Comissão julgou se tratar de mercados ainda com escopo nacional.[20] A dimensão geográfica dos demais cartões não foi determinada pela Comissão, que entendeu ser desnecessária considerando a ausência de efeitos em relação a esses casos.

Em relação à dimensão geográfica do mercado relevante de plataforma OTA de administração de cartões SIM, as partes alegaram se tratar de mercado mundial, pois não haveria barreiras geográficas à expansão e fornecimento do produto. A Comissão não invalidou esta suposição, entendendo, contudo, não ser necessária uma definição precisa se o mercado é de dimensão mundial ou circunscrita à Área Econômica Europeia, vez que a análise dos efeitos à concorrência permanece inalterada independente dessa definição.

20. Haja vista a existência de distinção da União Europeia entre os países que adotam standards para o uso de cartões de pagamento e países que se abstém, associado à necessidade de centros personalizados acreditados no nível nacional.

Apesar do aumento do *market share* relativo ao agente resultante da operação, estabelecido em 40-50% para cartões SIM e 30-40% para cartões de pagamento, a Comissão entendeu que a criação de uma posição dominante nesses mercados não impediria significativamente a competição efetiva no mercado comum e seria capaz de gerar eficiências, não havendo para a operação potenciais impactos no preço dos produtos.

No que tange aos efeitos sob a inovação, tendo em vista que este é um fator chave para a competitividade de um produtor nesses mercados, a Comissão concluiu que a nova entidade resultante da operação continuará mantendo um forte incentivo em inovar. Assim, as partes não teriam interesse em reduzir esforços em Pesquisa e Desenvolvimento (P&D), ao contrário, poderão melhor alocar suas capacidades em P&D com a aprovação da operação em análise.

No que se refere aos direitos de propriedade intelectual relativos aos cartões, foi constatado que ambas as requerentes, Axalto e Gemplus, possuem um grande portfólio de patentes e, conjuntamente, teriam possibilidades e incentivos para prejudicar a posição de seus competidores no mercado. Isso porque os direitos de PI são elementos essenciais no mercado de cartões e a combinação dos dois maiores portfólios do mercado poderia afetar os competidores já existentes e os novos entrantes em potencial. A nova entidade resultante da operação estaria em um posicionamento em que poderia marginalizar concorrentes, somando-se o risco evidenciado de coordenação tácita juntamente com outros agentes. Consequentemente, a Comissão explicitou suas dúvidas sobre a compatibilidade da operação com o mercado comum, vez que poderia "impedir significativamente a competição efetiva, em particular como resultado da criação de uma posição dominante".

O segundo aspecto que, segundo a Comissão, poderia trazer efeitos anti-concorrenciais diz respeito à posição dominante a ser atingida no mercado de plataformas OTA de administração de cartões SIM, vez que os agentes em conjunto passam a ser detentores de 30-40% do mercado da Área Econômica Europeia, e em torno de 40-50% do mercado mundial. Se antes da operação não havia incentivo para as partes favorecerem seu próprio sistema OTA, vez que nenhuma delas possuía poder de mercado suficiente para se beneficiar desse comportamento, após a transação a entidade passa a deter considerável poder de mercado, o que, associado ao portfólio de PI e capacidade de inovação, poderia gerar efeitos indesejados à concorrência. Em especial a Comissão reconheceu a possibilidade das partes, que, juntas, se tornariam detentoras de poder de mercado em setores adjacentes, caso se utilizassem, por exemplo, de sua posição dominante no mercado de plataformas OTA para prejudicar seus concorrentes no mercado de cartões ou, de maneira oposta, se valessem de sua posição dominante no mercado de cartões para associá-los à comercialização das plataformas OTA.

Assim, para que fosse aprovada a operação, as partes negociaram com a Comissão uma série de compromissos, consubstanciadas em documento denominado *Commitments to the European Commission*, que se trata de um correspondente ao Termo de Compromisso de Desempenho previsto na legislação brasileira no art. 58 da Lei 8.884/1994.

Dentre as condições estabelecidas pelo documento, destacam-se a seção B e a seção C, que tratam respectivamente do compromisso de conceder licenças de patentes e da abertura de acesso a informações que permitam a interoperabilidade das plataformas OTA.

No que tange ao compromisso de licenciamento, foi estabelecido que, por um período de dez anos (sujeito à possibilidade de encurtamento do período segundo revisão pela Comissão após cinco anos, tendo em vista o desenvolvimento tecnológico e/ou de mercado), a entidade resultante da operação concederá licenças não exclusivas de uma, diversas ou todas as famílias de patentes de seu portfólio. Os detalhes sobre este procedimento deverão constar na documentação da entidade resultante, e em seu *website*, dentre eles um formulário de licenciamento *standard* que deverá ser aprovado pela Comissão.

No que se refere à plataforma OTA, as partes assumiram o compromisso de por oito anos, (sujeito à possibilidade de encurtamento do período segundo revisão pela Comissão após cinco anos, tendo em vista o desenvolvimento tecnológico e/ou de mercado, mediante solicitação por escrito), a divulgar informações que permitam a interoperabilidade a qualquer terceiro qualificado para fornecer cartões SIM para qualquer cliente que tenha comprado uma plataforma OTA da entidade combinada ou mediante acordo escrito de um cliente que comprou uma plataforma OTA da entidade combinada.

Foi previsto também o fornecimento de assistência técnica razoável, incluindo consultas e instalações para testes de interoperabilidade que deveriam ser fornecidos quando necessário, e a preços justos, razoáveis e não discriminatórios para permitir que terceiros pudessem entender e ser capazes de implementar as informações sobre a interoperabilidade. A divulgação das informações sobre a interoperabilidade para um terceiro deveria ser precedida de um acordo prévio com a entidade resultante da concentração no que diz respeito à confidencialidade, aos preços e às intervenções dos terceiros.

O documento previa também algumas regras gerais sobre a resolução de litígios oriundos dos respectivos compromissos. Assim, se a entidade combinada e um terceiro não conseguissem concordar com os termos da licença de patentes ou das informações a serem divulgadas sobre a plataforma OTA, tal desacordo seria solucionado exclusivamente pelo processo simplificado de resolução de litígios previsto no Compromisso. De maneira geral, foi prevista fase para cooperação e consultas entre as partes, mediação e caso não se chegue à uma solução com os métodos anteriores, tem lugar um procedimento arbitral a se desenvolver na Câmara Internacional de Comércio.

Assim, a operação foi aprovada com restrições na Europa em 19.05.2006.

3.2 Brasil

A operação foi submetida ao Sistema Brasileiro de Defesa da Concorrência em 26.12.2005. A Secretaria de Acompanhamento Econômico produziu parecer[21] no qual definiu o mercado relevante na dimensão produto em: (1) cartões SIM ou de telecomunicação móvel (com chip microprocessador que permite a prestação de serviços por conexão sem fio), (2) cartões para pagamento (cartões de débito, crédito e operações de pagamento similares) e (3) outros cartões, como identificação, assistência médica, segurança corporativa, telefones pré-pagos, fidelidade e transporte coletivo. Quanto à dimensão geográfica, a SEAE, por precaução, adotou o mercado nacional, apesar de haver evidências de tratar-se de âmbito mundial.

A Secretaria de Direito Econômico (SDE), em seu parecer, não se manifestou sobre os efeitos concorrenciais da operação, pois, como esta foi analisada pelo rito de instrução conjunta, previsto pela Portaria SEAE/SDE 33/2006, não há dupla análise das Secretarias sobre tais aspectos. Já o CADE concordou com as definições apresentadas pela SEAE, adotando o entendimento da Secretaria quanto ao mercado relevante nas dimensões produto e geográfica.

Após a realização da operação, a participação conjunta dos agentes seria de 48% no mercado de cartões SIM, 16,85% no de cartões para pagamento e 0,36% no segmento de outros cartões. Assim, o CADE entendeu que somente haveria motivos para preocupação, do ponto de vista concorrencial, no mercado de cartões SIM.[22]

Comparado com a análise europeia, o caso brasileiro apresentou duas diferenças importantes: (1) o domínio de patentes seria um elemento menos relevante para o Brasil, considerando, inclusive, a grande diferença no número de registros quando o mercado brasileiro é comparado com o restante do mun-

21. Secretaria de Acompanhamento Econômico, 2006.

22. No mercado de cartões de pagamento, a participação da Gemplus antes da fusão era muito pequena, de 0,57%. Dessa forma, o Conselheiro Relator entendeu que não haveria efetiva concentração oriunda da operação nesse ponto.

do[23] e (2) o agente resultante da operação não teria uma quantidade de poder de mercado nas plataformas OTA para afetar o segmento de cartões SIM. Por essas razões, o Termo de Compromisso de Desempenho (TCD) brasileiro foi significativamente mais simples do que o europeu. Essencialmente, o Termo definiu a obrigatoriedade de licença não exclusiva, sob condições justas, razoáveis e não discriminatórias, das patentes depositadas no Brasil por Gemplus/Axalto e relevantes ao mercado de cartões SIM, a qualquer agente que já atue nesse âmbito no Brasil ou tenha intenção de fazê-lo. O prazo definido para a vigência do TCD foi de dez anos.

Nesses termos, a operação foi aprovada com restrições no Brasil em 04.10.2006.

4. Pontos que devem ser levados em conta na aplicação de remédios concorrenciais sobre a propriedade intelectual

Dadas as características específicas da PI, qualquer intervenção concorrencial relacionada a esse tipo de direito deve atentar para uma série de questões, a fim de que a aplicação do remédio seja de fato eficiente. As diferenças entre as análises europeia e brasileira do caso Gemplus/Axalto são úteis para evidenciar um desses pontos relevantes: a influência que a Propriedade Intelectual gera no poder de mercado de um agente. Como dito, no caso brasileiro, entendeu-se que as patentes representavam um elemento muito menos relevante do que no contexto europeu, ainda que não fossem inteiramente desprovidos de importância.

Nesse sentido, é preciso compreender que nem sempre a Propriedade Intelectual gera poder de mercado.[24] A ocorrência ou não de tal força vai depender do grau de "substituibilidade" entre o objeto intelectual protegido e possíveis concorrentes no mercado. Não necessariamente a inovação será a única forma existente para se alcançar determinado objetivo. Assim, a PI confere um monopólio jurídico sobre a criação, mas será preciso verificar, em cada

23. Na época da operação, havia cerca de vinte e nove patentes e pedidos em nome de Gemplus/Axalto no Brasil, enquanto no resto do mundo os agentes detinham, somados, cerca de cinco mil patentes. Vale lembrar que os direitos de exclusividade patentários se limitam ao território de cada país que conceder a proteção. Assim, uma patente depositada na Europa não dispensa o pedido e concessão do mesmo também no Brasil para que haja direitos exclusivos no território brasileiro.

24. Cumpre salientar, também, que a simples detenção de poder de mercado, e inclusive a constituição de monopólio não resulta, por si só, em infração à ordem econômica. Vide, por exemplo: "It is not a violation of [the antitrust] laws to acquire a monopoly by lawful means, and those means include innovations protected from competition by the intellectual property laws" (POSNER, 2000, p. 6).

caso concreto, as condições do mercado para analisar se os direitos de exclusividade efetivamente produzirão poder de mercado.[25]

Ainda sob essa perspectiva, é importante perceber, quanto à questão das barreiras à entrada, que a PI não se propõe a estabelecer obstáculos permanentes que garantam o uso exclusivo das inovações protegidas para sempre.[26] Os próprios direitos de Propriedade Intelectual, em sua maioria, são limitados no tempo.[27] Expirado o prazo de duração, o conhecimento passa a integrar o domínio público e toda a sociedade poderá utilizá-lo livremente.

Além disso, a dinâmica econômica da inovação está fortemente calcada na noção de "criação destruidora", muito estudada por Schumpeter (1988). Nesse sentido, nenhum direito de PI visa impedir a criação de outras inovações que podem, inclusive, suplantar as então existentes. Quando isso ocorre, o agente inovador cria um novo mercado, no qual será o único ofertante até que

25. "Como destaca a doutrina, já vai longe o tempo em que se acreditava que marcas e patentes conferiam verdadeiro monopólio no sentido econômico. Em um mundo que se sofistica e se especializa, as marcas e patentes nem sempre conferem poder no mercado. A não ser nos ramos de alta tecnologia, onde a patente efetivamente gera monopólio, ao menos temporário, praticamente todos os produtos, mesmo quando substituíveis, são dotados de patentes. Produtos patenteados concorrem com outros patenteados ou até sem patentes" (SALOMÃO FILHO, 2003, p. 133-134). É interessante também destacar que a Suprema Corte norte-americana decidiu em 2006, ao julgar o caso Illinois Tool Works Inc. v. Independent Ink, Inc., que não se pode presumir que a patente confere poder de mercado ao seu titular. No caso, a Independent Ink (que era um distribuidor de tinta para impressoras) acusou um fabricante de peças para impressoras (Trident, que foi adquirida pela Illinois Tool) de praticar uma venda casada ao requisitar o uso de sua tinta nos aparelhos que eram manufaturados com sua tecnologia, negando ainda garantia aos usuários que agissem de forma distinta.

26. "While comprehensive empirical data is lacking, there is a widely held view that markets in the "New Economy" are characterized by an increased rate of innovation, relative ease of entry and instability of market shares. As a result, the argument proceeds, cartels and monopoly power in IP markets will necessarily be short-lived and in any event will be defeated more quickly and efficiently by market forces such as new entry than by any band of bureaucrats" (PITOFSKY, 2001, p. 537).

27. Além das observações já feitas quanto à duração das Marcas e Indicações Geográficas, alguns aspectos dos Direitos Autorais são imprescritíveis, porém, nesse último caso, não são relacionados a prerrogativas de exploração econômica, mas direitos como reconhecimento de autoria e acesso a exemplar único da obra, entre outros.

seus concorrentes possam copiar a sua criação.[28] Contudo, ao criar esse novo contexto, a inovação retira o espaço até então ocupado pelos conhecimentos que agora se tornaram obsoletos. O mercado desses últimos é destruído no processo e a sua utilidade econômica pode ser reduzida a nada. Nesse caso, nenhum direito de PI, ainda que vigente, irá impor qualquer barreira ao fenômeno da "criação destruidora", especialmente se considerarmos que, atualmente, para os direitos de PI cujo registro é condição essencial para o nascimento do direito de exclusividade (regime constitutivo de direito), o Estado exige a revelação pública da tecnologia.[29] Com isso, busca-se facilitar a criação de outras inovações a partir do conhecimento contido no objeto intelectual protegido.[30]

Essa dinâmica é ilustrada pela tese da "troca por segredos", uma das teorias elaboradas no século XIX para justificar a existência de um sistema legal de proteção de patentes. O progresso econômico que se deseja fomentar por meio do incentivo às inovações não será alcançado de forma plena se o conhecimento contido na invenção for mantido em segredo. A questão da revelação de tal matéria é de suma importância: caso não haja a divulgação pública desse conteúdo, o criador irá eternizar seu monopólio sobre a tecnologia, uma vez que ninguém mais poderia explorar o conhecimento, simplesmente porque a sociedade não teria acesso a essas informações mantidas em sigilo. Tal teoria busca demonstrar a relação entre inventor e sociedade que é estruturada por meio da patente: a primeira concede a exclusividade ao segundo em troca da revelação do segredo.

Assim, o primeiro ponto na análise concorrencial é verificar se, efetivamente, os direitos de PI envolvidos podem gerar poder e barreiras que influenciem indevidamente o funcionamento do mercado. Caso negativo, não deve

28. Evidentemente, a capacidade para cópia pode encontrar barreiras legais, como é o caso dos próprios direitos de PI, ou fáticas, como a falta de estrutura dos concorrentes para fabricar o objeto em questão. Esses elementos vão influenciar no prazo de uma eventual vantagem monopolista obtida pelo inovador.

29. São exemplos desse tipo de exigência os arts. 19, II, 25, 29 e 30 da Lei 9.279/1996, referentes à publicação do conteúdo de um pedido de patente.

30. "Incentivar os inventores a revelarem suas invenções era uma motivação baseada no princípio segundo o qual qualquer interessado pode explorar a invenção após a extinção da patente, ou seja, a partir da expiração do título jurídico que confere exclusividade de exploração do invento. Com a proteção da invenção pela patente, é certo não se perder a invenção com a morte do inventor que a teria guardado em segredo. Ao contrário, pela publicação da patente, tem-se acesso à informação atualizada sobre o conteúdo do estado da técnica" (LABRUNIE, 2005, p. 23).

haver intervenção, especialmente se considerarmos os custos para elaborar, aplicar e monitorar o remédio pela autoridade de defesa da concorrência.[31]

Se for identificado que de fato é necessária uma intervenção, a questão passa a ser referente ao tipo de remédio concorrencial a ser aplicado. Como dito, as espécies de Propriedade Intelectual são numerosas e nem todas têm a mesma função no mercado. Por exemplo: uma intervenção que determine o licenciamento não exclusivo de um sinal distintivo para todos os concorrentes no mercado tende a ser uma medida altamente ineficiente. Isso porque a principal função desse tipo de PI é diferenciar um concorrente de outro. Se todos puderem ser identificados pelo sinal licenciado, torna-se impossível diferenciação, o que é prejudicial inclusive aos demandantes do produto ou serviço em questão, pois é de se esperar que os seus custos de transação aumentem, na medida em que terão um maior esforço para escolher o ofertante dentro de um mercado no qual os agentes não possuam nenhuma diferenciação (apesar de poderem ser efetivamente diferentes uns dos outros; neste exemplo, o fato de usarem uma mesma marca não pressupõe que os produtos ou serviços que oferecem sejam idênticos).

Assim, pode-se perceber que a intervenção utilizada no caso Gemplus/Axalto (licenciamento não exclusivo) tenderia a ser inadequada para qualquer caso envolvendo sinais distintivos. Na verdade, mesmo o licenciamento exclusivo deve ser visto com muita cautela. No caso de inovações tecnológicas, científicas ou artísticas, o licenciado não teria a capacidade de destruir fisicamente a criação do licenciante, tendo em vista que esta é um bem abstrato e

31. "We typically require licensing of patents, and other intellectual property, usually for reasonable royalties, occasionally on a royalty-free basis. This will continue to be the remedy of choice for the foreseeable future in most monopolization cases, despite lingering questions of how effective these remedies are and how administrable they are by the courts that must oversee them. I want to mention the notion of doing nothing as a remedy. It allows me to quote Peter Ustinov's advice to young actors, which was: 'Don't just do something, stand there', which is if you are convinced of Schumpeterian waves of creative destruction and you are convinced that the firm has not simply entrenched itself in a way that prevents those waves from occurring, you sit back and let those waves unfold, and let the market correct itself. As long as you think it is going to happen reasonably quickly and you do not have another strong viable remedy–certainly our government, and our Justice Department chose this option in abandoning its case against IBM where it just turned out, given the scorched earth nature of the litigation over more than a decade, by both the government and the defendant, the market had so significantly changed that there was no further remedy the government thought was needed" (WALLER, 2008, p. 306).

intengível. Contudo, no caso dos sinais distintivos, o poder econômico eventualmente oriundo desse tipo de direito está baseado sobretudo na fama e na confiança que os demandantes depositam no ofertante identificado pela marca ou indicação geográfica. Um licenciado exclusivo que esteja mal intencionado poderia trabalhar no sentido de destruir a credibilidade do sinal do licenciante, especialmente considerando que este ainda seria o titular do direito e, encerrado o prazo da licença, teria de volta o direito de uso do nome/símbolo.[32] Esse fator também deve ser levado em conta para a elaboração de um remédio concorrencial eficiente nesse tipo de situação.

Porém, isso não quer dizer que o mecanismo de licenciamento seja potencialmente problemático somente quando relacionado a sinais distintivos. No caso dos demais tipos de inovação, é preciso atentar para uma série de elementos que influenciam a eficiência da medida, seja no que diz respeito à proteção à concorrência, seja quanto a não prejudicar o estímulo dos agentes para inovar. Questões como valor dos *royalties,* limitações geográficas de exploração e hipóteses que seriam passíveis de sanção por configurarem um mau uso do direito pelo licenciado devem ser estabelecidas de forma clara.[33] Também é preciso atentar para o prazo de duração do remédio e a vigência dos direitos de PI afetados. É preciso um equilíbrio entre os dois, pois uma medida que dura além do tempo no qual a Propriedade Intelectual tem efetivo valor econômico gerará custos desnecessários de monitoramento a partir de um certo ponto. Uma intervenção de duração muito curta também pode ser ruim, pois há o risco que ela permita, a partir de um certo momento, a ocorrência dos efeitos que se busca evitar, especialmente se a vida útil da PI for muito superior ao prazo do remédio concorrencial.

Também é importante perceber que, muitas vezes, os direitos de PI operam acompanhados de elementos que não estão protegidos pela Propriedade Intelectual, mas que podem ser fundamentais para o impacto das criações no

32. É possível que essa hipótese tenha também influenciado a decisão da Colgate no Ato de Concentração 24/1995, que preferiu retirar a marca Kolynos do mercado ao disponibilizá-la para um concorrente, ainda que por tempo determinado.

33. "Is the scope of the intellectual property, particularly if it is a patent, clear? Is the license only a negative prohibition, meaning simply that a patent owner is barred from suing for infringement? Or does the patent owner have to provide know-how and technology support? Is this an implied license, such as a naked covenant not to sue, or is it a full written license, with normal license terms? Who gets to set field-of-use restrictions or geographic restrictions? Can the patent owner ever terminate for misconduct by the licensee?" (DELRAHIM, 2004, p. 13-14).

mercado.[34] Determinado *know how* ou serviços de assistência técnica podem ser necessários para a exploração adequada de inovações tecnológicas, de modo que a cessão ou licenciamento que não leve em conta tais fatores pode ser ineficiente. O agente receberia o direito de utilizar a criação, mas faltar-lhe-iam informações importantes para o seu aproveitamento adequado.

No mesmo sentido, de pouco adiantará à concorrência se o CADE, ao determinar a retirada de um ativo do mercado, não identificar quais elementos acompanham o mesmo, ainda que não protegidos pela PI. O caso Colgate/Kolynos é ilustrativo nesse sentido: logo após a decisão que determinou a retirada da marca do mercado, a Colgate se aproveitou de todos os outros elementos que constituíam a fama e credibilidade da Kolynos no mercado (*jingles, slogans,* padrão de cores das embalagens e publicidade, por exemplo), relacionando-os ao novo sinal distintivo criado para suprir a lacuna do que foi retirado. Ao perceber a manobra, o CADE indicou expressamente que a decisão alcançava também esses outros elementos, determinando à Colgate a interrupção da prática. Contudo, é evidente que a intervenção por meio dos

34. Exemplo disso são os contratos de franquia, pois a Lei 8.955/1994 prevê expressamente a possibilidade de associação do uso de uma marca ou patente com outros conhecimentos que não estão contidos nesses direitos de Propriedade Intelectual:

Lei 8.955/1994:

"Art. 2.º Franquia empresarial é o sistema pelo qual um franqueador cede ao franqueado o direito de uso de marca ou patente, associado ao direito de distribuição exclusiva ou semi-exclusiva de produtos ou serviços e, eventualmente, também ao direito de uso de tecnologia de implantação e administração de negócio ou sistema operacional desenvolvidos ou detidos pelo franqueador, mediante remuneração direta ou indireta, sem que, no entanto, fique caracterizado vínculo empregatício".

"Art. 3.º Sempre que o franqueador tiver interesse na implantação de sistema de franquia empresarial, deverá fornecer ao interessado em tornar-se franqueado uma circular de oferta de franquia, por escrito e em linguagem clara e acessível, contendo obrigatoriamente as seguintes informações:

(...)

XIII – situação perante o Instituto Nacional de Propriedade Industrial (INPI) das marcas ou patentes cujo uso estará sendo autorizado pelo franqueador;

XIV – situação do franqueado, após a expiração do contrato de franquia, em relação a:

a) *know-how* ou segredo de indústria a que venha a ter acesso em função da franquia; e

b) implantação de atividade concorrente da atividade do franqueador."

remédios concorrenciais será mais eficiente na medida em que atuar de forma preventiva e já conseguir identificar quais elementos devem também ser objeto de intervenção juntamente com os direitos de PI, antes que o agente consiga provocar algum dano irreversível no mercado.

Por fim, a intervenção eficiente deve atuar por meio de mecanismos que protejam a concorrência sem desestimular a inovação.[35] É preciso perceber que a PI existe, entre outros fatores, para incentivar a criação de novidades no mercado, de modo a promover desenvolvimento tecnológico, científico, cultural e econômico. Assim a legislação de Defesa da Concorrência deve operar de forma harmônica com a legislação que rege a Propriedade Intelectual e ser interpretada compreendendo que a PI promove restrições temporárias à competição para que o mercado evolua com as inovações fomentadas. É necessária, portanto, a aplicação de critérios de proporcionalidade na elaboração dos remédios concorrenciais, fator que deve estar presente em qualquer forma de intervenção, mas de maneira mais acentuada no caso da PI em função das características desta e seu papel em uma política de desenvolvimento econômico de um país.

5. Conclusão

A conclusão que se chega com a análise da possibilidade de intervenção concorrencial sobre direitos de PI é que não é possível indicar que uma determinada espécie de remédio é o mais adequado de forma geral. Considerando que cada tipo de direito de Propriedade Intelectual será capaz de gerar efeitos distintos em cada mercado, é impossível definir uma regra única para atuação interventiva da autoridade de Defesa da Concorrência em relação à PI. O que é possível verificar, contudo, é a existência de elementos gerais que devem ser examinados em cada caso. O resultado dessas análises é que serão relevantes na determinação se é de fato necessária alguma medida e, caso positivo, como ela deve ser elaborada.

Também é importante perceber que não há, igualmente, uma preferência necessária por remédios estruturais ou comportamentais. Em que pese os primeiros terem uma tendência de maior facilidade de implementação e menor custo para monitoramento, em certas situações a tutela da conduta será inevi-

35. "Condemning efficient activity involving intellectual property rights could undermine that incentive to innovate, and thus slow the engine that drives much economic growth (...). However, failure to challenge illegal collusive or exclusionary conduct, involving intellectual property as well as other forms of property, can have substantial negative consequences for consumers" (U.S. Department of Justice; Federal Trade Comission, 2007, p. 13-14).

tável. Isso fica evidente se for feita uma reflexão sobre os limites de intervenção do CADE e que há toda uma legislação de Propriedade Intelectual, inclusive com matriz constitucional,[36] que atribui direitos aos inovadores que devem ser respeitados. Nesse sentido, medidas estruturais de alienação e retirada de ativos do mercado não podem ser aplicadas indistintamente, especialmente se considerarmos que a PI pode proteger inovações que tenham um caráter único de exclusividade e que não podem ser facilmente repostas.

Diante do exposto, percebe-se que a inter-relação entre Propriedade Intelectual e Defesa da Concorrência deve ser cada vez mais debatida e aprofundada, pois é indispensável para que por um lado os remédios concorrenciais sejam aplicados de forma eficiente, proporcional e equilibrada a ativos de PI, e por outro seja resguardado o incentivo à inovação pelos agentes econômicos.[37] Os dois ramos do Direito, em sua essência, buscam finalidades comuns em última instância, especialmente o bom funcionamento da economia que possibilite bem estar à coletividade.[38]

Referências bibliográficas

BARBOSA, Denis Borges. *Uma introdução à propriedade intelectual.* Rio de Janeiro: Lumen Juris, 2003.

BOHANNAN, Christina; HOVENKAMP, Herbert. IP and antitrust: reformation and harm. *Boston College Law Review*, v. 51:905.

36. Art. 5.º, XXVII, XXVIII e XIX, da CR/1988.
37. "It is clear that both intellectual property protection and reasonable antitrust enforcement will encourage innovation. Intellectual property rights subsidize investments in innovation by granting substantial but time-limited market power. Antitrust ensures that firms compete, and by competing, seek new roads to innovation. It also prevents dominant firms from harming or retarding innovation. Serious problems arise when either regime – intellectual property protection or antitrust – is accorded disproportionate weight" (PITOFSKY, 2001, p. 540).
38. "Competition and innovation are two blades of the same scissors. Traditional competition improves economic welfare in the shorter run by keeping markets competitive, which means that prices are reasonably close to cost and there are no unnecessary restraints on output or entry. Innovation policy pursues the same welfare goal, but focuses on more "dynamic" concerns, by giving people proper incentives to develop new ideas and technologies that society will value. In both cases consumers are the protected class, because they are the ones who benefit from lower prices and improved products and services" (BOHANNAN e HOVENKAMP, p. 914).

CHIAPPETTA, Vicent. *Living with patents: insights from patent misuse*. Set. 2010. Disponível em: <http://ssrn.com/abstract=1591082>. Acesso em: 30 dez. 2010.

COMMISSION OF THE EUROPEAN COMMUNITIES. Case n. COMP/M.3998 – Axalto/Gemplus. Brussels, 19.05.2006. Disponível em: <http://eur-lex.europa.eu/LexUriServ/LexUriServ.do?uri=OJ:C:2006:079:0021:0021:EN:PDF> Acesso em: 10 dez. 2010.

CONSELHO ADMINISTRATIVO DE DEFESA ECONÔMICA. Ato de Concentração 08012.011178/2005-71. Axalto Holding N.V. e Gemplus International S.A. Relator Conselheiro Paulo Furquim de Azevedo. 04/10/2006. Disponível em <http://www.cade.gov.br/temp/D_D000000241551088.pdf> Acesso em: 10 dez. 2010.

DELRAHIM, Makan. *Forcing firms to share the sandbox: compulsory licensing of intellectual property rights*. Department of Justice, Antitrust Division. Apresentado no British Institute of International and Comparative Law, Londres, 2004. Disponível em: <http://www.justice.gov/atr/public/speeches/203627.pdf> Acesso em: 8 jan. 2011.

LABRUNIE, Jaques. *Direito de patentes:* condições legais de obtenção e nulidades. Barueri: Manole, 2005.

MELO, Renato Dolabella. A proposta de nova lei de defesa da concorrência e o licenciamento compulsório de direitos de propriedade intelectual. *Revista do IBRAC*, São Paulo, Revista dos Tribunais, v. 17, n. 1, 2010.

PITOFSKY, Robert. Antitrust and intellectual property: unresolved issues at the heart of the new economy. Berkeley Technology. *Law Journal*, v. 16, 2001. Disponível em: <http://scholarship.law.georgetown.edu/facpub/315>. Acesso em: 6 jan. 2011.

POSNER, Richard A. Antitrust in the new economy. university of Chicago Law & Economics, Olin Working Paper n. 106. Nov. 2000. Disponível em: <http://ssrn.com/abstract=249316>. Acesso em: 5 dez. 2010.

SALOMÃO FILHO, Calixto. *Direito concorrencial:* as condutas. São Paulo: Malheiros, 2003.

SCHUMPETER, Joseph Alois. *Teoria do desenvolvimento econômico:* uma investigação sobre lucros, capital, crédito, juro e o ciclo econômico. Trad. Maria Sílvia Possas. 3. ed. São Paulo: Nova Cultural, 1988.

SECRETARIA DE ACOMPANHAMENTO ECONÔMICO. Parecer 06239/2006/RJ COGAM/SEAE/MF. 20.06.2006. Disponível em: <http://www.cade.gov.br/temp/D_D000000147241441.pdf> Acesso em: 10 dez. 2010.

U.S. DEPARTMENT OF JUSTICE; FEDERAL TRADE COMMISSION. *Antitrust enforcement and intellectual property rights: promoting innovation and competition.* Abr. 2007. Disponível em: <www.usdoj.gov/atr/public/hearings/ip/222655.pdf>. Acesso em: 8 jan. 2011.

WALLER, Spencer Weber. Antitrust marathon. *European Competition Journal*, v. 4, n. 1, 2008.

A efetividade das penas de multa aplicadas pelo CADE como remédio contra condutas infracionais: análise dos casos que representam a reincidência infrativa da empresa White Martins

Fernando Inácio Álvares e Silva
e Carolina Nunes Nery

Introdução

O presente artigo tem por escopo a análise da fixação do valor das multas aplicadas pelo Conselho Administrativo de Defesa Econômica (CADE), com ênfase na sua eficiência em inibir a atuação ilícita de empresas. Para tal, será apresentada a teoria econômica acerca do comportamento criminoso proposta por Gary S. Becker e, posteriormente, realizado um estudo de dois casos concretos que foram julgados pelo CADE, ambos condenando a White Martins (WM), integrante do então chamado "cartel do oxigênio" (Processos Administrativos 08000.022579/97-05 e 08012.009888/2003-70).

A teoria de Becker utilizada, publicada em 1968, realiza uma análise econômica do comportamento criminoso e teve grande influência nos estudos de Direito e Economia. Conforme assertiva de Richard A. Posner, no artigo The law and economics movement: from Bentham to Becker, que compõe a obra *The origins of law and economics,* Becker seria um dos mais ilustres progenitores do campo da Análise Econômica do Direito.[1] Posner coloca, ainda, que Becker prestou um serviço vital para a Análise Econômica do Direito ao adequar a teoria do crime de Bentham para a linguagem econômica moderna.[2]

1. POSNER, 2005, p. 328.
2. Idem, ibidem, p. 345.

Segundo Becker,[3] infratores são agentes racionais que ponderam os benefícios de se cometer um crime frente à probabilidade e severidade da punição. Assim, cabe ao Estado reduzir os incentivos dos agentes no momento da decisão. Os dois elementos para tal são a fiscalização e a magnitude da penalidade. Para o antitruste, a teoria indica que a dosimetria da multa deve ser feita caso a caso, pois o lucro auferido com o ato ilícito e a eficácia da fiscalização são importantes em sua determinação.

De acordo com a teoria, os dois casos apresentam indícios de que a interpretação que tem sido dada à Lei 8.884/1994 no tocante à aplicação de multas e, por consequência, os valores das condenações aplicadas pelo CADE, talvez sejam incapazes de inibir a atuação ilícita dos agentes econômicos, logo correm o risco de serem ineficazes.

No segundo caso mencionado, foi aplicada uma multa de três bilhões de reais, a maior da história do órgão antitruste brasileiro. Em que pese vultoso valor da condenação, a empresa em questão já tinha sofrido punição por infração contra a concorrência em processo anterior e, ainda, há indícios de reincidência durante a tramitação processual do segundo caso que, se constatada, pode ser objeto de novo processo e punição no CADE.

Por fim, após a análise dos casos citados, será possível uma melhor elucidação acerca da eficácia das punições imputadas pelo CADE no sentido de inibir o comportamento contraventor do agente econômico em questão.

A organização do trabalho dá-se da seguinte forma. Além da introdução, o texto apresenta na próxima seção a teoria do comportamento criminoso, com base na teoria da escolha racional, na forma de apresentação de seu artigo original. Em seguida, serão apresentados os casos-alvos deste estudo, , com ênfase nos critérios e metodologias adotadas pelos então Conselheiros na composição das multas. Segue-se, então, na seção IV, duas críticas das decisões do CADE sobre a dosimetria das multas, utilizando a teoria então apresentada como guia. Por fim, serão apresentadas as conclusões.

Apresentação da teoria

Para refletir sobre o problema de quantificação da multa imposta em decisões do CADE, o presente trabalho é fundamentado na teoria apresentada no artigo Crime and punishment: an economic approach, escrito pelo economista e ganhador do Prêmio Nobel Gary Becker, em 1968.

Becker foi inovador em analisar o comportamento criminoso através da teoria da escolha racional. Diante da possibilidade de cometer um ato ilícito,

3. BECKER, 1968.

as pessoas, físicas ou jurídicas, atuam como agentes econômicos que realizam uma análise de custo-benefício.

Deve-se ressaltar que a palavra "crime" é utilizada para denominar todos os tipos de atividades ilícitas. A teoria se mantém para atos de todas as gravidades, indo desde estacionar em local proibido até homicídio, neles abarcadas também as condutas anticoncorrenciais, como acordos para impedir a concorrência e cartéis.

Crimes causam prejuízos a terceiros, e mais do que isso, quanto mais grave o crime cometido, maior será esse prejuízo. Esse pressuposto encontra-se presente na lógica que orienta as leis brasileiras, assim como de outros países, que ditam punições maiores para crimes mais graves.

O autor adota ainda a noção econômica de custo social, segundo o qual é necessário avaliar todo o custo causado por um ato criminoso, não bastando avaliar apenas o prejuízo das vítimas imediatas, mas sim aquele acarretado para toda a sociedade. Nem sempre é possível compensar totalmente os afetados em uma atividade ilícita por suas respectivas perdas, de modo que a maioria das infrações proporcionará algum prejuízo social irrecuperável. Neste sentido, o objetivo do Estado deveria ser minimizar esse custo social.

O ato ilícito possui um risco inerente, mas se o retorno esperado desta atividade for maior do que a alternativa lícita, o agente opta pela ilegalidade. Na escolha entre legalidade e ilegalidade, três fatores determinam a decisão. São eles: (a) probabilidade de ser descoberto e punido; (b) magnitude da punição que será aplicada, e; (c) características pessoais, como conhecimentos sobre como tirar proveito do ato, valorização das leis etc.

Da racionalização do comportamento criminoso, obtém-se a "oferta de infrações", que é composta pelos indivíduos que, após ponderarem as diferentes opções, optam pelo ato ilícito. Este processo de ponderação é uma comparação de expectativas, entre o retorno que se espera do ato ilícito e da alternativa. Assim, para uma empresa qualquer, pode-se representar o retorno esperado de uma ação com a seguinte equação:

$$LE - L - M \times p.$$

em que LE representa o lucro esperado com o ato ilícito, considerando o risco, L representa o lucro direto da conduta infrativa, do qual se subtrai o produto correspondente ao valor da multa, M, com a probabilidade de condenação, p.

Para os casos em estudo, dispensou-se toda a discussão proposta para a definição do tipo de pena imputada ao infrator, por que o escopo deste trabalho é analisar apenas a modalidade de remédio antitruste obtido através da aplicação de multas.

Ignorou-se, igualmente, as especificidades concernentes ao comportamento dos agentes frente ao risco de punição. A justificativa está no fato dos agentes em questão serem grandes empresas, que atuam com racionalidade econômica. Assim, podem ser considerados, sem perda de realismo, como agentes neutros ao risco, ou seja, que avaliam estatisticamente cada decisão, com base apenas no lucro esperado de cada ato.

Dado o raciocínio econômico inerente à escolha pela conduta ilícita, resta definir a estratégia ótima que deverá ser praticada pelo Estado para coibir tal atitude. E neste sentido, Becker propõe duas maneiras para se atuar: sobre a estrutura de fiscalização, captura e condenação; ou sobre o valor das punições. No primeiro, há os custos com estrutura e pessoal, e no segundo, há o custo de aprisionamento, quando for o caso. É importante considerar que o custo para extinguir completamente os crimes é proibitivo, pois os retornos da fiscalização são decrescentes e, desta forma, para os fins da teoria em questão, compensa economicamente aceitar algum grau de criminalidade.

Contribuições da teoria para a análise da dosimetria

É na "oferta de atos ilícitos" que a teoria econômica sobre o comportamento dos infratores, proposta por Gary Becker, contribui ao estudo dos casos em questão. De acordo com seu modelo, para que a multa seja capaz de inibir eficientemente um ato infrativo, deve ser calculada de modo que o "lucro esperado" da empresa com a infração seja inferior ao retorno das alternativas lícitas.

Em primeiro lugar, a condenação deve garantir absolutamente que o infrator compense tudo que ganhou com seu ato ilícito. Isto é essencial e o mínimo necessário para poder certificar-se de que as infrações detectadas não sejam lucrativas, mas não é suficiente.

O critério de adotar, como patamar mínimo da multa, o equivalente ao lucro auferido com a atividade ilícita já é previsto na legislação concorrencial brasileira, conforme se verifica do art. 23, I, da Lei 8.884/1994, que dispõe que:

> Art. 23. A prática de infração da ordem econômica sujeita os responsáveis às seguintes penas:
>
> I – *no caso de empresa, multa* de um a trinta por cento do valor do faturamento bruto no seu último exercício, excluídos os impostos, *a qual nunca será inferior à vantagem auferida, quando quantificável*; (grifou-se).

Em segundo lugar, tem-se que corrigir a multa de acordo com a probabilidade de punição, caso contrário a empresa ainda terá incentivos à ilegalidade e à reincidência. Para exemplificar este fato, imagine uma empresa que está cometendo um ato ilícito e auferindo lucro deste. Se, caso ela seja descoberta, o pior que lhe pode ser imputado é a obrigação de devolver o que obteve ilicitamente, ela, segundo o raciocínio econômico, provavelmente voltará a reincidir, na expectativa de que, eventualmente, seu ato passará despercebido e ela poderá ficar com o valor oriundo da atividade ilegal.

Estes dois pontos são necessários para se garantir eficiência no sistema, e reduzir de maneira ótima as infrações. Mas os casos a seguir demonstrarão que nem sempre são levados em consideração. As razões e críticas serão tratadas na seção IV.

Apresentação dos casos

Agora, passa-se à análise dos casos em que houve condenação da White Martins, sem se adentrar ao mérito das condutas condenadas da empresa, considerando que o escopo deste trabalho é avaliar a efetividade das penas de multa aplicadas pelo CADE como remédio contra condutas infracionais.

Primeira condenação da White Martins no CADE

O primeiro processo analisado neste trabalho teve origem em um acordo vertical firmado entre a S.A. White Martins e a empresa Ultrafértil S.A. em 1995. Nessa época, a primeira empresa era monopolista no mercado de fornecimento de dióxido de carbono na região sudeste do Brasil e no estado do Paraná. Por sua vez, a segunda empresa era a única fonte viável da matéria-prima necessária para a produção daquele gás. O acordo vertical firmado garantia à WM o uso de todo o insumo disponível pela fornecedora pelos próximos dez anos, ainda que isso significasse uma quantia bem acima de sua capacidade de processamento à época.

Diante da impossibilidade de ingressar no mercado, em virtude desta barreira criada pela White Martins, a concorrente Messer Griesshem do Brasil Ltda representou perante a Secretaria de Direito Econômico do Ministério da Justiça (SDE/MJ), e o processo foi levado ao CADE em 1997 sob o n. PA 08000.022579/97-05.

Foram investigadas neste processo as condutas, potencialmente lesivas à concorrência, da WM de criar dificuldades ao desenvolvimento de empresa concorrente, impedir seu acesso às fontes de matéria-prima e açambarcamento desta.

Finalizadas as investigações, concluiu o CADE pela condenação da WM, por considerar que aquele acordo vertical tinha escopo essencialmente anticoncorrencial, infringindo os incisos I, II e IV, do art. 20,[4] e os incisos V, VI e XV, do art. 21,[5] da Lei 8.884/1994. A multa foi estabelecida em 5% do faturamento bruto da empresa no exercício anterior, o ano de 1996, corrigidos para o valor de R$ 24 milhões.

Este patamar foi inicialmente proposto pelo Conselheiro Relator Celso Campilongo, que optou pela utilização de apenas um dos parâmetros estabelecidos no art. 23 para fixação da multa, qual seja, o percentual sobre o faturamento bruto. O outro critério que estabelece tal dispositivo para fixação do mínimo da multa é o valor da vantagem auferida com a conduta ilícita. Entretanto, este fator não foi considerado no voto do Conselheiro relator, por entender ser *"impossível quantificar precisamente a vantagem auferida pela White Martins"*, nas suas próprias palavras.

Assim, embora não tenha encontrado um valor para a vantagem auferida, decidiu por fixar a multa acima do mínimo legal permitido (1%), por avaliar como grave a infração apurada, uma vez que a empresa incidiu em sete das

4. Brasil. Lei 8.884, de 11.06.1994.

"Art. 20. Constituem infração da ordem econômica, independentemente de culpa, os atos sob qualquer forma manifestados, que tenham por objeto ou possam produzir os seguintes efeitos, ainda que não sejam alcançados:

I – limitar, falsear ou de qualquer forma prejudicar a livre concorrência ou a livre iniciativa;

II – dominar mercado relevante de bens ou serviços;

III – aumentar arbitrariamente os lucros;

IV – exercer de forma abusiva posição dominante".

5. Brasil. Lei 8.884/1994.

"Art. 21. As seguintes condutas, além de outras, na medida em que configurem hipótese prevista no art. 20 e seus incisos, caracterizam infração da ordem econômica;

(...)

V – criar dificuldades à constituição, ao funcionamento ou ao desenvolvimento de empresa concorrente ou de fornecedor, adquirente ou financiador de bens ou serviços;

VI – impedir o acesso de concorrente às fontes de insumo, matérias-primas, equipamentos ou tecnologia, bem como aos canais de distribuição;

(...)

XV – destruir, inutilizar ou açambarcar matérias-primas, produtos intermediários ou acabados, assim como destruir, inutilizar ou dificultar a operação de equipamentos destinados a produzi-los, distribuí-los ou transportá-los".

oito agravantes descritas nos incisos do art. 27[6] da lei 8.884/1994, estimando, de forma subjetiva, o valor de 5% do faturamento bruto no último exercício antes da instauração do PA. Veja-se:

> Ora, a infração é grave. Toca no ponto central da defesa da concorrência, vale dizer, no prejuízo, limitação e falseamento da concorrência, na dominação de mercados, no exercício abusivo de posição dominante (art. 20). Não há boa-fé do infrator na conduta de inutilização de excedentes. Sem dúvida, por manter a posição da Representada no mercado, houve vantagem para o infrator. A infração consumou-se. O grau de lesão ao mercado, à concorrência e aos consumidores – e bastava o mero perigo de lesão – foi elevado. Produziram-se efeitos negativos como o retardamento e obstáculo à entrada de novos competidores. A situação econômica do infrator – com elevado poder em vários mercados nacionais e internacionais – também não pode deixar de ser sopesada. Resumidamente: dos oito incisos previstos em lei, a Representada preenche, com soberba e sobejo, a nada menos do que 7 agravantes.[7]

O colegiado foi unânime quanto às infrações incorridas e sua gravidade. Entretanto, quanto à penalidade, dois Conselheiros realizaram análises mais apuradas quanto à dosimetria da multa a ser aplicada.

O Conselheiro Thompson, em seu voto-vista, tentou estimar o lucro então auferido com a prática ilícita pela WM. Seu intuito era obedecer aos ditames do art. 23 da Lei 8.884/1994, que impõe que a multa nunca deve ser menor que o lucro auferido pela prática.

O Conselheiro utilizou simulações algébricas, levando em consideração apenas os mercados relevantes geográficos e do produto em questão, e esti-

---

6. Brasil. Lei 8.884/1994.

   "Art. 27. Na aplicação das penas estabelecidas nesta lei serão levados em consideração:

   I – a gravidade da infração;

   II – a boa-fé do infrator;

   III – a vantagem auferida ou pretendida pelo infrator;

   IV – a consumação ou não da infração;

   V – o grau de lesão, ou perigo de lesão, à livre concorrência, à economia nacional, aos consumidores, ou a terceiros;

   VI – os efeitos econômicos negativos produzidos no mercado;

   VII – a situação econômica do infrator;

   VIII – a reincidência".
7. Brasil. Conselho Administrativo de Defesa Econômica, 2002.

mou, de maneira conservadora, as cifras entre R$ 17,9 milhões e R$ 44,3 milhões para o lucro auferido pela White Martins em virtude da infração.

Concluiu-se então que a multa estipulada pelo Voto do Conselheiro Relator estava adequada ao art. 27, no sentido de que garantia o pagamento de todo o lucro auferido ilicitamente e ainda um adicional para fins de punição.

Já o Conselheiro Ronaldo Porto, receoso de uma condenação que pudesse ser considerada inconstitucional, teceu considerações sobre tal aspecto a fim de demonstrar uma nova abordagem de interpretação do art. 23, que entende ser mais adequada aos princípios da proporcionalidade e da razoabilidade.

Argumentou este Conselheiro que a interpretação literal do art. 23, que determina a aplicação de multa entre os limites de um a trinta por cento do faturamento bruto da empresa, pode levar a penalidades desproporcionais ao dano causado à concorrência. Isto porque o mercado relevante em que se tenha verificado a conduta ilícita pode representar pequena parte do faturamento total da infratora, sobre o qual determina expressamente este dispositivo legal a incidência da multa.

Assim, entende ele que, apesar de ser adequada a aplicação de multa para coibir a conduta ilícita, frequentemente o patamar mínimo legal poderia chegar a valores em muito superiores e, portanto, desnecessários, em relação à lesão causada, podendo caracterizar sanção confiscatória, o que é vedado no ordenamento jurídico pátrio.

Em seguida, o Conselheiro realiza uma breve análise acerca de jurisprudência americana sobre o tema, que, segundo ele, tem adotado, no âmbito civil, o critério de fixar indenizações com base no triplo do valor do dano sofrido por um agente em virtude da conduta anticoncorrencial de outro.

Defendeu, pois, que o mínimo legal deveria ser interpretado com base no faturamento bruto do mercado relevante em questão, porém, que o critério mínimo de compensação da vantagem auferida considere ainda o dano causado, segundo ele, sempre maior que aquela vantagem.[8]

---

8. BRASIL. Conselho Administrativo de Defesa Econômica, 2002, voto-vista do Conselheiro Ronaldo Macedo, p. 80.

"Em tese, devido à ineficiência inerente ao fato de que o produto será vendido a um preço maior do que o seu custo marginal de produção, o aumento de lucro será sempre menor do que a perda de bem estar (medida em reais) decorrente do exercício do poder de mercado, ou seja, liquidamente, a economia como um todo perde com a infração. Perde a economia pela redução da produção, e perdem os consumidores, porquanto são obrigados a pagar preços mais elevados pelos mesmos produtos.

Assim, em geral, o ganho de lucro das firmas decorrente da conduta infracional, ou a vantagem auferida (incentivo privado à infração), é maior do que o valor

Por fim, tratando diretamente do caso em questão, observou que o voto do Conselheiro Thompson, ao calcular a margem de vantagem auferida pela empresa, demonstrou matematicamente que o valor da condenação estabelecida estava dentro de um critério mínimo que deveria ser utilizado no caso. Isto porque, segundo suas concepções, estando o valor aplicado dentro desta vantagem e sendo esta sempre inferior aos danos causados, por consequência, estaria também adequado ao mínimo de condenação proporcional à infração.

Concluiu, então, embora discordasse da metodologia adotada para fixação da multa pelo Conselheiro Relator, ao utilizar como base de cálculo o faturamento bruto da empresa, que a penalidade imposta estava conforme os princípios constitucionais de proporcionalidade e razoabilidade.

Segunda condenação da White Martins

Em 2003, em decorrência de representação anônima, foi proposto de ofício pela SDE, sob o número PA 08012.009888/2003-7, o segundo Processo Administrativo em que a S.A. White Martins foi condenada pelo CADE em setembro de 2010. Neste PA, verificou-se que a empresa, bem como as demais concorrentes que atuavam no setor de gases industriais e medicinais, participava de um organizado cartel para divisão de mercados e fixação de preços com abrangência nacional. Além disso, documentos obtidos comprovavam a existência do mesmo desde o ano de 1998.

A conduta foi considerada ainda mais grave do que a primeira infração em que a empresa foi condenada, vez que, segundo o voto do Conselheiro Relator Fernando de Magalhães Furlan, a prática de cartel foi definida como o pior ato ilícito possível para o sistema de defesa da concorrência. Alegou que este tipo de colusão é sempre um ato de má-fé, com prejuízo para os consumidores e nenhuma contrapartida em defesa dos infratores. Afirmou, ainda, que um cartel com a dimensão e o tempo de duração como o que estava sendo julgado, certamente, causou um dano imenso para a coletividade.

Também segundo o Relator, existia outro ponto gravíssimo neste cartel em particular: tratava-se de atuação no mercado de gases medicinais, vendidos principalmente para hospitais, cujos consumidores finais eram pessoas em necessidade de tratamento médico. Ou seja, através do cartel, diversos

líquido da perda por ineficiência alocativa da conduta, mas é menor do que (ou no máximo igual) ao prejuízo experimentado pelos consumidores que não são titulares daquele lucro. Isto porque o lucro do infrator é "financiado" pelo prejuízo do consumidor."

tratamentos encontravam seus preços encarecidos de maneira artificial, ao custo de sofrimento dos pacientes, apenas para benefício econômico de seus integrantes.

Outro aspecto relevante neste caso, diz respeito à situação econômica dos infratores. Excetuando-se a IBG, todas as demais empresas envolvidas são braços de grupos internacionais bilionários, com enorme poder econômico e com profissionais muito qualificados. Assim, o Relator afirmou que neste quesito, a punição deveria ser agravada, conforme dita a lei de defesa da concorrência brasileira.

E por fim, particularmente no caso da White Martins, havia o agravante da reincidência. Sobre este, o texto de seu voto foi assertivo: apenas apresentou o fato e propôs que se cumprisse o mandamento da lei. Assim, foi determinado que, depois de definida a multa cabível à empresa, esta fosse aplicada em dobro.

Para a determinação da multa, além dos pontos anteriores, em que foi demonstrada pelo Relator a incidência em sete dos oito fatores agravantes do art. 27 da Lei 8.884/1994, manteve-se uma política do CADE, na qual tem se observado uma progressão gradual das multas em todos os tipos de infração. No caso do cartel, a maior pena proferida em julgamento do CADE havia sido multa de 22,5% do faturamento bruto do último ano de exercício e, assim, para este caso foi determinado o montante de 25%.

Quanto à empresa ora analisada, em virtude de ser a segunda condenação por conduta infrativa, observou-se o preenchimento de todas as agravantes do citado dispositivo legal. Deste modo, a punição aplicável ao grupo da White Martins, sendo dobrada pela reincidência, ficou em 50% do faturamento bruto total, referente ao exercício de 2003. Atualizada a valores presentes, atingiu a expressiva cifra de R$ 1.758.545.326,50 (um bilhão setecentos e cinquenta e oito milhões quinhentos e quarenta e cinco mil, trezentos e vinte e seis reais e cinquenta centavos).

Vale notar, por fim, que o Conselheiro Relator Fernando de Magalhães Furlan teceu interessantes considerações acerca de sua interpretação do art. 23 da Lei 8.884/1994 demonstrando divergência quanto ao entendimento do então Conselheiro Ronaldo Porto no caso antes mencionado.

Conforme narrado no item precedente, Porto havia sustentado, no voto proferido quando da primeira condenação da White Martins, uma metodologia de hermenêutica para determinar a incidência das multas apenas sobre o mercado relevante em questão.

Contudo, segundo a percepção do Relator do segundo caso de condenação da WM, não há qualquer inconstitucionalidade na interpretação literal do art. 23, que determina expressamente a incidência da multa sobre o faturamento total da empresa infratora. Pelo contrário, afirma que é inaceitável violar o mandamento legal para beneficiar os infratores.

Justifica contundentemente sua posição aduzindo que a definição do mercado relevante se dá tão somente para auferir o poder de mercado do infrator, sendo insuficiente para delimitar os danos causados pela conduta lesiva, que por vezes tem efeitos além da esfera do mercado examinado, em virtude de um mecanismo de encadeamento dos setores econômicos. Assim, entende que o faturamento total da empresa é parâmetro mais eficaz para base de delimitação da multa do que somente o relativo ao mercado relevante investigado.

Além disso, acrescenta que o dado relativo ao valor do faturamento total é mais confiável do que referente ao faturamento do mercado relevante, vez que o último depende de colaboração da parte e se sujeita a inúmeras possibilidades de distorção. Desta forma, corrobora com o critério adotado pelo legislador para adoção da incidência da penalidade sobre o faturamento bruto total.

Por fim, acrescenta que, em virtude da gravidade do delito apurado, a interpretação dada para aplicação da penalidade às empresas infratoras nesta condenação por prática de cartel no patamar de 25% do faturamento bruto atende perfeitamente os princípios constitucionais de razoabilidade e proporcionalidade.

Análise dos casos sob a ótica da teoria

Apresentados a base teórica e os relatos das dosimetrias aplicadas e justificadas nos casos em questão, passa-se à análise crítica da realidade observada. Serão considerados para tanto os quatro votos relatados (três referentes à primeira e um à segunda condenação da S.A. White Martins), abordando possíveis metodologias a se aplicar quando da dosimetria da multa por infração, e sua reincidência, à Ordem Econômica.

Não cumprimento da condição mínima para a eficácia da lei

O art. 23 da Lei 8.884/1994 prevê como parâmetros para a fixação da multa por infração à ordem econômica os limites de um a trinta por cento do faturamento bruto do agente infrator, bem como o critério preponderante de que esta multa nunca deve ser inferior ao lucro auferido com a prática ilícita. Ou seja, o legislador se preocupou em garantir que o infrator deverá receber uma punição no mínimo equivalente à quantia obtida ilegalmente. Isto, a fim de neutralizar ao menos o lucro direto apurado com a conduta ilícita, no intuito de inibir tal ato.

Tal requisito serve para demonstrar a reprovabilidade da conduta para o ordenamento jurídico pátrio. Para que o sistema de defesa da concorrência tenha efetividade, não se deve permitir que a ilicitude resulte em proveito econômico para o infrator. E por isto deve ser aplicada uma sanção que demonstre tal reprovabilidade.

Neste ponto, é importante destacar que a faixa compreendida entre os limites de um a trinta por cento sobre o faturamento bruto, estabelecidos para fixação da multa por infração à ordem econômica, não necessariamente garantem a devolução do lucro auferido ilicitamente, vez que não existe qualquer relação entre os valores resultantes de tais requisitos.

Assim, deve-se interpretar o critério de que a multa nunca deva ser inferior ao lucro auferido como preponderante aos parâmetros percentuais sobre o faturamento bruto, pois estes seriam complementares ao primeiro.

Para a eficaz aplicação deste ditame legal, seria necessário, pois, primeiramente, calcular (ou ao menos estimar) a vantagem auferida ilicitamente, para se estabelecer o patamar mínimo da multa. Apenas após fixado este, deve se passar ao critério do percentual compreendido entre um a trinta por cento do faturamento bruto do agente infrator.

Assim, o critério dos limites percentuais sobre o faturamento bruto é útil para que se possa arbitrar algum valor superior à vantagem auferida e que esteja compreendido nesta faixa. E isto, somente se o patamar mínimo for inferior ao limite de trinta por cento do faturamento bruto, pois, caso contrário, a penalidade terá que se limitar à devolução do lucro decorrente da atividade ilícita.

Entretanto, a metodologia para calcular a severidade da multa, e garantir que seja maior que o lucro auferido com a atividade ilícita, pode se provar bem complexa. Há inúmeros fatores que devem ser levados em consideração, como mercado relevante, ganhos de escala, ganhos de escopo, concorrentes diretos e indiretos, bens substitutos, bens complementares etc.

Mas o fato de ser difícil de computar não diminui sua importância prática e nem seu significado. Ou seja, é estritamente necessário garantir que um agente infrator devolva aquilo que obteve ilicitamente, pois é o mínimo necessário para fazer valer a lei e é também essencial pela teoria de Becker. É fácil visualizar através de um simples exemplo: suponha que a empresa obtenha um aumento em faturamento de dez milhões de reais através de uma atividade ilícita. Mas ela foi denunciada, investigada e condenada pelo CADE a pagar cinco milhões de reais. Ora, fica óbvio que ainda assim a empresa obteve lucro em sua atividade, logo a aplicação da lei não foi eficaz.

Esse exemplo é bem simplificador, mas não está tão distante do segundo caso analisado. Não há no voto analisado segurança e garantia de que a empresa está sendo punida pelo menos com a vantagem auferida na prática do cartel. Assim, não há como certificarmos de que a lei foi aplicada de maneira eficaz e menos ainda de maneira eficiente.[9]

O problema do critério de probabilidade de captura e condenação

Seguindo rigorosamente a teoria proposta por Becker, a penalização baseada apenas no lucro auferido em decorrência da infração pode ser ainda em muito insuficiente para garantir a compensação estatística do ganho com o ato ilícito. Isto porque, no cálculo do agente econômico para a escolha pela conduta ilícita, é necessário ponderar este valor com a probabilidade de condenação.

Assim sendo, para a metodologia aqui adotada, a penalização no patamar mínimo da vantagem auferida apenas faria sentido se esta probabilidade fosse próxima de cem por cento. Claramente, é pouco provável supor tal magnitude, e assim é igualmente razoável sugerir que o montante da multa leve em consideração, além do valor correspondente ao lucro decorrente do ilícito, uma estimativa desta probabilidade de punição.

Para ilustrar esta ideia, serão feitas simulações de probabilidades de captura e condenação aplicadas ao primeiro caso de condenação da WM, e correção dos valores das multas, segundo a fórmula apresentada. O conselheiro Thompson estimou em seu Voto, como faixa razoável de lucro decorrente da prática ilícita anticoncorrencial, montantes entre cerca de R$ 17 milhões e R$ 44 milhões. Assim, será considerada a probabilidade de captura e condenação entre dez e noventa por cento, com intermediários de vinte em vinte por cento, para, através da equação, determinar os valores ideais de multa que coibiriam a ilegalidade. Os resultados seguem na Tabela 1, a seguir.

9. A aplicação da lei é eficaz quando atinge os objetivos propostos pela mesma. E é eficiente quando atinge os objetivos com maior economia de recursos.

Tabela 1 – Valores do Conselheiro Thompson ajustados pela probabilidade

Vantagem Auferida (R$)	Probabilidade de Captura e Condenação				
	90% (R$)	70% (R$)	50% (R$)	30% (R$)	10% (R$)
44.383.672,17	49.315.191,30	63.405.245,96	88.767.344,34	147.945.573,90	443.836.721,70
34.470.972,17	38.301.080,19	49.244.245,96	68.941.944,34	114.903.240,57	344.709.721,70
28.523.352,17	31.692.613,52	40.747.645,96	57.046.704,34	95.077.840,57	285.233.521,70
24.558.272,17	27.286.969,08	35.083.245,96	49.116.544,34	81.860.907,23	245.582.721,70
21.726.072,17	24.140.080,19	31.037.245,96	43.452.144,34	72.420.240,57	217.260.721,70
19.601.922,17	21.779.913,52	28.002.745,96	39.203.844,34	65.339.740,57	196.019.221,70
17.949.805,50	19.944.228,33	25.642.579,29	35.899.611,00	59.832.685,00	179.498.055,00

Esta tabela mostra nitidamente a contribuição da teoria de Becker para inibir a conduta criminosa, pois os valores encontrados para uma multa considerada eficiente podem variar significativamente, dependendo da probabilidade de captura e condenação. Os valores simulados pelo Conselheiro, e utilizado como base, já variavam grandemente, sendo o maior o dobro do menor. Ao utilizar a probabilidade de punição para corrigir estes valores, os montantes variaram ainda mais, e vão de cerca de R$ 20 milhões até cifras bem maiores de R$ 440 milhões, ou mais de 20 vezes, e que significam mais de 50% do faturamento da White Martins.

Portanto, para que a multa seja adequada ao fim a que se propõe, qual seja, a coibição da conduta ilícita, ela deve ser proporcional não somente à vantagem auferida, bem como à probabilidade de vigiar e punir os infratores. Deve-se perceber, então, que a punição determinada desta forma, ainda que pareça demasiada, é o necessário para que se faça valer a lei e seus objetivos.

Trazendo esta teoria para a realidade normativa brasileira de defesa da concorrência, seria interessante a realização de uma pesquisa acerca da probabilidade de captura e punição no sistema vigente. A partir dos dados obtidos em tal estudo, seria possível, dentro dos limites legais de fixação das multas estabelecida no art. 23 da Lei 8.884/1994 (de um a trinta por cento do faturamento bruto do infrator), obter estimativas da correção do valor da vantagem ilicitamente auferida pela probabilidade de captura e punição. Assim, seria possível uma aplicação mais eficaz das penalidades contra infração contra a concorrência.

Tal interpretação é plenamente adequada ao escopo da Lei em questão, tendo em vista que a multa a ser aplicada pelo CADE não tem caráter indenizatório, mas sim punitivo e pedagógico. O dever de indenizar, de devolver o que se obteve ilicitamente e retornar às vítimas o que perderam com o ato ilícito, deve ser cobrado na esfera civil, sendo completamente diverso da multa a ser aplicada pelo CADE, que tem o caráter essencialmente punitivo. Desta forma, não basta para a eficácia do dispositivo que se condene o infrator o que obteve ilicitamente. Deve ser aplicada uma penalidade que realmente desencoraje o comportamento infrativo.

Com tais considerações, conclui-se que é bastante razoável que, em vez de critérios subjetivos para a dosimetria das multas a serem aplicadas pelo CADE, se utilize uma metodologia de análise econômica do direito em questão, através da aplicação da teoria de Gary. S. Becker, a fim de que exista mais segurança acerca da eficácia do Sistema de Defesa da Concorrência.

Conclusão

O artigo buscou realizar uma apreciação da análise da fixação do valor das multas aplicadas pelo CADE, com ênfase na sua eficiência em inibir a atuação ilícita de empresas, segundo as teorias jurídica e econômica. Para tal fim, realizou-se um estudo de casos concretos que foram julgados pelo CADE, ambos condenando a empresa White Martins.

Os dois casos selecionados forneceram indícios de que a metodologia utilizada para determinar as multas, interpretadas com base na lei do CADE (8.884/1994), pode ser incapaz de inibir a atuação ilícita dos agentes econômicos, logo podendo se mostrar ineficaz. Entretanto, não foi mensurado o tamanho desta ineficiência na prática, mantendo-se a discussão em patamares menos práticos, mas ainda assim realistas.

A análise feita utilizou como base teórica o trabalho de Gary S. Becker, que propõe uma análise econômica do comportamento criminoso. Os infratores foram apresentados como meros agentes racionais que ponderam os benefícios de se cometer um crime frente à probabilidade e severidade da punição.

Demonstrou-se que o cálculo dos ganhos obtidos com o ato ilícito é essencial para a plena eficácia da lei e, inclusive, que a mesma demanda que o valor da multa deva ser no mínimo equivalente ao lucro auferido. Assim sendo, para o segundo caso em especial, não se tem parâmetros adequados que possam atestar se o valor escolhido foi apropriado.

Além disso, seguindo os ditames da teoria de Becker, mostrou-se a enorme relevância de se incluir o índice de impunidade no momento de decisão das multas, sob risco de ineficiência da penalidade.

Uma continuidade do presente estudo poderia incluir os cálculos necessários para se verificar, nos casos sob julgamento, a efetividade dos valores adotados para real coibição das infrações penalizadas. E, mais importante, sugere-se que se façam estudos sobre as probabilidades de condenação e punição para os diversos tipos de infrações anticoncorrenciais no Brasil.

Referências bibliográficas

ALENCAR, Carlos Higino Ribeiro de; GICO JR., Ivo. When crime pays: measuring judicial performance against corruption in Brazil. In: III *Conferência Anual da ABDE*, 2010, Nova Lima. Anais eletrônicos... Nova Lima: CADE, 2010. Disponível em: <http://abde.com.br/joomla/pt/palestras-e-papers/cat_view/10-iii-conferencia-anual-da-abde-fdmcmg/11-palestras>.

BECKER, Gary S. Crime and punishment: an economic approach. *J.P.E.* 76/169-217, mar.-abr. 1968.

_______. Nobel lecture: the economic way of looking at behavior, *J.P.E.* 101/385-409, jun. 1993.

BRASIL. Conselho Administrativo de Defesa Econômica. Direito Econômico. Processo Administrativo – Lei 8.884/1994. Denúncia contra a empresa S.A. White Martins por prática de abuso de poder econômico no mercado de gases industriais. Processo Administrativo 08000.022579/1997-05. Representante: Messer Grieshem do Brasil Ltda. Representadas: S.A. White Martins e White Martins Gases Industriais Ltda.. Conselheiro Relator: Celso Fernandes Campilongo. Brasília, 26.06.2002.

_______. Conselho Administrativo de Defesa Econômica. Direito Econômico. Processo Administrativo – Lei 8.884/1994. Formação de Cartel entre as empresas do setor de gases industriais e medicinais. Processo Administrativo 08012.009888/2003-70. Representante: SDE ex officio. Representadas: White Martins Gases Industriais Ltda. e Outros. Conselheiro Relator: Fernando de Magalhães Furlan. Brasília, 01.09.2010.

_______. Constituição da República Federativa do Brasil. Brasília, *Diário Oficial da União*, 05.10.1988.

_______. Lei 8.884, de 11.06.1994.

POSNER, Richard A. The law and economics movement: from Bentham to Becker. *The origins of law and economics*, p. 328-349, jun. 2005.

Caso Ambev: desinvestimento e liberdade de indicação de comprador para os ativos a serem alienados

Felipe Moreira dos Santos Ferreira

1. Introdução

Em 1999, foi submetida à apreciação pelo Conselho Administrativo de Defesa Econômica (CADE) a operação de agrupamento societário pela qual foi criada a Companhia de Bebidas da América – Ambev. Após a instrução do processo, o órgão decidiu pela aprovação com restrições do ato, tendo, em seguida, celebrado um Termo de Compromisso de Desempenho (TCD), visando assegurar condições de concorrência no mercado de cerveja.

Partindo da constatação de que, as "políticas antitrustes são testadas por casos"[1] (VICKERS, 2004, p. 15), pretende-se, com o presente estudo, analisar as especificidades do Caso Ambev e verificar a adequação, efetividade, proporcionalidade e razoabilidade da celebração do TCD como medida apta a restabelecer a concorrência no mercado.

Um ponto relevante de discussão possibilitado pelo caso em análise foi a liberdade conferida pelo CADE à Ambev, como compromissária, para a seleção do comprador dos ativos na operação de desinvestimento da marca Bavária e de cinco unidades produtivas.

Para possibilitar a análise ora pretendida, será feito uma reflexão quanto à celebração de TCDs pelo CADE e, em especial, quanto aos requisitos mínimos necessários para conferir efetividade ao compromisso de desinvestimento.

Pretende-se, dessa forma, de maneira geral, incentivar estudos maiores e mais aprofundados acerca dos remédios antitrustes, e, especificamente, do procedimento de desinvestimento, como uma medida estrutural eficiente no restabelecimento dos níveis de concorrência em mercados nos quais tenham ocorrido atos de concentração com respaldo em eficiências tangíveis e significativas.

1. No original, "Ultimately, of course, merger policy is tested by cases".

No mesmo sentido, o presente estudo tem como escopo estimular a jurisprudência do CADE no sentido de consolidar práticas e entendimentos em matéria de desinvestimento, fornecendo subsídios para a análise de casos concretos submetidos à apreciação do Sistema Brasileiro de Defesa da Concorrência.

2. Caso Ambev (Braco S.A e outros)

Em 2 de julho de 1999, a Fundação Antônio e Helena Zerrenner - Instituição Nacional de Beneficência em conjunto com a Empresa de Consultoria, Administração e Participações S.A – ECAP e a Braco S.A submeteram à apreciação do Conselho Administrativo de Defesa Econômica (CADE) a operação pela qual concentraram sociedades controladas pelas requerentes, dando origem à Companhia de Bebidas da América - Ambev.

Pela operação,[2] a Ambev, que tem como acionistas a Fundação Antônio e Helena Zerrenner (24,04%), a ECAP (33,69%) e a Braco (42,27%), passou a possuir o controle acionário da Companhia Antarctica Paulista (88,09%) e da Companhia Cervejaria Brahma (55,08%).

No CADE, o processo recebeu o número Ato de Concentração 08012.005846/1999-12, e apresentou como relatora a Conselheira Hebe Teixeira Romano Pereira da Silva.

Foram objeto da referida transação: (1) o controle acionário da Companhia Antarctica Paulista - Indústria Brasileira de Bebidas e Conexos, detido pela Fundação Antônio e Helena Zerrenner; e (2) o controle acionário da Companhia Cervejaria Brahma, detido pela ECAP e pela Braco. Assim, pela operação, as ações ordinárias representativas do controle dessas duas sociedades foram conferidas à Ambev, na constituição do seu capital social.

De acordo com as requerentes, com a criação da Ambev surge "a primeira genuína multinacional brasileira, que já nasce ocupando o posto de quinta maior empresa de bebidas do mundo, com produtos e marcas de qualidade e prestígio, distribuídos pelos segmentos de cerveja, refrigerantes, águas minerais, isotônicos e chás" (CADE. Ato de Concentração 08012.005846/1999-12. fl.04-05).

Segundo informado, considerando o mercado nacional de bebidas no ano de submissão da operação - 1999 -, a participação da Companhia Antarctica Paulista era de 15,19% e a da Companhia Cervejaria Brahma de 24,07%, o que

2. Conforme o Guia para Análise Econômica dos Atos de Concentração, adotado pela SEAE por meio da Portaria 39, de 29.06.1999, a operação caracteriza um agrupamento societário.

resulta num grau de concentração da Ambev da ordem de 39,26% do mercado nacional de bebidas.

As requerentes propuseram que a análise da operação fosse realizada tomando o mercado de bebidas como mercado relevante, o que foi afastado pelo parecer da Secretaria de Acompanhamento Econômico – SEAE, da Secretaria de Defesa Econômica – SDE e pelo acórdão do CADE. Assim, no ato de concentração, foram examinados sete mercados relevantes, separados pelo produto comercializado: cervejas, refrigerantes, águas minerais, chás, sucos e isotônicos,[3] sob o fundamento de que tais produtos apresentam baixa substituibilidade entre si.

O principal foco de atenção na formação da Ambev está, contudo, no segmento de cerveja,[4] haja vista que esta sociedade passou a deter os direitos sobre as principais marcas concorrentes no mercado – Antarctica, Brahma e Skol –, além de outras como a Bavária, Bohemia, Original e Polar.[5] Antes da operação, a Companhia Antarctica Paulista detinha 25,4% de participação no

---

3. A Companhia Antarctica Paulista e a Companhia Cervejaria Brahma produzem, ainda, malte (ingrediente utilizado na produção de cervejas). Ocorre que, tendo em vista que toda a produção desse produto é utilizada pelas próprias fabricantes para a produção de cervejas, não há efeito anticoncorrencial a ser analisado.
4. No mercado de águas minerais, é grande a quantidade de pequenos produtores, que somam 54% da produção (o Parecer da SEAE conclui que 76% está desconcentrada em pequenos produtores). O líder de vendas, Grupo Édson Queirós, detém aproximadamente 20% de participação no mercado. A Ambev, por sua vez, apenas 1,08%, o que é insuficiente para configurar o poder de mercado. Quanto ao mercado de chás, as requeridas alegam inexistência de efeitos anticoncorrenciais, haja vista que a maior produtora é a Parmalat, com 43% de participação, além de que a Companhia Antarctica Paulista não produz essa bebida, não importando, pois, em aumento ou diminuição da concentração no mercado. Da mesma forma, no mercado de isotônicos, não há participação da Companhia Antarctica Paulista. No mercado de sucos, por sua vez, é a Companhia Cervejaria Brahma que não detém participação. Logo, nesses mercados não se identifica alteração no nível concorrencial. No mercado de refrigerantes, a Ambev contava com 25,2% de participação, resultante da soma da Companhia Antarctica Paulista e Companhia Cervejaria Brahma, ao passo que a Coca-Cola, maior produtora, detinha 56,4% de participação.
5. As requerentes afirmam, todavia, que as marcas serão "mantidas como divisões empresariais independentes, dotadas de plena autonomia no seio da mesma Ambev, com o que o objetivo almejado pelas Requerentes poderá ser alcançado sem perda no nível de concorrência atualmente existente nos mercados abrangidos pela fusão ora submetida às autoridades de defesa da concorrência" (CADE. Ato de Concentração 08012.005846/1999-12, fl. 06).

mercado de cervejas e a Companhia Cervejaria Brahma 48,1%, o que soma 73,5% de participação da Ambev. Em seguida às três líderes no mercado de cerveja – Antarctica, Skol e Brahma –, encontrava-se a Kaiser, então pertencente ao Grupo Coca-Cola, e a Schincariol.[6]

Para este mercado, as requerentes fundamentaram a inexistência de efeitos anticompetitivos na concentração proposta pela criação da Ambev, principalmente, em três aspectos: (1) baixa fidelidade do consumidor às marcas, o que impede o aumento indiscriminado de preços; (2) não se tratar de produto essencial ao consumo humano, o que atribui volatilidade quanto à venda e quanto ao preço; (3) a participação da empresa no mercado é um dado relativo que não deve ser analisado *per se*, mas frente aos níveis efetivos de prejuízo à concorrência.

A título de eficiências geradas pela operação, as requerentes apontaram, em síntese: (1) o lançamento da indústria nacional de bebidas no mercado internacional, com a qualidade exigida para tanto; (2) maior vigor para enfrentamento da concorrência no mercado nacional a partir da entrada de produtos importados; (3) a racionalização dos processos de produção e dos canais de distribuição; (4) maior capacidade de autofinanciamento, evitando os custos financeiros da produção; (5) melhoria na qualidade dos produtos, em curto prazo, afetando diretamente o mercado consumidor; (6) a criação da primeira multinacional genuinamente brasileira.

Após a instrução do feito pela SDE, a SEAE, em seu parecer, concluiu que apenas o mercado de cerveja apresenta perdas para a eficiência econômica e para o bem-estar do consumidor e, assim, opinou pela aprovação condicional do ato, com a restrição de que a Ambev alienasse a totalidade dos ativos tangíveis e intangíveis correspondentes à integralidade do negócio de cervejas associado à marca Skol e alienasse, ainda, uma das plantas localizadas em Cuiabá/MT e outra em Manaus/AM.

Da mesma forma, a SDE verificou que apenas no mercado de cervejas há efeitos nocivos à livre concorrência decorrente da criação da Ambev. Logo, opinou também pela aprovação condicional do ato, com a imposição de remédio estrutural, por meio de um desinvestimento de algum negócio já existente da Ambev – Skol, Brahma ou Antarctica –, incluindo todos os ativos tangíveis e intangíveis.

6. Os dados referentes à participação no mercado, tanto os das empresas concorrentes, quanto os da Ambev, não havendo referência à fonte, estão conforme as informações prestadas pelas requerentes quando da submissão da operação ao CADE (Ato de Concentração 08012.005846/1999-12).

A Procuradoria do CADE (ProCADE), por sua vez, em seu parecer, opinou pela desconstituição da operação por ser a não aprovação "o único instrumento eficaz para eliminar os efeitos nocivos à ordem econômica e atingir o objetivo de interesse público definido na Lei [8.884/1994]".

Contudo, no julgamento ocorrido em 30 de março de 2000, por maioria de votos, os Conselheiros do CADE aprovaram o ato com a restrição de que a Ambev deveria firmar um Termo de Compromisso de Desempenho (TCD) pelo qual se comprometeria "a implementar a viabilização de uma nova entrante nacional; a providenciar oferta pública de unidades fabris de cerveja que pretenda desativar; a promover o compartilhamento regional de distribuição com empresas para cinco cervejeiras; a não impor exclusividade em ponto de venda, e a manter o nível de emprego" (CADE. Ato de Concentração 08012.005846/1999-12. fl. 5.803).

Quanto ao aspecto que interessa ao desenvolvimento do presente estudo, o desinvestimento imposto à Ambev pelo CADE, ao contrário da sugestão emitida pela SEAE (alienação dos ativos tangíveis e intangíveis do negócio Skol) e pela SDE (alienação dos ativos tangíveis e intangíveis do negócio Skol, ou Brahma ou Antarctica), nos termos do voto da Relatora Conselheira Hebe Teixeira Romano Pereira da Silva, ficou estabelecido que o desinvestimento englobaria a marca de cervejas Bavária e cinco fábricas.

O referido TCD foi firmado em 19 de abril de 2000 e, de acordo com o despacho 754/00 do Presidente do CADE à época, Conselheiro João Grandino Rodas, amparado pela Nota Técnica da Comissão de Acompanhamento das Decisões do CADE (CAD/CADE), quanto à operação de desinvestimento, foi devidamente cumprido pela Ambev, conforme será analisado no item 4.

3. TCD e desinvestimento no direito nacional e comparado

O Termo de Compromisso de Desempenho (TCD) pode ser definido como um mecanismo, aplicável pela autoridade em matéria de concorrência a atos de concentração submetidos à sua análise, para possibilitar a imposição de medidas mitigatórias de eventual infração à concorrência no mercado decorrente da operação analisada ("remédios"), de forma que tal desequilíbrio possa ser revertido ou minorado e, assim, celebrado o TCD, o ato seja aprovado.

De acordo com Thomas Sullivan, "como seu próprio nome sugere, um remédio é desenvolvido para corrigir uma falha do mercado. (...) No fundo o remédio deve aumentar um benefício real para o consumidor" (2003, p. 16, tradução livre).[7]

7. No original, "As its named suggests, a remedy is designed to correct a market failure. (...) At bottom the remedy should increase a net benefit to consumers".

Para Frederico e López:

> O processo de regulação e de concorrência muitas vezes exige a aplicação de remédios a fim de mitigar o poder de mercado das partes afetadas ou evitar a redução no nível de concorrência por uma mudança na estrutura do mercado. O desenvolvimento do remédio adequado muitas vezes desempenha um papel crítico em assegurar que a concorrência continue a ser eficaz na presença de empresas com poder de mercado[8] (FREDERICO e LÓPEZ, 2009, p. 2).

O CADE, de acordo com a Lei 8.884/1994, é o órgão responsável por "decidir sobre a existência de infração à ordem econômica" (art. 7.º, II), e, para tanto, pode "aprovar os termos do compromisso de cessão de prática e do compromisso de desempenho" (art. 7.º, VI), quando da apreciação dos "atos ou condutas, sob qualquer forma manifestados, sujeitos à aprovação nos termos do art. 54" (art. 7.º, XI).

O TCD está disciplinado, na Lei 8.884/1994, no art. 58, como um poder discricionário do CADE com o objetivo de "assegurar o cumprimento das condições estabelecidas no § 1.º" do art. 54 concernentes à proteção da livre concorrência e dominação nos mercados e do consumidor.

Segundo Leopoldino da Fonseca, há "casos em que a autorização, a aprovação dos atos e contratos poderá ficar condicionada à aceitação e ao cumprimento de alguns compromissos para garantir que as eventuais limitações à concorrência não se traduzam em prejuízos irreparáveis" (2007, p. 379).

Ou seja, deve-se sempre ter em vista que a formalização do TCD visa necessariamente à preservação ou ao restabelecimento das condições de concorrência no mercado. Na análise de Nascimento e Klajmic:

> Em síntese, podemos dizer que os Compromissos de Desempenho, como estabelecidos em nossa Lei, estão diretamente relacionados com a criação de mecanismos explícitos que são passíveis de posterior cobrança formal ('commitment") quanto ao devido cumprimento das eficiências tidas como compensatórias do prejuízo potencial à concorrência pós-operação. A principal vantagem desse dispositivo é formalizar a monitoração e a cobrança dos resultados efetivos dos alegados ganhos de eficiência, sob pena do seu descumprimento injustificado levar à revogação da autorização dada pelo CADE.

8. No original: "Regulatory and antitrust proceedings often require the application of remedies, in order to mitigate the market power of the affected parties or prevent a reduction in competition form a change in market situation. The appropriate remedy design often plays a critical role in ensuring that competition remains effective in the presence of firms with market power".

> É importante assinalar que as cláusulas do Termo de Compromisso devem ser factíveis e objetivas, não podendo ultrapassar o limite necessário para o alcance das eficiências e da preservação dos níveis de concorrência no mercado relevante. De outra forma, a ação das autoridades de defesa da concorrência assumiria um caráter regulatório, intervencionista, sobre as empresas, o que vem a contrapor-se ao espírito da Lei. (1997, p. 38)

O TCD, pois, como sustentado por Leopoldino da Fonseca (2007, p. 381/382), deve estabelecer parâmetros quantitativos e qualitativos para os compromissos a serem assumidos pela requerente[9] que apresenta ao CADE o ato de concentração.

Os compromissos assumidos podem ser estruturais,[10] no sentido de que "modificam a alocação dos direitos de propriedade e criam novas empresas: eles incluem desinvestimento de todo um negócio já em andamento, ou o desinvestimento parcial (possivelmente uma mistura e combinação de ativos e atividades de diferentes empresas envolvidas no projeto de concentração)" (MOTTA, POLO e VASCONCELOS, 2007, p. 2, tradução livre).[11]

> Remédios estruturais são aqueles nos quais a corte ordena alguma mudança na estrutura da empresa ou indústria. Essas mudanças podem envolver um desinvestimento horizontal ou quebra pela qual duas ou mais empresas são criadas a partir dos ativos da sociedade em concentração. (...) Ou o alívio pode requerer um desinvestimento vertical, a criação ou separação dos setores de estágios de produção em diferentes empresas (CRANDALL, 2001, p. 5, tradução livre).[12]

9. Nesse estudo, "parte" ou "requerente" será utilizado como referência aos interessados que submetem o ato de concentração à apreciação pelo órgão de proteção e defesa da concorrência.

10. Atualmente, parte da doutrina não utiliza a dicotomia remédios estruturais/comportamentais, preferindo categorizações mais específicas, haja vista que muitas medidas têm aspectos estruturais e comportamentais. Cf. PAPANDROPOULOS e TAJANA, 2006, p. 444.

11. No original, "Structural remedies modify the allocation of property rights and create new firms: they include divestiture of an entire ongoing business, or partial divestiture (possibly a mix and match of assets and activities of the different firms involved in the merger project)".

12. No original, "Structural remedies are those in which the court orders some change in the firm's or industry's structure. These changes may involve a horizontal divestiture or "brack up" through which two or more separate companies are created from the assets of the defendant. For example, the court-ordered dissolution of Standard Oil trust created several quasi-independent refining companies by simply requiring that the various companies in the Trust be spun off to Standard's

Tais compromissos não devem mitigar as eficiências do ato de concentração, ao contrário, haja vista que a possibilidade de celebração do TCD surge exatamente como uma forma de possibilitar que a operação se concretize e, assim, essas eficiências sejam alcançadas, afastando as eventuais ofensas à concorrência, seja para preservá-la, seja para restabelecê-la.

Dessa forma, cada um dos compromissos firmados no TCD deve visar, de maneira específica, prática e objetiva, os "efeitos prejudiciais para a concorrência, aumentando os riscos de práticas anticompetitivas como consequência do aumento do poder de mercado" decorrentes do ato analisado (VARGAS, 2009, p. 2, tradução livre),[13] no sentido de afastá-los.

O Departamento de Justiça Norte-Americano (*Department of Justice* – DOJ) lista os princípios a serem seguidos pelas autoridades antitrustes na análise de operações de concentração para aplicação de medidas mitigatórias dos seus possíveis efeitos anticoncorrenciais (remédios), que, em síntese, são:

a) necessidade de que existam fortes indícios de que ocorrerá alguma violação ou infração à concorrência no mercado;

b) o remédio deve basear-se numa aplicação cuidadosa dos princípios legais e econômicos à particularidade do caso em análise;

c) o objetivo do remédio antitruste é a restauração da competição no mercado;

d) o remédio deve promover a competição e não os competidores;

e) os remédios devem ser executáveis, isto é, estabelecer obrigações que possam ser de fato cumpridas;

f) deve-se empregar o tempo e o esforço necessários para garantir a conformidade do remédio ao resultado que se busca com o controle.[14]

De acordo, ainda, com o Guia do DOJ para a aplicação dos remédios antitrustes, as medidas estruturais são preferíveis às comportamentais porque são relativamente mais certas e precisas, além de geralmente evitarem os custos de intervenção do governo no mercado, por exemplo, com a administração e o

stockholders. Or the relief may require vertical divestiture, the creation of separate companies at different stages of production. The Paramount case resulted in five decrees that divested the major film distributors' theater chains from their production-distribution operation".

13. No original, "Ahora bien, una fusión también puede tener efectos perjudiciales para la competencia, aumentando los riesgos de prácticas anticompetitivas como consecuencia del aumento de poder de mercado".

14. Fonte: EUA. U. S. Department of Justice. *Antitrust Division policy guide to merger remedies*. Outubro, 2004. p. 2-7 (tradução livre).

acompanhamento do seu cumprimento. "A vantagem de uma solução estrutural, frente às soluções de comportamento, é que aquelas têm uma capacidade de abordar o problema de concorrência criado pela fusão de forma rápida, direta e eficaz; transferindo diretamente uma cota do mercado a um competidor real ou potencial" (VARGAS, 2009, p. 6, tradução livre).[15]

Nesse contexto, encontra-se o desinvestimento (ou venda de ativos) como um remédio estrutural direcionado àqueles casos nos quais o ato de concentração gera a sobreposição de ativos em determinado mercado e área geográfica aumentando de forma desproporcional o poder de mercado desse novo agente criado.

Em síntese, nessa situação, "os ativos desinvestidos são então normalmente adquiridos por um novo entrante e, com efeito, a estrutura do mercado (em termos da distribuição de participação) retorna à posição anterior ao ato de concentração"[16] (DAVIES e OLCZAK, 2008, p. 6)[17]

Waller, analisando o futuro dos remédios antitrustes, afirma que o desinvestimento deve ser aplicado em três hipóteses principais:

> Primeiro, quando o monopólio for ilegalmente formado, o desinvestimento será considerado a fim de restabelecer a situação que existia antes dos atos ilegais, principalmente se outras formas de alívio forem consideradas ineficazes. Segundo, o desinvestimento será mais provável quando o poder do monopólio tiver surgido de uma fusão ou combinação e a transação pode ser desfeita com relativa facilidade, aproveitando o conhecimento acumulado com os remédios aplicados aos casos baseados na Seção 7 do Clayton Act. Terceiro, o desinvestimento será implementado quando o requerente puder ser separado em partes distintas, relativamente sem complicações, tanto horizontalmente, verticalmente ou por meio da separação das operações reguladas ou não reguladas (2009, p. 26).[18]

15. No original, "La ventaja de una solución estructural, frente a las soluciones de comportamiento, es que aquellas tienen una capacidad de abordar el problema de competencia creado por la fusión en forma rápida, directa y eficaz; asignando directamente uma cuota de mercado a un competidor real o potencial".

16. No original, "The divested assets are then typically purchased by an entrant, and, in effect, the market structure (in terms of the size distribution) is returned to its pre-merger position".

17. Nesse texto, os autores analisam qual seria o objetivo do remédio antitruste na hipótese na qual a condição do mercado anteriormente a um ato de concentração já não era competitiva.

18. No original, "First, where the monopoly was illegally acquired, divestiture will be considered in order to restore the competitive situation that existed before the illegal acts, particularly if other forms of relief are deemed ineffective. Second,

Para tanto, passaremos à análise de alguns aspectos fundamentais ao compromisso de desinvestimento, a fim de assegurar que a medida atinja efetivamente os seus objetivos de restabelecer a concorrência no mercado analisado:

a) o procedimento de desinvestimento deve ser concluído no menor tempo possível, para que a concorrência seja restabelecida o quanto antes, mas, principalmente, para evitar a desvalorização do ativo a ser alienado;

b)os ativos a serem alienados devem ser independentes e passíveis de identificação, separação e distinção dentro da estrutura da empresa, para assegurar a possibilidade de exploração econômica pelo novo competidor;[19]

c) os ativos a serem alienados devem ser suficientes para, distribuindo a participação dos competidores no mercado, restabelecer a concorrência;

d) a autoridade antitruste deve aprovar o comprador, seja na hipótese de livre escolha pelo requerente, seja na hipótese de seleção do comprador por procedimento público, para certificar que sejam cumpridas todas as exigências do compromisso;

e) na escolha do comprador, deve-se atentar para que (1) a alienação dos ativos não cause dano à concorrência, (2) o comprador tenha real interesse de usar os ativos para concorrer no mercado relevante (análise do planejamento de investimentos, esforço para entrada no mercado etc.) e (3) o comprador tenha experiência e capacidade financeira para atuar no mercado a longo termo;[20]

---

divestiture will be more likely where the monopoly power arose out of a merger or other combination and the transaction can be relatively easily unwound, drawing on the accumulated wisdom from relief in Section 7 Clayton Act cases. Third, divestiture will be implemented then the defendant can be broken into separate parts relatively painlessly, either horizontally, vertically, or through the separation of regulated versus unregulated operations".

19. Para a *Federal Trade Comission* (FTC) norte-americano, "o *Divestiture Study* fornece suporte para se preferir a alienação de um negócio já em curso com uma base de clientes ao desinvestimento de ativos que facilitam a entrada" (EUA, 1999, p. 42). No original: "The Divestiture Study provides support for preferring the divestiture of an on-going business with a customer base over the divestiture of assets that facilitate entry".

20. Essa análise não deve ser relativa, isto é, comparativa entre as empresas atuantes no mercado. Como não cabe à autoridade antitruste a escolha, mas a aprovação, devem ser estabelecidos critérios objetivos para cada um dos parâmetros a serem examinados e, assim, a autoridade apenas deve verificar o enquadramento do comprador proposto nesses requisitos.

f) a aprovação pela autoridade concorrencial não deve considerar os valores pagos pelos ativos pelo comprador, mas deve-se preocupar com a efetividade e com a viabilidade do comprador;[21]

g) deve-se evitar que a requerente seja responsável pelo financiamento do comprador na aquisição dos ativos, para evitar que o alienante continue com controle parcial sobre os ativos e sobre o comprador, além de indicar dificuldade deste para aquisição de financiamento com bancos;

h) não deve ser imposta ao comprador a proibição de vender os ativos adquiridos, porque ele não pode ser obrigado a atuar no mercado relevante indefinidamente. No entanto, esta restrição pode ser prevista para impedir que o comprador aliene os ativos para determinadas empresas, por determinado tempo.

Esses parâmetros podem ser considerados como o conteúdo mínimo de um TCD com previsão de desinvestimento considerando a necessidade de que o compromisso atenda ao objetivo proposto de restabelecer ou compensar a concorrência no mercado em análise.

Na ausência de qualquer desses pressupostos não haverá segurança de que os níveis de concorrência no mercado serão mantidos dentro do padrão planejado ou mesmo que haverá interesse do próprio requerente em dar continuidade ao ato de concentração ou dos demais concorrentes e interessados em entrar no mercado de adquirir os ativos.

Importante esclarecer que a autoridade antitruste, de certa forma, tem interesse na celebração do TCD e na imposição de desinvestimento nas hipóteses em que estes são suficientes para mitigar eventual dano a concorrência e desde que haja eficiência substancial na operação de concentração. Mesmo com a condição de que a não celebração do TCD ou o seu descumprimento importem em desaprovação do ato, a autoridade concorrencial, ao propor o remédio, leva em consideração as eficiências que o ato de concentração produzirá no mercado, de forma que todo o procedimento é desenvolvido para atender a finalidade de restabelecer a concorrência e de possibilitar ao mercado o seu pleno desenvolvimento econômico. Isso porque, no nosso entendimento, qualquer atuação da autoridade antitruste na tentativa de manter o nível concorrencial não deve se restringir à manutenção da mesma estrutura do mercado, mas, pelo contrário, deve admitir alterações que são necessárias

21. No entanto, o valor pago pelos ativos deve ser utilizado para a verificação de indícios de fraude, seja no caso de estar muito acima da cotação, seja por estar muito abaixo, por indicar que o comprador pode não ter interesse em reempregar os ativos adquiridos para competir efetivamente no mercado.

à dinamicidade da atividade econômica, cuidando para que eventual dano a concorrência seja devidamente mitigado ou compensado.

Dessa forma, nos atos de concentração submetidos à apreciação do CADE, o TCD, como instrumento essencial para a implementação de remédios estruturais a fim de restabelecer a concorrência nos mercados relevantes analisados, como observa LEOPOLDINO DA FONSECA, vem sendo utilizado com mais frequência (2007, p. 381). Desde 1994 até o final de 2010, foram celebrados 53 TCDs pelo CADE e, destes, em 14 deles ao menos uma das medidas impostas aos compromissários envolveu o desinvestimento.[22]

3.1 O procedimento para escolha do comprador dos ativos

Uma discussão relevante dentro da temática do desinvestimento, como medida estrutural para restabelecimento da concorrência em mercados nos quais existam operações de concentração com efeitos anticoncorrenciais, refere-se ao procedimento que deve ser empregado para a escolha do comprador dos ativos a serem alienados. Para o fim do presente estudo, considerar-se-á o desinvestimento proposto pela autoridade antitruste para a celebração de TCD e aprovação com restrição de atos de concentração.

Nesse contexto, o primeiro aspecto a ser evidenciado é a distinção entre o TCD, celebrado com a autoridade antitruste no qual há a assunção de um compromisso de desinvestimento, e a transação comercial a ser firmada com o comprador dos ativos que é o desinvestimento em si.

O TCD, segundo Leopoldino da Fonseca, "decorre de atuação discricionária do Conselho [CADE]" (2007, p. 379), tendo caráter público. Dessa forma, ao CADE compete definir sobre a conveniência e oportunidade de celebração do TCD e sobre o conteúdo do mesmo, em atenção às conclusões das análises efetuadas no ato de concentração (pelo CADE, pela SDE, pela SEAE e pela Procuradoria do CADE).

Às empresas requerentes que submeteram o ato de concentração à autoridade antitruste cabe acatar a decisão de aprovação com restrição e celebrar o TCD nos termos propostos pelo CADE ou desfazer toda a operação.[23]

A operação de desinvestimento, por sua vez, ainda que decorrente de compromisso constante do TCD, é um negócio jurídico privado, firmado entre a requerente e o comprador dos ativos. Mesmo que existam condições e

22. Disponível em: <www.cade.gov.br>. Acesso em: 27 dez. 2010.

23. Existe, ainda, a possibilidade de submissão da decisão do CADE à apreciação do Poder Judiciário, com fundamento do art. 5.º, XXXV, da Constituição da República.

cláusulas obrigatórias previstas no TCD, o contrato de venda dos ativos não perde sua natureza essencialmente privada.

A determinação de desinvestimento advém da análise econômica realizada pela autoridade competente que conclui pela necessidade de diminuição da participação da requerente em determinado mercado relevante para que se tenha preservada a concorrência, por isso é justificável que, na perseguição desse objetivo, sejam impostas algumas condições e características para o comprador dos ativos. Trata-se de atividade de natureza regulatória do CADE e, com a celebração do TCD, obrigatória para a requerente-compromissária.

A adoção de critérios assumidos na celebração do TCD para a seleção do comprador e a necessidade de aprovação do nome do mesmo pelo CADE antes de o negócio de venda ser concluído são medidas interventivas necessárias e suficientes para garantir que o desinvestimento atinja o seu objetivo principal de restabelecimento dos níveis de concorrência.

Qualquer outra imposição fere a livre-iniciativa, haja vista que deixaria de ser proporcional com o fim público do controle exercido pelo CADE. À autoridade concorrencial não interessa se a operação de venda dos ativos será mais ou menos rentável para a compromissária, nem mesmo quais critérios serão utilizados para essa seleção. Isso porque já estão ressalvadas as condições necessárias para o restabelecimento da concorrência com a garantia de suficiência dos ativos e de independência do comprador, nos termos dos compromissos assumidos pela requerente no TCD.

Com relação aos princípios de impessoalidade e de igualdade, importante esclarecer que, de acordo com o art. 37 da Constituição da República, eles devem ser obedecidos pela administração pública direta e indireta, não tendo aplicação nos negócios privados.

Dessa forma, na celebração do TCD, o CADE, como autarquia federal (art. 3.º da Lei 8.884/1994), isto é, integrante da administração pública indireta, deve atentar para esses princípios, bem como para os demais constantes da Constituição da República e da Lei 8.884/1994.

Contudo, a escolha do comprador dos ativos foge à competência do CADE e, assim, a medida não esta submetida às regras para contratação com a administração pública. No setor privado, por sua vez, seara na qual se dará o referido negócio, a livre iniciativa é o imperativo, também constitucional, erigido, no art. 170 da Constituição da República, a fundamento da ordem econômica nacional.

Assim, a regra é que fique à livre escolha do compromissário a seleção do comprador para os ativos, desde que atendidos os compromissos constantes do TCD e desde que haja submissão e aprovação do CADE.

Justamente por ser a livre iniciativa um imperativo da ordem econômica privada, a princípio não haveria impedimento de que o desinvestimento fosse efetuado por procedimento público (leilão, oferta pública etc.) desde que seja um compromisso assumido voluntariamente pelo requerente. Ocorre que, sendo a venda por procedimento público assumida como uma obrigação no TCD deverá o compromissário atentar para todas as regras concernentes a essa modalidade a fim de evitar a declaração de nulidade do procedimento, nos termos da Lei 8.666/1993.

Isso porque, embora não seja uma necessidade do desinvestimento, o compromisso de que a venda dos ativos seja realizada mediante oferta pública atrai a incidência das disposições Lei 8.666/1993 que regulamenta esse procedimento na seara pública. Afinal, não há qualquer restrição para que as entidades de direito privado adotem os procedimentos públicos de contratação em suas atividades.

Ou seja, o procedimento público para efetivação do desinvestimento é possível, desde que com a concordância do compromissário esteja previsto expressamente no TCD, contudo não deve ser uma obrigação imposta como necessária à celebração do desinvestimento no TCD, por ser a venda dos ativos um negócio privado, que foge da competência do CADE. Assim, essa previsão não é obrigatória, nem decorrência legal.

Em diversos TCDs celebrados pelo CADE, existe previsão expressa de que a alienação seja realizada por procedimento público e, nesses casos, como houve concordância do compromissário, ele está adstrito àquela modalidade, devendo atentar para as especificidades desse procedimento, que é regido pela Lei 8.666/1993.[24]

Vale ressaltar que, no direito norte-americano, de acordo com o Guia do DOJ para a aplicação dos remédios antitruste, ao requerente cabe a seleção do comprador dos ativos, que, todavia, deve ter o nome submetido à análise da autoridade competente. Na incapacidade do requerente para a venda dentro do prazo previsto, existe a possibilidade de contratação de um terceiro (*trustee*) para proceder à operação (EUA, 2004, p. 40-41). Seja como for, no Guia não há qualquer menção a essa hipótese de venda por procedimento público aplicada em alguns TCDs celebrados, no Brasil, com o CADE.

Na União Europeia, por sua vez, o requerente deve apresentar o nome do provável comprador dos ativos para aprovação pela Comissão, sem qualquer

24. A título de exemplo, cita-se o Ato de Concentração 08012.000212/2002-30 (Ambev/Pepsico), o Ato de Concentração 0058/1995 (Brahma/Miller) e o Ato de Concentração 08012.013152/2007-20 (Carlos H. Botelho Junior).

referência ao procedimento a ser adotado nessa seleção (MOTTA, POLO e VASCONCELOS, 2007, p. 5).

4. Análise do procedimento de desinvestimento no caso Ambev (Braco S.A e outras)

No Ato de Concentração 08012.005846/1999-12, nos termos do voto da Relatora Conselheira Hebe Teixeira Romano Pereira da Silva, o CADE entendeu que para aprovação da operação de criação da Ambev, mediante o agrupamento societário da Companhia Antarctica Paulista e da Companhia Cervejaria Brahma, seria necessária a celebração de um TCD. Dessa forma, prevaleceu o entendimento de que a transação "limitou a concorrência, sendo, não obstante, legal a sua autorização, em razão das medidas estruturais impostas e das eficiências e dos benefícios invocados".

Assim, com a assinatura do TCD, a Ambev, como compromissária, entre outras medidas, se obrigou a, no prazo máximo de oito meses,[25] "contratar com um única compradora a implementação do conjunto integrado de medidas, composto pela venda da marca Bavária e de 5 (cinco) fábricas e compartilhamento de distribuição, (...) visando à entrada em escala nacional de concorrente no mercado de cerveja".

Trata-se de genuíno compromisso de desinvestimento, sem imposição da modalidade pública, haja vista que a Cláusula 2.1.1 previa que "a compromissária escolherá a modalidade de oferta ao mercado do conjunto de ativos e compartilhamento da distribuição", não havendo qualquer restrição quanto à forma de escolha do comprador dos ativos.

Contudo, verifica-se que, no TCD, havia algumas restrições previstas (inclusive quanto ao comprador dos ativos), a fim de dar eficácia ao objetivo de restabelecer a concorrência e viabilizar a entrada de competidor no mercado, são elas:

a) a Ambev deveria manter os níveis mensais de gastos com publicidade e marketing com a marca Bavária equivalentes à média aritmética dos últimos 18 (dezoito) meses anteriores à decisão do CADE;

b) a Ambev deveria empregar todos os esforços necessários no sentido de assegurar a manutenção da participação da marca Bavária no mercado;

25. O Guia do DOJ para os remédios antitrustes estabelece que o prazo para a operação de desinvestimento deve ser fixado entre 60 e 90 dias e, apenas em casos extraordinários, deve ser superior (EUA. DOJ, 2004, p. 32).

c) a Ambev deveria alienar todos e quaisquer registros, pedidos e direitos inerentes à propriedade da marca Bavária e suas extensões, assim como todos os demais elementos de propriedade intelectual relativos ao signo descritivo;

d) a Ambev deveria transferir todos os contratos de fornecimento existentes relacionados à marca Bavária, caso fosse de interesse do comprador;

e) a Ambev deveria compartilhar a sua rede de distribuição com a compradora da marca Bavária, em igualdade de condições, pelo prazo inicial de 4 (quatro) anos prorrogáveis por outros 2 (dois), à critério do comprador.

Além desses requisitos, duas outras importantes condições impostas no TCD devem ser analisadas separadamente. Trata-se do compromisso de alienação, em conjunto com a marca Bavária, de 5 (cinco) unidades produtoras, e a necessidade de aprovação do comprador pelo CADE.

A primeira delas, a alienação de unidades produtoras, foi definida levando em consideração a necessidade de que o comprador, novo entrante no mercado ou pequeno concorrente, tenha condições de, após a aquisição da marca Bavária, fabricar e colocar o produto no mercado de maneira competitiva.

Dessa forma, partindo da definição constante do voto da Relatora dos mercados relevantes geográficos para o produto cerveja, foi apontada uma unidade produtiva em cada um deles, totalizando 5 (cinco) fábricas, localizadas nos municípios de Getúlio Vargas/RS (mercado 1), Ribeirão Preto/SP (mercado 2), Cuiabá/MT (mercado 3), Camaçari/BA (mercado 4) e Manaus/AM (mercado 5).

Visando possibilitar a efetiva competitividade do comprador, no item 2.1.6 do TCD, são enumeradas condições e especificações quanto ao compromisso da Ambev de manter o perfeito estado de conservação das instalações e dos maquinários e equipamentos de cada uma das unidades, bem como da disponibilização de mão de obra necessária à produção, sem interrupção de funcionamento.

No que se refere à necessidade de a Ambev submeter o nome do pretenso comprador dos ativos ao CADE para aprovação, tal compromisso se justificava para que fosse assegurado o atendimento de todos os requisitos constantes do TCD, quais sejam:

a) empresa nacional ou estrangeira que não detivesse participação acionária ou qualquer outro vínculo com a Ambev, ou com quaisquer de suas coligadas, controladas, controladoras ou associadas (empresa independente);

b) empresa que detivesse condições de manter o negócio adquirido em funcionamento, como também potencial para competir em igualdade de condições, no mercado nacional de cerveja;

c) empresa que não detivesse mais de 5% de participação no mercado nacional de cerveja, depurada a variação sazonal mediante a média aritmética dos últimos 12 meses.[26]

Assim, embora o CADE tenha preservado o poder de vetar o comprador eleito, a Ambev permaneceu com a capacidade para negociar as condições da transação, sem vinculação a procedimento público para alienação. Nos moldes do que foi discutido no item anterior, os requisitos impostos pelo CADE se justificavam para restabelecer a concorrência no mercado, por um lado, evitando que alguma empresa ou grupo já consolidado no mercado aumente a sua participação e, por outro, facilitando a entrada de um novo concorrente ou o crescimento de algum com pequena participação.

A exigência de ser o comprador uma empresa independente buscava evitar que o controle sobre os ativos desinvestidos permanecesse de alguma forma com a Ambev e, dessa forma, indiretamente ela mantivesse poder de mercado superior àquele que o CADE entendeu como suficiente para restabelecimento da concorrência.

Nesse contexto, a Ambev submeteu à análise do CADE o nome de dois possíveis compradores: a Molson Incorporated e a UNICER – União Cervejaria S.A. Depois de concluídas as negociações, a Ambev selecionou a Molson, que demonstrou enquadrar-se em todos os requisitos exigidos pelo TCD, sendo, por isso, aprovado no parecer emitido pelo CAD/CADE e acatado pelo despacho 754/00 do Presidente do CADE à época, Conselheiro João Grandino Rodas.[27-28-29]

26. Essa restrição impediu a aquisição da Bavária pela Schincariol (8% de participação) e pela Kaiser (15% de participação) na época. Ocorre que, posteriormente, a Molson, que adquiriu a Bavária, comprou a Kaiser, colocando, assim, as duas marcas num mesmo portfólio, sem descumprimento formal do TCD firmado pela Ambev.

27. No decorrer das negociações entre a Ambev e a Molson houve discussão a respeito de ser ou não o comprador obrigado a manter o funcionamento das unidades produtoras depois da aquisição. Atendendo ao sentido real do TCD de que o novo entrante no mercado tenha condições efetivas de concorrer em todos os mercados relevantes geográficos, o CAD/CADE entendeu ser necessário que no contrato entre as empresas conste a obrigação de manutenção das unidades, uma vez que a Molson, como terceira, não estaria sujeita diretamente ao TCD.

28. Não foi imposta à Molson, como compradora, a proibição de revenda (que, inclusive, não estava previsto no TCD como compromisso da Ambev).

29. Posteriormente, em 2002, a Molson adquiriu as Cervejarias Kaiser e, em 2006, a empresa Fomento Econômico Mexicano S.A. (FEMSA) adquiriu o controle acionário da Molson. Recentemente, em 2010, a Heineken adquiriu a FEMSA,

Pela exposição, é possível verificar que o CADE acertadamente propôs a celebração do TCD com a previsão da operação de desinvestimento como mecanismo necessário para se buscar assegurar a mitigação dos efeitos anti-concorrenciais do ato. A começar pela conveniência de celebração do TCD, uma vez que foi identificada uma série de eficiências na operação de criação da Ambev, de forma que a não aprovação do ato poderia representar uma intervenção desproporcional no mercado, prejudicando o desenvolvimento econômico do país. Assim, com o TCD, permitiu-se a criação da Ambev, todavia, buscou-se eliminar o dano verificado à concorrência no mercado de cerveja.

A questão a ser verificada, então, é se o desinvestimento nos moldes previstos no TCD era, em tese, e foi, de fato, suficiente para o restabelecimento do nível de concorrência nesse mercado, ou se, ao contrário, a aprovação do ato foi responsável por desequilibrar ainda mais o mercado elevando desproporcionalmente o poder de mercado da Ambev. Como será a seguir evidenciado, no nosso entendimento, em tese, o TCD não foi suficiente para o restabelecimento de níveis concorrenciais e de participação no mercado de cervejas, contudo, na prática, verificou-se que não ocorreram prejuízos relevantes à concorrência.

A marca Bavária foi lançada pela Companhia Antarctica Paulista, em 1997. Já no primeiro ano do seu lançamento, a marca contava com 5% de participação no mercado nacional, segundo a ACNielsen. Na pesquisa referente ao período outubro de 1998 a janeiro de 1999, constatou-se a maior participação já alcançada pela marca, no importe de 7,3% do mercado nacional.

Contudo, nos anos seguintes, a Bavária foi perdendo participação, devido, principalmente, à diminuição de investimentos pela Companhia Antarctica Paulista, que vira resultados negativos para a marca Antarctica advinda do crescimento da Bavária.

No bimestre dezembro de 1999/janeiro de 2000, período imediatamente anterior à conclusão do TCD, a participação da Bavária era de 4,4% (PENNA, 2000) do mercado nacional de cerveja. Em 2001, quando foi adquirida pela Molson, era de 3,5%. Em 2002, a sua participação era de 3%, sendo que, em 2009, alcançou o menor índice, 2,2% do mercado nacional de cerveja.[30]

Nesses mesmos períodos, a participação da Ambev passou de 73,5% em 1999, antes da celebração do TCD, para 69,9% do mercado nacional de cerveja em 2001, após a venda da marca Bavária. Em 2002, a participação era

passando a contar em seu portfólio grandes marcas de cerveja como a Sol, Kaiser, Bavária, Xingu, Summer Draft e Heineken. Contudo a operação ainda não foi aprovada pelo CADE.

30. Fonte: ACNielsen.

na ordem de 63% (SILVA, 2003, p. 51) e, em 2009, o índice divulgado pela ACNielsen apontou uma participação da Ambev de 70%.[31]

A análise da redução na participação da Bavária acompanhada por uma relativa manutenção de participação elevada da Ambev no mercado não deve ser entendida, necessariamente, como uma ineficácia da medida adotada pelo CADE, por dois motivos.

Primeiro, a decisão do CADE foi motivada não apenas pelo critério da participação, mas, sobretudo, pelas eficiências advindas da operação.[32] A estimativa é de que houve uma redução de R$ 450 milhões nos custos anuais de produção da Ambev. Além disso, não foram identificados riscos reais de perda de competitividade nos preços praticados. Isso, inclusive, foi constatado por Elizabeth Farina e Paulo Azevedo (2003, p. 151).

Depois, observa-se que esse fenômeno de diminuição na participação da Bavária foi contemporâneo a uma série de modificações no controle da Molson, empresa que adquiriu a marca, o que pode ter influenciado no direcionamento das políticas de promoção e crescimento da marca. Em 2009, segundo a ACNielsen, a FEMSA, controladora da Molson, possuía 7,2% de participação no mercado nacional.[33]

Contudo, não é difícil perceber que a solução encontrada pelo CADE foi incipiente na medida em que determinou um desinvestimento mínimo considerando a participação da marca Bavária na participação total da Ambev no mercado de cerveja. Ainda que sejam considerados os índices da data de celebração do TCD, verifica-se que a Ambev detinha aproximadamente 73% de participação no mercado,[34] ao passo que a Bavária representava apenas 4,4% de participação (PENNA, 2000).

31. Fonte: ACNielsen, citado em *O Globo* Economia de 11.01.2010, disponível em: <http://oglobo.globo.com/economia/mat/2010/01/11/confira-participacao-de-mercado-das-principais-marcas-de-cerveja-no-brasil-15502121.asp>. Acesso em: 14 abr. 2011.

32. A esse respeito encaminhamos o leitor para o artigo de: POSSAS, Mario Luiz. Avaliação de "eficiências" compensatórias no caso Ambev. In: MATTOS, César (org.). *A revolução do antitruste no Brasil:* a teoria econômica aplicada a casos concretos. São Paulo: Singular, 2003. p. 157-180.

33. Ressalta-se que a FEMSA, além da Bavária, controla outras marcas como Kaiser, Haineken, Sol e Xingu. Em 1999, antes da operação que deu origem a Ambev, a Kaiser e a Bavária juntas possuíam 23% de participação no mercado nacional de cerveja. Ou seja, houve uma redução substancial na participação dessas marcas.

34. A Ambev detinha 73% levando em conta a participação da Bavária. Fonte: ACNielsen.

Ainda que não seja referência exclusiva para a análise da concorrência, o índice de participação real no mercado é, sim, um importante indicador de poder de mercado. Logo, a análise do desinvestimento conforme proposto apenas da marca Bavária, em tese, dificilmente restabeleceria o nível de concorrência no mercado de cerveja.

Isso pode ser percebido justamente pelo grau de concentração no mercado, ilustrado pela tabela abaixo que apresenta a participação das principais marcas antes da operação, em 1999, e passados 10 anos da constituição da Ambev, em 2009:

	1999 (%)	2009 (%)
Skol	23,7	32,7
Brahma	24,4	18,5
Antarctica	25,4	12,3
Kaiser	15,9	4
Schincariol	7,5	10,3
Bavária	7,1	2,2
Outros	3,1	20
Total	100	100
Ambev	73,5	70

Fonte: Dados de 1999 provenientes do voto do Conselheiro Ruy Santacruz e dados de 2009 provenientes da ACNielsen.

Verifica-se que a Ambev continua com alta concentração de participação no mercado nacional de cerveja, no importe de aproximadamente 70% de acordo com a ACNielsen.

Não bastasse o CADE ter anuído com a manutenção desse alto índice de concentração, compartilhamos do mesmo entendimento de Pereira, Lagroteria e Leal (2003, p. 195) ao não vislumbrar motivação para a limitação constante do TCD de que a empresa compradora dos ativos não pudesse deter mais de 5% de participação no mercado nacional de cerveja.

Conforme anteriormente afirmado, é fundamental que haja uma limitação quanto ao nível de participação no mercado da empresa compradora dos ativos (item 3), a fim de se evitar outro desequilíbrio para a própria concorrência no setor. Contudo, uma decisão que permite a manutenção de uma concentração no importe de aproximadamente 70% do mercado não deveria ater a venda dos ativos a um comprador tão pequeno. Afinal, considerando os números da época, ainda que a marca de maior representatividade fora da

Ambev adquirisse a Bavária, a participação das duas juntas alcançaria pouco mais de 20% do mercado, isto é, participação três vezes menor que a da Ambev.

Outra crítica pode ser feita com relação ao tempo estabelecido para o cumprimento do TCD, oito meses, que pode ser considerado excessivo, haja vista a existência de incentivos reais para a compromissária de deixar de investir e de manter a participação do ativo a ser desinvestido no período entre a celebração do TCD e a venda efetiva desse ativo. Ainda que o TCD, acertadamente, tenha previsto a manutenção pela compromissária dos gastos com publicidade da marca Bavária até a conclusão do desinvestimento, verifica-se que a Bavária já vinha com um histórico de decadência e de diminuição de participação, de forma que a eventual preocupação do CADE com uma possível retração propositada do ativo não pode ser evitada.

Com relação ao mercado, a cerveja é um produto diferenciado, de forma que os consumidores, em geral, possuem preferência por marcas específicas, conforme evidenciado por Pereira, Lagroteria e Leal:

> Os índices de rejeição, bem como as taxas de conhecimento das marcas, demonstram a força das marcas de cerveja, inclusive para determinação de preferências dos consumidores. A cerveja é um produto diferenciado, senão pelas suas características organolépticas, certamente pela imagem da marca associada ao produto (2003, p. 189).

Nos últimos anos, a entrada de marcas estrangeiras de cerveja no Brasil vem direcionando parte do consumo para essa fatia do mercado, passando as marcas nacionais a adotarem estratégias diferenciadas para alcançarem os consumidores, a partir da segmentação de clientes.

Nesse sentido, conforme sustentado por Silva,

> Nota-se, então, que a indústria cervejeira ainda é extremamente dinâmica, apesar da forte concentração de mercado, após a fusão da Ambev. Cada empresa vem buscando seu nicho de mercado, focando-se em estratégias diferenciadas na cadeia de valor, para atuar num mercado em constante transformação (2003, p. 53).

Embora isso não tenha sido suficiente para mitigar a posição dominante da Ambev no mercado, conforme acima mencionado, na prática, não se vislumbram prejuízos relevantes e significativos à concorrência e, principalmente, aos consumidores no mercado, com a aprovação do ato de concentração que criou a Ambev.

Com relação ao portfólio da Ambev, o propósito de se manter de forma independente as marcas Skol, Brahma e Antarctica foi um compromisso assumido pela compromissária quando da apresentação do ato ao CADE e, realmente, constata-se que as marcas tem se mantido em condições de concorrentes no mercado, sem a sobreposição dos ativos. Embora, seja fundamental reconhecer que o compartilhamento das unidades e dos sistemas de produção e de distribuição seja um fator de dominação no mercado.[35]

Assim, o TCD celebrado no Ato de Concentração 08012.005846/1999-12 apresentou deficiências no que se refere às medidas de desinvestimento, em especial no que se refere à adequação, proporcionalidade e razoabilidade entre a opção do ativo a ser desinvestido e o nível de concentração remanescente no mercado. Contudo, tendo preservado as eficiências produzidas com a criação da Ambev, verifica-se que o mercado reagiu de forma relativamente boa à operação, sendo mantidos bons níveis de bem-estar ao consumidor e não havendo indícios relevantes, até o presente momento, de práticas anticompetitivas derivadas da concentração resultante.

5. Conclusão

Como foi demonstrado, a análise da jurisprudência é fundamental para a formação de conhecimento em matéria de concorrência e permite o desenvolvimento de estudos aprofundados, visando, sempre, conferir às decisões a maior efetividade possível e a maior adequação à realidade econômica do mercado.

Assim, com relação ao caso Ambev, a opção pela celebração de um TCD, no que se refere à operação de desinvestimento, foi uma decisão correta e razoável. Isso porque, sem negar as eficiências advindas do ato de agrupamento societário que criou a Ambev, foi possibilitada a criação de uma solução capaz de restabelecer os níveis de concorrência no mercado relevante de cerveja, com o aumento da participação de um pequeno concorrente.

Contudo, pode ser verificado que a decisão pelo ativo a ser desinvestido e a manutenção de um alto nível de concentração no mercado são fatores ressaltados negativamente no desenvolvimento do remédio no caso Ambev.

Quanto à seleção do comprador para os ativos, verifica-se que, acertadamente, o CADE não exigiu qualquer especificidade de procedimento, condicionando a transação de venda apenas à aprovação do nome do comprador, o que acompanha a jurisprudência e as orientações internacionais a esse respeito, mas, sobretudo, coaduna com a proporcionalidade que deve existir nos

35. Nesse ponto, o maior risco da operação é o aumento do poder de monopsônio sobre os fornecedores de matérias-primas e insumos que a Ambev passa a deter a partir da sua maior participação do mercado consumidor de cerveja.

meios empregados pelo CADE para alcançar o objetivo de proteção da concorrência, sob pena de intervenção/regulação excessiva.

O desinvestimento é uma medida de grande relevância, sendo considerado como o principal e mais eficaz remédio estrutural, contudo, para que possa alcançar os maiores índices de eficácia, é fundamental que sejam observados diversos requisitos, em especial, a garantia de suficiência e independência dos ativos a serem alienados para o restabelecimento da concorrência e a garantia de que o comprador dos ativos tenha interesse e condições para concorrer efetivamente no mercado.

Logo, atendidos esses pressupostos, havendo necessidade real de intervenção da autoridade antitruste, o desinvestimento tem condições de restabelecer a concorrência e, ao mesmo tempo, facultar o livre desenvolvimento econômico dos mercados.

Pela nossa análise, é possível concluir que a marca Bavária ao ser desinvestida apresentou independência suficiente para ser adquirida pela Molson, no entanto, devido à sua pequena participação, não foi suficiente para restabelecer o nível de concentração no mercado, que se mantém alto ainda hoje, com a Ambev detendo aproximadamente 70% de participação.

Ainda que a Ambev esteja alguns passos à frente das concorrentes, devido à detenção de maior poder de mercado, essa situação, no futuro, pode mudar em decorrência de três fatores principais: o crescimento do mercado nacional de consumo, o aumento na importação de cervejas e o crescimento de pequenas indústrias cervejeiras. De acordo com FARINA e AZEVEDO, "depois de dez anos de transformações [no mercado de cerveja], há, ainda, perspectivas sólidas de crescimento futuro, uma vez que o consumo per capita brasileiro é consideravelmente inferior ao de outros países. Enquanto países europeus com frequência ultrapassam a marca de 100 l/hab/ano, no Brasil o crescimento recente elevou o consumo de 38 para 48 l/hab/ano" (2003, p. 136).

Assim, ainda que sejamos orientados por uma visão pela qual o CADE não deve obstar o desenvolvimento da economia nacional, entendemos que o remédio previsto pela decisão no Ato de Concentração 08012.005846/1999-12, por não ter conseguido alterar o nível de concentração no mercado nacional de cerveja após a criação da Ambev, não atendeu aos parâmetros de efetividade, proporcionalidade e razoabilidade esperados, tendo, todavia, alcançado o parâmetro de eficiência, haja vista a inexistência de prejuízos atuais aos consumidores, conforme pode ser analisado no presente estudo.

Referências bibliográficas

CRANDALL, Robert W. The failure of structural remedies in Sherman Act monopolization cases. *AEI-Brookings Joint Center,* Working Paper n. 01-05, mar. 2001. Disponível em: <http://ssrn.com/abstract=286357>. Acesso em: 8 jan. 2011.

DAVIS, Stephen; OLCZAK, Matthew. Assessing the efficacy of structural merger remedies: choosing between theories of harm? *CCP Working Paper*, n. 08-28, 2008.

EUA. Federal Trade Commission. *A study of the Commission's divestiture process.* 1999.

EUA. U. S. Department of Justice. *Antitrust Division policy guide to merger remedies.* Out. 2004.

FARINA, Elizabeth; AZEVEDO, Paulo. Ambev: a fusão e seus efeitos no mercado de cervejas. In: MATTOS, César (org.). *A revolução do antitruste no Brasil:* a teoria econômica aplicada a casos concretos. São Paulo: Singular, 2003. p. 131-156.

FREDERICO, Giulio. LÓPEZ, Angel L. Divesting power. *Working Paper University of Navarra,* WP 812, 2009.

LEOPOLDINO DA FONSECA. João Bosco. *Lei de Proteção da Concorrência:* comentários à legislação antitruste. 3. ed. Rio de Janeiro: Forense, 2007.

MOTTA, Massimo; POLO, Michele; VASCONCELOS, Helder. Merger remedies in the European Union: an overview. *Antitrust Bulletin,* set. 2007.

NASCIMENTO, Cynthia; KLAJMIC, Magali. Compromisso de desempenho: uma abordagem introdutória. *Revista de Direito Econômico,* Brasília, CADE, n. 25, p. 29-43, jan.-jul. 1997.

PAPANDROPOULOS, Penelope; TAJANA, Alessandro. The merger remedies study – In divestiture we trust? *European Competition Law Review,* 8, p. 443-454, 2006.

PENNA, Maysa. Valor da Bavária é problema para a AmBev. *Gazeta Mercantil,* 17.04.2000, caderno C, p. C-1.

PEREIRA, Edgard Antônio; LAGROTERIA, Eleni; LEAL, João Paulo. Análise antitruste de fusões em mercados e bens diferenciados: O caso Ambev. In: MATTOS, César (org.). *A revolução do antitruste no Brasil:* a teoria econômica aplicada a casos concretos. São Paulo: Singular, 2003. p. 181-200.

POSSAS, Mario Luiz. Avaliação de "eficiências" compensatórias no caso Ambev. In: MATTOS, César (org.). *A revolução do antitruste no Brasil:* a teoria econômica aplicada a casos concretos. São Paulo: Singular, 2003. p. 157-180.

SILVA, Christian Luiz. Indústria cervejeira: um mercado em constante transformação. *Revista FAE Business,* n. 6, p. 50-53, ago. 2003.

SULLIVAN, E. Thomas. Antitrust remedies in the U.S. and E.U.: advancing a standard of proportionality. *The Antitrust Bulletin*, p. 377, 2003.

VARGAS, Francisco Aguero. The role of remedies imposed by competition authorities in merger procedures: an applied analysis to the retail sector (rol de las medidas de mitigación o condiciones impuestas para aprobar operaciones de concentración: un análisis aplicado al sector retail). In: NEHME, N.; MONTT, P. (ed.). *Libre competência y retail.* Santiago: Legal Publishing, 2009. Disponível em: <http://ssrn.com/abstract=1491050>. Acesso em: 7 jan. 2011.

VICKERS, J. *Merger policy in Europe: retrospect and prospect. Speech at Charles Rivers Associates conference on current topics in merger and antitrust enforcement*, Washington DC, 2004. Disponível em: <http://www.oft.gov.uk/shared_oft/speeches/ spe0104.pdf>. Acesso em: 20 dez. 2010.

WALLER, Spencer Weber. The past, present and future of monopolization remedies. *Antitrust Law Journal*, a. 76, n. 1, 2009.

A transação no direito antitruste brasileiro

Hugo Evo Magro Corrêa Urbano

1. Introdução

Em 25.08.2004, o Conselho Administrativo de Defesa Econômica - CADE, no julgamento do Processo Administrativo 08012.008024/1998-49, entendeu que as então representadas, Microsoft Informática Ltda. e TBA Informática Ltda., teriam cometido infração contra a ordem econômica, subsumindo as condutas por elas praticadas às hipóteses previstas nos incisos I e IV do art. 20,[1] combinados com os incisos IV e VIII do art. 21,[2] todos da Lei 8.884/1994. Via de consequência, foi imposta multa aos dois agentes infratores nos termos do art. 23, bem como outras sanções, em conformidade com o art. 24, do mesmo Diploma Legal.

De acordo com o voto do relator do caso, Conselheiro Roberto Augusto Castellanos Pfeiffer, a Microsoft Informática Ltda. e a TBA Informática Ltda. causaram lesão às relações de concorrência no mercado de *software* que atuam, pois aquela, em concurso com esta, teriam estabelecido critérios quantitativos

1. "Art. 20. Constituem infração da ordem econômica, independentemente de culpa, os atos sob qualquer forma manifestados, que tenham por objeto ou possam produzir os seguintes efeitos, ainda que não sejam alcançados:

   I - limitar, falsear ou de qualquer forma prejudicar a livre concorrência ou a livre iniciativa;

   (...)

   IV - exercer de forma abusiva posição dominante."

2. "Art. 21. As seguintes condutas, além de outras, na medida em que configurem hipótese prevista no art. 20 e seus incisos, caracterizam infração da ordem econômica;

   (...)

   IV - limitar ou impedir o acesso de novas empresas ao mercado;

   (...)

   VIII - combinar previamente preços ou ajustar vantagens na concorrência pública ou administrativa".

e qualitativos de seus produtos com o escopo de discriminar potenciais revendedores, limitando e falseando a concorrência. Ao assim agirem, criou-se situação na qual a operação do mercado do Distrito Federal, e por conseguinte, do Governo Federal - que adquiria os softwares por elas produzidos/comercializados - passou a ser feita por apenas um único agente, em claro favorecimento de ambas.

Nesse contexto, as duas representadas passaram a combinar preços previamente à participação de licitação, conduta esta tipificada no art. 21, inciso VIII, da Lei 8.884/1994. Ademais, restou frustrado o caráter competitivo de certame público, com o objetivo escuso de dividir mercado e aumentar ilegitimamente lucros por meio de propostas de preços superfaturados. A situação de exclusividade criada pelas representadas teve ainda o condão de tornar a licitação inexigível para a celebração de determinado contrato, gerando vantagens indevidas e frustrando o princípio da livre concorrência.

Todos esses atos praticados pelos agentes infratores produziram os efeitos previstos no art. 20, I, II e IV (prejudicar a livre concorrência e a livre iniciativa, dominar mercado relevante e exercer de forma abusiva posição dominante, respectivamente), ainda de acordo com as razões do voto do Relator.

O caso ora em análise, à época de seu julgamento, ganhou grande repercussão nos meios jornalísticos em virtude da elevada multa que foi aplicada em desfavor de ambos agentes. Com efeito, à Microsoft Informática Ltda. foi imposta sanção pecuniária no valor equivalente a 10% (dez por cento) do faturamento bruto, excluídos os impostos, auferido com o licenciamento de produtos por ela produzidos ao Poder Público Federal brasileiro, tendo-se por base o ano anterior à instauração do processo administrativo (1997), nos termos do art. 23 da Lei 8.884/1994.

Para a fixação do valor da multa, de acordo com o voto do Relator, foram levados em consideração os seguintes critérios: (i) a gravidade da infração; (ii) a ausência completa de boa-fé; (iii) a vantagem de inexigibilidade de licitação alcançada; (iv) a consumação e o exaurimento da infração; (v) o máximo grau de lesão das condutas; (vi) os efeitos econômicos deletérios ao mercado; e (vii) a situação econômica do infrator. Cumpre apontar que o único fator agravante não presente no caso foi o de reincidência, o que demonstra a gravidade das condutas perpetradas pela Microsoft Informática Ltda.

Em relação à TBA Informática Ltda., foi-lhe imposta multa com os mesmos parâmetros da Microsoft Informática Ltda., porém, no percentual de 7% (sete por cento) sobre o faturamento obtido com a comercialização dos produtos fabricados por esta última. À semelhança de sua coautora da infração, o único fator agravante que não estava presente era o de reincidência.

Por último, foram as representadas ainda condenadas administrativamente a publicar em jornal de grande circulação, com abrangência nacional, durante duas semanas consecutivas, o extrato descritivo da decisão condenatória.

Diante da condenação imposta pelo CADE, os agentes condenados, em 2004, ajuizaram ação para discutir o teor da decisão administrativa. Posteriormente, no ano de 2006, conforme notícia extraída do *site* do CADE, a Procuradoria do Conselho, com autorização do Plenário, celebrou transação judicial, na qual se acordou pela suspensão do processo e o pagamento de multa no valor de R$ 5.000.000,000 (cinco milhões de reais), que foi revertida para o Fundo de Defesa dos Direitos Difusos.[3]

A peculiaridade jurídica desse caso é a aplicação da transação – instituto originário do Direito Civil – no âmbito do Direito Antitruste. Utilizada nesse contexto, a transação pode ser considerada verdadeiro "remédio antitruste", diante da intervenção do Poder Público como parte no ato transacional com o escopo de reprimir infrações à ordem econômica e de eliminar problemas concorrenciais delas decorrentes. Muito embora a possibilidade de se fazer uso desse instituto como forma de remediar atos infracionais, não há quase nenhum estudo a respeito dos limites para a utilização da transação judicial no Direito da Concorrência pátrio.

Desse modo, o presente trabalho tem por escopo estudar o regime jurídico aplicável à espécie, passando a análise pela adequação, legalidade e eficiência da aplicação da transação judicial no Direito Antitruste brasileiro, à luz da disciplina da proteção da ordem econômica na Constituição da República de 1988 e da Lei 8.884/1994. Ao longo do estudo, delinear-se-ão os limites para a aplicação do instituto, as possíveis consequências de uso imponderado para a defesa da ordem econômica e a importância da participação do Ministério Público Federal na fiscalização das transações.

Para alcançar o objetivo proposto, faz-se necessário analisar, ainda que brevemente, o instituto da transação e a natureza dos interesses envolvidos em matéria de Direito da Concorrência, para conhecer a viabilidade ou não de eventuais acordos e seus fundamentos. O caso *supra* mencionado será utilizado de referência em nossa análise.

2. O instituto da transação

É cediço que, de uma maneira geral, na resolução de conflitos de interesse qualificados por uma pretensão resistida, o Estado é chamado por uma

3. Disponível em: <http://www.cade.gov.br/news/n001/noticias.htm>. Acesso em: 31 out. 2010.

das partes a exercer a jurisdição. Por meio desse dever-poder, o Estado aplica ao caso concreto a regra prevista de forma abstrata no Ordenamento Jurídico vigente, compondo a lide.

Ao lado da jurisdição, porém, o Estado reconhece outras formas de composição de conflitos: a autotutela e a autocomposição. No primeiro caso, em situações excepcionais, o Estado reconhece ao particular a possibilidade de agir imediatamente para impor a sua pretensão, como no caso do desforço imediato da posse esbulhada.

Já no segundo – autocomposição –, as próprias partes compõem a situação bilateralmente, chegando a um consenso sobre sua solução (transação). Podem ainda as partes, por ato bilateral, decidir delegar a terceiros não interessados, que não integrem o Poder Judiciário, a decisão sobre a solução do impasse (arbitragem). A autocomposição poderá ainda ser feita de modo unilateral, quando houver renúncia à pretensão (desistência) ou renúncia à resistência imposta à pretensão (submissão).[4]

Dentre as formas de composição de conflitos mencionada, a transação, que é o instituto que nos interessa mais de perto no presente estudo, é tratada como modo de extinção de obrigações pelos Códigos de alguns países, como o francês, por exemplo. Porém, a doutrina brasileira considera-a como verdadeiro contrato,[5] posição esta à qual o Código Civil vigente se filiou, disciplinando a transação dentre os contratos em espécie, nos arts. 840 a 850.[6]

Costuma-se afirmar que por meio da celebração de contrato de transação, as partes, mediante concessões recíprocas, visam afastar controvérsia sobre determinada questão,[7] extinguindo relações jurídicas existentes entre elas. Por conseguinte, a transação supostamente teria apenas caráter declaratório, objetivando findar tais relações. Contudo, a doutrina moderna aponta que o contrato de transação não tem qualidade meramente declaratória. Integrando as concessões mútuas a essência desse contrato, possui ele também caráter constitutivo. Caso não haja concessões mútuas, não se estará diante de transação, mas de renúncia por uma parte ou reconhecimento do direito alheio, dependendo da situação, que são atos unilaterais.

De acordo com o balizado conceito de Orlando Gomes, transação é o contrato pelo qual, "mediante concessões mútuas, os interessados previnem ou terminam um litígio, eliminando a incerteza de uma relação jurídica".[8]

4. CINTRA, 1981, p. 5.
5. GOMES, 1996, p. 440.
6. "Art. 840. É lícito aos interessados prevenirem ou terminarem o litígio mediante concessões mútuas."
7. THEODORO JÚNIOR, 2007, p. 45.
8. GOMES, 1996, p. 440.

Celebrada a transação, portanto, ocorre a extinção da relação jurídica controvertida, a extinção das obrigações decorrentes desta e o reconhecimento de direitos recíprocos.[9]

A transação, dependendo do momento em que é celebrada, pode ser classificada em duas espécies diferentes. Se celebrada antes de instaurado processo judicial, terá natureza *preventiva*, evitando o litígio. Mas quando celebrada no curso do processo com o objetivo de colocar fim à controvérsia judicial, terá natureza *terminativa*. Nessa última hipótese, o acordo deverá ser homologado pelo juiz, implicando extinção do processo com resolução de mérito (art. 269, III, do Código de Processo Civil).[10]

Tratando-se de negócio jurídico, a transação deve atender aos requisitos gerais de validade elencados no art. 104 do Código Civil (agente capaz, objeto idôneo e forma adequada). Contudo, para celebrar transação não basta a presença de tais requisitos. Há que se atender ainda a um pressuposto: *disponibilidade dos direitos objeto da transação*.

A disponibilidade do direito pode ser encarada por dois diferentes prismas: pelo dos sujeitos e pelo do objeto. Determinadas pessoas não têm disponibilidade do direito de que cuidam por não serem titulares deles, tal como ocorre com os tutores e os curadores, que não têm livre disposição dos direitos do tutelado e do curatelado. Em decorrência da ausência de disponibilidade, esses sujeitos dependem de autorização judicial para alienar tais direitos, seja por meio de transação ou por outra espécie de contrato.

Sob o ângulo do objeto da transação, determinados direitos não são passíveis de disposição em virtude do fim para o qual existem, ainda que o seu titular queira e possa transacionar. É o caso, por exemplo, da dívida de alimentos e do estado das pessoas. Nesses casos, a transação será considerada nula em virtude da inidoneidade do objeto. Aquilo que não pode ser alienado pela parte em razão de sua natureza, não pode ser objeto de transação. Diz-se, nesse diapasão, que apenas direitos *patrimoniais* de caráter *privado* podem ser objeto de transação,[11] o que se encontra inclusive previsto de forma expressa no art. 841 do Código Civil.[12]

9. GOMES, 1996, p. 442.

10. "Art. 269. Haverá resolução de mérito:

(...)

III – quando as partes transigirem".

11. GOMES, 1996, p. 441.

12. "Art. 841. Só quanto a direitos patrimoniais de caráter privado se permite a transação."

Essa é a regra. Contudo, como se verá mais adiante, existem exceções no que se refere ao caráter privado do interesse objeto da transação. Cumpre por agora apenas pontuar que, seja do ponto de vista do sujeito ou do objeto, a disponibilidade do direito litigioso é pressuposto essencial para a celebração do contrato de transação. Por conseguinte, para se analisar a possibilidade e os limites da transação em matéria de Direito Antitruste, se faz necessário definir a natureza do direito objeto de relações concorrenciais, bem como o seu regime jurídico. É o que se passa a expor.

3. Da natureza dos interesses envolvidos em matéria de direito da concorrência

3.1 Da ordem econômica

Ao se buscar a definição da natureza jurídica de um direito, quer-se com isso, conforme lição de Celso Antônio Bandeira de Mello, identificar o regime jurídico que lhe é aplicável:

> (...) o único objeto que o juiz, o advogado, o intérprete do sistema em geral procuram é o conjunto de regras que regula determinada situação ou hipótese. Segue daí que de nada lhes adianta qualquer conceito, categoria ou noção, por mais aliciante que seja, se não lhes fornecer a indicação dos princípios e regras pertinentes à solução de questões jurídicas. Eis, pois, que um conceito jurídico é necessariamente um ponto terminal de regras, um termo relacionador de princípios e normas.[13]

No Brasil, a prevenção e a repressão das infrações à ordem econômica encontram-se regulamentadas pela Lei 8.884/1994. De acordo com o art. 1.º desta Lei, a atuação do Poder Público nessa seara é orientada pelos princípios da liberdade de iniciativa, livre concorrência, função social da propriedade, defesa dos consumidores e repressão ao abuso do poder econômico, que também encontram previsão no art. 170, *caput*, e incisos III, IV e V, da Constituição da República de 1988.[14]

13. BANDEIRA DE MELLO, 2010, p. 673.

14. "Art. 170. A ordem econômica, fundada na valorização do trabalho humano e na livre iniciativa, tem por fim assegurar a todos existência digna, conforme os ditames da justiça social, observados os seguintes princípios:

    (...)

    III – função social da propriedade;

    IV – livre concorrência;

    V – defesa do consumidor;".

Logo em seguida, o parágrafo único do art. 1.º da Lei 8.884/1994 prevê que "a coletividade é a titular dos bens jurídicos protegidos por esta Lei", sem especificar quais bens seriam esses. Assim, para definir o regime jurídico aplicável na defesa da ordem econômica, a questão fundamental é: quais são os bens protegidos pela Lei Antitruste?

Conforme apontado por João Bosco Leopoldino da Fonseca, o bem protegido por essa Lei é o *adequado funcionamento do mercado*, em conformidade com os princípios aplicáveis à *ordem econômica* previstos na Constituição[15] e que são repetidos no *caput* do art. 1.º da mencionada lei. Portanto, o que pode parecer um tanto óbvio – mas as vezes para alguns não é – é que a ordem econômica deverá funcionar de acordo com os princípios previstos constitucionalmente, para se conformar ao assim chamado "adequado funcionamento do mercado". Este é o bem diretamente protegido e tutelado pela Lei 8.884/1994.

E o que seria ordem econômica? Ordem econômica, nas lições de Eros Roberto Grau, possui vários significados, sendo necessário distingui-los para a correta compreensão do conceito.

O primeiro significado apontado pelo autor é aquele utilizado para se referir à parcela da ordem jurídica que constitui um sistema de regras e princípios[16] voltado para a regulamentação de determinadas situações em comum. Nesse sentido, ordem econômica é o regime jurídico do fenômeno econômico. O segundo significado da expressão é o de relação entre fenômenos econômicos e materiais, isto é, a relação da economia com o "mundo do ser". Trata-se de visão empírica da economia. E, por fim, o terceiro significado da expressão é o conjunto de normas, de qualquer natureza (moral, jurídica, religiosa etc.), que incidem sobre os fatores econômicos.[17]

A Constituição da República de 1988 ao prever no *caput* a expressão ordem econômica utilizou-a tanto em seu significado normativo (de parcela da ordem jurídica, mundo do dever ser) quanto no significado de relações entre os fenômenos econômicos (sentido material, mundo do ser).[18] Logo, a Constituição dita no art. 170 os fundamentos e os fins do fenômeno econômico, que deverá observar determinados princípios jurídico-normativos, os quais passa a elencar em seus incisos e parágrafos, tudo como forma de normatizar e tutelar o adequado funcionamento do mercado.

15. FONSECA, 1995, p. 53.
16. GRAU, 2005, p. 60.
17. GRAU, 2005, p. 67.
18. Idem, ibidem, p. 68-69.

Merece destaque para o presente estudo os princípios da liberdade de iniciativa e da livre concorrência, mais voltados que estão para a prevenção e repressão das infrações contra a ordem econômica, e dos quais se pode extrair os demais princípios.

A *liberdade de iniciativa* é fundamento da ordem econômica brasileira e princípio norteador da repressão às suas infrações. De acordo com os ensinamentos de Fábio Ulhoa Coelho, a previsão constitucional de proteção à livre-iniciativa significa o reconhecimento de um direito de titularidade de todos de explorarem atividades empresariais. Em decorrência disso, surge o dever para a coletividade de respeitar esse direito constitucionalmente consagrado e não criar embaraços ao seu exercício pleno. Essa imposição se dirige assim contra o próprio Estado, que somente pode intervir sobre domínio econômico dentro dos limites estabelecidos pela Constituição, e contra os particulares, que devem respeitar certos limites legalmente impostos no exercício da empresa.

Em relação às imposições estabelecidas aos particulares para a proteção da livre-iniciativa, o mencionado jurista afirma que é possível subdividi-las em dois grandes grupos: as normas atinentes (i) à concorrência desleal e (ii) às de combate ao abuso do poder econômico. No primeiro caso, a proteção envolve interesses preponderantemente particulares e, acrescentaríamos, individuais, ocorrendo a repressão apenas em nível penal e civil. No segundo caso, porém, como prevalece o interesse de toda a coletividade, a repressão ocorre *cumulativamente* ou autonomamente em âmbito administrativo, a cargo do Poder Público,[19] mas não se limitando a este. Os legitimados privados à propositura de ação civil pública, concorrentemente, guardam interesse e legitimidade na defesa de tais direitos, *ex vi* art. 5.º, inciso V, da Lei 7.347/85.[20]

O segundo princípio norteador da ordem econômica que deve ser ressaltado é o da *livre concorrência*, que pode ser extraído da própria liberdade de iniciativa. Isso porque a liberdade de iniciativa permite que todos atuem na ordem econômica sem restrições e, a partir daí, passem a disputar livremente os interesses dos consumidores no mercado. Via de consequência, o traço marcante desse sistema passa a ser a desigualdade entre os agentes econômicos. Encontrando-se em livre concorrência, alguns agentes se tornarão mais fortes e terão posição econômica superior à dos demais e delas poderão se utilizar para cada vez mais concentrar o mercado. Por esse motivo que se previu a necessidade de repressão ao abuso do poder econômico, quando este tiver

19. COELHO, 2007, p. 189.

20. "Art. 5.º Têm legitimidade para propor a ação principal e a ação cautelar:

(...)

V – a associação (...)."

por fim o aumento arbitrário dos lucros, a infringência à livre concorrência e à livre iniciativa, o exercício abusivo da posição dominante e a dominação de mercado relevante (art. 20 da Lei 8.884/1994). Isso é o que se extrai de lapidar lição de Fábio Ulhoa Coelho:

> O poder econômico, note-se, é um dado de fato inerente ao livre mercado. Se a organização da economia se pauta no liberdade de iniciativa e de competição, então os agentes econômicos são necessariamente desiguais, uns mais fortes que os outros. (...). É apenas a repressão a certas modalidades de exercício do poder econômico que a lei pode contemplar, em obediência ao mandamento constitucional.[21]

Nesse contexto é que se afirma que a Lei 8.884/1994 não é apenas uma nova Lei Antitruste, mas uma lei voltada à *preservação do modo de produção capitalista*[22] ou, como anteriormente mencionado, ao *adequado funcionamento do mercado*.

Na atualidade, a doutrina vai um pouco além dessa visão clássica do escopo da Lei Antitruste. Fala-se que a proteção da concorrência visa a tutela de objetivo maior que o mercado, que é a efetivação do princípio da dignidade da pessoa humana,[23] expressão de caráter um tanto fluido, que tem ganhado contornos cada vez maiores no Brasil.

Veja-se que a amplitude dos direitos protegidos pela Lei 8.884/1994 é enorme. Não se trata da proteção de direitos individualmente considerados, mas de direitos de que são titulares toda a coletividade, como forma de adequado funcionamento do mercado, primordial ao sistema capitalista, e proteção da dignidade da pessoa humana – como apontado por alguns autores. Inequivocamente, portanto, a tutela da ordem econômica como um todo, muito embora possa repercutir na esfera individual de algumas pessoas, com esta não se confunde. Toda coletividade compartilha do interesse indivisível e meta-individual no bom funcionamento do mercado, com vistas ao bem comum.

Não por outra razão que a Lei 7.347/1985 prevê, em seu art. 1.º, V,[24] a possibilidade de ajuizamento de ação civil pública para reprimir o cometimento de infração à ordem econômica. É dizer, a ordem econômica é direito

21. COELHO, 2007, p. 201
22. GRAU, 2005, p. 211.
23. FORGIONI, 2008, p. 191.
24. "Art. 1.º Regem-se pelas disposições desta Lei, sem prejuízo da ação popular, as ações de responsabilidade por danos morais e patrimoniais causados:

    (...)

    V – por infração da ordem econômica e da economia popular".

coletivo *lato sensu*, motivo pelo qual os legitimados do art. 5.º podem buscar a tutela jurídica contra aqueles que a violem. A proteção da ordem econômica não é de exclusividade do CADE, mas de todas as entidades legitimadas ao ajuizamento de ação coletiva e que tenham finalidade institucional adequada.

3.2 Do regime jurídico de tutela da ordem econômica

Os direitos coletivos *lato sensu* ou meta-individuais possuem natureza própria, não se subsumindo na tradicional classificação entre Direito Público e Direito Privado. Na verdade, os direitos meta-individuais são direitos *de interesse público* (e não de Direito Público), afirmando alguns autores que eles se encontram em situação intermediária, entre o interesse privado e o público.[25] Porém, o importante é ter em mente que com estes não se confunde.

Interesse público é o interesse "resultante do conjunto dos interesses que os indivíduos pessoalmente têm quando considerados em sua qualidade de membros da Sociedade e pelo simples fato de o serem".[26] Esse interesse não se confunde com os interesses particulares, que são aqueles que cada indivíduo tem singularmente considerados e que são concernentes aos seus assuntos particulares. O interesse público, por seu lado, diz respeito aos assuntos da vida pública, da qual fazem parte todos os membros da sociedade.

O interesse público, de acordo com a clássica doutrina italiana, pode ser dividido em primário e secundário. O interesse público *primário* corresponde à "dimensão pública dos interesses individuais";[27] representa o interesse da coletividade, o somatório dos interesses individuais. Por sua vez, o interesse público *secundário* é o interesse individual do Estado enquanto pessoa jurídica. Estes últimos não são interesses públicos, mas interesses particulares, como de qualquer outro sujeito de direitos.

Em circunstâncias normais, o interesse secundário *sempre* deve coincidir com o interesse primário. Isto é, o interesse perseguido pelo Estado (secundário) deve necessariamente coincidir com o interesse da coletividade (primário). Vê-se, pois, que a partir dessa classificação demonstra-se claramente que o interesse público não se confunde com interesse do Estado, apesar de este estar sempre obrigado a agir em conformidade com aquele.

Os direitos coletivos *lato sensu* têm natureza de interesse público primário. É por esse motivo que os legitimados para sua defesa (Ministério Público, Defensoria Pública, associações etc.) podem fazer valê-los por meio de ações

25. MAZZILLI, 2010, p. 50.
26. BANDEIRA DE MELLO, 2010, p. 61.
27. Idem, ibidem, p. 65.

coletivas em face de qualquer um, inclusive do próprio Estado nas situações em que este se desvie de suas públicas finalidades.

Além do interesse público envolvido nos direitos transindividuais, estes ainda possuem outras características que diferenciam sua tutela daquela prestada para os direitos individuais, a começar pelo objeto, que é a controvérsia envolvendo interesses de grupos. E dentro dos próprios grupos, há certa conflituosidade para a defesa do próprio interesse coletivo, pois, para alguns, pode não ser conveniente essa defesa (como para aqueles que se beneficiam do ato de infração à ordem econômica, uma vez que, por exemplo, pode eliminar um concorrente indesejado). Portanto, pode não haver consenso dentro do próprio grupo que defende o interesse da coletividade.

São ainda características comuns a esses direitos a legitimação extraordinária em sua defesa; a destinação do produto da tutela para um fundo especial, a ser utilizado de modo flexível para a reparação do dano ao interesse coletivo; e a formação de coisa julgada com efeitos *erga omnes* ou *ultra partes*, dependendo do caso (e não meramente *inter partes*).[28]

Os interesses meta-individuais, de acordo com sua amplitude e variação de algumas outras características, podem ser divididos em três espécies: (i) difusos, (ii) coletivos e (iii) individuais homogêneos.[29] Essas classes de direitos coletivos encontram-se conceituadas no art. 81, parágrafo único, da Lei 8.078/1990 (Código de Defesa do Consumidor).

Sem dúvida alguma, o interesse no bom funcionamento do mercado e a repressão às infrações à ordem econômica têm natureza difusa. A partir de suas características é possível chegar a essa conclusão. Os titulares desse direito são indeterminados e indetermináveis, é dizer, não é possível determinar o número de pessoas que tem interesse, em determinado lugar e em certa época, no adequado funcionamento do mercado.

Do mesmo modo, os sujeitos que defendem esse interesse encontram-se ligados entre si por circunstâncias de fato extremamente mutáveis (não há relação jurídica base entre os titulares). O bom ou o mau funcionamento do mercado atingirá a todos (de maneira positiva ou negativa, dependendo do caso) e independentemente se houver relação jurídica entre eles, o que demonstra outro traço desse interesse que é sua alta abstração. Por fim, esse interesse se caracteriza pelo alto grau de conflito interno. Como mencionado, alguns membros do grupo podem não ter interesse, por exemplo, na repressão

28. MAZZILLI, 2010, p. 52.
29. Há divergência na doutrina se os direitos individuais homogêneos realmente são direitos transindividuais, uma vez que trata-se de direitos individuais, divisíveis, que possuem apenas origem em comum.

a uma infração à ordem econômica, pois ela, apesar de ser ilegal, pode resultar na eliminação de um concorrente em comum. Portanto, será tanto de interesse daquele que cometeu o ato infracional, como daqueles que se beneficiaram dele, a manutenção dessa situação, ainda que irregular frente ao Direito posto.

Apesar de a defesa da ordem econômica constituir interesse difuso, há que se observar que sua tutela pode abranger ao mesmo tempo a defesa de interesses coletivos e individuais homogêneos. A tutela do bom funcionamento do mercado de maneira geral e abstrata, evidentemente, terá repercussão em certos grupos, formados por sujeitos ligados por uma relação jurídica base (uma entidade de trabalhadores), ou ainda para todos os indivíduos prejudicados de forma indireta pela infração à ordem econômica (grupo de consumidores de determinado produto ou serviço). Portanto, apesar da divisão dos interesses coletivos em espécie, certo é que a tutela deles não ocorre em compartimentos estanques. Dificilmente será possível tutelar uma classe de direito transindividual sem tutelar, necessariamente, outra.

Em conclusão, o que se quis demonstrar nesse tópico, ainda que de forma sintética, é que a Lei 8.884/1994 ao enunciar que a coletividade é a titular dos bens jurídicos protegidos por essa lei, claramente previu a tutela de um interesse difuso ao bom funcionamento do mercado, o que atrai a aplicação do regime jurídico dos direitos transindividuais e do processo coletivo que os instrumentaliza. Por conseguinte, a aplicação desse regime jurídico terá consequências relevantes para a utilização da transação como remédio aplicável às infrações contra a ordem econômica, o que se explorará no item seguinte, como objeto principal.

4. Da transação no direito público e na tutela de direitos coletivos

4.1 Transação no direito público

Em vista da natureza dos direitos protegidos pela Lei 8.884/1994, poder-se-ia pensar, a princípio, que não seria possível a celebração de transação para colocar fim a litígios envolvendo relações jurídicas de Direito da Concorrência, por se tratar, inicialmente, de ramo do Direito Público e, mais ainda, da defesa de interesses coletivos, cuja titularidade é de toda sociedade e cujos legitimados agem em legitimação extraordinária em sua defesa.

Tanto é assim que se apontou no Item 2 *supra* quando tratamos da transação, que é recorrente na doutrina de Direito Privado afirmar que essa espécie de contrato só pode ser celebrada quando versar sobre direitos *patrimoniais* de caráter *privado*, o que encontra previsão no art. 841 do Código Civil. Contudo, é de se reconhecer que a transação passou a ser também utilizada como forma de extinção de litígios envolvendo relações jurídicas patrimoniais de *Direito Público*, com certas limitações em seu uso.

O art. 841 do Código Civil deve ser interpretado não no sentido de que se encontra vedada a realização de transação quando se tratar de direitos de caráter público, mas no sentido de que, tratando-se de direitos de caráter privado, apenas aqueles que tiverem natureza patrimonial podem ser objeto de transação. Ficam assim excluídas de transação, à guisa de exemplo, as questões envolvendo estado da pessoa.

No campo do Direito Público, o Código Tributário Nacional prevê no art. 171 a transação como uma das hipóteses de extinção do crédito tributário.[30] De acordo com esse dispositivo legal, a lei pode facultar, nas condições que estabeleça, a celebração de transação entre o sujeito ativo e o sujeito passivo da relação jurídica tributária, como forma de terminar litígio.

Diferentemente do Direito Privado, a celebração de transação no Direito Tributário tem apenas caráter *terminativo* – o litígio já deve estar instaurado –, sendo vedada a celebração de transação para fins preventivos. Além disso, o CTN exige que a transação tenha *previsão legal*, ou seja, o Administrador das rendas públicas só pode agir com respaldo em lei. A razão de tais limitações encontra-se no interesse público entorno da relação jurídica litigiosa.

O crédito tributário, que é administrado pelo Estado, integra o patrimônio público, pertencente a todos de maneira indistinta. Para dispor de parcela desse patrimônio é necessário que o seu titular, que é o povo, se manifeste nesse sentido. Teoricamente, a expressão da vontade popular se dá por meio de seus representantes democraticamente eleitos (art. 1.º, parágrafo único, da CR/88),[31] que se manifestam por meio da aprovação de leis. É por isso que se justifica a exigência de previsão legal para a celebração de transação envolvendo matéria tributária. O Estado, mero curador do interesse público, não pode dispor de algo que não é seu. Necessária a manifestação daquele que tem disponibilidade do direito – o povo.[32]

30. "Art. 171. A lei pode facultar, nas condições que estabeleça, aos sujeitos ativo e passivo da obrigação tributária celebrar transação que, mediante concessões mútuas, importe em determinação de litígio e consequente extinção de crédito tributário."

31. Ressalve-se que a participação popular pode ocorrer também de forma direta, conforme previsão do art. 1.º, parágrafo único, da CR/1988, o que se dá por meio de referendo, plebiscito e projetos populares de leis.

32. Povo, na linguagem técnico-constitucional, é "o conjunto dos indivíduos a que se reconhece o direito de participar na formação da vontade estatal, elegendo

Em relação ao caráter apenas terminativo da transação em Direito Tributário, a razão apontada pela doutrina é que se trata de modo anormal de extinção do crédito tributário. A forma adequada seria a realização do pagamento. Contudo, como a transação somente pode ser utilizada de maneira excepcional (tal como a remissão), seria portanto necessário que o litígio já estivesse instaurado para que as partes pudessem transacionar, respeitada, evidentemente, a exigência de previsão legal, como apontado.[33]

Além da possibilidade de celebração de transação no Direito Tributário, outro campo do Direito Público em que se tem admitida a prática desse ato é o do Direito Administrativo.

Em tese de doutorado sobre as transações no Direito Administrativo brasileiro, Onofre Alves Batista Júnior defende a possibilidade de a Administração Pública celebrar contratos com a finalidade de prevenir e terminar litígios. O fundamento constitucional para tal possibilidade seriam os princípios da eficiência e da razoabilidade, na solução das questões administrativas.

Isso, porém, não significa que a Administração poderia se afastar do princípio da legalidade. Na verdade, a celebração de transações nessas situações ocorreria de maneira excepcional, como forma de evitar a aplicação mecânica e descontextualizada da lei. Ademais, a Administração Pública não dispõe de liberdade e autonomia tal qual um indivíduo na esfera privada para celebrar e determinar o conteúdo do contrato de transação. A "vontade" da Administração só pode ser aquela que encontra fundamento legal, em respeito absoluto ao Estado de Direito (art. 1.º da CR/1988).[34]

Na determinação do conteúdo da transação, é aberta para a Administração Pública pequena margem de discricionariedade para que possa ponderar a conveniência da celebração de transação e valorar a melhor opção, ou seja, aquela que atende de forma mais adequada o bem comum e o princípio da eficiência administrativa, segundo o aludido autor.[35]

Para a celebração de transação pelo Poder Público o pressuposto fundamental é que exista previsão legal nesse sentido. A essa previsão legal permissiva de celebração de contrato, em estrita observância do princípio da legalidade, Onofre Alves Batista Júnior deu o nome de *cláusula setorial autorizativa*.

ou sendo eleitos, ou seja, votando ou sendo votados com vistas a ocupar cargos políticos-eletivos." (JAIRO GOMES, 2010, p. 5).

33. MACHADO, Hugo de Brito. *Curso de direito tributário*. 27. ed. São Paulo: Malheiros, 2006. p. 227.

34. BATISTA JÚNIOR, 2007, p. 462-465.

35. Idem, ibidem, p. 468.

A existência dessa cláusula é necessária, porque "o único poder de que dispõe o agente administrativo é o poder outorgado pela lei".[36]

Duas consequências importantes podem se extrair dessa exigência. A primeira é que a autonomia para a celebração de transação pela Administração Pública encontra-se limitada pela sua esfera de competência, que também é prevista em lei. Um ente da Administração Pública, como é o caso do CADE, que é uma autarquia (art. 3.º da Lei 8.884/1994), não pode extrapolar sua competência legal para invadir a esfera de atuação de outro ente da Administração para celebrar transação sobre matéria que lhe é afeta. Agiria nessa situação de forma ilegal e o ato praticado seria nulo (art. 2.º, *a*, da Lei 4.717/1965).[37]

Mas, a mais importante consequência da exigência de previsão legal para que a Administração Pública possa celebrar a transação é que o conteúdo do ato deve estar em consonância com a lei. A cláusula setorial autorizativa não significa a concessão de autonomia contratual para a Administração, devendo o conteúdo da transação adequar-se ao bem comum e os princípios que regem a Administração, quando esse conteúdo já não estiver previsto legalmente. Quando houver autorização para a celebração de transação, isso significa que, de maneira excepcional, o Administrador poderá afastar a solução genericamente prevista em lei (a aplicação de uma multa em determinado valor, por exemplo), para, repita-se, por exceção, utilizar-se da transação. Apenas se a solução antevista na transação, diante do caso concreto, atender melhor o interesse público em comparação com a solução genérica e abstrata, é que se poderá, então, celebrá-la.[38]

Na hipótese em que a lei não balizar o conteúdo da transação, ainda segundo o mencionado jurista, a Administração deve pautar-se pela "compatibilidade funcional entre as situações jurídicas a constituir e as atribuições do órgão ou ente marcadas pelos interesses públicos primários que cumpre a este zelar".[39] É dizer, o ente público deverá procurar dar conteúdo à transação que melhor atenda ao interesse público da sua área de atuação (competência).

Quanto à questão da indisponibilidade do direito litigioso, que seria óbice jurídico à celebração de transação que versasse sobre questão de interesse público, Onofre Alves Batista Júnior afirma que transigir sobre essa matéria é, à primeira vista, uma ideia a se refutar. Contudo, na hipótese em que a tran-

36. BATISTA JÚNIOR, 2007, p. 478.

37. "Art. 2.º São nulos os atos lesivos ao patrimônio das entidades mencionadas no artigo anterior, nos casos de:

a) incompetência; (...)."

38. BATISTA JÚNIOR, 2007, p. 481.

39. Idem, ibidem, p. 486.

sação for mais benéfica ao interesse público do que o litígio em si, é de se considerar a possibilidade de sua celebração pelo ente competente. Portanto, a indisponibilidade do interesse público não retira da Administração a possibilidade de transacionar; mas somente poderá haver transação quando assim for melhor para o interesse público e em conformidade com os princípios do *caput* do art. 37 da CR/88.[40]

4.2 Transação na tutela dos direitos coletivos

À semelhança do que ocorre em relações jurídica de Direito Público, na ação civil pública, que é instrumento judicial para a defesa de interesses difusos, coletivos e individuais homogêneos, os legitimados para seu ajuizamento (art. 5.º da Lei 7.347/1985) não têm disponibilidade sobre o direito material discutido em juízo. Os sujeitos ativos da ação civil pública atuam no gozo de legitimação processual extraordinária, ou seja, defendem em nome próprio direito alheio. Por esse motivo, o eminente Hugo Nigro Mazzilli aponta que, mesmo que judicialmente, regra geral, não pode haver verdadeiramente transação desses direitos.[41]

Porém, de modo excepcional, doutrina e jurisprudência entendem haver possibilidade de celebração de transação judicial na defesa de interesses metaindividuais, o que é aplicável, inclusive, na defesa da ordem econômica, em algumas hipóteses.

A primeira hipótese seria quando a transação não contivesse qualquer ajuste no sentido de dispor do direito material. O legitimado ativo da ação civil pública não poderia transacionar a respeito do direito substancial discutido, mas tão somente sobre o modo de cumprimento da obrigação que recaia sobre o sujeito passivo. Pode, por exemplo, transacionar a respeito da forma de pagamento de multa (prazos, número de parcelas a serem pagas), mas sem renunciar a qualquer verba acessória do principal (juros, correção monetária etc.).[42] Nesse caso, não seria necessária a existência de previsão legal autorizando a transação, uma vez que o legitimado ativo não estaria desfazendo de qualquer parcela do direito material, mas simplesmente negociando a forma de cumprimento de sua pretensão pelo legitimado passivo.

Outra situação em que a transação pode ser celebrada, é aquela em que a obrigação a que está sujeito o infrator tenha por objeto uma prestação de fazer ou não fazer. Concordando o sujeito passivo em cumpri-la voluntariamente, é possível o encerramento do processo judicial por meio de acordo. Assim

40. BATISTA JÚNIOR, 2007, p. 510.
41. MAZZILLI, 2010, p. 429.
42. Idem, ibidem, p. 430.

já decidiu o Superior Tribunal de Justiça no julgamento do REsp 299.400/RJ, cujo acórdão foi publicado em 02.08.2006, deixando o relator, Min. Francisco Peçanha Martins, consignado em seu voto que, "(...) preservados os direitos e interesses difusos na sua integralidade, é possível as partes transacionarem".

Note-se que, em tais casos, seria possível até mesmo a celebração de acordo extrajudicial, na modalidade de Compromisso de Ajustamento de Conduta, pelo qual o infrator assumiria a obrigação de se sujeitar às condições impostas pelo sujeito ativo do processo. A única limitação à celebração do Compromisso de Ajustamento de Conduta é que este somente pode ser feito por instituições públicas (Ministério Público, Defensoria Pública, Administração Pública Direta e Indireta – excluídas as empresas públicas e as sociedades de economia mista), sendo vedado aos particulares (associações em geral) que se encontrem na defesa do direito coletivo praticar essa espécie de ato.[43]

Por fim, a jurisprudência ainda reconhece a possibilidade de se transacionar na defesa de direitos metaindividuais quando, depois de realizada a instrução processual, verificando o legitimado ativo que o dano que se pretendia evitar (tutela inibitória) na verdade não existe, pode ele transacionar no sentido de colocar fim mais célere à ação civil pública. Nesse caso, não é feita qualquer concessão. Apenas por questão de economia processual, as partes transacionam antes que o juiz profira sentença para terminar o litígio.[44]

4.3 Da transação na Lei 8.884/1994

As questões que abrangem a transação e tratadas até aqui são relativamente pacíficas na doutrina e na jurisprudência, haja vista que não comprometem o direito material. As transações nessas situações tratam tão somente do *modus operandi* de cumprimento da pretensão deduzida em juízo pelo legitimado ativo em defesa dos interesses da coletividade, sem que haja qualquer ato de disposição. *Podem ser perfeitamente aplicadas na defesa da ordem econômica pelos legitimados, sem necessidade de autorização legal.*

Acontece que a Lei 8.884/1994 foi mais adiante do que os demais Diplomas que tutelam os interesses coletivos. É que, de maneira inovadora,

43. É certo que a Lei 8.884/1994 prevê em seu art. 53 a figura do Compromisso de Cessação, cujo conteúdo e objetivo praticamente se iguala ao do Compromisso de Ajustamento de Conduta, mas que só pode ser celebrado, de acordo com a lei, pelo CADE.

44. BRASIL. Superior Tribunal de Justiça. REsp 8.714/RS. Rel. Min. Hélio Mosimann. Julgado em 13.11.1991. Publicado em 10.02.1992.

previu, no art. 10, IV,[45] a atribuição da Procuradoria do CADE de celebrar acordos judiciais nos processos relativo às infrações contra a ordem econômica, mediante autorização do Plenário, e com oitiva prévia do representante do Ministério Público Federal.

O art. 10, IV, não especificou a abrangência do acordo, prevendo de maneira aberta somente a possibilidade de sua celebração, sem demarcar os seus limites e conteúdo. Eis que chegamos aos dois pontos fulcrais do presente estudo: *o CADE pode autorizar a disponibilidade do direito material envolvido no litígio, tal como o fez no caso Microsoft e TBA, em que se permitiu a redução do valor da multa aplicada, mesmo quando se trata de direito transindividual, que por sua natureza é indisponível?* E mais: *essa seria uma forma eficiente de tutelar a ordem econômica no Direito brasileiro?*

Partindo do que se disse linhas atrás a respeito do interesse público e de sua indisponibilidade, é possível sustentar que, de maneira excepcional, comparado com outros direitos coletivos *lato sensu*, a Lei 8.884/1994 prevê para o Direito Antitruste, na repressão às infrações à ordem econômica, a chamada *cláusula setorial autorizativa* (art. 10, IV), permitindo a celebração de transação judicial, depois de ouvido o Ministério Público. A parte celebrante e unicamente competente para essa transação é o CADE, a quem caberá autorizar por meio do Plenário a celebração do acordo, conforme exigido em lei.

O problema agora centra-se no conteúdo dessa transação. A Lei 8.884/1994 não trouxe prévia solução a essa questão, uma vez que não balizou o quê poderia ser seu objeto.

Inicialmente, problemas não há se o conteúdo da transação se limitar apenas a questões relativas ao modo de cumprimento da decisão do CADE e que foi levada a juízo pela parte interessada. Suponha-se que a uma determinada sociedade empresária seja aplicada multa em virtude do cometimento de infração contra a ordem econômica e ela resolva discutir em juízo a legalidade e o valor da sanção. É plenamente possível autorizar a celebração de acordo judicial no sentido de se parcelar o pagamento do valor do encargo fixado pelo CADE ou, ainda, estabelecer prazo para o pagamento. Nessas hipóteses, não há disposição do direito material posto em litígio, mas apenas de questões relacionadas ao *modo* de cumprimento.

45. "Art. 10. Junto ao CADE funcionará uma Procuradoria, com as seguintes atribuições:

(...)

IV – promover acordos judiciais nos processos relativos a infrações contra a ordem econômica, mediante autorização do Plenário do CADE, e ouvido o representante do Ministério Público Federal; (...)."

Da mesma forma, tratando-se apenas de obrigações de fazer e não fazer, é cabível a celebração de transação em que se estabeleça a *forma* com a qual a parte irá se ajustar às determinações impostas pelo CADE ou decididas em juízo, na eventualidade de ação coletiva ajuizada por outro legitimado em razão de ocorrência de infração contra a ordem econômica. A transação equivaleria assim, de certo modo, a um Compromisso de Ajustamento de Conduta, porém, com sua celebração em juízo.

Mas em não sendo o caso de acordo relativo a apenas ao modo de cumprimento da decisão do CADE, por certo que o conteúdo da transação que verse sobre disposição do direito somente poderá ser decidido pelo próprio órgão de defesa econômica. O art. 10, inciso IV, da Lei 8.884/1994 é suficientemente claro em estabelecer que compete apenas ao *Plenário do CADE* a decisão relativa a acordos judiciais. Isso significa que nenhuma outra entidade da Administração Pública ou os legitimados para o ajuizamento de ação civil pública (art. 5.º da Lei 7.347/1985) poderão decidir a respeito de acordos que contenham disposição do direito. Relembre-se: essas entidades não têm disponibilidade do direito material e não se encontram autorizadas por lei a assim proceder. Pelo contrário, ajuizada ação civil pública, essa deverá ser ultimada até decisão final, sendo certo que, inclusive na hipótese de abandono do feito, o polo passivo deverá ser assumido pelo Ministério Público, que tem o dever de prosseguir com a demanda (art. 5.º, § 3.º, da Lei 7.347/1985).

Veja-se que, apesar de se tratar de direitos transindividuais, de maneira excepcional poder-se-á admitir a celebração de transação com disposição de parte do direito envolvido em litígio, como ocorreu no caso Microsoft e TBA acima retratado. E a excepcionalidade da celebração se justifica apenas quando, em juízo de conveniência e oportunidade, o Plenário do CADE entender que *o acordo é suficientemente mais vantajoso que o litígio, com o escopo de reprimir a infração à ordem econômica e preservar o adequado funcionamento do mercado*, em um tempo menor do que a via normal e com um custo administrativo inferior.

Note-se que, esse juízo de conveniência e oportunidade encontra-se previsto em mais de um dispositivo da Lei 8.884/1994, como no art. 53, *caput*,[46] e não significa livre arbítrio do CADE para a celebração de acordos judiciais. Todos os entes da Administração Pública devem sempre respeito aos princípios que a regem, seja na tomada de decisões vinculadas ou discricionárias.

46. "Art. 53. Em qualquer das espécies de processo administrativo, o CADE poderá tomar do representado compromisso de cessação da prática sob investigação ou dos seus efeitos lesivos, sempre que, em juízo de conveniência e oportunidade, entender que atende aos interesses protegidos por lei."

Nesse caso não é diferente e o CADE deverá se pautar, principalmente, tendo em vista o princípio da proporcionalidade, muito utilizado na aplicação de sanções.[47]

Nessa esteira, a celebração da transação deve ser medida necessária e adequada diante das particularidades do caso concreto. É dizer: a transação atende adequadamente os interesses públicos protegidos pela Lei 8.884/1994; o meio será o menos gravoso para a sociedade ou o melhor para o bem comum, se comparado com a via sancionatória tradicional; e as vantagens da transação se igualem ou superem as da continuidade do litígio.

A conveniência de celebração de transação pelo CADE não pode repousar no fato de que o Poder Judiciário é moroso na composição dos litígios. Eventual discussão em juízo pela parte infratora de valores de multa e da legalidade da sanção deverá ser levada até o fim, se a proposta de transação não atender à finalidade de repressão do ilícito de ordem econômica. Pensar-se o contrário seria transformar a transação em regra, e não exceção.

Acredita-se, também, que, na hipótese de haver sido aplicadas várias sanções em um mesmo caso (arts. 23, 24 e 25 da Lei 8.884/1994), pode o CADE renunciar a uma ou mais delas, haja vista que a ideia de transacionar pressupõe concessões mútuas por parte dos sujeitos da relação jurídica. Porém, a renúncia a parcela da penalidade aplicada não seria medida recomendável sob o ponto de vista punitivo, pois a aplicação de sanções serve também de exemplo geral, como forma de dissuadir outros agentes da prática de infrações contra a ordem econômica. Tornando-se corriqueira a renúncia a sanções, a função de prevenção geral da penalidade pode perder seu sentido, o que seria uma ineficiência "colateral" da transação.

Logo, eventual transação deverá tratar apenas de redução da intensidade com a qual foi aplicada, para sua celebração se tornar atrativa para o infra-

47. Não é demais lembrar que, para que uma medida seja considerada proporcional, a doutrina alemã, que é seguida na maioria dos países do Sistema do *Civil Law*, estabeleceu que ela deve atender a três requisitos cumulativos. O primeiro deles, de adequação (*Geeignetheit*), que estabelece que as medidas interventivas adotadas devem mostrar-se aptas a atingir os objetivos pretendidos. O segundo requisito é o de necessidade (*Notwendigkeit*), segundo o qual, se existirem diversos meios para atingir um fim, deve-se adotar o menos gravoso. E, por fim, o terceiro requisito é o juízo de proporcionalidade *stricto sensu* (*Verhältnismässigkeit*), de acordo com o qual os meios utilizados devem ser proporcionais à situação fática. (MENDES, Gilmar Ferreira. O princípio da proporcionalidade na jurisprudência do Supremo Tribunal Federal: novas leituras. *Revista Diálogo Jurídico*, Salvador, CAJ – Centro de Atualização Jurídica, v. 1, n. 5, ago. 2001. Disponível em: <http://www.direitopublico.com.br>. Acesso em: 22 dez. 2010, p. 2).

tor (pois do contrário não há qualquer estímulo para a contraparte em sua celebração). Outro posicionamento quanto a essa questão, representaria um estímulo ao ingresso em juízo pelos infratores, cientes que estariam da possibilidade de se extirpar parte da sanção que lhe foi aplicada. A transação não pode se transformar em um convite a litigância, mas uma forma de atender os interesses econômicos da sociedade de forma mais célere e eficiente e, em contrapartida, se tornar uma sanção menos gravosa para a outra parte.

Além disso, as sanções nunca poderão perder seu caráter punitivo. Eventual redução de valor de multa, por exemplo, como ocorrido no caso Microsoft e TBA, não deve se afastar de um patamar de desestímulo ao cometimento de novas infrações, com base nas informações de faturamento prestadas pelos infratores. O Plenário do CADE, na decisão que autoriza a celebração da transação, não deve perder de vista essa circunstância e deve avaliá-la e expô-la nos fundamentos de suas decisões sobre transação.

A multa que é reduzida sem mensurar o seu caráter punitivo deixa de ser sanção e passa a ser, verdadeiramente, *preço* para se violar a ordem econômica, o que é inadmissível. Se o infrator não tiver a certeza que será punido, e que a punição será rigorosa, poderá incluir nos riscos de seu negócio o valor a ser pago para violar a ordem econômica, desvirtuando a finalidade da multa e a atuação fiscalizatória do CADE. Aliás, a aplicação mais célere das sanções com a celebração da transação tem, inclusive, o objetivo de aumentar o seu efeito desencorajador de novas infrações (*deterrence*).[48]

A avaliação da eficiência da transação, como remédio antitruste, a nosso ver, deve se pautar sobre quatro variáveis: (*i*) conveniência de celebrar acordo que mais se aproxime da sanção que poderia ser definida em juízo; (*ii*) menor tempo para a efetividade da sanção em relação à duração do processo, o que aumenta seu poder de dissuadir outros agentes a praticarem infrações; (*iii*) riscos de sua decisão administrativa ser totalmente alterada pelo Poder Judiciário; e (*iv*) menor custo administrativo com a celebração do acordo.

Relativamente à terceira variável citada, cumpre mencionar que a doutrina estrangeira tem criticado a atuação dos órgãos jurisdicionais na análise das sanções aplicadas em matéria de Direito Antitruste, principalmente, com a aplicação do princípio da proporcionalidade. Isso porque a atuação técnica do Poder Judiciário tem sido substituída por ativismo judicial[49] no controle de

48. WILS, 2008, p. 12.

49. O ativismo judicial é fenômeno que o Poder Judiciário adota posição mais proativa em suas decisões, especialmente, em matéria de políticas públicas. Esse fenômeno se caracteriza pela aplicação direta da Constituição aos casos concretos,

tais decisões.[50] É por esse motivo que é relevante a reunião de informações a respeito das sanções administrativas aplicadas, sua efetividade e o tempo para seu cumprimento, o que servirá de "*guideline*" para eventuais acordos e no melhor interesse da coletividade.

4.4 Fiscalização da celebração de transação pelo Ministério Público Federal

O CADE, por exigência legal, deverá ouvir o representante do Ministério Público Federal antes de celebrar a transação. O órgão ministerial, por sua vez, deverá se posicionar, tendo sempre em vista o interesse público no bom funcionamento do mercado, a adequada repressão às suas infrações e a dignidade da pessoa humana. Dessa maneira, o Ministério Público, que é o defensor da ordem pública por excelência, tem oportunidade de contrapor a conveniência de se celebrar transação judicial diante do caso concreto ao emitir o seu parecer prévio.

E ainda que o parecer ministerial não seja acolhido, poderá o *Parquet* realizar controle judicial posterior do conteúdo da transação, mediante o ajuizamento de ação civil pública com o fim de impugná-lo. Sobre a possibilidade de realização desse controle quando se trata de transação envolvendo interesse público, há precedente do Superior Tribunal de Justiça admitindo-o (REsp 586.304/MG, publicado em 11.11.2010), o que é aplicável na defesa da ordem econômica, como na proteção de qualquer interesse metaindividual. Pode-se afirmar aqui, por analogia ao compromisso de ajustamento de conduta, que a transação constituirá *garantia mínima*[51] em favor dos interesses na tutela da ordem econômica, nada impedindo que uma tutela mais ampla seja pleiteada perante o Poder Judiciário.

Do mesmo modo, o Superior Tribunal de Justiça tem entendido que as decisões do CADE e da SDE não obstam a intervenção do Poder Judiciário para realização do controle de legalidade, o que é mais um fundamento para a discussão da decisão que autoriza a celebração de transação, quando assim entender o Ministério Público que ela não atende de forma adequada o interesse público na repressão às infrações:

> Deveras, a atuação paralela das entidades administrativas do setor (CADE e SDE), não inibe a intervenção do Judiciário *in casu*, por força do princípio da inafastabilidade, segundo o qual nenhuma ameaça ou lesão a direito deve

maior flexibilidade nos requisitos para declaração de inconstitucionalidade e imposição de mandamentos ao Poder Público na área de políticas públicas.

50. THOMAS, 2007, p. 53-54.

51. MAZZILLI, 2010, p. 423.

escapar à apreciação do Poder Judiciário, posto inexistente em nosso sistema o contencioso administrativo e, *a fortiori*, desnecessária a exaustão da via extrajudicial para invocação da prestação jurisdicional.[52]

Relembre-se que, apesar de a lei conferir competência com exclusividade ao CADE para a celebração de transação, isso não significa que essa autarquia possa agir livremente, sem observar os princípios que disciplinam os interesses difusos e, especialmente, a ordem econômica. Deve respeito a eles, do mesmo modo que ao interesse coletivo.

Destarte, poderá o Ministério Público impugnar a celebração de transação judicial por meio de ação civil pública, caso, a seu juízo e de modo fundamentado, o acordo não atenda satisfatoriamente o interesse público. Note-se que o CADE é o único ente legitimado pela lei a celebrar acordo em se questões envolvendo infrações contra a ordem econômica.[53] Contudo, o controle da legalidade da transação, isto é, se esta é consentânea com o interesse público e com o regime jurídico que rege a ordem econômica, diante do caso concreto, não escapa ao controle do *Parquet*. Essa atribuição do Ministério Público Federal encontra assento no art. 127, *caput*, da CR/88, e art. 6.º, XIV, *b*, da Lei Complementar 75/1993.[54]

5. Conclusão

Diante do que foi exposto, pode-se concluir que a celebração de transação no Direito Antitruste brasileiro encontra amparo legal, o que a torna juridicamente viável, apesar de se tratar de direito metaindividual. A prática desse ato apresenta a vantagem de tornar a aplicação das sanções mais rápidas, o que aumenta o seu potencial de dissuadir outros agentes a praticar infrações contra a ordem econômica, e a um custo administrativo inferior ao ordinário.

52. BRASIL. Superior Tribunal de Justiça. REsp 677.585. Rel. Min. Luiz Fux. Publicado em 13.02.2006.

53. O CADE é único legitimado a celebrar transação em matéria de defesa da ordem econômica, o que não significa que os demais legitimados a defesa do interesse coletivo não possam celebrar compromisso de ajustamento de conduta. A diferença é que, no compromisso não poderá haver disponibilidade do direito material, enquanto que na transação isso será possível, o que diferencia os institutos.

54. "Art. 6.º Compete ao Ministério Público da União:

    (...)

    XIV – promover outras ações necessárias ao exercício de suas funções institucionais, em defesa da ordem jurídica, do regime democrático e dos interesses sociais e individuais indisponíveis, especialmente quanto:

    b) à ordem econômica e financeira;".

Porém, é necessário que o CADE respeite a *excepcionalidade* da aplicação da medida, por se tratar de direito coletivo, de modo que esse remédio somente seja utilizado quando o conteúdo da transação se mostrar mais vantajoso do que a via geral de repressão às infrações dessa natureza, em juízo de proporcionalidade e razoabilidade.

Na ponderação da vantagem de se transacionar, é de suma importância que o CADE reúna e considere dados a respeito da aplicação de suas sanções e o resultado de demandas judiciais que as tenha por objeto, de modo que possa tomar uma decisão mais informada, eficiente e precisa na celebração e formatação do acordo.

Especificamente em relação ao caso envolvendo a Microsoft Informática Ltda. e a TBA Informática Ltda., mencionado no início do presente estudo, a celebração de transação pareceu de todo adequada. Desde a instauração do processo administrativo (1997) até a aplicação das sanções (2004), transcorreram sete anos. Com o ajuizamento de ação por parte das infratoras, dois anos já haviam transcorrido sem que qualquer penalidade houvesse sido efetivada. Nesse passo, transcorrido mais de nove anos desde a constatação das infrações, as condutas dos agentes estavam ilesas, correndo o risco ainda de que, em juízo, fossem as penalidades afastas ou reduzidas, sem o controle de conveniência e oportunidade do CADE.

Logo, nos pareceu razoável a celebração de transação nesse caso, pois, mais que a intensidade da sanção, é a certeza de que a punição será aplicada que tem o condão de dissuadir a prática de novas infrações pelos agentes penalizados e por aqueles que atuam no mercado. O transcurso de longo tempo traz o aumento dos custos da fiscalização e do litígio para todos os sujeitos envolvidos (governo e agentes econômicos), sem a certeza da eficácia da medida.

Referências bibliográficas

BANDEIRA DE MELLO, Celso Antônio. *Curso de direito administrativo*. 27. ed. São Paulo: Malheiros, 2010.

BATISTA JÚNIOR, Onofre Alves. *Transações administrativas*: um contributo ao estudo do contrato administrativo como mecanismo de prevenção e terminação de litígios e como alternativa à atuação administrativa autoritária, no contexto de uma administração pública mais democrática. São Paulo: Quartier Latin, 2007.

BRITO MACHADO, Hugo de. *Curso de direito tributário*. 27. ed. São Paulo: Malheiros, 2006.

CINTRA, Antônio Carlos de Araújo et alii. *Teoria geral do processo*. 3. ed. São Paulo: Revista dos Tribunais, 1981.

COELHO, Fábio Ulhoa. *Curso de direito comercial*: direito de empresa. 11. ed. São Paulo: Saraiva, 2007. v. 1.

FONSECA, João Bosco Leopoldino da. *Lei de proteção da concorrência*. Rio de Janeiro: Forense, 1995.

FORGIONI, Paula A. *Os fundamentos do antitruste*. 3. ed. São Paulo: Revista dos Tribunais, 2008.

GOMES, José Jairo. *Direito eleitoral*. 5. ed. Belo Horizonte: Del Rey, 2010.

GOMES, Orlando. *Contratos*. 17. ed. Rio de Janeiro: Forense, 1996.

GRAU, Eros Roberto. *A ordem econômica na Constituição de 1988*. 10. ed. São Paulo: Malheiros, 2005.

MAZZILLI, Hugo Nigro. *A defesa dos interesses difusos em juízo*. 23. ed. São Paulo: Saraiva, 2010.

MENDES, Gilmar Ferreira. O princípio da proporcionalidade na jurisprudência do Supremo Tribunal Federal: novas leituras. *Revista Diálogo Jurídico*, Salvador, CAJ – Centro de Atualização Jurídica, v. 1, n. 5, ago. 2001. Disponível em: <http://www.direitopublico.com.br>. Acesso em: 22 dez. 2010.

THEODORO JÚNIOR, Humberto. *Curso de direito processual civil*. 47. ed. Rio de Janeiro: Forense, 2007.

THOMAS, Tracy A. Proportionality and the Supreme Court's jurisprudence of remedies. *Hastings Law Journal*, v. 59, 2007. Disponível em: <http://ssrn.com/abstract=1017899>. Acesso em: 28 dez. 2010.

WILS, Wouter P. J. The use of settlements in public antitrust enforcement: objectives and principles. *World Competition: Law and Economics Review*, v. 31, jun. 2008.

Remédios antitruste no setor de telecomunicações: uma análise do compromisso de desempenho do caso Oi/Brasil Telecom em face da experiência internacional

Lucas Mendes de Freitas Teixeira

1. Introdução

Ao se falar em telecomunicações, um sofisticado e complexo mundo de tecnologias de difícil entendimento vem às nossas mentes. Contudo, para além dos gigabytes, tablets, 3G e *triple play*, as telecomunicações são, cada vez mais, peça fundamental de qualquer política pública de propagação do conhecimento e de combate à pobreza e à exclusão social. Um recente estudo das Nações Unidas intitulado *Relatório sobre a Economia da Informação*[1] confirma que a difusão de tecnologias de informação e comunicação, como os telefones móveis e a internet banda larga possuem papel cada vez mais destacado no combate à pobreza e à desigualdade, bem como na ampliação das possibilidades de geração de empregos e renda, especialmente em países em desenvolvimento.

Ademais, o acréscimo na oferta dos serviços de Telecom está estreitamente ligado com o incremento da competitividade das economias nacionais. Estudos do Banco Mundial[2] indicam que este segmento da atividade econômica tem impacto direto sobre diversas facetas do desenvolvimento, tais como eficiência energética, agricultura, inovação, competitividade do comércio in-

1. United Nations Conference on Trade and Development. *Information Economy Report 2010*. Disponível em: <http://www.unctad.org/templates/webflyer.asp?docid=13912&intItemID=2068&lang=1>. Acesso em: 29 nov. 2010.
2. World Bank. *Telecomunications Sector 2008*. Disponível em: < http://siteresources.worldbank.org/INTTHAILAND/Resources/333200-1177475763598/3714275-1234408023295/5826366-1234408105311/chapter4-telecommunication-sector.pdf>. Acesso em: 30 nov. 2010.

ternacional e desenvolvimento de recursos humanos. Nesse sentido, nota-se que as telecomunicações são um insumo essencial de indiscutível importância para o desenvolvimento econômico e social das nações. Contudo, a experiência internacional sugere[3] que os benefícios aos usuários são maximizados apenas quando estão presentes a universalização dos serviços e a forte competição na sua prestação.

Ciente da experiência internacional, o legislador brasileiro adotou o binômio da universalização e da concorrência como os dois pilares fundamentais do novo modelo implementado no Brasil pela Lei Geral de Telecomunicações (LGT) que, em 1997, abriu espaço para a competição nas telecomunicações e para a posterior privatização do Sistema Telebrás e Embratel. A universalização dependeria da capacidade das operadoras em popularizar o telefone (e agora da banda larga) com a supervisão Agência Nacional de Telecomunicações (Anatel), enquanto o segundo pilar, a competição, objeto da presente análise, seria alcançado pela regulamentação infralegal – função exercida pela Anatel – e pela aplicação dos dispositivos de proteção à ordem econômica – função compartilhada e exercida em cooperação pela Anatel e Sistema Brasileiro de Defesa da Concorrência (SBDC).

No novo modelo, o Estado abandona o papel de prestador direto dos serviços e assume o papel de regulador, preservando sua capacidade de implementar políticas públicas como, por exemplo, a de universalização. A concorrência, por sua vez, encaixa-se como peça chave para o bom funcionamento da nova estrutura, caracterizando-se como elemento central para evitar que o antigo monopólio público tornasse um monopólio ou oligopólio privado.

Para auxiliar e viabilizar o trabalho da Anatel, alguns mecanismos regulamentares foram instituídos, entre os quais se destacam: (i) o Plano Geral de Outorgas (PGO), concebido com base no binômio maior benefício ao usuário e justa remuneração da empresa operadora; e (ii) o Plano Geral de Metas de Universalização (PGMU), que visava assegurar o cumprimento de metas de universalização dos serviços de Telecom, com qualidade, diversidade e preços justos.

Nota-se, entretanto, que as regras sempre estiveram mais voltadas para a universalização do que a competição. Os resultados desse enfoque foram diversos. Por um lado, houve uma rápida universalização de serviços de Telecom, em especial o de telefonia móvel. Por outro lado, contudo, a falta de concorrência contribuiu para que os serviços brasileiros sejam ainda um dos

3. Idem.

mais caros do mundo[4] e responsáveis por boa parte da demanda dos órgãos de defesa do consumidor no Brasil.[5]

Destarte, não surpreende o fato de a Anatel debater, desde 2008, o Plano Geral de Metas de Competição (PGMC) para fomentar a concorrência no setor. Contudo, o PGMC ainda se encontra em fase de discussão e a realidade da economia de mercado não espera o tempo das leis. Assim, nos últimos anos, o SBDC viu-se desafiado por uma série de fusões e aquisições no setor que aumentaram sensivelmente a concentração econômica e mudaram o panorama concorrencial nas telecomunicações. Juntamente com este processo de concentração, observou-se um aumento igualmente significativo nas denúncias sobre práticas discriminatórias no setor.[6]

O cenário descrito e caracterizado pela crescente concentração, o aumento das práticas discriminatórias e os níveis de competição abaixo do desejado levaram o SBDC, em especial o Conselho Administrativo de Defesa Econômica (CADE), a discutir a aplicação de remédios antitruste neste setor.

Para examinar a questão dos desses remédios no setor de Telecom e aprofundar o debate sobre o TCD do caso Oi/BrT, opta-se por dividir o estudo em sete seções. A primeira, aborda a temática da aplicação de remédios concorrenciais nos mercados de Telecom e outros mecanismos para impor competição no setor. A segunda, lista e analisa os principais impactos que o avanço da tecnologia e a convergência tecnológica acarretam à concorrência no setor de telecomunicações. A terceira, examina o atual cenário do mercado de Telecom, caracterizado pela crescente concentração econômica e o aumento das práticas abusivas. A quarta, analisa casos de aplicação de remédios antitrustes em Telecom no direito comparado, sendo apresentados um caso dos EUA e um da UE. A quinta, descreve o instituto do Compromisso de Desempenho, abordando seu fundamento legal e os parâmetros utilizados pelo CADE em sua aplicação. A sexta seção detalha quais foram as principais preocupações do CADE que levaram o órgão a firmar um TCD na mais importante operação

4. Para reforçar essa percepção, cita-se um recente estudo da United Nations Conference on Trade and Development (UNCTAD) no qual o preço da banda larga móvel no Brasil aparece como um dos mais caros do mundo. O estudo está disponível em: <http://www.unctad.org/en/docs/ier2010_embargo2010_en.pdf>.

5. Segundo um relatório divulgado pelo Procon de São Paulo quase 27% (vinte e sete por cento) das reclamações ali recebidas eram relativas a serviços de telefonia, apenas um dos serviços de telecomunicações. O estudo esta disponível em: <http://www.procon.sp.gov.br/pdf/LEVANTAMENTO_ASSUNTOS_PROBLEMAS_REGISTRADOS_CICs.PDF>.

6. CADE. Atos de Concentração 53500.012477/2008 e 08012.0012477/2008. *Estudo da pesco consultoria*. Disponível em: <www.cade.gov.br>. Acesso em: 6 dez. 2010.

do setor de Telecom no Brasil, nos últimos anos, o caso Oi/BrT. A sétima e última seção apresenta as conclusões sobre a aplicação de remédios no setor de Telecom, com especial ênfase no TCD aplicado ao caso Oi/BrT.

2. Remédios concorrenciais e competição em telecomunicações

A implantação de um modelo de competição em um setor que, até recentemente, constituía monopólio estatal, exige enormes esforços tanto no âmbito regulatório quanto no concorrencial. Os desafios para aumentar a concorrência são inúmeros. Sem a pretensão de ser exaustiva, a presente seção pretende abordá-los a partir de três grandes eixos: planejamento e regulação setorial; remédios concorrenciais *ex ante;* e remédios concorrenciais *ex post.*

A primeira categoria é exemplificada por medidas como PGO, ou o PGMU, ambos claramente inseridos na esfera de atuação da Anatel. Como medidas da segunda categoria, podem-se citar as restrições, sejam elas unilaterais ou negociadas,[7] cabíveis nas análises de atos de concentração no setor feitos pelo SBDC, bem como as anuências prévias da Anatel.[8] Finalmente, com relação ao terceiro eixo, incluem-se medidas de investigação e punição às condutas anticompetitivas tanto da agência reguladora quanto da autoridade antitruste.

Assim, os remédios concorrenciais podem ser divididos em *ex ante* e *ex post.* Sob a abordagem *ex post,* encontram-se, ao nosso ver, os remédios que serão aplicados na hipótese de configuração, ainda que sem comprovação definitiva, de prática de uma conduta ilegal. Nesse caso, o remédio é essencialmente voltado para a cessação e repressão de determinada conduta. Ressalta-se que tal conduta, bem como sua ilícitude, não precisa estar provadas para que haja a aplicação de um remédio *ex post* no ordenamento juridico brasileiro. Os Termos de Compromisso de Cessação, originados de Processo Administrativos, são um exemplo de remédio *ex post* que já foram aplicados inclusive no setor de telecomunicações.[9]

Em contraste, a abordagem *ex ante* impõe um remédio independentemente de denúncia ou investigação que indique a suspeita de existência de uma pratica ilícita. A justificativa para essa abordagem está ligada, individual ou conjuntamente, a alguma das seguintes considerações: (i) a probabilidade

7. Entende-se por restrições unilaterais as medidas adotadas pelo poder público que afetam o ato de concentração sem que haja prévia negociação com as partes envolvidas, sejam elas cautelares ou definitivas.

8. Ver arts. 7.º e 97 da Lei 9.472/1997.

9. Conselho Administrativo de Defesa Econômica. *Processual, TCC.* Disponível em: <http://www.cade.gov.br>. Acesso em: 2 dez. 2010.

de um comportamento anticoncorrencial ser elevada, caso não haja censura (remédio) prévia; (ii) a magnitude do dano a partir de tal comportamento ser grande; (iii) a probabilidade e a magnitude das justificativas de eficiência que serviriam como contrapartida ao comportamento serem baixas; e (iv) o risco desse possível comportamento não ser considerado como anticompetitivo é pequeno.[10]

Embora as soluções *ex ante* sejam geralmente adotadas por regulação específica do setor, tais recursos também podem ser impostos com base em regras antitruste. Tanto no Brasil quanto nos Estados Unidos (EUA) e na União Europeia (UE), as autoridades antitruste e de regulação já utilizaram procedimentos de controle de fusões e aquisições como uma forma de pressionar as empresas envolvidas assumir compromissos específicos significativos, aplicando em maior ou menor grau formas de regulação assimétrica. (*e.g.* anuência prévia da Anatel e Compromisso de Desempenho do CADE, são instrumentos que podem ser usados para tais fins). Nesse contexto, o presente estudo analisará um remédio antitruste *ex ante,*[11] levando em conta tanto a experiência internacional quanto as interações com a agência regulatória a partir de um caso concreto, a aquisição da Brasil Telecom pela Oi (caso Oi/BrT).

3. Impactos da convergência tecnológica no setor de Telecom

Nesta seção aborda-se, inicialmente, o conceito e as características do fenômeno da convergência tecnológica para, em seguida, discutiram-se os impactos dessa nova realidade na análise concorrencial.

a) O fenômeno da convergência tecnológica

No final do século XX, ocorreram duas inovações de grande impacto nas telecomunicações: o surgimento da internet e a difusão da TV por assinatura. Não obstante, no século passado, as indústrias de telecomunicações, de radiodifusão e a internet tinham dinâmicas próprias, mercados relevantes distintos, empresas líderes específicas a cada uma dessas atividades e, finalmente, distintos graus de regulação e intervenção estatal. Ou seja, cada uma dessas atividades constituía um diferente universo.

10. GERADIN, Damien; SIDAK, J. Gregory. *European and American approaches to antitrust remedies and the institutional design of regulation in telecommunications.* Disponível em: <papers.ssrn.com/sol3/papers.cfm?abstract_id=351100>. Acesso em: 15 dez. 2010.

11. É possível qualificar o compromisso de desempenho como remédio híbrido. Vide item 6 *infra.*

Mais adiante, no início do século XXI, com a revolução digital, essas atividades começaram a se integrar através de um número crescente de serviços e de produtos que convergiam para uma estrutura de negócios similar e competiam entre si. Esse processo ficou conhecido como convergência tecnológica.

A convergência tecnológica alterou e continuará impactando os mercados das empresas que atuam nessas áreas. A principal inovação desse processo foi a transformação de sons, imagens e textos em dados (bits), o que possibilitou um significativo aumento da fungibilidade entre diferentes infraestruturas de provimento dos serviços como a de telefonia fixa (fios de cobre), telefonia móvel (sem fio) e TV a cabo (fibra óptica e cabo coaxial).

A consequência fundamental do fenômeno descrito foi a massificação e redução do preço de acesso ao mundo virtual através da internet banda larga, que tornou possível o acesso a serviços de voz, dados e imagem por meio de um pacote integrado. A internet banda larga, contudo, apesar de permitir serviços de telefonia e televisão, não substitui esses serviços. Assim, a convergência tecnológica permitiu também a oferta de vários serviços – como telefonia fixa, banda larga e TV a cabo – em um pacote de serviço único e usando a mesma infraestrutura, conhecido internacionalmente como *triple play* e que se pode transformar em *quadruple play* caso o serviço de telefonia móvel seja incluído no pacote.

As novas tecnologias permitiram o transporte simultâneo de voz, vídeo e dados e as formas de transmissão foram se multiplicando. A banda larga, com alta velocidade de transferência de dados, passou a viabilizar as novas formas de organização das redes. No passado, a indústria de telecomunicações era separada do setor de informática e os mercados apresentavam-se de forma segmentada, ofertando serviços em redes distintas. A viabilidade técnica de integração das redes na internet permitiu que diferentes redes, baseadas em infraestruturas distintas, fornecessem os mesmos serviços.

b) Impactos concorrenciais da convergência tecnológica

A natureza da convergência tecnológica, no entanto, transcende o aspecto tecnológico. Sua principal característica, no que concerne ao direito da concorrência, é a convergência dos mercados de atividades distintas, que não competiam entre si no passado e, atualmente, além de competirem, são frequentemente oferecidas dentro de um pacote único.

O fenômeno alterou substancialmente os padrões de competição em diversos níveis do mercado de telecomunicações e informação. Na comercialização de produtos e serviços, é cada vez mais patente a fungibilidade entre os meios, como o telefone fixo sendo progressivamente substituído pelos móveis.

Já na distribuição de conteúdos, há o mesmo processo de crescimento da fungibilidade através da competição entre mídias tradicionais e a internet.[12]

A convergência tecnológica introduz uma grande substituibilidade tanto do lado da demanda quanto do lado da oferta. Ademais, enseja uma série de mudanças nos mercados relevantes, tanto na dimensão do produto como na geográfica. É evidente que a análise antitruste não pode ficar estanque enquanto os mercados objetos de discussão estão em constante modificação.

Como já citado, com o processo de convergência, os mesmos produtos e serviços podem ser oferecidos a partir de diversas tecnologias. Ou seja, crescentemente os provedores de serviços de telecomunicações estarão dispostos a oferecer – e os consumidores a comprar – pacotes combinados de serviços de comunicações, usando as tecnologias que minimizem seus custos de oportunidade e melhorem sua posição em mercados altamente competitivos.[13]

A viabilidade tecnológica de mercados operarem sob uma mesma plataforma, contudo, não garante que na prática esses mercados funcionem desse modo. Um dos problemas são as assimetrias regulatórias e mesmos as interdições legais. Exemplo disso é o mercado de TV a cabo brasileiro no qual as empresas participantes não podem ser totalmente estrangeiras, diferentemente do que acontece com as operadoras de telefonia. Esse é mais um dos novos elementos que a convergência tecnológica aportou na análise concorrencial.

A título de ilustração desse problema, citam-se as palavras do Conselheiro Luiz Carlos Delorme Prado em seu voto na ocasião de um ato de concentração entre as empresas TELMEX e a Globopar:

> Entretanto, uma vez que o marco regulatório brasileiro não considera o processo de convergência, não é impossível e, sob certos aspectos é inclusive provável, o surgimento de barreiras à entrada de concorrentes da Net Serviços em um mercado convergente de Serviços de Telecomunicações. Essas barreiras surgiriam das dificuldades de as outras empresas de telefonia, em vista do marco regulatório existente, responder aos desafios da convergência tecnológica, empreendendo seus próprios projetos de oferta de servi-

12. PEREIRA NETO, Caio Mário da Silva. *Defesa da concorrência nas telecomunicações: tempos de convergência tecnológica*. São Paulo, 2007. Disponível em <http://www.direitodoestado.com/palestras/Caio%20Mrio%20da%20Silva%20Pereira%20Neto%20Convergncia3%20-%20Marco2007.pdf>. Acesso em: 25 nov. 2010.

13. THE ECONOMIST, Survey: Telecoms Convergence – your television is ringing. THE ECONOMIST. 12 de outubro de 2006. Disponível em: <www.economist.com/node/7995312>. Acesso em: 1.º dez. 2010.

> ços para o mercado convergente de serviços de telecomunicações e serviços de valor adicionado.(...)
>
> Portanto, a convergência tende a dificultar a definição do mercado relevante e consequentemente, a análise do poder de mercado. Somada à necessidade de revisão do arcabouço legal, esta questão poderá acarretar a proteção de determinados grupos econômicos em detrimento de outros, além de gerar má utilização dos recursos existentes.[14]

Portanto, o fenômeno da convergência tecnológica apresentou diversas implicações concorrenciais em virtude da unificação de mercados e indústrias. Esse processo também incentivou as concentrações no setor, devido às possíveis economias de escopo. Contudo, especialmente, no Brasil, o referente fenômeno impôs às autoridades desafios ainda não resolvidos sobre como viabilizar convergência regulatória.[15]

4. Concentração econômica e práticas abusivas no mercado de Telecom

Explicado o fenômeno da convergência tecnológica, nesta seção adicionam-se novos elementos que justificam o processo de concentração nas telecomunicações. Em seguida, abordam-se práticas abusivas no setor e os impactos causados pela concentração econômica e convergência tecnológica. Para tanto, a seção está dividida em dois eixos centrais. No primeiro, discutem-se as motivações empresariais que determinaram a onda de fusões e aquisições (F&A) no segmento. Já no segundo, abordam-se as práticas abusivas nesse mercado tendo em vista os impactos tanto do processo de convergência tecnológica quanto do aumento da concentração econômica no segmento.

a) As razões do aumento da concentração econômica nas telecomunicações

O panorama do setor de telecomunicações, desde os meados dos anos de 1990, é constantemente modificado por diversas fusões e aquisições (F&A) tanto na Europa quanto nos Estados Unidos (EUA). A título de exemplo, entre

14. CADE. Ato de Concentração 53500.019422/2004. Voto do Conselheiro Luiz Carlos Delorme Prado, 22.11.2006. Disponível em: <www.cade.gov.br>, 2010. Acesso em: 25 nov. 2010.
15. NYSTROM; HACKLIN. *Operator value-creation through technological convergence: the case of VoIP*, 2005. Disponível em: <http://userpage.fu-berlin.de/~jmueller/its/conf/porto05/papers/nystroem_hacklin.pdf>. Acesso em: 18 nov. 2010.

1996 e 2001, foram realizados mais de 20 atos de concentração no setor de Telecom, sendo 2/3 destas operações feitas apenas nos EUA.[16]

Sob o ponto de vista das empresas envolvidas, as F&A são normalmente determinadas pelos seguintes motivos, individual ou coletivamente: (i) racionalização de capacidade, ou seja, evitar capacidade ociosa através de consolidação; (ii) expansão geográfica, permitindo a agregação de consumidores (entrar em novos mercados, dimensão geográfica) separados antes da operação; (iii) novos produtos, a F&A seria o veículo da entrada em novos mercados (dimensão produto); (iv) Substituição a investimentos em Pesquisa e Desenvolvimento (P&D) por meio da aquisição de empresas proprietárias de tecnologias; (v) convergência de mercados.[17]

No caso das F&A, no setor de Telecom, ainda que estejam presentes todas as motivações listadas, destaca-se a convergência de dois ou mais modelos de negócios. A característica central desse tipo de motivação é a expectativa de que a união de dois modelos de negócios relativamente estagnados resultaria em um novo modelo ainda não explorado (e.g. criação do *triple play*).

A ideia implícita nesse tipo de motivação é a de que há potenciais sinergias entre os dois modelos e que as fronteiras entre eles estão progressivamente desaparecendo. A noção de perda da fronteira entre os segmentos de telecomunicações e informação foi substancialmente causada pela combinação de três fatores. O primeiro, foi a desregulamentação e a privatização desses setores, que aumentou o espaço para a criatividade empresarial e para a mudança nos modelos de negócios, permitindo uma maior agressividade e facilitou as aquisições entre empresas que nele competiam. O segundo, enumera a chegada de uma série de inovações tecnológicas que permitiram a utilização da infraestrutura de um mercado para oferecer produtos do outro (*e.g* banda larga pode ser oferecida por infraestrutura de TV a cabo e de telefonia fixa, entre outras). O terceiro fator relata o surgimento de novos serviços que podem ser prestados por operadores de mercados antigamente separados, cita-se, como exemplo, a internet banda larga, que, com a revolução digital, permitiu aos operadores de internet prestar serviços de telecomunicações através de novas tecnologias como o serviço de voz via internet (VOIP).

16. CADE. Atos de Concentração 53500.012477/2008 e 08012.0012477/2008. *Estudo da pesco consultoria* cit.

17. BOWER, Joseph A. Not all M&As are alike – and that matters. *Harvard Business Review*, p. 93-101, mar. 2001. Disponível em: <http://hbswk.hbs.edu/item/2123.html>. Acesso em: 9 dez. 2010.

b) Prática abusivas no mercado de telecomunicações

Em tese, a convergência tecnológica traria apenas impactos pró-competitivos à medida que possibilitou a inclusão de novos *players* em mercados que antes não podiam atuar. Nos EUA, por exemplo, a grande penetração e capilaridade da infraestrutura de TV a cabo permitiu que as operadoras desse serviço entrassem fortemente nos setores de telefonia e internet banda larga, beneficiadas pelo fato da infraestrutura predominante de TV a cabo (cabo coaxial) ter maior capacidade de transmissão de dados do que a infraestrutura dominante de telefonia fixa (cabo de fio de cobre).

No Brasil, contudo, as operadoras de telefonia fixa sucessoras da antiga Telebrás (incumbentes) são detentoras de posição dominante (ou monopolistas) com relação à infraestrutura da última milha - rede local que chega até o terminal do usuário final - dada a ausência de infraestruturas concorrentes à de telefonia fixa (Serviço de Telefonia Fixo Comutado - STFC) na grande maioria do país. Assim, as empresas incumbentes se encontram em posição tanto de prestadores de serviços aos usuários finais, mercado mais propenso a competição, quanto de fornecedores de infraestrutura para outros prestadores concorrentes, mercado que ainda guarda características de monopólio natural.

Os conflitos e as práticas anticompetitivas decorrem exatamente do incentivo que as detentoras de infraestrutura têm para privilegiar empresas de seu grupo (quando não a própria) no fornecimento da infraestrutura necessária para a prestação do serviço ao usuário final, mercado no qual concorrem com outras empresas. Esta temática não é nova para o direito antitruste, sendo conhecida desde 1912, com o caso *United States v. Terminal Railroad Association of St. Louis*,[18] no qual uma associação adquiriu uma ponte ferroviária e excluiu sua utilização por empresas rivais. Nesse sentido, o debate sobre os incentivos que teria um monopolista, ou detentor de posição dominante, em um mercado a montante para adotar práticas anticompetitivas em um mercado a jusante é antigo e bastante familiar ao direito da concorrência, todavia a mesma discussão ganha contornos muito particulares no sofisticado mercado de Telecom.

Esses mercados de Telecomunicações estão sujeitos ao tradicional fechamento de mercado (*foreclosure*) que é definido como a negação, por parte de firma dominante, do acesso a algum bem essencial com intuito de prejudicar as concorrentes no mercado adjacente.[19] Contudo, o problema mais comum

18. USA. *United States v. Terminal Railroad Association of St. Louis.* Disponível em: <http://supreme.justia.com/us/224/383/case.html>. Acesso em: 7 dez. 2010.

19. CADE. Atos de Concentração 53500.012477/2008 e 08012.0012477/2008 cit. COUTINHO, Paulo B.; COUTINHO, Paulo C.; FERRAZ, Rafael C. *Foreclosure e*

neste tipo de mercado é a discriminação ou sabotagem, definida como qualquer prática que possa prejudicar a qualidade do serviço de uma firma rival ou aumentar seus custos.[20] São exemplos de discriminação, nos mercados de Telecom, a negação de acesso a rede, a deterioração da qualidade do serviço contratado pela concorrente, o abuso de preços, entre outras modalidades.

Nesse caso, a literatura indica que, quando a sabotagem aumenta o custo dos rivais, ela é vantajosa para a empresa com poder dominante em mercados nos quais há competição à jusante, seja a discriminação no preço ou na qualidade.[21] Por outro lado, é importante ressalvar que não há consenso na doutrina sobre a existência de incentivos para a prática discriminatória. Nesse sentido, a corrente de pensadores mais ligados à escola de Chicago impõe relevantes objeções teóricas a esse entendimento, baseando-se fundamentalmente no fato da prestadora também lucrar com o serviço prestado a sua concorrente no mercado a jusante.[22]

Contudo, para os fins do presente trabalho, mais importante que discutir as teorias é examinar o recente histórico de problemas com discriminação a empresas incumbentes no Brasil. Como exemplos, podem ser citados os três Termos de Compromisso de Cessação assinados pelo CADE em casos de investigações de discriminação da Telefônica contra a Embratel.[23] Além desses, há diversas denúncias na Anatel e no CADE envolvendo discriminação e sabotagem por parte das incumbentes contra concorrentes em mercados verticalmente relacionados.[24] Os problemas na utilização de infraestrutura por parte de um concorrente já começaram a surgir nos mercados onde a privatização conseguiu impor algum nível de competição como o de chamadas de longa distância. Para chegar à última milha, empresas como a Embratel e a Intelig precisavam se utilizar de redes das empresas incumbentes e, consequentemente, pagavam altos preços de interconexão (serviço que permite que o usuário

sabotagem em mercados adjacentes de infraestrutura e provimento. Disponível em: <www.cade.gov.br>. Acesso em: 6 nov. 2010.

20. Idem.

21. MANDY, David; SAPPINGTON, David. *Incentives for sabotage in vertically related industries. Working paper 2004.* Disponível em: <http://ideas.repec.org/p/umc/wpaper/0404.html>. Acesso em: 20 nov. 2010.

22. Idem.

23. Conselho Administrativo de Defesa Econômica. *Processual, TCC* 53500.002284/2001, n. 53500.002286/2001 e n. 53500.005770/2002. Disponível em: <www.cade.gov.br>. Acesso em: 2 dez. 2010.

24. CADE. Atos de Concentração 53500.012477/2008 e 08012.0012477/2008. *Manifestação final da Telcomp*. Disponível em: <www.cade.gov.br>. Acesso em: 16 nov. 2010.

de uma rede de uma operadora A possa falar com o usuário de outra rede, por exemplo, a rede de uma operadora B).[25]

Entretanto, se no passado os problemas de sabotagem e discriminação eram basicamente restritos à interconexão de chamadas telefônicas, a partir da convergência tecnológica eles ganharam nova dimensão, pelo fato de atingirem os mercados de atacado (*e.g.* Exploração Industrial de Linhas Dedicadas – EILD) e internet (Serviço de Valor Adicionado – SVA) bem como a prestação de serviço para provedores independentes. Nesse sentido, a convergência tecnológica ampliou as possibilidades de discriminação, à medida que a antiga infraestrutura de telefonia fixa também passou a ser utilizada para oferecer serviços de internet banda larga.

O contraponto que a própria convergência tecnológica poderia proporcionar seria a possibilidade do uso de outras infraestruturas para oferecer não só internet banda larga, mas também serviços de telefonia fixa e transmissão de dados. No entanto, o receio da entrada de novos competidores incentivou várias empresas, em especial as incumbentes, a comprar concorrentes – ainda que meramente potenciais – que detinham infraestruturas que poderiam competir com as suas. Houve também um processo de verticalização na prestação de serviços por parte da empresas de telefonia para aproveitar novos mercados agora relacionados. Existem ainda diversas operações que podem ser mencionadas como exemplos desse processo. Entre elas, cita-se a compra de: (i) provedores de internet, ilustrada pela aquisição da empresa IG pela Brasil Telecom;[26] (ii) empresas de serviços de voz via internet (VOIP), exemplificada pela compra da Mundialvoip pela Telefônica;[27] (iii) empresas de TV a cabo como a Way TV que foi comprada pela Oi;[28] e (iv) operadoras de telefonia móvel, ilustrada pela aquisição da parcela da Portugal Telecom na Vivo pela Telefônica.

Portanto, no Brasil, um possível aumento substancial da concorrência em virtude da convergência tecnológica ainda não é uma realidade. Na verdade, a convergência tecnológica no Brasil fomentou um processo de aquisições de empresas que seriam potenciais concorrentes e a verticalização entre as atividades do prestador de serviços infraestrutura e do provedor de serviços aos

25. TELECO. *Tutoriais telefonia fixa.* Disponível em: <http://www.teleco.com.br/tutoriais/tutorialinterc/pagina_1.asp>. Acesso em: 11 de nov. 2010.
26. MOURA FÉ, Ana Lúcia. Brasil Telecom compra iG por US$ 17,5 milhões. *Plantão Info.* Disponível em: <http://info.abril.com.br/aberto/infonews/052004/19052004-1.shl>. Acesso em: 1.º nov. 2010.
27. CADE. Ato de Concentração 08012.010862/2008-89.
28. CADE. Ato de Concentração 53500.022515/2006.

consumidores em uma mesma empresa. Tal cenário permitiu e incentivou o aumento das condutas discriminatórias por parte dos detentores de infraestrutura contra concorrentes que precisam utilizá-las.

5. Remédios antitrustes em Telecom: casos da experiência dos Estados Unidos e da União Europeia

Como já demonstrado em outras seções, a transformação das Telecomunicações nos últimos quinze anos tem aportado mudanças radicais na estrutura fundamental do mercado e de sua regulação em todo o mundo. Uma das facetas mais visíveis desse movimento transformador é o elevado número de Fusões e Aquisições no setor de telecomunicações, que permitiu aos órgãos antitrustes e reguladores de jurisdições maduras, como EUA e União Europeia (UE), aplicarem uma série de remédios concorrenciais no setor.

Para ilustrar isso, este tópico apresentará duas experiências de aplicação de remédios concorrenciais visando esclarecer um pouco da experiência internacional no setor. Em um primeiro momento, será analisada a onda de fusões entre as Baby Bells nos EUA, e, em seguida, será abordada a operação entre Vodafone e Mannesmann, que foi alvo de remédios concorrenciais aplicados pela Comissão Europeia.

a) Fusões entre Baby Bells nos EUA

Para entender o processo de fusão entre as empresas de telefonia nos EUA, é essencial voltar ao ano de 1974, quando o Departamento de Justiça dos Estados Unidos (DOJ) abriu um processo contra a AT&T acusando a empresa de condutas anticompetitivas nos mercados de chamadas telefônicas e venda de equipamentos. O resultado dessa ação foi a cisão de parte da AT&T em sete Regional Bell Operating Copanies (RBOCs ou Baby Bells) em 1984. Tais empresas operariam os serviços intraregionais e locais em regime de monopólio nas respectivas regiões, mas não poderiam atuar no mercado de chamadas internacionais. Estas ficariam a cargo de três empresas de menor porte[29] que, por sua vez, também não poderiam atuar no mercado intrarregional das Baby Bells tampouco se integrar a elas.

As restrições às atividades das Baby Bells foram sendo aliviadas ao longo dos anos de 1990, processo este que culminou com a promulgação do *Telecomunications Act*, em 1996. Esta lei acabou com os monopólios regionais das Baby Bells e removeu as restrições adotadas no caso AT&T. Contudo, ainda que tenha sido responsável por uma vasta desregulamentação e liberaliza-

29. GERADIN, Damien; SIDAK, J. Gregory. Op. cit.

ção, o *Telecomunications Act* instituiu uma série de medidas para garantir a competição no setor. As intervenções mais relevantes foram: (i) a obrigação de desagregação de rede (unbundling) que obrigava as Baby Bells a permitir o uso de suas redes por outras empresas; (ii) a obrigação das Baby Bells de venderem seus serviços a preços de atacado para permitir a entrada de novos concorrentes; (iii) e a paridade e portabilidade numérica que garantiam aos consumidores os direitos de terem telefones com a mesma quantidade de números e de manter o número quando trocassem de operadora.

A desregulamentação propiciada pelo *Telecomunications Act* deu início a um processo de rápida consolidação setorial entre as Baby Bells por meio de fusões que resultou na formação de três grandes grupos que uniriam antigas RBOCs: (i) a nova AT&T que resultou da fusão entre Ameritech, Southwestern Bell, Pacific Telesis e Bell South; (ii) a Verizon, criada com a fusão entre Bell Atlantic e NYNEX; e (iii) a Quest, nova versão da US West, agora em parceria com uma antiga operadora de longa distância. Tendo em vista a intensidade e a proximidade das operações, esse fenômeno foi considerado pela doutrina como um movimento orgânico no setor.[30]

Como já aventado, esse ciclo de concentração só foi possível após a edição de uma lei que retirava barreiras às fusões, mas é fundamental ressaltar que a mesma legislação estava repleta de dispositivos de fomento à concorrência. Nesse sentido, as concentrações que ocorreram nos EUA tiveram como contraponto para mitigar o risco de eventuais lesões concorrenciais, os dispositivos regulatórios acima mencionados, que podem ser considerados remédios concorrenciais *ex ante*. Adicionalmente, em virtude da convergência tecnológica, grandes empresas de TV a cabo passaram a competir com as de telefonia, incluindo ao menos mais dois agentes importantes – Time Warner e Comcast.

Não obstante, o movimento de F&A supracitado foi alvo de exigências concorrenciais propostas pela Comissão Federal de Comunicação dos Estados Unidos (FCC), mesmo em casos que não foram questionados pelo órgão antitruste competente (Department of Justice – DOJ). A título de exemplo, cita-se o caso da fusão Bell Atlantic e NYNEX, no qual as considerações regulatórias e concorrenciais da agência reguladora discutiram até a polêmica questão da concorrência potencial entre as empresas incumbentes.[31] Após a análise, hou-

30. LE BLANC, Gilles; SHELANSKI, Howard. *Merger Control and Remedies Policy in the E.U. and U.S.: the case of Telecommunications Mergers*. Preliminary Draft – November 2002. Disponível em: <http://www.cerna.ensmp.fr/Documents/GLB--TelecomMergerRemedies.pdf>. Acesso em: 12 nov. 2010.

31. JOSKOW, Andrew S. Potential Competition: The Bell Atlantic/NYNEX. *Merger. Review of Industrial Organization* 16: 185-191, 2000. Disponível em: <http://

ve a imposição de obrigações adicionais, em moldes similares ao da anuência prévia da Anatel, que visavam aumentar a probabilidade da entrada de novos concorrentes nos mercados de serviços de telecomunicação locais nas antigas regiões de Bell Atlantic e NYNEX.

Assim, o caso das Baby Bells mostra a ampla utilização de remédios antitruste, em especial os *ex ante* (*Telecomunications Act*) e híbridos[32] (exigências negociadas pela FCC) que não deixaram com que a separação funcional e de competências entre órgãos de defesa da concorrência e de regulação impedissem a adoção de regras pró-competição. É curioso notar que nos EUA o legislador e a agência reguladora tiveram papel preponderante, mesmo na imposição de regras antitruste e de fomento à competição.

b) Fusão Vodafone / Mannesmann[33]

Após concluir com sucesso a aquisição da empresa americana Air-touch, a operadora de telefonia móvel inglesa Vodafone, maior empresa de telefonia móvel do mundo, se fundiu, no início do ano 2000, com a empresa de telefonia alemã Mannesman, constituindo a maior empresa de telecomunicações do planeta à época. A operação, mais relevante fusão entre teles já vista, custou 180 bilhões para a Vodafone e formou uma empresa presente em mais de 25 países.[34]

Uma transação desse porte, como não poderia deixar de ser, chamou a atenção dos órgãos antitrustes europeus e a Comissão Europeia decidiu impor uma série de remédios concorrenciais para evitar que essa nova gigante tivesse poder de mercado suficiente para prejudicar a competição no continente. Os remédios aplicados foram tanto estruturais quanto comportamentais[35] e formalizaram uma série de contrapartidas para que o acordo fosse aprovado.

Ao analisar a operação, a Comissão Europeia concordou que havia várias eficiências na fusão, como a possibilidade de uso conjunto de infraestrutura e

www.springerlink.com/content/k6715m71k5100004/fulltext.pdf>. Acesso em: 12 dez. 2010.

32. O remédio híbrido é definido como medida que possui elementos tanto de um remédio *ex post* quanto de um remédio *ex ante*.

33. Merger Procedure 4064/89. 12.04.2000. Disponível em: <http://ec.europa.eu/competition/mergers/cases/decisions/m1795_en.pdf>. Acesso em: 15 dez. 2010.

34. FUSÃO une Vodafone e Mannesmann. BBC Brasil, 04.02.2000. Disponível em: < http://www.bbc.co.uk/portuguese/omundohoje/omh00020403.htm>. Acesso em: 13 dez. 2010.

35. Para as definições dos termos remédios estruturais e remédios comportamentais ver item 6 *infra*.

aparelhos, as economias operacionais derivadas da redução de gastos com marketing, pessoal e serviços ao consumidor, e a maior eficiência na nova internet móvel com economias na aquisição de novas licenças 3G.

Contudo, a mesma autoridade encontrou alguns problemas concorrenciais na operação. Para entendê-los é preciso esclarecer que a Comissão Europeia definiu os mercados relevantes de telefonia celular como mercados nacionais. Assim, a fusão gerou grandes preocupações em alguns mercados onde havia relevante sobreposição horizontal. Nesses casos, estabeleceu-se a obrigação de venda de ativos. Foi o que aconteceu na Inglaterra onde Vodafone e Orange (empresa co-controlada pela Mannesmann) somadas chegariam ao *market share* de 53,6% após a operação. Havia apenas mais duas operadoras concorrentes no país sendo que a maior delas detinha *market share* de 27%. Adicionalmente, não existia possibilidade técnica de disponibilizar novos espectros de frequência para outras operadoras de telefonia celular *Global System for Mobile* (GSM), uma importante barreira à entrada de novos competidores.

Diante desse cenário, a Comissão Europeia aceitou a proposta da Vodafone/Mannesmman (utilizando um mecanismo similar a um TCD) e decidiu adotar um remédio estrutural para a operação que foi a venda dos ativos da Orange e de suas subsidiárias – muitas delas detinham *market share* relevantes em vários países como, por exemplo, a Bélgica – como um condicionante para que a fusão fosse autorizada. Nesse sentido, a venda de ativos foi um remédio antitruste destinado a solucionar eventuais problemas que sobreposições horizontais geradoras de poder dominante poderiam causar em determinados mercados relevantes nacionais.

Entretanto, as sobreposições horizontais não foram os únicos problemas concorrenciais apontados na operação pela Comissão Europeia. Após a fusão a Vodafone/ Mannesmann passaria a contar com uma infraestrutura em toda Europa o que possibilitaria grandes vantagens à empresa no fornecimento de serviços a clientes pan-europeus (que tinham atividades em todo continente). Essa situação deu ensejo a uma preocupação da Comissão no sentido de garantir que a nova operadora não usasse essa sua rede para promover práticas discriminatórias e anticompetitivas.

A solução – proposta pela requerente e aceita pela comissão – foi assinatura de um termo de compromisso que permitia a venda por atacado e o acesso à rede (roaming) a preços e qualidade não discriminatórios. Criou-se inclusive um sistema de solução de controvérsias simplificado e rápido para resolver eventuais disputas relativas ao fornecimento de serviços por atacado.

É interessante notar que a própria Comissão reconheceu que esse segundo remédio deveria ser temporário e durar apenas pelo tempo que fosse necessário, isto é três anos para viabilizar a construção de infraestruturas alternativas à da nova empresa e que pudessem competir com ela. Com tal postura, a Comissão sugere que apenas novas infraestruturas colocariam as concorrentes em condições de competir em iguais condições com a Vodafone/Mannesmann, entretanto, durante o período de construção dessas novas instalações seria importante manter a competição nesse segmento de mercado de telefonia móvel pan-europeu.

Ainda que o remédio aplicado tenha sido comportamental, a Comissão defendeu que ele apresentaria efeitos estruturais no mercado. Isso porque evitou a emergência de uma empresa com poder dominante, mantendo bons níveis de competição na estrutura de fornecimento no curto prazo e incentivando a construção de infraestruturas e o aumento da concorrência no longo prazo.

Diante do exposto, nota-se que as características dos processos de concentração dos EUA e da UE foram diferentes e, por conseguinte, implicaram em formas distintas na aplicação de remédios pelas autoridades regulatórias e antitrustes dessas jurisdições. Nos EUA uma nova lei de telecomunicações desencadeou uma série de fusões entre companhias que operavam as mesmas plataformas sendo todas nacionais dos EUA.[36] Já, na Europa, as operações foram marcadas pelo fato de envolverem países diferentes e, em certos casos, empresas que atuavam em plataformas distintas (*e.g.* aquisição de empresa de internet por operadora de celular).[37]

6. O compromisso de desempenho

Esta sexta seção faz, primeiramente, uma breve descrição do instituto do compromisso de desempenho (TCD), mostrando seus fundamentos legais no ordenamento jurídico brasileiro. Em seguida, examina-se como e com qual frequência os TCDs têm sido utilizados pelo CADE. Por fim, esboça-se breve conclusão sobre as circunstâncias que contribuem para que o instituto possa ser utilizado como um remédio concorrencial efetivo.

Os remédios concorrenciais *ex ante* no Brasil são, na prática, uma figura híbrida que inevitavelmente possuem elementos *ex post*. Essa característica decorre do fato das notificações de atos de concentração serem feitas *a posteriori* no país, ou seja, depois que o ato de concentração foi realizado. A lei brasileira faculta ao CADE a aplicação de remédios unilateralmente impostos, como a reprovação de parte de uma operação, bem como de remédios negociados. O

36. LE BLANC, Gilles; SHELANSKI, Howard. Op. cit.
37. Idem.

presente item discutirá o remédio concorrencial negociado chamado Termo de Compromisso de Desempenho, previsto pelo art. 58 da Lei 8.884/1994.

Além da Lei de Defesa da Concorrência, o Regimento Interno do CADE (RI-CADE) regula a aplicação do TCD. Este regramento prevê a possibilidade do relator do caso negociar o teor do TCD com os interessados, bem como submeter minutas a Consulta Pública, na forma do art. 31 da Lei 9.784/1999. Em eventual negociação, elaboração, ou celebração do TCD, o Relator poderá ainda solicitar a assistência da Procuradoria do CADE. Finalmente, o CADE também pode determinar que os relatórios para acompanhamento do cumprimento do TCD sejam elaborados por empresas de consultoria ou auditoria independentes contratadas para este fim, a expensas da interessada (art. 131, §§ 3.º, 9.º e 10.º) visando poupar o órgão de certos esforços de recursos humanos e financeiros que inviabilizariam o monitoramento de certas restrições.

Em tese, os TCDs podem conter tanto medidas estruturais, definidas como aquelas que modificam a estrutura organizacional da empresa, quanto comportamentais, medidas que prescrevem ou proíbem certo tipo de comportamento.[38] Na prática, contudo, ainda que votos do próprio CADE reconheçam os remédios comportamentais como de imposição excepcional,[39] nota-se a prevalência desse tipo de intervenção. Entre 2007 e 2008, sessenta por cento dos remédios aplicados pelo CADE na análise de atos de concentração foram comportamentais, excluindo as modificações em cláusulas de não concorrência.[40] Exemplos desse tipo de TCD – com remédios exclusivamente comportamentais – podem ser encontrados no AC 53500.012487/2007 (envolvendo aquisição de parte da TIM pela Telefônica) e AC 08012.011178/2005-71 (envolvendo Axalto Holding N.V. e Gemplus International S.A) nos quais foram definidas, respectivamente, restrições ao exercício de determinados direitos societários por parte dos adquirentes e obrigação de licenciar uma tecnologia.[41]

Nesse sentido, a experiência de aplicação de TCDs pelo CADE sugere que, ao impor restrições comportamentais, o conselho tem dado preferência

38. LÉVÊQUE, François. *The Conduct vs. Structural Remedies Controversy: an irrelevant dichotomy of antitrust policy instruments.* CERMA Working Paper, maio 2000. Disponível em: <http://www.cerna.ensmp.fr/Documents/FL-MSMay00.pdf>. Acesso em: 4 dez. 2010.

39. AC 08012.010192/2004-77, voto do Conselheiro Relator Luís Fernando Schuartz.

40. Organização de Cooperação e Desenvolvimento Econômicos. *Lei e política da concorrência no Brasil, uma revisão pelos pares.* 2010. Disponível em: <http://www.cade.gov.br>. Acesso em: 1.º fev. 2011.

41. Conselho Administrativo de Defesa Econômica. *Processual, TCC* cit.

às soluções negociadas através de TCDs.[42] Uma possível justificativa para esta estratégia são as características intrínsecas de uma restrição comportamental. Por natureza, este tipo de intervenção é mais facilmente violável do que uma restrição estrutural, à medida que ela se prolonga no tempo e as empresas possuem vários mecanismos de enganar a autoridade antitruste devido ao acesso privilegiado de informações. Sabe-se que as medidas comportamentais impõem relevante custo de monitoramento às autoridades e, mesmo assim, estão mais sujeitas ao não cumprimento.

Qual seria a justificativa então da sua ampla utilização pelo CADE? A lógica que parece fundamentar essa estratégia de privilegiar soluções comportamentais negociadas é criar, desde o início do processo, um ambiente de cooperação e diálogo que ajude a cunhar restrições mais plausíveis às quais a requerente envolvida esteja disposta a cumprir de boa-fé. Essa estratégia gera certo constrangimento à empresa – que tem incentivos para não violar um compromisso de desempenho aceito previamente – além de evitar a judicialização da restrição, hipótese praticamente certa caso o poder público imponha restrição ou reprovação de maneira unilateral.

Conclui-se, portanto, que o TCD é um remédio concorrencial híbrido que tem sido bastante utilizado pelo CADE devido aos benefícios que um remédio negociado pode propiciar à defesa da concorrência, especialmente em casos de restrições de cunho comportamental. A análise de quais seriam as hipóteses em que o TCD poderia ser mais bem utilizado tangencia o debate sobre quais as circunstâncias que sugeririam a aplicação de uma restrição comportamental, ainda que não se resuma a isso. Destarte, o TCD se mostra um remédio concorrencial particularmente interessante quando a empresa está disposta a adotar determinada medida, estrutural ou comportamental, que terá os mesmos efeitos (ou quase isso) de uma eventual restrição unilateral imposta pelo órgão antitruste. Adiciona-se a essa circunstância a necessidade de cuidadosa ponderação sobre qual seria a capacidade e os custos de monitoramento do órgão antitruste sobre o remédio que está impondo, reflexão especialmente cara às restrições comportamentais.

42. As restrições impostas pelo CADE não são necessariamente negociadas. Além de reprovar totalmente a operação o CADE pode reprovar parte dela, exigindo modificações para que a operação seja aprovada. O exemplo mais patente dessa situação é os das cláusulas de não concorrência, que frequentemente são reprovadas pelo Conselho que exige sua modificação para que o ato de concentração seja aprovado. Esse tipo de intervenção do CADE – não negociadas com as partes – é chamado de unilateral no presente trabalho e aparecem classificados como "aprovados com restrições" no estudo da OCDE sobre o SBDC citado anteriormente (nota 41).

7. O caso Oi/BrT (AC 53500.012477/2008 e 08012.0012477/2008)[43]

Nesta penúltima seção apresenta-se a operação de aquisição da Brasil Telecom pela Oi com ênfase nas principais preocupações concorrenciais que o ato de concentração gerou e nos argumentos que conduziram o CADE a assinar um Termo de Compromisso de Desempenho com as requerentes.

Do ponto de vista societário, a operação viabilizou a aquisição do controle acionário da Brasil Telecom S.A. (BrT) pela Telemar Norte Leste S.A. por meio da celebração de um contrato de compra e venda da totalidade das ações da Invitel S.A., sociedade que era única titular das ações da Solpart S.A., controladora da BrT.

Com a aquisição, o Grupo Telemar (Oi) se tornou controlador da Brasil Telecom. A operação criou um grande conglomerado no setor de telecomunicações (Oi/BrT) que domina a maior parte da rede de Serviço de Telefonia Fixo Comutado (STFC) do Brasil por unir duas das três concessionárias de telefonia fixa nascidas com a privatização do sistema Telebrás.

Apesar disso, do ponto de vista horizontal, o gigantismo da operação não foi suficiente para levantar grandes preocupações por parte dos órgãos concorrenciais. As requerentes sustentaram que não havia sobreposição horizontal relevante, tendo em vista que tanto a Oi quanto a BrT concentravam sua atuação nas áreas geográficas nas quais eram incumbentes (sucessoras da Telebrás) e o argumento foi aceito pelo Conselho. Na segmentação de mercado adotada no caso, o CADE dividiu os mercados relevantes em sete categorias: STFC Local, STFC Longa Distância Nacional, STFC Longa Distância Internacional, Dados corporativos, SMP, IPS discado e IPS banda larga. O único destes segmentos que levantou maiores preocupações foi o de acesso a internet discada, no qual havia sobreposição horizontal considerável entre as empresas. Contudo, o CADE entendeu que havia rivalidade nesse mercado e que os condicionantes da anuência prévia da Anatel já eram suficientes para manter a competição.

No entanto, a operação gerou sensível concentração de redes em âmbito nacional (mais de 70% do território brasileiro) que, se por um lado, não representaram problemas do ponto de vista horizontal, propiciou vantagens significativas de interconexão e acesso à rede para as requerentes. Isso porque várias empresas que não possuíam infraestrutura competiam com as requerentes nos mercados *downstream*, precisando da infraestrutura de Oi e BrT.

43. CADE. Atos de Concentração 53500.012477/2008 e 08012.0012477/2008. Voto do Conselheiro Vinícius Marques de Carvalho. 20.10.2010. Disponível em: <www.cade.gov.br>. Acesso em: 6 dez. 2010.

Assim, surgiram preocupações concorrenciais relevantes do ponto de vista da relação vertical entre mercados de atacado e varejo.

Como nenhuma empresa de telecomunicações possui redes em toda parte, para atingir os pontos de origem e destino das comunicações entre seus clientes, as empresas se valem de infraestrutura de outra empresa de Telecom para aumentar o tamanho da própria rede (exploração industrial de redes) e/ou de se interconectar diretamente a uma rede compatível sem precisar duplicar a infraestrutura (interconexão). Portanto, no setor de Telecom, para que haja efetiva competição, é essencial que o mecanismo de utilização compartilhada de uma infraestrutura funcione bem. Nesse sentido, como a infraestrutura é um insumo tanto para a sua proprietária quanto para as concorrentes desta é preciso evitar a discriminação e a sabotagem para que outras empresas prestem seus serviços de maneira competitiva.

O setor de telecomunicações, portanto, é repleto de empresas proprietárias de *essential facilities*[44] em virtude da infraestrutura clássica para prestação do serviço de telecomunicação (redes de fio de cobre) ser um monopólio natural, situação, na qual há elevados custos fixos e custos marginais decrescentes, ensejando a atuação de apenas uma empresa.[45] Portanto, as práticas anticompetitivas relacionadas a tais infraestruturas podem, no limite, inviabilizar a prestação de serviços por parte de empresas concorrentes que não tenham infraestrutura própria, situação típica de setores nos quais há monopólio natural.

Nesse sentido, a relação vertical entre as requentes e as empresas compradoras de seus serviços de compartilhamento de rede (utilização industrial e interconexão) foi o ponto que mereceu maior discussão por parte do Conselho, especialmente porque a operação reuniu a maioria do acesso à última milha no Brasil em uma única empresa. Dessa forma, o CADE considerou o controle sobre a infraestrutura (rede) como ameaça mais importante à concorrência, pelo fato das requerentes atuarem ao mesmo tempo como usuárias e controladoras de um insumo essencial para a prestação tanto dos seus serviços quanto o de suas concorrentes.

44. A noção de *essential facilities* foi formulada originalmente no âmbito da doutrina e jurisprudência norte-americana, especificamente no que concerne a mercados verticalmente relacionados, em casos nos quais a entrada em um deles depende completamente da utilização de um bem fornecido em outro sob condições de monopólio. Atualmente ela possui abrangência diversa dependendo da jurisdição. Vide FARACO, Alexandre. *Regulação e direito concorrencial:* (as telecomunicações). São Paulo: Livraria Paulista, 2003. p. 295.

45. SZTAJN, Rachel. *Ensaio sobre a natureza da empresa*: organização contemporânea da atividade. p. 58-59.

Explicadas as principais preocupações concorrenciais, passam-se a discutir as motivações que conduziram o CADE a aplicar um TCD. A calibragem de um remédio concorrencial sempre deriva de uma difícil ponderação que deve levar em conta o nexo de causalidade bem como a questão da proporcionalidade. No presente caso se, por um lado, a operação apresenta nexo causal com problemas concorrenciais verticais, por outro, nenhum desses problemas é criado com a operação, ainda que sejam majorados por ela. Adiciona-se a este fato a questão da possibilidade legal e da conveniência da autoridade antitruste criar assimetrias de cunho regulatório ou concorrencial entre a nova incumbente Oi/BrT e a Telefônica, empresa que também é alvo de reclamações sobre discriminação e que não poderia ser atingida por medidas específicas do caso Oi/BrT.

Assim, ao decidir pela utilização de um remédio, o CADE teve que ponderar sobre quais obrigações seriam capazes de solucionar ou amenizar os problemas sem afetar a eficiência da operação. Eram duas as espécies de caminhos possíveis: (i) impor um remédio de maneira unilateral, eventualmente desconstituindo a operação; (ii) negociar um remédio, seja ele comportamental ou estrutural.

A ideia de desconstituir o ato de concentração foi considerada uma solução desproporcional pelo relator Vinícius Marques de Carvalho, essencialmente pelo fato de o conselheiro ter entendido que não havia concorrência potencial – representada nesse caso pela possibilidade de uma empresa entrar massivamente na área de atuação da outra – entre as duas incumbentes. Como o maior problema identificado foi a questão da possibilidade de discriminação, relator optou pela adoção de um remédio comportamental. Conforme afirmado no item acima, esse tipo de remédio é de complexa aplicação e sempre sujeito a maior possibilidade de descumprimento, sendo a solução negociada um caminho natural em busca de maior efetividade.

Destarte, o Termo de Compromisso de Desempenho (TCD) emergiu como um instrumento para tentar prevenir problemas concorrenciais majorados pela operação, leia-se discriminação, sem precisar desfazer uma operação que propiciou também muitas eficiências no entendimento do Conselho. As obrigações centrais constantes no TCD foram: (i) a separação funcional entre os setores de fornecimento de serviços para concorrentes (atacado) e as diretorias comerciais de varejo empresa com a manutenção de uma gerência específica por 5 anos; e (ii) a criação de um procedimento para dar mais transparência ao fornecimento de serviços de atacado.

Nota-se que o CADE somou um TCD de cunho concorrencial/regulatório à anuência prévia da Anatel, concedida na data de realização da operação, ainda em 2008, para combater as práticas discriminatórias que poderiam piorar com a operação. No entanto, para que o TCD consiga atingir plenamente sua finalidade de prevenir a discriminação, o CADE dependerá da capacidade de monitoramento tanto da Anatel, quanto – e talvez principalmente – da sociedade civil e opinião pública. Somente com o engajamento e as representações de empresas eventualmente prejudicadas por discriminação que as autoridades conseguirão fiscalizar a Oi/BrT de maneira adequada.

Pode-se criticar a postura de uma autoridade pública ao deixar na mão de particulares um instrumento crucial para o bom funcionamento do remédio proposto pela própria autoridade. Contudo, tendo em vista a dimensão geográfica dos impactos da operação e o atual cenário de escassez de recursos humanos no SBDC seria uma ambição despropositada atribuir ao CADE, exclusivamente, os deveres de fiscalizar sozinho a nova empresa. Frisa-se que, além dos particulares, tanto o CADE quanto a Anatel são agentes importantes na fiscalização do compromisso de desempenho, contudo, tal qual aconteceu no processo de análise do Ato de Concentração junto ao CADE, os particulares tem total condição de continuar contribuindo com as autoridades. Motivação para isso não faltará, tendo em vista que são exatamente esses particulares os maiores prejudicados caso o TCD seja desrespeitado.

Nesse sentido, o TCD é mais um instrumento para inibir a discriminação às empresas consumidoras de serviços de compartilhamento de redes e infraestrutura. O TCD ajudará os interessados a cobrar o cumprimento das regras de não discriminação por se focar no aumento da transparência do processo de contratação e prestação desse serviço. Sabendo que o desrespeito ao TCD poderá levar à revisão da operação, nos termos do § 3.º do art. 58 da Lei 8.884/1994, a própria Oi/BrT já possui um incentivo para não violá-lo. Não obstante, a ciência por parte dos consumidores dos serviços supracitados das consequências que o descumprimento do TDC pode causar à Oi/BrT acrescenta um elemento muito relevante de fomento ao fiel cumprimento do TCD.

O CADE, contudo, optou por uma solução que acarreta dificuldades sérias. No Brasil e no mundo, o monitoramento de restrições comportamentais como as que constam no TCD são sempre um desafio. O caso Oi/BrT é mais um ato de concentração que entra na estatística de utilizaçao sistemática de remédios comportamentais pelo CADE. Essa postura foi um dos itens que recebeu questionamentos por parte da Organização para Cooperação e Desenvolvimento Econômico em relatório de 2010 sobre o SBDC. Nesse documento, o organismo internacional sugeriu a elaboração de estudos para verificar a eficácia desses remédios e reforçou a sugestão da utilização de restrições estruturais sempre que possível.[46]

8. Conclusão

Um dos objetivos desse trabalho foi apresentar um pouco das peculiaridades tecnológicas e regulatórias do setor de telecomunicações, e ilustrar, por meio de alguns exemplos, como autoridades antitrustes e reguladoras trataram a questão dos remédios concorrenciais e os atos de concentração de grande dimensão em jurisdições mais maduras. Adicionalmente, o estudo buscou explicar um remédio específico - o TCD - ao abordar o marco legal brasileiro e analisar a maneira que ele vem sendo aplicado. Por fim, como ponte entre as duas partes citadas, abordou-se o caso Oi/BrT e discutiram-se os itens do TCD firmado, bem como os fundamentos para sua utilização. Chega-se agora a parte derradeira do estudo.

Ao se examinar a experiência brasileira e a internacional, percebe-se que o conhecimento acerca da escolha de remédios necessários para aprovação de atos de concentração econômica que sejam potencialmente anticompetitivos é, em boa medida, um reflexo das experiências práticas mais ou menos bem-sucedidas com o desenho *ex ante* e - sobretudo - o monitoramento *ex post* de decisões destinadas a garantir que as operações preocupantes do ponto de vista concorrencial pudessem ter a sua implementação autorizada.[47]

Entre os pontos consensuais nessa empreitada coletiva cabe destacar o reconhecimento de que restrições de natureza *comportamental* somente deveriam ser impostas *excepcionalmente*, sob condições *muitíssimo especiais*.[48]

No âmbito da análise do setor de telecomunicações, ao avaliar a aplicação de um remédio, devem-se destacar duas condições como as mais importantes de uma perspectiva de política antitruste: (i) os ganhos esperados de eficiência associados especificamente à operação são de tal modo significativos, que será de interesse público levá-la adiante da forma como originariamente concebida pelas partes envolvidas; e (ii) os custos adicionais de monitoramento *ex post* para o poder público (em particular, para os órgãos de defesa da concorrência) não representam uma fração muito elevada do custo total associado à adoção da restrição comportamental.

46. Organização de Cooperação e Desenvolvimento Econômicos. *Lei e política da concorrência no Brasil, uma revisão pelos pares* cit.

47. Ato de Concentração 08012.010192/2004-77. Voto do Conselheiro Relator Luís Fernando Schuartz. 08.08.2007. Disponível em: <http://www.cade.gov.br>. Acesso em: 20 dez. 2010.

48. Idem.

Os mercados regulados, como os de Telecom, que contam com a presença de uma autoridade reguladora com capacidade de coletar e processar eficientemente dados (Anatel, em tese) são os exemplos mais comuns de situações em que a segunda condição é satisfeita. Nesses casos já podem considerar-se como permanentemente incorridos os custos fixos do monitoramento das condutas dos agentes regulados. Logo, os acréscimos marginais na quantidade dessa atividade de monitoramento podem eventualmente justificar-se para aproveitamento de possíveis ganhos de escala oferecidos pela operação. Dessa forma, esses casos seriam passíveis de uma aplicação de remédio comportamental desde que apresentem ganhos de eficiência realmente significativos.

Logo, a opção do CADE pela utilização de um remédio comportamental híbrido no caso Oi/BrT pode ser considerada como bastante plausível exatamente por viabilizar benefícios de eficiência da operação sem incorrer nos maiores problemas de monitoramento de um intervenção comportamental.

No Brasil, as leis que instituem as políticas regulatórias no setor de telecomunicações assumem a concorrência como um princípio e elegem a Anatel como principal agente de sua consolidação no setor de telecomunicações, ainda que com a colaboração dos órgãos do SBDC. Ficou claro, até pelas preocupações do caso Oi/BrT, que a agência não tem cumprido seu papel e mesmo a anuência prévia parece carecer de monitoramento adequado, ao menos na parte concorrencial. Assim, seria importantíssimo, até como forma de advocacia da concorrência, envolver a Anatel na adoção de remédios antitruste.

Finalmente, não se pode dizer que o CADE, ao menos no TCD Oi/BrT, não ponderou sobre a experiência internacional, uma vez que tanto as partes quanto os órgãos do SBDC usaram fartamente essas experiências para sugerir tanto a eficiência quanto os danos causados ao se criar uma grande empresa no setor. A propósito, o próprio voto do relator discutiu fartamente as interpretações dadas pelas partes a essas experiências. Apesar de indicar certas tendências, a visita ao direito comparado não pode ser de aplicação direta em nenhuma solução de caso nacional, e as provocações da convergência tecnológica impõem grandes desafios nas comparações, tendo em vista a disparidade do desenvolvimento do setor de Telecom ainda existente entre o Brasil e os países da OCDE.

Por fim, "escolher é eleger um futuro imaginado com o presente vivido"[49] e a decisão de aplicar um remédio, por mais cuidado que tenha demandado das autoridades antitrustes, estará sempre sujeita ao erro. Em especial em setores sujeitos a forte influência de processo inovação tecnológica – como as

49. GIANNETTI, Eduardo. *Vícios privados, benefícios públicos?* São Paulo: Companhia de Bolso, 2007. p. 263.

telecomunicações – é sempre bastante arriscada a tarefa de discutir se a solução de um TCD comportamental para o caso Oi/BrT foi a melhor opção. Sem a presunção de querer responder em definitivo a questão, tarefa que apenas o tempo poderá se incumbir, considera-se que a opção do órgão antitruste tem mais acertos do que falhas e contribuiu de maneira importante para pavimentar a estrada da competição nas Telecomunicações no Brasil.

Referências bibliográficas

BOWER, Joseph A. Not all M&As are alike – and that matters. *Harvard Business Review*, p. 93-101, mar. 2001. Disponível em: <http://hbswk.hbs.edu/item/2123.html>. Acesso em: 9 dez. 2010.

CADE. Ato de Concentração 53500.019422/2004. Voto do Conselheiro Luiz Carlos Delorme Prado, 22.11.2006. Disponível em: <www.cade.gov.br>. Acesso em 25 nov. 2010.

CADE. Ato de Concentração 08012.005789/2008-23 e N. 53500.012477/2008. Voto do Conselheiro Vinícius Marques de Carvalho, 20.10.2010. Disponível em: <www.cade.gov.br>.

CADE. Ato de Concentração 08012.010192/2004-77. Voto do Conselheiro Relator Luís Fernando Schuartz. 08.08.2007. Disponível em: <www.cade.gov.br>.

CONSELHO ADMINISTRATIVO DE DEFESA ECONÔMICA. *Processual, TCC*. Disponível em <http://www.cade.gov.br>. Acesso em: 2 dez. 2010.

COUTINHO, Paulo B.; COUTINHO, Paulo C.; FERRAZ, Rafael C. *Foreclosure e sabotagem em mercados adjacentes de infraestrutura e provimento*. Disponível em: <www.cade.gov.br>. Acesso em: 6 nov. 2010.

FARACO, Alexandre. *Regulação e direito concorrencial: (as telecomunicações)*. São Paulo: Livraria Paulista, 2003.

GERADIN, Damien; O'DONOGHUE, Robert. *The concurrent application of competition law and regulation:* the case of margin squeeze abuses in the telecommunications sector. Disponível em: <www.coleurop.org/content/gclc/documents/GCLC%20WP%2004-05.pdf>. Acesso em: 12 dez. 2010.

GERADIN, Damien; SIDAK, J. Gregory. *European and American approaches to antitrust remedies and the institutional design of regulation in telecommunications*. Disponível em: <papers.ssrn.com/sol3/papers.cfm?abstract_id=351100>. Acesso em: 15 dez. 2010.

GIANNETTI, Eduardo. *Vícios privados, benefícios públicos?* São Paulo: Companhia de Bolso, 2007.

JOSKOW, Andrew S. Potential Competition: The Bell Atlantic/NYNEX Merger. *Review of Industrial Organization* 16:185-191, 2000. Disponível em: <http://www.springerlink.com/content/k6715m71k5100004/fulltext.pdf>. Acesso em: 12 dez. 2010.

LE BLANC, Gilles; SHELANSKI, Howard. *Merger control and remedies policy in the E.U. and U.S.: the case of telecommunications mergers*. Preliminary Draft. Nov. 2002. Disponível em: <http://www.cerna.ensmp.fr/Documents/GLB-TelecomMergerRemedies.pdf>. Acesso em: 12 nov. 2010.

LÉVÊQUE, François. *The Conduct vs. Structural Remedies Controversy: an irrelevant dichotomy of antitrust policy instruments*. CERMA Working Paper, maio 2000. Disponível em: <http://www.cerna.ensmp.fr/Documents/FL-MSMay00.pdf>. Acesso em: 4 dez. 2010.

MANDY, David; SAPPINGTON, David. *Incentives for sabotage in vertically related industries. Working paper 2004*. Disponível em: <http://ideas.repec.org/p/umc/wpaper/0404.html>. Acesso em: 20 nov. 2010.

MATTOS, César (coord.). *A revolução do antitruste no Brasil 2*. São Paulo: Singular, 2010.

MOURA FÉ, Ana Lúcia. Brasil Telecom compra iG por US$ 17,5 milhões. *Plantão Info*. Disponível em: <http://info.abril.com.br/aberto/infonews/052004/19052004-1.shl>. Acesso em: 1.º nov. 2010.

NYSTROM, A.; HACKLIN, F. *Operator value-creation through technological convergence: the case of VoIP*, 2005. Disponível em: <http://userpage.fu-berlin.de/~jmueller/its/conf/porto05/papers/nystroem_hacklin.pdf>. Acesso em: 18 nov. 2010.

ORGANIZAÇÃO DE COOPERAÇÃO E DESENVOLVIMENTO ECONÔMICOS. *Lei e política da concorrência no Brasil, uma revisão pelos pares*. 2010. Disponível em: <http://www.cade.gov.br>. Acesso em: 1.º fev. 2011.

PEREIRA NETO, Caio Mário da Silva. *Defesa da concorrência nas telecomunicações: tempos de convergência tecnológica*. São Paulo, 2007. Disponível em: <http://www.direitodoestado.com/palestras/Caio%20Mrio%20da%20Silva%20Pereira%20Neto%20Convergncia3%20-%20Marco2007.pdf>. Acesso em: 25 nov. 2010.

SZTAJN, Rachel. *Ensaio sobre a natureza da empresa*: organização contemporânea da atividade, 2001.

TELECO. *Tutoriais telefonia fixa*. Disponível em: <http://www.teleco.com.br/tutoriais/tutorialinterc/pagina_1.asp>. Acesso em: 11 de nov. 2010.

THE ECONOMIST, Survey: Telecoms convergence – your television is ringing. THE ECONOMIST. 12 de outubro de 2006. Disponível em: <www.economist.com/node/7995312>. Acesso em: 1.º dez. 2010.

UNITED NATIONS CONFERENCE ON TRADE AND DEVELOPMENT. *Information Economy Report 2010*. Disponível em: <http://www.unctad.org/templates/webflyer.asp?docid=13912&intItemID=2068&lang=1>. Acesso em: 29 nov. 2010.

USA. *United States v. Terminal Railroad Association of St. Louis*. Disponível em: <http://supreme.justia.com/us/224/383/case.html>. Acesso em: 7 dez. 2010.

WORLD BANK. *Telecomunications Sector 2008*. Disponível em: <http://siteresources.worldbank.org/INTTHAILAND/Resources/333200-1177475763598/3714275-1234408023295/5826366-1234408105311/chapter4-telecommunication-sector.pdf>. Acesso em: 30 nov. 2010.

O controle de preços como remédio antitruste

Paulo Henrique Teixeira Rage

I – Introdução

O controle de preços é, talvez, um dos mais polêmicos dentre todos os remédios antitruste à disposição das autoridades concorrenciais. A sua utilização suscita divergências entre especialistas, existindo consistentes argumentos favoráveis e desfavoráveis à sua aplicação nos casos concretos.

Provavelmente, boa parte dessa polêmica surge pelo fato de que o controle de preços, na maioria dos casos, dirige-se diretamente ao combate de uma prática igualmente polêmica do Direito Concorrencial, o preço excessivo. Para que haja um controle de preços, com o intuito de corrigir uma distorção nas condições normais de concorrência, é necessário que se tenham comprovados preços excessivos ou preços predatórios, ou ainda, fundado receio da ocorrência futura dos mesmos, pois, caso não o fossem, não haveria sentido em serem controlados. O controle de preço também acontece em casos de fomento à concorrência, entretanto, o enfoque deste artigo será o controle de preços com o intuito de se evitar preços excessivos, que aconteceriam em decorrência do exercício abusivo de posição dominante no mercado.

Em sentido macro-econômico, o controle de preços entra em conflito teleológico com a própria essência do livre mercado, uma vez que aquela regulação age em confronto direto com a teoria do *laissez-faire*, não permitindo que os preços variem em função da oferta e da procura. Outra polêmica inerente à utilização desse remédio é a dicotomia sobre qual o verdadeiro papel das autoridades concorrenciais, se seria o controle da concorrência ou o controle dos preços.

No Brasil, ainda não há casos nos quais tenha sido utilizado o controle de preços como remédio para se evitar preços excessivos. Entretanto, existem alguns casos já decididos no direito comparado, cuja análise faz-se necessária para a compreensão do instituto, seus parâmetros e suas vantagens e /ou desvantagens.

Analisaremos dois casos emblemáticos que envolveram a utilização de controle de preços como remédio comportamental adotado pelas autoridades concorrenciais. Ambos provém do Reino Unido: são os casos Alanod (2000)[1] e Coloplast (2002),[2] analisados pela *Competition Comission* (CC) daquele país.

II – Análise de casos

II.1 Caso Alanod (2000)

Em 15 de julho de 1999, o Ministro de Estado do Comércio e Indústria do Reino Unido solicitou à *Competition Comission* (CC) a realização de investigação e relatório sobre a incorporação da Metalloxyd Ano-Coil Ltd (Ano-Coil) pela Alanod Aluminium-Veredlung GmbH & Co (Alanod). O produto produzido por ambas as empresas Alanod e Ano-Coil tem como mercado adquirente um setor especializado da indústria de transformação, sendo folhas de alumínio anodizado em forma de bobina, cuja destinação é a indústria de iluminação.

Contextualizando o cenário prévio à investigação, a empresa Alanod foi o maior fornecedor do mundo de bobina de alumínio anodizado especular para uso na iluminação em 1998, e era, em suma, forte tecnologicamente, rentável, e com uma grande presença no mercado do Reino Unido e Europa. A Alanod possuía plantas em Wuppertal e nas proximidades de Ennepetal, ambas na Alemanha, onde também possuía uma unidade de deposição a vácuo, para a produção dos produtos MIRO. Em 1998, os produtos da Alanod representaram 35% das vendas no Reino Unido de todos os graus de alumínio anodizado utilizado para aplicações de iluminação e pouco mais de 40% das vendas de material de qualidade especular, sendo que a distribuição de seus produtos naquele país acontecia através de um acordo de distribuição com a Thyssen Garfield Ltd. Nos mercados da Comunidade Europeia (CE), incluindo o Reino Unido, a Alanod, em 1998, possuía cerca de 37% de participação e sua respectiva participação no mercado mundial foi de cerca de 31%. A Alanod também era coligada com a fabricante britânica de grelhas de iluminação Jordan Reflectoren GmbH, sendo que a atuação de ambas as empresas era vertical, na medida em que a primeira era fornecedora da segunda.

No que diz respeito à Ano-Coil, a mesma era uma subsidiária da empresa alemã Metalloxyd GmbH, que, por sua vez, estava sob controle de bancos,

1. Disponível em: <http://www.competition-commission.org.uk/rep_pub/reports/2000/fulltext/ 434c1.pdf>.
2. Disponível em: <http://www.competition-commission.org.uk/rep_pub/reports/2002/467 coloplast.htm#full>.

desde 1997. Em 1998, a Ano-Coil possuía duas unidades de produção, uma em Milton Keynes e outra em Bletchley, juntamente com uma instalação de corte em Aldridge, nas West Midlands. Mais de 90% da produção da Ano-Coil seguiam para a indústria de iluminação, sendo cerca de 80% exportada. Em 1998, a Ano-Coil representava pouco mais de 40% das vendas no Reino Unido de todos os graus de alumínio anodizado utilizado para aplicações de iluminação e cerca de 47% das vendas de material de qualidade especular. Nos mercados da CE (incluindo o Reino Unido), a participação da Ano-Coil foi estimada em 31%, sendo que a sua respectiva participação no mercado mundial foi de 16%.

Na ocasião da fusão, a Ano-Coil possuía uma frágil situação financeira. A construção da unidade fabril em Milton Keynes, em 1992, havia sido financiada por empréstimos bancários e o fluxo de caixa da empresa estava insuficiente, tanto para o pagamento dos empréstimos, como para investimento na modernização das suas instalações. Em 1993, a Metalloxyd GmbH e a Ano-Coil tiveram uma mal sucedida tentativa de diversificação, através da criação de uma controlada fabricante de louvre, a Metaprint e, em 1998, a recessão no mercado de Extremo Oriente contribuiu para uma redução nas vendas de Ano-Coil em cerca de 25%, levando a mais uma perda financeira. No final de 1998, a Metalloxyd GmbH e suas filiais, incluindo a Ano-Coil completaram uma reestruturação, que envolvia o encerramento das suas instalações de produção em Colônia e a transferência de toda a produção de alumínio anodizado para o Reino Unido, onde os custos de produção eram 30% menores. Mesmo com tais tentativas para alavancar as operações, o grupo Metalloxyd decidiu que não poderia fornecer os recursos necessários para garantir o futuro a médio e longo prazos da Ano-Coil, sendo a única solução viável a alienação da empresa.

A Ano-Coil tinha sido uma forte concorrente da Alanod no Reino Unido e, conforme o entendimento da *Competition Comission*, se a incorporação não tivesse ocorrido, ela teria sobrevivido como um concorrente viável, pelo menos por um período razoável. A incorporação do maior fornecedor de alumínio anodizado em bobina para uso na iluminação do Reino Unido pela segunda maior fornecedora deste produto resultou em uma latente restrição vertical da concorrência. O resultado da incorporação foi a concentração de cerca de 75% do mercado britânico do produto nas mãos de Alanod, além de ter oferecido oportunidade para grandes economias de escala e aumento da eficiência da mesma, o que reforçou ainda mais a sua posição dominante dentro do mercado.

As autoridades concorrenciais britânicas, ao qualificarem a operação para a abertura de investigação, decidiram que, apesar do fato de que os ativos de ambas as empresas não atingiam 70.000.000 de libras esterlinas, a operação criaria ou reforçaria uma parcela de, pelo menos, um quarto da oferta de bens no mercado relevante (Reino Unido), já que como efeito deste ato de concentração, ocorreu o aumento da participação da Alanod no mercado do Reino Unido de folhas de alumínio anodizado em forma de bobina para uso na iluminação, incluindo os produtos MIRO de depósito a vácuo, de cerca de 35% para cerca de 75%. Foram satisfeitos, assim, os requisitos para a investigação ao abrigo do *Fair Trading Act* de 1973.

Durante as análises mercadológicas para quantificação do impacto da operação, dois setores de mercado foram analisados, sendo estes: a anodização de alumínio e o setor de iluminação. Em relação ao primeiro mercado, a Ano-Coil e a Alanod eram, até a incorporação, de longe os dois maiores participantes no mercado britânico. Existiam outras empresas na Europa que possuíam vendas no Reino Unido, porém, nenhuma delas tinha uma presença no mercado perto do tamanho que Alanod ou Ano-Coil, separadamente, detinham. Outras duas empresas americanas possuíam também presença no mercado do Reino Unido, porém de forma modesta.

No que tange ao setor da indústria da iluminação, este era altamente fragmentado, caracterizado principalmente por pequenas empresas. Existiam poucas e grandes empresas de fabricação de luminárias na Europa. Existiam também, empresas especializadas muito menores, cada qual representando menos de 1% do mercado. Além disso, havia dois importantes fabricantes de luminárias, que utilizavam o alumínio não anodizado como seu material preferido e não eram usuários significativos do produto anodizado. Os fabricantes de luminárias também fabricavam louvre, sendo que o alumínio anodizado representava um elemento significativo dos custos para ambos os fabricantes de luminárias e do louvre. Em todos os tipos de luminárias que utilizavam bobina de alumínio anodizado, o material era responsável por cerca de 25% dos custos totais de produção, embora esse percentual pudesse chegar a 40-50% para as luminárias de baixo custo. Para os fabricantes louvre, o alumínio usado chegava a ser responsável por cerca de 75% dos custos.

A estrutura da distribuição dos produtos foi bastante relevante na investigação. Foram analisados vários detalhes, tais como: definição de preço, marketing, administração de vendas, elementos de serviço como corte e acondicionamento, armazenagem, entrega, muitas vezes em um *just-in-time*, clientes e, em menor medida, suporte técnico.

Antes da incorporação, a Ano-Coil realizava a própria distribuição dos seus produtos no mercado britânico a partir de suas duas instalações de produção e também de seu centro de serviços em Aldridge, nas West Midlands. As vendas e a distribuição em alguns mercados fora da CE foram tratadas através de suas próprias filiais (por exemplo, em Hong Kong, África do Sul e Austrália), ou através de agentes nomeados, que tinha direitos exclusivos de distribuição em determinados países ou territórios. Suas vendas para os mercados da CE, com exceção do Reino Unido, e para os EUA, foram tratadas através da Metalloxyd GmbH.

Quanto à Alanod, as suas vendas fora do Reino Unido aconteciam diretamente aos seus consumidores finais ou através dos seus próprios agentes nomeados, que detinham direitos exclusivos de distribuição em determinados países ou territórios. Já no Reino Unido, as vendas aconteciam por intermédio da Thyssen Garfield Ltd (Thyssen), sob um acordo de distribuição exclusiva de longa data. No entanto, a Alanod era autorizada a vender os produtos diretamente a dois fabricantes do louvre no Reino Unido: Jordânia e LCL. Inclusive, e daí a relevância da distribuição para o caso, uma das justificativas da Alanod para a incorporação era a sua insatisfação com a Thyssen, uma vez que a Ano-Coil garantiria uma melhor distribuição no Reino Unido para os seus produtos.

Como mercado relevante, apesar das alegações da Alanod de que este seria o próprio mercado mundial, além das análises de mercado que envolviam toda a CE, foi definido pela CC que o mercado geográfico relevante seria o Reino Unido, ainda que os insumos importados respondessem por uma proporção significativa do total.

No caso em questão, seria também necessário analisar as barreiras à entrada de novos competidores, sendo que estas podiam se subdividir em técnicas e econômicas. Em relação às primeiras, pelo fato de a produção envolver alto grau de tecnologia eletromecânica e química, novos competidores teriam altos custos iniciais para conseguirem alcançar o padrão dos competidores já estabelecidos, além de demandarem certo tempo de maturação para plena operação dos sistemas produtivos. No que tange às barreiras econômicas, para que um novo entrante conseguisse ter rentabilidade, ele já teria que iniciar suas operações com vendas superiores a dobro do consumo total do Reino Unido, tendo também que desenvolver com rapidez toda uma rede de distribuidores, que muitas vezes não poderiam abrir mão dos seus existentes contratos de exclusividade, e teriam que enfrentar a resistência dos consumidores deste mercado em trocar de fornecedor. Dessa forma, foi concluído que as barreiras à entrada de um novo competidor eram tão fortes que praticamente inviabilizavam essa possibilidade.

Em relação à concorrência no mercado após a incorporação, restou claro que a Alanod teria um grande poder dominante, uma vez que deteria 75% do mesmo, inclusive podendo barganhar melhores custos com seus fornecedores e diminuindo o poder de barganha de seus consumidores, facilitando, também, a discriminação de preços.

A Alanod, apesar de todo o cenário que se apresentou, argumentou que a incorporação seria benéfica, uma vez que pouparia a Ano-Coil da insolvência no prazo de um a dois anos, preservando assim a produção e o emprego no Reino Unido e dando aos clientes a capacidade de obter larga escala de produtos Alanod, através de uma alta qualidade na distribuição de serviço. Também foi argumentado que a empresa iria se beneficiar de reduções de custo, através da racionalização da capacidade de produção, serviços técnicos e de marketing, e garantiria que essa economia seria repassada para os consumidores. Além disso, a Alanod também argumentou a existência de possíveis substitutos para a indústria de iluminação, como outros materiais similares e produtos de deposição a vácuo.

A CC, ao considerar o interesse público, analisou dois cenários, que seriam: sem ou com a incorporação. No primeiro, restou claro a preocupação com a própria existência da Ano-Coil, pois, não haveria outros potenciais interessados na incorporação da empresa. No entanto, provavelmente, ela ainda teria sobrevivido como um concorrente viável, pelo menos por um período razoável. Já caso a incorporação fosse permitida, a Alanod teria uma parcela esmagadora do mercado e a concorrência ter-se-ia, consideravelmente, enfraquecido. Todavia, a CC concluiu que haveria ainda certo grau de concorrência no mercado.

Desta forma, a conclusão foi a de que os malefícios da incorporação seriam maiores do que os benefícios alegados, e provavelmente haveria aumento nos preços, o que prejudicaria o interesse público. Diante de tal conclusão, foram recomendados alguns remédios para o caso. Os remédios estruturais foram considerados inviáveis para solucionar a questão, especialmente a alienação de ativos. Assim a própria Alanod se dispôs a praticar alguns remédios comportamentais para evitar que a sua dominância no mercado resultasse em detrimento da concorrência. Para a CC, quaisquer remédios comportamentais para o caso só funcionariam se aliados um forte controle de preços, uma vez que o aumento deste era a grande preocupação.

Porém, a multiplicidade de produtos, a possibilidade de alterações de preços pela redefinição dos produtos existentes, as várias combinações de modelagem dos produtos e a ausência de listas ou transparência dos preços, tornariam difícil a concepção e aplicação de um controle unilateral de preços. Diante dessa dificuldade, a Alanod concordou com a possibilidade de criação de um mecanismo de controle de preços que teria como objetivo manter os preços máximos perto de seu nível no momento da incorporação.

Assim, foi acordado que durante os próximos 5 anos, a Alanod se comprometeria a não cobrar um preço superior ao valor pago pelos clientes no momento da incorporação, podendo a empresa somente aumentar os preços, caso houvesse aumentos no custo do alumínio bruto. Além disso, o controle de preços seria acompanhado de um pacote de outras medidas comportamentais, que envolveriam: fornecimento contínuo das classes de produtos existentes; não casar as vendas de Miro às vendas de alumínio anodizado; garantia de fornecimento de produtos MIRO aos concorrentes; cancelamento do contrato com a Von Ardenne; não concessão de descontos retroactivos e a manutenção do relacionamento comercial complementar com a Jordan.

II.2 Caso Coloplast (2002)

Em 14 de Janeiro de 2002, o Ministro de Estado do Comércio e Indústria do Reino Unido solicitou à CC a realização de investigação e relatório sobre a incorporação do negócio de produtos para cuidados com incontinência urinária da SSL International PLC (SSL) pela Coloplast A/S (Coloplast). Cada uma das empresas atuava na fabricação e fornecimento de uma gama de aparelhos para cuidados com incontinência urinária.

A Coloplast era uma empresa dinamarquesa, fundada em 1957, que desenvolvia, fabricava e comercializava produtos de ostomia, produtos de cuidados com incontinência urinária, curativos, produtos para cuidados da pele, fôrmas de mama, curativos especiais e tecidos especiais para as mulheres. Ela possuía uma subsidiária no Reino Unido, a Coloplast Limited, que distribuía produtos de ostomia, produtos para cuidados com incontinência e produtos para cuidado com feridas no Reino Unido. A Coloplast Limited, por sua vez, possuía uma subsidiária integral Coloplast Direct Limited (Coloplast Direct), que distribuía aparelhos diretamente aos pacientes através de um serviço de entrega. Além disso, a Coloplast Limited também detinha uma participação de 40% na escocesa 4C Health Limited, uma fornecedora de produtos médicos para os clientes baseados na Escócia.

A SSL, fundada em 1944, obteve esse nome após uma fusão com a London International Group. Além de seu negócio de produtos para cuidados com incontinência, objeto da incorporação em análise, a SSL fabricava e comercializava produtos médicos e de saúde em geral, incluindo produtos para o planejamento familiar, produtos para os pés, drogas leves para farmácias e produtos cirúrgicos. O negócio de produtos para cuidados com incontinência foi introduzido através da incorporação de Simpla Plastics Limited, em setembro de 1995. Seu subsequente crescimento foi motivado principalmente pelas incorporações. No momento da operação, a SSL tinha seis locais distintos listados como pontos de farmácias públicas de distribuição (DAC), que coletivamente foram negociadas sob o nome ThackrayCare e incluíam uma equipe enfermeiros especialistas na área dos cuidados com incontinência, para prestar aconselhamento e assistência, uma equipe de vendas e uma casa de serviço de entrega de receitas, com o seu banco de dados de pacientes.

Em 29 de setembro de 2001, a Coloplast adquiriu o negócio de produtos para cuidados com incontinência da SSL, envolvendo o *design*, embalagem, comercialização, fornecimento e distribuição de cateter intermitente, bainhas de incontinência, bolsas nas pernas para a coleta de urina (*urobags*) e atividades auxiliares. Como parte da transação, um acordo que dava direitos de distribuição exclusiva à SSL no Reino Unido para bainhas fornecidas pelo Mentor Corporation (Mentor), uma empresa dos EUA, foi renovado em favor da Coloplast. Isto incluiu os direitos de distribuição exclusiva no Reino Unido para a bainha de silício líder de mercado Clear Advantage, da Mentor.

Os relatórios elaborados pela JP Morgan após a auditoria legal que antecedeu à incorporação destacaram quatro consequencias da operação: a eliminação de um concorrente; a oportunidade de se tornar a líder de mercado no Reino Unido em bainhas e *urobags* e da capacidade de reforçar a sua posição em cateteres intermitentes; a aquisição de um maior canal de vendas particulares para a comunidade; as economias de custos e a combinação de serviços de entrega a domicílio da ThackrayCare com a Direct Coloplast.

Além dos pontos levantados acima, a própria Coloplast justificou a operação destacando que a aquisição ofereceria oportunidades para: fornecer acesso aos mercados externos para os produtos SSL, através de infraestrutura própria da Coloplast; adicionar valor para os produtos SSL, através do compromisso contínuo da Coloplast com pesquisa e desenvolvimento (P&D) e melhorar a compreensão pela Coloplast dos problemas experimentados por usuários de produtos para cuidados com incontinência, através dos enfermeiros Thackray.

Sobre o mercado em si, a maioria esmagadora dos cateteres intermitentes, bainhas e *urobags* utilizados no Reino Unido são oferecidos no âmbito do Serviço Nacional de Saúde (NHS), sendo o mercado dividido em dois setores: hospitais e comunidade. O setor hospitalar representa apenas cerca de 10% do custo total para o NHS de produtos para cuidados com incontinência, porém é de suma importância estratégica para os fabricantes, uma vez que tais vendas servem como porta de entrada para as vendas na comunidade e aumentam o reconhecimento e a aceitação dos produtos pelos clínicos.

Já a comunidade responde por cerca de 90% do custo total para o NHS de produtos de cuidados com incontinência, que são obtidos através de farmácias de distribuição (DACs). Para que os distribuidores sejam remunerados pelos aparelhos fornecidos sob prescrição, os aparelhos devem ser listados na pauta de drogas nacional, sendo que, previamente, os fabricantes se inscrevem no Ministério da Saúde para a listagem de seus produtos e negociam para estabelecer os preços pelos quais eles serão incluídos.

Concluiu-se que os mercados relevantes, tanto no lado da procura e da oferta, seriam definidos de forma estrita, sendo: cateteres intermitentes, bainhas e *urobags*, tanto considerados separadamente uns dos outros, como o de outros produtos e tratamentos para cuidado com incontinência como um todo, porém limitados aos listados na pauta de drogas na ocasião da incorporação.

Em relação ao mercado relevante geográfico, apesar da alegação da Coloplast de que seria mais precisa a utilização do mercado europeu como um todo, concluiu-se que a maioria dos produtos relevantes para a investigação tinha características próprias no mercado interno do Reino Unido e, por isso, apenas este país foi definido como o mercado geográfico relevante.

Como resultado da incorporação, a participação da Coloplast no mercado do Reino Unido aumentou de 34% para 92% para bainhas, de 6% para 58% para *urobags* e de 19% para 26% para os cateteres intermitentes. A operação resultou na eliminação do principal concorrente da Coloplast e conferiu à empresa o controle das marcas líderes do mercado de látex e bainhas não látex.

Sobre os efeitos na concorrência, um maior problema foi verificado em relação ao mercado de bainhas, onde a participação de era 92%, e não havia evidência de que os concorrentes seriam fortes num futuro próximo. Já nos mercados de *urobags* e cateteres intermitentes, a dinâmica do mercado era diferente o suficiente para sugerir que os efeitos sobre a concorrência seriam menores do que para as bainhas.

No que tange aos efeitos sobre o interesse público, concluiu-se que a incorporação operaria em seu desfavor, uma vez que o custo das bainhas de não látex para hospitais do NHS no Reino Unido aumentaria. Diante de tal conclusão, foram recomendados remédios para que a operação não gerasse efeitos nocivos à concorrência.

Como a maior preocupação era a de que acontecesse um possível impacto sobre o preço de bainhas para os hospitais, então, procedeu-se à imposição de um controle de preços relativo ao fornecimento pela Coloplast de bainhas sem látex para os hospitais do NHS, até o encerramento do contrato com a Mentor, que seria em 2007. Outro remédio aplicado foi a obrigação da Coloplast renegociar ou ceder seu contrato com a Mentor, para que cessasse a oferta das bainhas da marca Clear Advantage no Reino Unido.

III – Reflexão teórica relacionada a alguns aspectos do controle de preços: aspectos legais e conceitos envolvidos

Em ambos os casos apresentados, foi utilizado o controle de preços como remédio antitruste, com o intuito de se evitar a futura prática de preços excessivos pelas empresas que, com as incorporações descritas, acabaram ocupando uma posição dominante no seu respectivo mercado relevante. Porém, a aplicação do controle de preços como remédio antitruste diverge os especialistas. Podemos claramente dividir a doutrina em contra e a favor à sua utilização, realçando vários dos argumentos utilizados por ambas as correntes, como bem apontados por FLETCHER (2007, p. 2-10).[3]

Para a corrente desfavorável ao controle de preços, vários são os argumentos nesse sentido. Primeiramente, os seus defensores salientam uma constatação fática, segundo a qual, em muitas jurisdições, os preços excessivos ou não são proibidos pela lei ou raramente punidos, o que refletiria o fato de que há uma série de argumentos contra a intervenção frente aos altos preços, através do direito da concorrência. Tal argumento, na legislação brasileira, não encontra subsídio ao menos no que tange a sua não proibição, uma vez que o art. 21, XXIV, da Lei 8.884/1994 dispõe a sua ilicitude, conforme reprodução abaixo, porém apesar desta disposição legal, eles são raramente punidos o que coaduna com este argumento:

> Art. 21. As seguintes condutas, além de outras, na medida em que configurem hipótese prevista no art. 20 e seus incisos, caracterizam infração da ordem econômica;
>
> (...)
>
> XXIV – impor preços excessivos, ou aumentar sem justa causa o preço de bem ou serviço.

Outro grande questionamento, e provavelmente o mais substancial, contra o controle de preços, versa sobre a extrema dificuldade empírica na definição de preço excessivo. Várias foram as tentativas teóricas e práticas de se conceituar tal instituto, porém, nenhuma delas até o presente momento se manteve intacta a todos os questionamentos sobre a sua eficiência. Se a definição tomar por base critérios subjetivos, torna-se ainda mais difícil a caracterização do que seria um preço ideal. Já por meio de critérios objetivos, os

3. FLETCHER, Amelia; JARDINE, Alina. Towards an appropriate policy for excessive pricing. *European Competition Law Annual 2007*, Londres, 2007. Disponível em: <http://www.eui.eu/RSCAS/Research/Competition/2007(pdf)/200709-COMPed-Fletcher-Jardine.pdf>. Acesso em: 20 dez. 2010.

indicadores não são tão claros e podem ser distorcidos por mera variação de quaisquer índices ou custos envolvidos.

Seguindo com a argumentação contrária ao controle de preços, há a alegação de que se uma empresa dominante está praticando preços excessivos num determinado mercado, isso normalmente age como um importante sinal para atrair novos competidores para esse mercado. Preços controlados dificultam a entrada de novos concorrentes, que serão menos propensos a concorrer contra preços regulados em parâmetros muito baixos, uma vez que o maior estímulo para a entrada dos mesmos seria exatamente esses preços altos cobrados pelas empresas dominantes. Havendo preços controlados e em baixos patamares, esse importante sinal atrativo para a concorrência deixaria de existir.

Outro argumento não menos importante é o fato de a regulação dos preços poder inibir todo o ciclo de desenvolvimento e progresso das empresas, o que se reflete em detrimento dos consumidores. Esse desestímulo pode ser subdividido em várias formas de distorção. Primeiramente, os preços controlados também desestimulam os incentivos à inovação, uma vez que a fase rentável do ciclo de P&D decorrente do domínio temporário do mercado não mais seria permitida. O que incentiva as empresas a investirem em P&D de novos produtos, serviços, sistemas produtivos e/ou processos seria a expectativa de altos lucros que poderiam ser auferidos durante o período no qual a sua inovação lhe coloque em posição dominante naquele mercado. Estes altos lucros, por sua vez, são o atrativo para a entrada de novos concorrentes, o que, posteriormente à entrada dos mesmos, abaixa os preços e gera toda uma nova busca por P&D. Assim, caso a empresa não possa ter altos lucros após o desenvolvimento da inovação, pelo fato de que os preços estariam controlados, todo este ciclo descrito ficaria desestimulado e, com isso, o próprio consumidor se torna prejudicado por deixar de experimentar de novos produtos e/ou serviços inovadores.

Os preços controlados também desestimulam a eficiência, uma vez que a empresa praticará baixos preços sem necessariamente ter sido eficiente para tanto. Em outras palavras, a empresa poderá manter uma estrutura ineficiente que continuará dominando o mercado, uma vez que novos entrantes estarão inibidos, e continuaria sendo lucrativa somente porque os preços estão controlados para si e para os demais concorrentes. O ideal seria que esse baixo preço fosse decorrência de progressos da sua eficiência e não de uma imposição no mercado.

Outro argumento muito utilizado é o de que, para as empresas que possuem vários produtos ou atuam em vários mercados, muitas vezes os lucros obtidos pelos preços excessivos que estas conseguem com alguns dos seus produtos são compensados com os lucros mínimos em outros, uma vez que utilizam dessa flexibilidade para permanecerem competitivas no mercado como um todo.

Entretanto, para a corrente que defende o controle de preços como remédio antitruste, praticamente toda a sua argumentação se fundamenta na possibilidade da definição do preço excessivo. Isso tem uma justificativa teleológica, pois, não haveria sentido em controlar aquilo que não fosse excessivo. Os defensores dessa corrente reconhecem o fato de que a sua definição pode ser difícil, porém atestam que as dificuldades são exageradas pelos defensores da outra corrente, assim como também são exageradas as possíveis distorções de mercado que poderiam ser geradas. Nesta linha, seria realmente difícil preestabelecer fórmulas matemáticas para a definição de preços excessivos, porém sempre seria possível definir padrões razoáveis nos casos concretos, ao se avaliar uma série de indicadores envolvidos.

Um grande argumento dos defensores desse ponto de vista é a própria fundamentação legal para hipóteses em que há preços excessivos, uma vez que, caso eles não existissem nas leis, afundaria toda a lógica basilar de alguns microssistemas jurídicos, tais como o Direito do Consumidor e a Lei da Usura, por exemplo. Essa visão é compartilhada por Akman (2007, p. 1),[4] que, em seu estudo, ao tentar revelar o intuito dos legisladores em diplomas como os citados acima, conclui que: "(...) a disposição teve como intuito a sua aplicação apenas aos abusos 'exploratórios' e não aos abusos 'excludentes'. Sua preocupação principal é 'aumentar o tamanho do bolo' (...)".[5]

Outro argumento para a prática do controle de preços, e que foi o intuito primordial para os controles adotados nos casos apresentados, seria a possibilidade de se evitar preços excessivos decorrentes de uma posição dominante de mercado, com a adoção de tal remédio, desde que tal aplicação seja feita com base em parâmetros bem definidos.

Em relação ao tema, que envolveria não só a eficiência na aplicabilidade do controle de preços, como a própria punibilidade dos preços excessivos, Fletcher (2007, p. 2)[6] inovou em salientar uma abordagem alternativa para a questão, que se resume da seguinte passagem:

4. AKMAN, Pinar. Searching for the Long-Lost Soul of Article 82EC. *CCP Working Paper.* Inglaterra, 2007, p. 1. Disponível em: <https://www.uea.ac.uk/polopoly_fs/1.104585!ccp07-5.pdf>. Acesso em: 20 dez. 2010.

5. "(…) the provision was intended to apply to only 'exploitative' abuses and not 'exclusionary' abuses. Their main worry being 'increasing the size of the pie' (…)."

6. FLETCHER, Amelia; JARDINE, Alina. Towards an appropriate policy for excessive pricing. *European Competition Law Annual 2007*, London, 2007. Disponí-

O documento argumenta então que, embora às vezes pode ser apropriado intervir contra preços excessivos, as autoridades deverão, sempre que possível, envidar esforços para abordar as causas do abuso – isto é, se as circunstâncias de mercado que permitam a fixação de preços excessivos ocorrer – ao invés de usar regulação de preços para resolver os sintomas. Tais intervenções, sem dúvida têm mais em comum com política do consumidor do que com a política tradicional de concorrência, mas o objetivo é o mesmo: melhorar o funcionamento da concorrência, para benefício dos consumidores.[7]

Em outras palavras, segundo a autora, o abuso ocorreria durante um período prolongado apenas quando houvesse barreiras à entrada ou expansão que impedissem a concorrência. Nesse sentido, os preços excessivos seriam sempre os sintomas de outro problema maior (ex: as referidas barreiras à entrada ou expansão da concorrência) que, esse sim, deverá ser combatido a fim de se proteger toda a concorrência de forma eficiente.

IV – Parâmetros de efetividade, proporcionalidade, razoabilidade e eficiência do controle de preços

Após a aplicação dos remédios nos casos reproduzidos acima, é necessária uma reflexão sobre os seus parâmetros de efetividade, proporcionalidade, razoabilidade e, principalmente, eficiência.

O controle de preços, ao parametrizar os preços de um determinado mercado, por mais que seu intuito inicial seja regular a atuação de todas ou de determinada empresa num certo setor, os seus impactos vão além dos resultados operacionais das mesmas, atingindo também toda a coletividade consumidora dos produtos e serviços envolvidos. Desta forma, a implementação do controle de preços deverá adotar regras que lhe permitam certa flexibilidade e seletividade, de forma que seus resultados sejam eficientes no que tange às atuações das empresas envolvidas, porém sem afetar negativamente os consumidores.

Com o intuito de se analisar tais parâmetros, a própria CC fez uma reflexão sobre os remédios utilizados nos casos Alanod (2000) e Coloplast (2002)

vel em: <http://www.eui.eu/RSCAS/Research/Competition/2007(pdf)/200709--COMPed-Fletcher-Jardine.pdf>. Acesso em: 20 dez. 2010.

7. "The paper then argues that, while it may sometimes be appropriate to intervene against excessive pricing, the authorities should wherever possible endeavour to address the causes of the abuse – that is, the market circumstances that allow the excessive pricing to occur – rather than using price regulation to address the symptoms. Such interventions arguably have more in common with consumer policy than with traditional competition policy, but the objective is the same: to improve the functioning of competition, for the benefit of consumers."

em seu *Understanding past merger remedies*,[8] bem como outros autores já utilizaram os mesmos casos para verificar de forma fática o desempenho do controle de preços, tais como Subiotto & Snelders (2008, p. 233),[9] que foram bem precisos ao asseverar:

> Virando-se para os remédios comportamentais, a CC observou, inicialmente, a maior complexidade de tais medidas em relação às soluções estruturais, tanto em termos de elaboração como de implementação. No entanto, a CC afirma que, com o controle ativo, remédios comportamentais podem ser totalmente eficazes. Em apoio a esta tese, e tendo em conta as incorporações Alanod/Metalloxyd e Coloplast/SSL, a CC apresentou uma série de observações detalhadas sobre o controle de preços. Em primeiro lugar, em setores onde os custos de insumos estão sujeitos a variações significativas, o mecanismo de controle de preço é susceptível de dificuldades de elaboração e frequentemente será ineficaz, mesmo quando são feitos esforços para relacionar o limite de preço com os custos relevantes de insumos. Segundo, nos mercados de licitação, a divulgação pública do preço máximo fará com que todas as ofertas girem em torno desse nível, prejudicando a concorrência efetiva. Terceiro, a CC considerou que, em relação a ambas Alanod e Coloplast, controles de preços não facilitaram a concorrência. Pelo contrário, os controles de preços, ao reprimirem os preços de uma empresa, fizeram com que a empresa ganhasse participação no mercado e, com efeito, apresentaram barreiras à entrada e expansão de seus concorrentes. Embora reconheça a possibilidade do controle de preço ter um impacto negativo da concorrência, a CC manteve que a sua aprendizagem indicou que o mecanismo de controle de preços pode ser eficaz se construído de maneira a ser totalmente sensível às características do mercado relevante.[10]

8. Competiton Comission. *Understanding past merger remedies: report on case study research*. London, 2010. Disponível em: <http://www.competition-commission.org.uk/our_role/analysis/understanding_past_merger_remedies.pdf>. Acesso em: 20 dez. 2010.
9. SNELDERS, Robbert; SUBIOTTO, Romano. *Antitrust developments in Europe*. Londres: Kluwer Law International, 2008. p. 233.
10. "Turning to behavioral remedies, the CC noted initially the greater complexity of such remedies relative to structural remedies, in terms both of design and implementation. Nonetheless, the CC submits that, with active monitoring, behavioral remedies can be fully effective. In support of this contention, and having regard to the Alanod/Metalloxyd and Coloplast/SSL mergers, the CC made a number of detailed observations on price controls. First, in industries where input costs are subject to significant variation, price control mechanism are likely to be difficult to design and will frequently be ineffective, even where efforts are made to correlate the price cap to relevant input costs. Second, in bidding markets, public disclosure of the price cap will cause all bids to coalesce around

Conforme as conclusões da própria CC,[11] analisando-se os casos Alanod e Coloplast, tais estudos sugerem que é importante levar em conta a natureza do mercado quando se consideram os controles de preços, sendo, especificamente que:

(a) Nas indústrias onde os custos de produção estão sujeitos a mudanças importantes, será mais difícil controlar os preços de forma eficaz. Mesmo quando são feitas tentativas de vincular os preços à evolução dos custos principais, se outros custos caem significativamente o controle pode não ser uma restrição eficaz.

(b) Em mercados onde a licitação está envolvido há de que ao revelar o limite do preço resulte em propostas girando em torno desse nível (apesar de que no caso Coloplast, onde o limite foi revelado, isso não ocorreu).

(c) Em mercados em que há uma grande rotatividade (ou um crescimento substancial do mercado), controlar os preços pagos por cada consumidor em função do preço que ele pagou anteriormente é improvável que seja eficaz.

(d) Em mercados em que há inovações significativas e/ou novos produtos, o controle de preços pode ser erodida na medida em que os produtos controlados se tornar uma parte menor do mercado.

(e) Caso existam outros produtos relacionados com o produto controlado, será necessário ter em conta o efeito do controle sobre esses produtos relacionados.[12]

---

that level, impairing effective competition. Third, the CC found that, in relation to both Alanod and Coloplast, price controls did not facilitate competition. On the contrary, price controls, by repressing a firm's prices, caused that firm to gain market share and, in effect, presented barriers to entry and expansion by rivals. While acknowledging the scope for price controls to have an adverse competitive impact, the CC maintained that its learning indicated that price control mechanism could be effective where devised so as to be fully responsive to relevant market characteristics."

11. Competiton Comission. *Understanding past...* cit.

12. "(a) In industries where input costs are subject to major changes it will be more difficult to control prices effectively. Even where attempts are made to tie prices to changes in key costs, if other costs fall significantly the control might not be a biting constraint. (b) In markets where bidding is involved there is a risk that revealing the level of the cap will result in bids coalescing around that level (even though in fact in Coloplast, where the level of the cap was revealed, this did not occur). (c) In markets where there is substantial churn (or substantial market growth), con-trolling the prices paid by each customer by reference to the prices they paid previously is unlikely to be effective. (d) In markets where there is significant innovation and/or new product development price controls might be eroded as

Outra conclusão do Relatório, que foi possível após o estudo dos casos Alanod e Coloplast, foi a constatação da existência da tênue linha entre o controle de preços e o favorecimento da concorrência em favor da empresa controlada. O controle de preços, ao manter os preços de uma empresa estáticos em determinado nível, pode acabar aumentando a participação desta empresa no mercado e, talvez, ajudá-la a ampliar sua participação em outros mercados; uma vez que o controle de preços pode impedir novas entradas de concorrentes nos mercados controlados.

No caso Alanod, ainda segundo o Relatório, uma dificuldade apontada foi o controle de preços em uma base por cliente, na qual o cliente pagaria um preço no futuro ligado ao preço que pagou no passado. Tal dificuldade se deveu ao fato de que foi observado que nem todos os clientes compraram no passado diretamente da Alanod, alguns compraram indiretamente, e, assim, tais clientes não seriam protegidos pelo controle.

Já no caso da Coloplast, havia preocupações sobre o potencial do controle de preços para minar a concorrência de preços nos processos licitatórios, uma vez que o nível de controle foi tornado público. Foi constatado que, apesar do nível de controle ser de conhecimento público, os concorrentes entraram com lances perto dos níveis de preço anteriores à investigação, ou seja, acima do nível controlado da Coloplast. Como resultado, a participação da Coloplast no setor hospitalar cresceu significativamente. Como o setor hospitalar facilita a entrada na comunidade, a Coloplast acabou crescendo também nesse segmento.

Diante de tais conclusões, a análise dos casos reproduzidos será sempre de grande valia para futuras determinações dos parâmetros de efetividade, proporcionalidade, razoabilidade e eficiência do controle de preços na realidade brasileira.

V – Conclusão

Com base nas análises dos casos acima reproduzidos, bem como após a avaliação das argumentações teóricas contra e a favor da utilização do controle de preços como remédio para práticas anticoncorrenciais, e após a análise das lições tiradas pela CC dos casos nos quais foram implementados controles de preços, podemos chegar a algumas conclusões elucidativas que podem balizar a aplicação futura desse remédio no Brasil.

the controlled products become a smaller part of the market. (e) Where there are other products related to the controlled product, it will be necessary to take account of the effect of the control on those related products."

Primeiramente, a conclusão mais latente seria a de que o controle de preços não se torna eficaz quando utilizado como único remédio para um caso concreto. O controle de preços, por não ser eficaz quando utilizado separadamente, deverá ser sempre uma alternativa assessória a ser utilizada somente em último caso, uma vez que a sua aplicação tem potencial para gerar, inclusive, danos à concorrência, como pôde ser analisado nas análises dos itens anteriores. Dessa forma, quando aplicado, o controle de preços deve ser um remédio auxiliar, cuja aplicação deverá ser temporária e seguindo uma série de parâmetros para que se consiga evitar os preços excessivos, sem distorcer o mercado e, com isso, prejudicar a própria concorrência.

Superada a discussão sobre a possibilidade ou não da definição de preços justos, a aplicação do controle de preços, obviamente, só terá lugar caso se admita que existam tais preços. Existindo tais preços, ter-se-ia primeiramente os próprios como parâmetro-base, entretanto, haverá também outros parâmetros a serem observados para a utilização do controle de preços, que se consubstanciariam nas cautelas que serão detalhadas a seguir.

Para que o controle de preços não desestimule os investimentos em Pesquisa & Desenvolvimento nas empresas, não seria recomendável a aplicação dos mesmos para os produtos que ainda estiverem dentro do período de validade da respectiva patente. Não há outro incentivo para que as empresas possam investir em P&D, senão os próprios altos lucros a serem obtidos durante o período no qual o produto seria comercializado sem concorrência. O controle de preços sob esses produtos evitaria o preço excessivo, entretanto acabaria com o próprio estímulo ao desenvolvimento da empresa, comprometendo o seu futuro ao longo prazo, uma vez que a mesma não conseguirá ser competitiva sem que a sua inovação acompanhe o desenvolvimento tecnológico do seu setor.

Ainda no sentido de não se desestimular os investimentos, porém em escala mais ampla do que somente em referência a P&D, o controle de preços não pode ser aplicado quando o intuito da remediação seja incentivar ganhos de eficiência. Caso os preços sejam controlados, as empresas se desestimulariam em investir em busca de eficiência, pois, não a tendo, conseguiriam ainda assim permanecer no mercado, cujos preços estariam controlados artificialmente.

Outra questão importante a ser observada diz respeito às empresas cujas atividades são bem diversificadas, tanto no que tange ao número de produtos e serviços, como em relação a sua atuação geográfica. O controle de preços nesses casos deverá considerar as operações da empresa como um todo, para que a aplicação do remédio seja equânime a todos os consumidores envolvidos com as operações da mesma. Tal cautela se fundamenta no fato de que em muitas situações envolvendo tais empresas, o controle de preços sobre certos produtos e serviços ou regiões poderia evitar preços excessivos em determinados mercados, porém poderia incentivar tal conduta anticompetitiva para os demais, a fim de que os lucros provenientes dessas condutas supram os prejuízos nos mercados controlados. Resumidamente, o controle de preços deverá ter como parâmetro um espectro macro da empresa e não apenas os produtos e serviços alvos das investigações, cujos preços serão controlados.

Também não seria aconselhável a utilização do controle de preços em mercados onde as vendas sejam substancialmente dependentes de licitações, uma vez que os preços tenderiam sempre a girar em torno do preço controlado, restringindo, assim, a livre concorrência nas propostas, sendo esta essencial ao bem-estar dos consumidores.

Outra conclusão sobre a aplicação do controle de preços diz respeito à necessidade de entrada de novos competidores no mercado relevante. Quando o intuito dos remédios for estimular a entrada de novos competidores, na quase totalidade dos casos já analisados e hipotéticos, mercados controlados tendem a repelir a entrada dos mesmos, pelo fato de que o verdadeiro estímulo para tal é exatamente a existência de preços altos e não controlados, tendo o novo entrante, num primeiro momento, como diferencial o próprio preço.

Em suma, deve-se privilegiar a busca por outros remédios que possam afetar a competição pelo preço, evitando-se o seu controle, que somente seria indicado como última alternativa; e, apenas em casos que cumulassem: desnecessidade de entrada de novos competidores, mercado não dependente de inovação como diferencial competitivo, empresas envolvidas que não tenham atuação muito diversificada em vários mercados, produtos e serviços; mercado não dependente de vendas por licitação; e, também, onde não seja plausível o investimento para ganho em eficiência. Dessa forma, a aplicação do controle de preços somente acontecerá eficazmente em hipóteses bem restritas, o que se coaduna, do ponto de vista teórico, com a teoria de FLETCHER (2007, p. 2),[13] para uma abordagem alternativa ao controle de preços, segundo a qual esse remédio combate ou previne apenas um sintoma de mercados distorcidos (os preços excessivos), porém não soluciona a distorção de forma eficaz.

13. FLETCHER, Amelia; JARDINE, Alina. Towards an appropriate policy for excessive pricing. *European Competition Law Annual 2007*, London, 2007. Disponível em: <http://www.eui.eu/RSCAS/Research/Competition/2007(pdf)/200709-COMPed-Fletcher-Jardine.pdf>. Acesso em: 20 dez. 2010.

Referências bibliográficas

AKMAN, Pinar. Searching for the Long-Lost Soul of Article 82EC. *CCP Working Paper*. Inglaterra, 2007, p. 1. Disponível em: <https://www.uea.ac.uk/polopoly_fs/1.104585!ccp07-5.pdf>. Acesso em: 20 dez. 2010.

BLUMENTHAL, William. Discussant comments on exploitative abuses under article 82EC. Remarks before the European University Institute, 12th Annual Competition Law and policy Workshop: "A Reformed Approach to Article 82EC". Florence, Italy, 2007.

COMPETITION COMISSION. *Understanding past merger remedies: report on case study research*. London, 2010. Disponível em: <http://www.competition-commission.org.uk/our_role/analysis/understanding_past_merger_remedies.pdf>. Acesso em: 20 dez. 2010.

FLETCHER, Amelia; JARDINE, Alina. Towards an appropriate policy for excessive pricing. *European Competition Law Annual 2007*, London, 2007. Disponível em: <http://www.eui.eu/RSCAS/Research/Competition/2007(pdf)/200709-COMPed-Fletcher-Jardine.pdf>. Acesso em: 20 dez. 2010.

SNELDERS, Robbert; SUBIOTTO, Romano. *Antitrust developments in Europe*. Londres: Kluwer Law International, 2008. Acesso em: 20 dez. 2010.

WISH, Richard. *Competition law*. 6. ed. Oxford University Press, 2009.

Termo de compromisso de desempenho em aquisição indireta de participação minoritária no setor de telecomunicações

Pedro Gazzinelli Colares

Introdução

Buscou-se, no presente estudo, analisar a efetividade, proporcionalidade, razoabilidade, eficiência do Termo de Compromisso de Desempenho (TCD) firmado entre o CADE e as partes do Ato de Concentração 53500.012487/2007 e que envolve a aquisição, por parte da Telefônica, controladora da Vivo e da Telesp, de participação minoritária indireta na Telecom Itália, controladora da TIM.

Para tanto, será apresentada breve descrição da operação, bem como dos problemas concorrenciais apontados na mesma. Serão abordadas as razões motivadoras da adoção de Termo de Compromisso de Desempenho (TCD) como remédio concorrencial no caso concreto, será realizada breve descrição dos dispositivos legais envolvidos e dos principais conceitos orientadores do funcionamento dos TCDs.

Em seguida, buscou-se investigar o Direito Comparado na busca de *insights* e de informações a respeito de como casos análogos tem sido abordados e resolvidos internacionalmente, comparando-os com a experiência brasileira no caso aqui analisado.

Superada esta etapa, será feita uma avaliação, tanto teórica quanto empírica, acerca da efetividade, proporcionalidade, razoabilidade, e eficiência do Termo de Compromisso de Desempenho firmado com o intuito de superar os problemas concorrenciais apontados como consequência da Aquisição de Participação Minoritária na TIM por parte da Telefônica, controladora da Vivo e da Telesp.

Breve descrição do Ato de Concentração 53500.012487/2007 – Aquisição de participação minoritária na TIM por parte da Telefônica, controladora da Vivo e da Telesp

Em 28 de abril de 2007, foi celebrado, na Itália, "Stock Sales Purchase Agreement"[1] que permitiu a Telco S.p.A., também denominada "Newco", adquirir 100% das ações da Olimpia S.p.A.[2] Referida operação representou ainda a aquisição indireta por parte da Telefônica S.A., controladora da VIVO e da TELESP, de participação societária minoritária na Telecom Itália S.p.A., controladora da TIM no Brasil.

De fato, a Telco S.p.A, sociedade constituída especificamente para a realização da operação em comento, tem seu capital social assim dividido entre seus acionistas: Assicurazioni Generali S.p.A (AG) - 28,1%; Intesa Saopaolo S.p.A. (IS) - 10,6%; Sintonia S.A. (SI) - 8,4%; Mediobanca - Banca di Credito Finanziario S.p.A (MB) - 10,6%; e finalmente, Telefônica S.A. (Telefônica) - 42,3%.

Dentre todos os sócios da Telco, portanto, apenas a Telefônica atua no ramo de Telecomunicações. Por sua vez, a Olimpia, sociedade então adquirida pela Telco possuía 17,99% das ações da Telecom Itália. Além disso, a AG e a MB, detentoras de 5,6% das ações ordinárias da Telecom Itália transferiram a propriedade destas ações para a Telco.

Como resultado da operação, a Agência Nacional de Telecomunicações (Anatel) e o Conselho Administrativo de Defesa Econômica (CADE) foram notificados em maio de 2007, dando inicio a atuação regulatória e concorrencial de ambos. Com a incorporação da Olimpia pela Telco, aliada a cessão realizada pela AG e MB, a Telco passou a deter 23,59% das ações da Telecom Itália, vindo ainda a adquirir participação societária adicional, alcançando 24,5% das ações daquela companhia.[3]

1. *Stock Sales Purchase Agreement* é a denominação, em inglês, que se dá ao contrato por meio do qual as partes celebrantes compram e vendem, uma do outra, ações de uma determinada sociedade.
2. A Olimpia era sociedade Holding, detentora de ações do Grupo Telecom Itália. A operação de compra e venda da Olimpia envolveu aproximadamente € 6.000.000.000,00 (seis bilhões de euros, o que equivale a algo em torno de 17 bilhões de reais)
3. Para um quadro explicativo da situação acionária dos envolvidos antes e depois da realização da operação, vide fls. 05 e 06 dos autos do Ato de Concentração 53500.012487/2007, disponível em: <http://www.cade.gov.br/Default.aspx?a8889b6caa60b241d345d069fc>. Acesso em: 12 nov. 2010.

Mais tarde, em outubro de 2009, a SI exerceu direito de retirada da Telco, levando consigo ações da Telecom Itália que reduziram a participação da Telco a 23,74%. Desta forma, quando do julgamento do caso pelo CADE, a Telefônica, por meio da Telco, detinha aproximadamente 10% das ações da Telecom Itália.

A operação foi impugnada pela PRO-TESTE – Associação Brasileira de Defesa do Consumidor (fls. 1352/1363 e 1383/1448 dos autos do Ato de Concentração 53500.012487/2007[4]) que apontou atitude anticoncorrencial e potencial prejuízo para os consumidores oriundos de concentração indevida do mercado brasileiro de telecomunicações em que atuam a Vivo e a Telesp, controladas pela Telefônica, por um lado, e a TIM, controlada pela Telecom Itália, por outro.

Digno de nota que a operação permitiu a Telco indicar uma lista de conselheiros para integrar o conselho da Telecom Itália, mediante aprovação de sua assembleia de acionistas, sendo dois deles indicados diretamente pela Telefônica, outros três indicados pelo conjunto de acionistas da Telco, e os demais apontados por seus demais acionistas, proporcionalmente.

A Telefônica, por sua vez, defende a aprovação da operação alegando inexistir qualquer ato de concentração econômica. Afirmou que a estrutura societária e o Estatuto Social da Telco impedem o controle da sociedade por qualquer de seus sócios individualmente, o que por extensão igualmente impediria que a Telefônica, incapaz sequer de exercer controle sobre a Telco, tivesse qualquer influencia sobre a Telecom Itália e, por meio desta, sobre a TIM.

De fato, o Conselho de Administração da Telco, composto por 10 (dez) Conselheiros, dos quais apenas 4 (quatro) são apontados pela Telefônica, toma decisões por maioria simples ou, a depender da matéria, maioria qualificada, efetivamente privando a Telefônica do controle individual da Companhia.

Dessa forma, coube ao CADE avaliar se, no caso em questão, a aquisição indireta de participação acionária minoritária por parte da Telefônica, controladora da Vivo e da Telesp, na Telecom Itália, controladora da TIM, poderia representar efetiva concentração danosa de mercado ou, de outra forma, poderia prejudicar a concorrência existente no mercado de Telecomunicações brasileiro até então. Em caso afirmativo, caberia à mesma entidade tomar as medidas cabíveis para reverter o supracitado quadro ou rejeitar a operação.

4. Disponível através do *link* mencionado na nota de rodapé anterior, acesso em: 12 nov. 2010

A Anatel, no exercício de sua competência regulatória[5] acabou por aprovar a operação com diversas restrições. Nas palavras do Conselheiro Carlos Emmanuel Joppert Ragazzo, Relator do Ato de Concentração em questão perante o CADE, as medidas restritivas impostas pela Anatel objetivavam basicamente:

> desvincular as atividades das subsidiárias da Telefônica e da Telecom Itália no Brasil relativamente ao setor de telecomunicações. Foi justamente essa estrutura de governança societária independente que embasou a decisão concorrencial da Anatel pela aprovação da operação. (Voto do Conselheiro Relator Carlos Ragazzo, 2010, p. 1720)[6]

Para instrução do processo perante o CADE, além das manifestações das partes, foram juntados ainda todos os documentos relativos à operação (*Stock Sale Purchase Agreement, Co-Investment Agreement, Shareholders'Agreement*, estatutos sociais, Relatórios anuais dos envolvidos, entre outros[7]), pareceres da PROCADE,[8] e da Anatel.[9]

Conforme se evidenciou pela Metodologia de Análise descrita pelo Conselheiro Relator em seu voto,[10] o CADE buscou averiguar a estrutura societária estabelecida pela aquisição submetida à autarquia com o objetivo de identificar possíveis ameaças concorrenciais oriundas da estrutura por ela viabilizada. Em seguida, é analisado se as restrições impostas pela Anatel são aptas a contornar ou solucionar os problemas verificados, para finalmente,

5. Ainda no exercício de sua competência regulatória, a Anatel aprovou a operação com restrições por meio do Ato 68.276/2007, posteriormente complementado pelo Ato 3.804/2009, que impôs restrições adicionais às partes. Ao mesmo tempo, no interlúdio entre os dois atos publicados no exercício de sua função regulatória, a Anatel aprovou ainda o Ato 5.1666/2008, por meio do qual, atuando em sua competência concorrencial, também aprovou a operação, condicionada ao cumprimento das restrições já impostas pelo ato n. 68.276/2007 e posteriormente reforçada por aquelas oriundas do Ato n. 3.804/2009. Os atos em questão encontram-se disponíveis no site da Anatel, sendo possível consultá-los por meio do seguinte link: <http://www.anatel.gov.br/Portal/exibirPortalInternet.do#>.
6. Conselho Administrativo de Defesa Econômica – Acórdão proferido nos Autos do Ato de Concentração 53500.012487/2007, Brasília, 2010, p. 1720.
7. Ver lista de documentos juntados pelos requerentes, à fls. 24 dos autos do Ato de Concentração 53500.012487/2007.
8. Ato de Concentração 53500.012487/2007, fls. 1563-1591.
9. Idem, fls. 1279-1299.
10. Conselho Administrativo de Defesa Econômica – Acórdão proferido nos Autos do Ato de Concentração 53500.012487/2007, Brasília, 2010, fls. 1727.

alcançar-se uma decisão final pela aprovação ou não do ato, bem como pela aplicação ou não de remédios concorrenciais alternativos.

A autoridade antitruste brasileira preocupou-se, portanto, em averiguar o seguinte:

- Se a Telefônica poderia exercer controle sobre a Telecom Itália e sobre a Tim;
- Se a Telefônica poderia exercer influência relevante sobre a Telecom Itália e sobre a Tim;
- Se a Telefônica disporia de meios de obtenção de informações privilegiadas que lhe possibilitassem distorcer o mercado e agir de forma prejudicial à concorrência por meio de ação unilateral ou cooperação com a TIM.

Após análise detida da documentação, o CADE considerou como mercados relevantes os Mercados Nacionais de Serviços Móveis Pessoal (SMP);[11] Serviços de Comunicação Multimídia (SCM);[12] e Serviços de Telefonia Fixa Comutada (STFC), local, de longa distância nacional (LDN) e longa distância internacional (LDI).[13]

Contudo, conforme lembrado pelo Conselheiro Presidente Arthur Badin em seu voto,[14] apenas o mercado de SMP despertou real atenção do CADE, sendo caracterizado em todo o território nacional por intensa competição entre poucos grandes atores (TIM, VIVO, OI, e CLARO principalmente).[15] Tanto a TIM quanto a VIVO, controlada pela Telefônica, possuem participa-

11. Corresponde basicamente ao mercado de telefonia celular.
12. Corresponde basicamente ao mercado de internet banda larga.
13. Para uma análise mais detalhada dos Mercados Relevantes no presente caso, vide Pareceres do Procade (fls. 1563-1591), da Anatel (fls. 1279-1299), bem como voto do Conselheiro Relator (fls. 1744 a 1760), todos retirados dos autos do Ato de Concentração 53500.012487/2007.
14. BADIN, Arthur, Ato de Concentração 53500.012487/2007, voto-vista, fls. 1793 e 1794.
15. Estas conclusões derivaram da análise dos seguintes fatores da estrutura do mercado: (i) n. de agentes e simetria de participação no mercado; (ii) barreias à entrada; (iii) interação entre concorrentes; (iv) demanda crescente e regular; (v) homogeneidade do produto; (vi) inovação; (vii) transparência de preços; (viii) regulação; e (ix) investimentos em marketing, estratégias de preços e liberdade do consumidor. Os quatro primeiros itens, pelo menos, pareciam favorecer, no entendimento do CADE a possibilidade de exercício unilateral ou cooperado de poder de mercado. Para maiores detalhes, ver: CADE, Ato de Concentração. 53500.012487/2007, voto do Conselheiro Relator, p. 1755 e 1756.

ção muito pequena no mercado de SCM, ao passo em que embora a TELESP (Telefônica) possua participação considerável no mercado de STFC, sobretudo no Estado de São Paulo, a participação da TIM neste mercado é muito pequena, tendo sido considerada incapaz de alterar o equilíbrio concorrencial existente naquele momento.[16]

Superada a análise e delimitação do Mercado Relevante, o CADE passou a averiguar a estrutura societária resultante da operação. Quanto a este aspecto, concluiu-se que a operação resultou na aquisição indireta (já que por intermédio da Telco e da Olimpia) por parte da Telefônica, de participação acionária minoritária na TIM (em torno de 10%). O CADE considerou ainda que, embora não representasse a obtenção pela Telefônica, de controle efetivo da TIM, a mera aquisição de participação minoritária poderia conduzir ao exercício de influência relevante, ou ao menos de exercício indevido de poder de mercado, seja cooperativa, seja unilateralmente,[17] ainda que se considerasse a aquisição de participação minoritária em questão como passiva.[18]

Esta conclusão se deu mediante a análise dos seguintes itens:[19] (i) magnitude da participação societária da firma adquirente na empresa alvo; (ii) disponibilidade de informações para a firma adquirente sobre negócios da adquirida; (iii) grau de controle obtido; (iv) capacidade de apropriação dos lucros; e (v) reciprocidade da participação e existência de ligações societárias com outros concorrentes.

16. Além disso, conforme apontou o Conselheiro Relator em seu voto (Ato de Concentração 53500.012487/2007, fls. 1758-1760), características estruturais do Mercado de STFC favorecem a competição, como a escolha chamada a chamada do consumidor nos cados de LDN e LDI, bem como a maior facilidade econômica de replicação da estrutura necessária para operar o serviço, constituindo menores barreiras à entrada.

17. Para uma análise mais detalhada deste contexto, vide, vide Pareceres do Procade (fls. 1563-1591), da Anatel (fls. 1279-1299), bem como voto do Conselheiro Relator (fls. 1760-1769), todos retirados dos autos do Ato de Concentração 53500.012487/2007.

18. A aquisição de participação societária minoritária é considerada passiva quando o adquirente não tem condição de controlar, influenciar, ou sequer participar ou obter informações acerca do concorrente no qual detém participação. O Adquirente, portanto, seria mero investidor, ocupa posição absolutamente passiva. Para maiores informações sobre participações minoritárias ativas e passivas, ver: OCDE – *Roundtable of the Competition Committee on Minority Shareholding* – 2008

19. CADE, Ato de Concentração 53500.012487/2007, voto do Conselheiro Relator, p. 1760 a 1762.

Constatou-se, dessa forma, sinais dúbios. Por um lado, a participação societária da Telefônica na Tim (em torno de 10%) foi considerada pequena, sobretudo se comparada com aquela detida na Vivo (50%). Ao mesmo tempo, inexiste reciprocidade de participação societária. Mais, a Portugal Telecom, co-controladora da Vivo (pois detém 50% desta), tampouco tem interesse societário na Tim. Finalmente, a existência de outros dois grandes concorrentes (OI e Claro) dificultaria a apropriação de lucros decorrente de conduta anticompetitiva. Por outro lado, a ausência de restrições à aquisição permitiria à Telefônica o exercício de alguma influência, além de viabilizar a obtenção de informações privilegiadas. Esta situação alteraria os incentivos competitivos da VIVO e possibilitaria o exercício de poder de mercado unilateral ou mesmo cooperado.

A conclusão do CADE, portanto, foi pela inexistência de controle efetivo como consequência da operação, acompanhado da constatação da presença de riscos concorrenciais resultantes da possibilidade de exercício unilateral ou cooperado de poder de mercado.

A garantia da não realização de efeitos anticompetitivos, portanto, dependeria da qualidade das restrições impostas às partes, o que levou o CADE a aprovar a operação, condicionada à assinatura de Termo de Compromisso de Desempenho (TCD). Assim, objetivava-se garantir que a participação societária minoritária da Telefônica na TIM seria inteiramente passiva, e não ativa.

O TCD foi assinado em 28.04.2010, com o objetivo expresso de:

> manter separadas e independentes as atividades dos Grupos Telefônica e Telecom Itália no mercado brasileiro de telecomunicações, preservando e incentivando as condições de concorrência no segmento. (art. 1.1. do TCD firmado como parte da decisão do plenário do CADE relativa ao Ato de Concentração 53500.012487/2007)

Para tanto, impôs o cumprimento de todas as exigências anteriormente estipuladas pela Anatel. Estas exigências podem ser divididas em medidas dedicadas a:

> (i) vedação, à Telefônica, de controle sobre empresas do grupo Telecom Itália atuantes no mercado de telecomunicações brasileiro; (ii) a vedação à Telefônica, de direitos de voto, veto e de participação em reuniões dos órgãos de administração da Telco, Telecom Itália, e subsidiárias que tratam de matérias relacionadas ao mercado de telecomunicações brasileiro; (iii) a vedação de que administradores da Telefônica e da Telecom Itália no Brasil sejam eleitos para os órgãos administrativos uma da outra (vedação de interlocking directorates); (iv) a limitação da relação comercial entre empresas dos grupos Telefônica e Telecom Itália no Brasil; e (v) medidas de fiscaliza-

ção e manutenção das restrições impostas. Trata-se em suma, de condicionantes visando: a vedação de controle; a vedação de influência e trocas de informação; e o enforcement das restrições. (Voto do Conselheiro Relator, Carlos Ragazzo, 2010, p. 1728)

Além dessas, o CADE impôs ainda exigências adicionais, direcionadas sobretudo para o aprimoramento dos mecanismos de monitoramento e controle do cumprimento das medidas impostas, bem como maior restrição a qualquer atitude ou comportamento que pudesse conduzir à troca de informações entre a Telefônica (VIVO) e a Telecom Itália (TIM).[20]

Dessa forma, o CADE determinou o estabelecimento de "Muralhas da China" e celebração de termos de confidencialidade que proibissem a troca de informações sensíveis pertinentes ao mercado de Telecomunicações brasileiro entre executivos e funcionários das duas empresas.

Uma vez descrita a operação, portanto, passa-se agora a uma breve descrição do remédio adotado pelo CADE no caso, sua fundamentação legal e caracterização doutrinária, inclusive com apoio do Direito Comparado, para que seja possível realizar o objetivo deste capítulo que é justamente o de avaliar a efetividade, proporcionalidade, razoabilidade, eficiência do Termo de Compromisso de Desempenho firmado em função do Ato de Concentração 53500.012487/2007

Breve descrição dos termos de compromisso de desempenho enquanto remédio concorrencial

A seção anterior revelou que o CADE, diante de operação de aquisição indireta de participação societária minoritária na Telecom Itália por parte da Telefônica, optou por aprovar a operação mediante assinatura de Termo de Compromisso de Desempenho (TCD). Os TCDs encontram previsão no art. 58 da Lei 8.884/1994 que assim dispõe:

> Art. 58. O Plenário do CADE definirá compromissos de desempenho para os interessados que submetam atos a exame na forma do art. 54, de modo a assegurar o cumprimento das condições estabelecidas no § 1.º do referido artigo.

20. O inteiro teor do Termo de Compromisso de Desempenho firmado entre as partes e o CADE pode ser acessado por meio do site do próprio CADE, através do seguinte link: <http://www.cade.gov.br/upload/TCD-AC-2007-53500-012487-Telefonica-RAGAZZO.pdf>, acesso em: 8 out. 2010.

> § 1.º Na definição dos compromissos de desempenho será levado em consideração o grau de exposição do setor à competição internacional e as alterações no nível de emprego, dentre outras circunstâncias relevantes.
>
> § 2.º Deverão constar dos compromissos de desempenho metas qualitativas ou quantitativas em prazos pré-definidos, cujo cumprimento será acompanhado pela SDE.
>
> § 3.º O descumprimento injustificado do compromisso de desempenho implicará a revogação da aprovação do CADE, na forma do art. 55, e a abertura de processo administrativo para adoção das medidas cabíveis.

Constituem os TCDs, portanto, remédios concorrenciais aplicados no exercício da função de controle do CADE,[21] e não como resultado de apurações de infrações à Ordem Econômica.[22] Representam solução negociada entre as partes e o CADE, firmadas em compromisso formal que integra a decisão favorável à operação, cuja validade fica condicionada ao integral cumprimento do acordo, diante de previsão expressa do § 3.º do art. 58, transcrito acima.

Enquanto tal, têm como função impedir que as operações submetidas ao CADE sejam capazes de prejudicar a livre concorrência, a liberdade de iniciativa ou proporcionar abuso do poder econômico.[23]

Com efeito, sabe-se que a atividade dos órgãos de controle da concorrência devem atuar com base na regra da razão. Isso significa dizer que, na apreciação de um ato de concentração submetido a tais órgãos:

> a Administração deve, de um lado, ponderar os prejuízos à concorrência advindos da prática analisada; de outro, os benefícios (ou as eficiências) por ela produzidos. Se os benefícios superarem os prejuízos, o ato há de ser aprovado (GRAU; FORGIONI, 2005, p. 232).

O TCD é, nesse sentido, instrumento de garantia e proteção da ordem concorrencial. Seu papel é o de exigir e impor a concretização daquelas eficiências identificadas e esperadas como resultado do ato de concentração e que representam o motivo pelo qual o mesmo foi aprovado.

Consiste, portanto, em acordo firmado entre a Administração Pública e o administrado, com vantagens para ambos os lados, por meio do qual a pri-

21. A função de controle de atos de concentração pelo CADE encontra previsão no art. 54 e ss. da Lei 8.884/1994
22. Previstas nos arts. 15 e ss. da supracitada lei.
23. Para uma discussão mais pontual dos dispositivos legais que regulam o TCD, vide: FONSECA, João Bosco Leopoldino da. *Lei de proteção da concorrência:* comentários à legislação antitruste. 2. ed. Rio de Janeiro: Forense, 2001.

meira garante (ou busca garantir) a efetivação das vantagens concorrenciais esperadas do negócio jurídico celebrado e a ela submetido, enquanto o administrado obtém a aprovação da operação desejada, ainda que com restrições.

Sua grande utilidade está em permitir ao CADE uma solução de meio termo para os casos em que sejam identificados riscos concorrenciais consideráveis sem que, no entanto, esses justifiquem a rejeição completa da operação. Vale lembrar que a Constituição Federal[24] estabelece a livre iniciativa como um dos fundamentos da Ordem Econômica e a livre concorrência como um de seus princípios, o que significa que a intervenção estatal só deva ocorrer quando estritamente necessário, e da forma menos invasiva possível.

A aplicação mais usual dos TCDs, portanto, é na adequação de operações de fusão ou incorporação de forma a eliminar riscos concorrenciais e viabilizar a sua autorização pelo CADE. Busca-se, assim, garantir a concretização dos benefícios esperados da operação, sem que se permita o desvio destes benefícios, ou a realização dos efeitos anticoncorrenciais decorrentes da mesma operação (sejam eles demissões, quando estas forem indesejáveis, aumento de preço, queda da qualidade do produto, abuso de poder dominante para retirar potenciais competidores do mercado etc.).

Eros Grau e Paula Forgioni, aliás, fazem ressalva quanto ao escopo limitado de aplicação dos TCDs. Estes são instrumento adequado apenas nos casos de exame de atos de concentração submetidos ao CADE, como se vê:

> A lei, a esse respeito, é bastante clara: o compromisso de desempenho é sempre atinente a um determinado ato: aquele submetido "a exame na forma do art. 54 e não outros que possam ser imaginados (GRAU; FORGIONI, 2005, p. 232).

Normalmente, portanto, os TCDs consolidam uma série de compromissos negociados entre as partes envolvidas na operação e o CADE, que estabeleçam metas qualitativas e quantitativas, medidas que deverão ser adotadas, práticas que deverão ser abandonadas ou preservadas, prazos definidos, além de meca-

24. "Art. 170. A ordem econômica, fundada na valorização do trabalho humano e na livre iniciativa, tem por fim assegurar a todos existência digna, conforme os ditames da justiça social, observados os seguintes princípios:

(...)

IV – livre concorrência;

(...)

Parágrafo único. É assegurado a todos o livre exercício de qualquer atividade econômica, independentemente de autorização de órgãos públicos, salvo nos casos previstos em lei."

nismos de monitoramento. Dessa forma, é possível afirmar que o TCD constitui um remédio concorrencial a ser moldado especificamente para cada caso concreto, de forma a atender às necessidades do caso. É comum que contenha, portanto, exigências de natureza tanto estrutural quanto comportamental.

Este tipo de remédio, aliás, não é criação nem exclusividade nacional. Autoridades antitruste americanas,[25] europeias,[26] e em diversas outras partes do mundo adotam no exercício de suas funções de controle de atos de concentração, de uma forma ou outra, remédios especialmente desenhados para o caso concreto, de forma negociada e por meio de um instrumento formal. Essas, por sua vez, constituem as características que representam o espírito dos Termos de Compromisso de Desempenho.

A despeito do uso mais comum, descrito há pouco, os TCDs podem ser utilizados ainda para a adequação de atos que, embora não impliquem em efetiva incorporação, fusão ou concentração econômica relevante, possam trazer, acaso aprovados sem restrições, repercussões concorrenciais negativas.

A própria redação do art. 54, ao falar que serão submetidos ao CADE os "atos, sob qualquer forma manifestados, que possam limitar ou de qualquer forma prejudicar a livre concorrência" possibilita a avaliação pelo CADE de aquisições, ainda que indiretas, de participação societária minoritária em um concorrente.[27]

25. Nos EUA, assim como no Brasil, tanto as partes quanto as autoridades concorrenciais podem propor remédios como forma de resolver as ameaças identificadas no curso da análise da aprovação de um ato concorrencial. As soluções negociadas resultantes dessas conversas e que possibilitam a aprovação de atos de concentração condicionados ao seu cumprimento possuem, portanto, natureza semelhante aos TCDs brasileiros, e são formalizados por meio de "*Consent Decrees*" firmados entre os pleiteantes e o Departamento de Justiça norte-americano (Department of Justice – DOJ).

26. Vide European Council Merger Regulations (EC Regulation 139/2004) arts. 6.1; 6.2; 8.1; e 8.2. Na Europa, ao contrário do Brasil, cabe unicamente às partes pleiteantes apresentar propostas de "*commitments*" à Comissão Europeia com o intuito de convencê-la de que estes compromissos são aptos a resolver as dúvidas concorrenciais geradas pela operação, possibilitando sua aprovação. Estes compromissos, acaso aceitos, são formalizados em instrumento que integra a decisão da Comissão Europeia, análogo aos TCDs firmados pelo CADE, ressalvada a particular posição passiva da Comissão, que não sugere medidas capazes de sanar os problemas, limitando-se a rejeitar a operação caso as mesmas não sejam oferecidas pelas partes e haja dúvida considerável quanto aos efeitos concorrenciais da operação.

27. O Prof. João Bosco Leopoldino da Fonseca (FONSECA, 2001, p. 343) também aponta a amplitude da competência de controle de atos do CADE consolidada no

Evidente, portanto, a possibilidade de imposição de TCDs às operações de aquisição, ainda que indireta, de participação societária minoritária passiva como aquela conduzida pela Telefônica em face da Telecom Itália.

Em geral, portanto, deve vigorar o comando constitucional de liberdade de iniciativa, que também implica liberdade de investimento. O que se deve evitar é justamente que estes atos possam prejudicar a estrutura de livre concorrência do mercado, razão pela qual é viável a imposição de TCD quando restrições forem necessárias para viabilizar a prática de um ato negocial como aquele praticado pela Telefônica.

Antes, contudo, de se realizar avaliação concreta da efetividade, proporcionalidade, razoabilidade, e eficiência do Termo de Compromisso de Desempenho firmado em função do Ato de Concentração 53500.012487/2007, cabe fazer breves considerações acerca das contribuições do Direito Comparado, sobretudo europeu, no que diz respeito o tema dos remédios aplicáveis a aquisições de participação societária minoritária (diretas ou indiretas).

Contribuições do direito comparado para a análise de remédios adotados em casos de aquisição de participação minoritária

Conforme já se afirmou, o TCD representa uma modalidade de remédio concorrencial aplicada no exercício da função de controle de atos de concentração imposta *ex ante*, ou seja, antes da efetiva verificação de prejuízos concorrenciais e como forma de evitar que os mesmos decorram de uma determinada operação submetida à apreciação do CADE.

Por outro lado, há muito a questão dos problemas concorrenciais ocasionados pela aquisição de participação societária minoritária e dos remédios adequados pare resolvê-las é objeto de discussão acadêmica, administrativa, e

art. 54 da Lei 8.884/1994. Cita ainda, voto da Juíza Federal Rosimayre Gonçalves de Carvalho, proferido nos autos do Processo 1998.34.00.001835-3 em que se declarou que: "Noutro giro, não cabe às partes valorar se o ato configura concentração econômica prejudicial aos princípios estampados no art. 1.º da Lei Antitruste ou não, uma vez configuradas as hipóteses do art. 54, caput e parágrafo 3.º, devem submeter à apreciação do CADE, a quem compete avaliar se o agrupamento societário representa ofensa à livre concorrência ou dominação de mercado" (FONSECA, João Bosco Leopoldino da. Op. cit.).

Por outro lado, na União Europeia, conforme abordaremos mais adiante, o exercício da função de controle de atos é estritamente relacionada com a identificação de atos de concentração entendidos como aqueles que proporcionam efetivo controle ou influência relevante do adquirente sobre o adquirido, o que significa que diversos atos de aquisição de participação minoritária passiva não são apreciados pela Comissão, a despeito de seus possíveis efeitos anticoncorrenciais.

mesmo judicial nos EUA e na Europa. Essas experiências, naturalmente, são de grande utilidade para a compreensão do caso colocado perante o CADE e objeto deste estudo, bem como para a avaliação do remédio adotado.

Assim como no Brasil, questões envolvendo a aquisição de participação societária minoritária podem despertar o interesse dos órgãos de defesa da concorrência europeus (e também norte-americanos) tanto no exercício de sua competência de controle de atos de concentração,[28] quanto na apuração de violações à Ordem Econômica.[29] Contudo, como o caso objeto deste estudo foi apreciado pelo CADE com base no art. 54 da Lei 8.884/1994, daremos atenção aqui apenas à atuação europeia e americana voltada para o controle de atos de concentração, de forma a permitir comparações em relação ao teor das decisões adotadas e remédios acordados.

Assim, um primeiro ponto para reflexão reside na distinção existente no escopo e abrangência da competência das autoridades concorrenciais brasileiras e europeias no que diz respeito ao controle de atos de concentração. Já demonstramos que a competência do CADE é extremamente ampla, em razão da redação do art. 54 da Lei 8.884/1994, bem como da interpretação dada ao mesmo por nossa jurisprudência.[30]

Por outro lado, Ariel Ezrachi e David Gilo[31] (2006, p. 334-335) apontam que a redação dos dispositivos da *Council Regulation* 139/2004, que regulam a atuação da Comissão Europeia no controle de atos de concentração bem como estabelecem as regras de determinação dos atos submetidos ao seu escrutínio possibilita que diversos atos de aquisição de participação societária minoritária escapem ao seu controle.

Isso porque apenas atos que se enquadrem na definição de *concentração* formulada pela norma supracitada devem ser submetidos à Comissão. No entanto, *concentração* foi definida pela ECMR como só ocorrendo quando verificada a efetiva mudança de controle ou, ao menos, a possibilidade de exercício efetivo de influência determinante sobre o comportamento da empresa na qual se adquiriu participação. Dessa forma, conforme apontam Ezrachi e Gilo (2006, p. 335), "Consequentemente, um investimento passivo que não estabe-

---

28. Art. 54 da Lei 8.884 no Brasil; European Comission Merger Regulation (ECMR – Council Regulation 139/2004.

29. Art. 15 e ss. da Lei 8.884/1994 e arts. 81 e 82 do antigo tratado da Comunidade Europeia, atuais arts. 101 e 102 do Tratado de Funcionamento da União Europeia.

30. Vide, a esse respeito, a seção anterior deste estudo.

31. EZRACHI, Ariel e GILO, David. EC competition law and the regulation of passive investments among competitors. *Oxford Journal of Legal Studies*, v. 26, n. 2, 2006, p. 327-349.

lecesse controle individual ou compartilhado não se enquadraria no escopo da ECMR",[32] a despeito da possibilidade de que tais atos, ainda assim, gerassem consequências consideradas lesivas à livre concorrência.[33]

Dessa forma, é possível constatar que o CADE, independentemente do remédio escolhido, encontra-se melhor aparelhado para lidar com ameaças concorrenciais decorrentes de operações de aquisições de participação societária minoritária que a União Europeia, em razão da competência ampla do art. 54 da Lei 8.884/1994, que submete à apreciação deste órgão todos os atos potencialmente lesivos da concorrência, e não somente aqueles que importem na aquisição de controle ou influência relevante (e que recebem a denominação de participação minoritária ativa).

Não é por acaso, portanto, que Ezrachi e Gilo (2006, p. 344-348), recomendam a ampliação da competência da Comissão Europeia para a análise de operações de aquisição de participação societária minoritária efetivamente passiva, no escopo da ECMR. De fato, atuando nos termos da *Council Regulation* 139/2004 a Comissão Europeia possui plenas condições para impor aos pleiteantes a aceitação de compromissos análogos àqueles que seriam impostos em TCD firmado pelo CADE. Essa solução possibilitaria a abordagem de problemas anticoncorrenciais em casos que, até o momento, escapam do alcance da Comissão Europeia.

Independentemente de que casos venham a ser apreciados pelas autoridades concorrenciais, contudo, há relativo consenso internacional a respeito

32. Tradução livre do original em inglês: "Consequently, a passive investment falling short of establishing joint or sole control would not fall within the realm of the ECMR".

33. O mesmo não ocorre nos EUA, em que a competência para a apreciação e controle de atos de concentração é definida de forma ampla, assim como no Brasil. Conforme relatório da OCDE, estão submetidos à autoridade antitruste americana qualquer "aquisição no todo ou em parte, de ações de outra firma e proibidas as aquisições em que o efeito de tal aquisição possa ser o de reduzir substancialmente a competição" (tradução livre). O mesmo relatório lembra, contudo, que o terceiro parágrafo da seção 7 do Clayton Act estabelece exceção à regra segundo a qual "esta seção não se aplicará a pessoas comprando ações com o propósito exclusivo de investimento e não fazendo uso das mesmas para votar ou de outra forma prejudicar ou tentar prejudicar a concorrência" (tradução livre). OCDE, *Roundtable of the Competition Committee on Minority Shareholding*, 2008, p. 42.

Ver ainda Seção 7 do Clayton Antitrust Act de 1914 para leitura da redação integral dos dispositivos mencionados.

de que medidas e remédios[34] podem ser adotados para corrigir problemas concorrenciais decorrentes de aquisições de participações societárias minoritárias.

De fato, o relatório produzido pela OCDE acerca das aquisições de participações societárias minoritárias no mundo revela que na maior parte dos casos são adotados remédios voltados para *"impedir o adquirente da participação minoritária de obter o controle do alvo ou de adquirir influencia direta ou indireta sobre a condução dos negócios do alvo"* (OCDE, 2008, p. 46).[35] O mesmo relatório afirma ainda que:

> tanto remédios estruturais (como desinvestimento) e remédios comportamentais (como acordos de confidencialidade e as chamadas muralhas da China) tem sido aceitos pelas agências antitruste para remediar preocupações levantadas pela participação minoritária (OCDE, 2008, p. 46).[36]

Assim, a OCDE (OCDE, 2008, p. 47) apurou que, em todo o mundo, adotam-se, sobretudo, quatro tipos de medidas para corrigir eventuais danos concorrenciais oriundos de operações como a realizada pela Telefônica em face da Telecom Italia:

- desinvestimento da participação minoritária;
- diluição de uma participação ativa em participação passiva;
- criação de "Muralhas da China";
- eliminação de *"Interlocking Directores"*;[37]

34. Vale lembrar, aliás, que tanto os TCDs, quanto os compromissos firmados com a Comissão Europeia, ou os *Consent Decrees* celebrados nos EUA, embora possam ser considerados "remédios" na medida em que retificam problemas concorrenciais, não deixam de representar, na verdade, um conjunto de medidas, de compromissos, cada um deles também podendo ser considerados "remédios concorrenciais" de certa forma. A distinção tem origem na diferença entre a definição jurídica de Remédios (na qual se enquadrariam os TCDs, Consent Decrees etc) e a definição econômica, segundo a qual remédios seriam meramente as formas utilizadas para sanar cada um dos problemas concorrenciais identificados. Neste momento, no entanto, nossa preocupação será em descrever cada um dos remédios que podem, em conjunto, compor um TCD de forma individual, identificando vantagens, desvantagens e preferências nos cenários americano e/ou europeu, em comparação com o brasileiro.
35. Tradução livre – OCDE. *Roundtable of the Competition Committee on Minority Shareholding*, 2008, p. 46
36. idem
37. Para maiores esclarecimentos acerca de cada uma dessas medidas, ver OCDE, *Roundtable of the Competition Committee on Minority Shareholding*, 2008, p. 47

Nota-se, ainda, que o desinvestimento é a opção favorita dos reguladores americanos[38] e europeus,[39] e que se preferem medidas estruturais a medidas comportamentais.

Isso não significa, no entanto, que remédios estruturais e comportamentais não possam ser utilizados em conjunto, ou que os últimos sejam sempre ineficientes. De fato, como resultado da operação de aquisição de participação acionária minoritária por parte do *Carlyle Group* e *Riverstone Holdings LLC* sobre a *Kinder Morgan Inc (KMI)* foi movida ação pela *Federal Trade Comission (FTC)* norte-americana em razão de potenciais danos concorrenciais decorrentes do fato de que as adquirentes também possuíam participação acionária na *Magellan Midstream*, uma das concorrentes da KMI.

Referido processo resultou em *Consent Agreement* no qual se estabeleceram tanto medidas estruturais como comportamentais. *Carlyle* e *Riverstone* tiveram que

> (1) remover todos os seus representantes da diretoria e administração da Magellan; (2) ceder controle da Magellan para seu outro principal investidor, Madison Deaborrn Partners, (3) não influenciar ou tentar influenciar o gerenciamento das operações da Magellan e, (4) estabelecer salvaguardas contra o compartilhamento de informações concorrenciais sensíveis entre a KMI e a Magellan (OCDE, 2008, p. 177).[40]

Outro ponto que deve ser mencionado é que nos Estados Unidos, assim como no Brasil, o controle de atos de concentração em mercados regulados é exercido tanto pelo órgão de defesa da concorrência (que nos EUA é o

---

38. O item III, A, do Guia de Políticas da Divisão Antitruste do Departamento de Estado norte-americano declara sua preferência pelos remédios estruturais em função da velocidade, certeza, custo e eficácia dos mesmos quando comparados com remédios comportamentais - U.S. DEPARTMENT OF JUSTICE, Antitrust Division - *Antitrust Division Police Guide to Merger Remedies* - Antitrust Division, Outubro de 2004, disponível em: <http://www.justice.gov/atr/public/guidelines/205108.htm#3a>, acesso em: 27 dez. 2010.
39. Essa preferência é expressa nos parágrafos 13; 15; e 17 da nota da Comissão Europeia sobre remédios aceitáveis perante a ECMR - *Comission Notice on Remedies Acceptable Under Council Regulation (EC) n. 139/2004 and under Comission Regulation (EC) n. 802/2004* - publicado no *Official Journal of the European Union* em 22.10.2008, p. 4-5, parágrafos 13, 15, e 17.
40. Tradução livre - OCDE. *Roundtable of the Competition Committee on Minority Shareholding*, 2008, p. 177. Vide teor integral da decisão em questão em <http://www.ftc.gov/os/caselist/0610197/decisionorder.pdf>, acesso em: 26 dez. 2010.

Department of Justice - DoJ) quanto por uma agência governamental dedicada à regulação do setor.[41]

Esse controle duplo, embora possa implicar algumas vezes em redundância de atuação, com análise desnecessariamente repetida de um determinado ato de concentração, por outro, permite uma instrução muito mais aprofundada do processo, com compreensão ampla e especializada dos reais efeitos esperados de uma determinada operação. Possibilita, assim, a formulação de remédios muito mais adequados e específicos em cada caso concreto.

A cooperação destas Agências (FCC nos EUA e Anatel no Brasil), aliás, é parte da razão pela qual os órgãos de defesa da concorrência são capazes de propor remédios em suas análises de atos de concentração ao passo em que a Comissão Europeia costuma assumir postura mais passiva, relegando às partes a propositura de remédios e rejeitando a operação na ausência de tais propostas, se verificado algum risco concorrencial.[42] Naturalmente, isso não significa que a propositura do TCD só seja possível com a cooperação de Agências Reguladoras. Contudo, a considerável redução dos custos de monitoramento torna este remédio mais atrativo quando a cooperação com tais agências é possível, e o compartilhamento de informações entre as mesmas viável.

A comparação com outros sistemas, nos quais o controle duplo não é realizado, permite verificar outra vantagem da estrutura adotada por Brasil e Estados Unidos: a existência da Agência Reguladora reduz consideravelmente os custos de monitoramento de remédios como os Termos de Compromisso de Desempenho brasileiros ou os "*Consent Decrees*" americanos, na medida em que a tarefa de monitoramento do mercado, coleta de informações e acompanhamento das medidas consiste parte regular das atribuições destas Agências, que possuem dotação orçamentária e pessoal técnico capacitado para o desempenho da função.

Este tipo de arranjo torna mais provável a opção por remédios mais específicos e menos drásticos do que a venda de ativos ou o desinvestimento, por exemplo, amplamente favorecidos pelas autoridades concorrenciais europeias. Aliás, mesmo nos EUA ou no Brasil, como se viu, costuma-se admitir, na maioria dos casos, a preferência por remédios estruturais como aqueles citados anteriormente, justamente em razão dos custos de monitoramento.

41. No caso objeto deste estudo a agência americana é a FCC - Federal Communications Comission, enquanto no Brasil a tarefa é desempenhada pela Anatel - Agência Nacional de Telecomunicações.

42. Vide Comission Notice on Remedies Acceptable Under Council Regulation (EC) n. 139/2004 and under Comission Regulation (EC) 802/2004, publicado no *Official Journal of the European Union* em 22.10.2008, p. 2, § 6.

No Brasil a Anatel coleta uma enorme variedade de dados regularmente, produzindo material estatístico considerável e que possui grande utilidade para a tarefa de acompanhamento e monitoramento de mercado.

Avaliação de efetividade, proporcionalidade, razoabilidade, eficiência do Termo de Compromisso de Desempenho firmado em função do Ato de Concentração 53500.012487/2007

Naturalmente a análise da efetividade, proporcionalidade, razoabilidade, e eficiência do Termo de Compromisso de Desempenho firmado em função do Ato de Concentração 53500.012487/2007 requer, antes de tudo, a adequada identificação e descrição dos riscos e problemas concorrenciais existentes na operação.

O primeiro e mais óbvio risco concorrencial derivado de qualquer aquisição de participação minoritária em um concorrente reside na possibilidade de que esta aquisição confira efetivo controle sobre o concorrente (positivo, ou mesmo negativo, através de poder de veto), ou ao menos influência relevante, configurando o que chamamos de participação minoritária ativa. Evidentemente, em mercados concentrados esse cenário pode gerar diminuição considerável e ilegal da concorrência, a exigir a atuação dos órgãos de defesa da concorrência.[43]

43. Diversas situações podem gerar controle efetivo ou influência relevante em razão de participação acionária minoritária, como a excessiva pulverização das demais ações do concorrente, a existência de privilégios especiais de voto ou veto nas ações adquiridas etc. O CADE já reconheceu essa possibilidade em diversas ocasiões, como nos Atos de Concentração 08012.014090/2007-73; 08012.002.529/2007-15; 08012.013500/2007-69 entre outros. Por sua vez a OCDE declarou que "O fato de que um acionista minoritário pode exercer alguma forma de controle ou influência sobre a companhia alvo (também chamada participação minoritária ativa) é geralmente um fator suficiente para obrigar a revisão da aquisição da participação minoritária sob as regras relevantes de controle de atos de concentração". - tradução livre - OCDE - *Roundtable of the Competition Committee on Minority Shareholding* - 2008, p. 21. Da mesma forma, Michael Reynolds e David Andesron igualmente apontam que a "Nota da Comissão Europeia sobre o Conceito de Concentração" afirma claramente que "a aquisição de interesse minoritário significativo pode ser considerada concentração para os propósitos da ECMR, tornando necessária a notificação da transação e o exame da mesma por parte da Comissão" e ainda que "uma participação minoritária pode possibilitar controle legal ou de fato" - tradução livre (REYNOLDS, Michael; ANDERSON, David. G. *Acquisitions of minority interests in competitors* - The EU perspective. American Bar Association - Mergers & Acquisitions Committee, Section of Antitrust Law Spring Meeting, 2005, p. 2).

Conforme já demonstrado na primeira seção deste estudo, a operação conduzida pela Telefônica não lhe proporcionou controle sobre a Telecom Itália.[44] Isso, por si só, no entanto, não significa o afastamento da ameaça de que a operação em questão possibilitasse à Telefônica o exercício de influência relevante sobre a TIM, com efetivo prejuízo para a concorrência nos mercados analisados.

Por outro lado, autoridades concorrenciais e pesquisadores admitem a possibilidade de reflexos anticoncorrenciais derivados de aquisições de participação societária minoritária passiva. Estes efeitos anticompetitivos são comumente classificados em unilaterais, quando alteram os incentivos do adquirente para competir com o rival; ou coordenados, quando viabilizam, favorecem ou estimulam arranjos colusivos entre os competidores em função das novas ligações estabelecidas entre competidores rivais.[45]

Os *interlocking directorates*,[46] que consistem basicamente no apontamento mútuo de diretores para os conselhos dos concorrentes, em função da aquisição de participações minoritárias, são muitas vezes, considerados um problema em si mesmo. Contudo, a sua presença, na maior parte das vezes, influencia justamente os efeitos unilaterais e coordenados mencionados acima, razão pela qual podem ser entendidos como parte daquele problema.

No caso concreto, após detida análise da operação realizada e do mercado relevante,[47] o CADE considerou existir (em um cenário no qual não houvesse as restrições impostas pela Anatel) risco de participação ativa da Telefônica nos negócios da Telecom Itália. Mais, conforme já descrito na primeira seção, o CADE considerou ainda que seria possível a realização de *interlocking*

44. Nesse sentido é o voto do Conselheiro Relator, em seu § 47, às fls. 1736 dos autos. O relator registra, inclusive, que a ausência de controle efetivo fez com que o ato sequer fosse apreciado pela Comissão Europeia, que somente considera como ato de concentração aqueles que operam modificação efetiva do controle. (CADE, Ato de Concentração 53500.012487/2007, Voto do Conselheiro Relator, Carlos Ragazzo, 2010, p. 1736).

45. Para maiores detalhes a respeito da lógica econômica por trás destes efeitos anticompetitivos vide: CADE, Ato de Concentração 53500.012487/2007, Voto do Conselheiro Relator, Carlos Ragazzo, 2010, fls. 1738 a 1741. Vide ainda OCDE, *Roundtable of the Competition Committee on Minority Shareholding*, 2008.

46. A respeito do tema, vide: CADE, Ato de Concentração 53500.012487/2007, Voto do Conselheiro Relator, Carlos Ragazzo, 2010; e ainda OCDE, *Roundtable of the Competition Committee on Minority Shareholding*, 2008.

47. Vide voto condutor do Acórdão, elaborado pelo Conselheiro Ragazzo: CADE, Ato de Concentração 53500.012487/2007, Voto do Conselheiro Relator Carlos Ragazzo, 2010, p. 19-50.

directorates e o intercâmbio de informações sensíveis. Finalmente, entendeu que embora houvesse fatores que em tese desestimulassem o exercício unilateral ou cooperado de poder de mercado, essas preocupações não poderiam ser completamente descartadas em um cenário de aprovação da medida sem restrições.

Como consequência, e conforme já aventado, o CADE impôs como condição à aprovação da operação, a assinatura de longo Termo de Compromisso de Desempenho, desenhado com o objetivo de evitar exatamente a concretização dos riscos concorrenciais apontados.

Com a vantagem do distanciamento temporal, é possível afirmar que o resultado do trabalho e do julgamento realizado pelo CADE foi positivo. Com efeito, a análise do Ato de Concentração 53500.012487/2007 permite concluir que o Termo de Compromisso de Desempenho constitui remédio adequado para a abordagem de problemas concorrenciais derivados da aquisição de participação acionária minoritária em um concorrente.

Com efeito, os problemas concorrenciais verificados em casos como o ora analisado são frequentemente bastante sutis e em muitos casos, não representam consequências necessárias do ato de concentração submetido à análise do CADE. Nesse sentido, soluções simples como a rejeição ou aprovação integral da operação nem sempre são factíveis.

Por outro lado, o TCD firmado foi eficaz em impedir a concretização de todos os riscos concorrenciais identificados pelo CADE e descritos ao longo deste capítulo. Conforme já afirmado, o TCD determinou à Telefônica as seguintes restrições:

> (i) vedação, à Telefônica, de controle sobre empresas do grupo Telecom Itália atuantes no mercado de telecomunicações brasileiro; (ii) a vedação à Telefônica, de direitos de voto, veto e de participação em reuniões dos órgãos de administração da Telco, Telecom Itália, e subsidiárias que tratam de matérias relacionadas ao mercado de telecomunicações brasileiro; (iii) a vedação de que administradores da Telefônica e da Telecom Itália no Brasil sejam eleitos para os órgãos administrativos uma da outra (vedação de interlocking directorates); (iv) a limitação da relação comercial entre empresas dos grupos Telefônica e Telecom Itália no Brasil; e (v) medidas de fiscalização e manutenção das restrições impostas. Trata-se em suma, de condicionantes visando: a vedação de controle; a vedação de influência e trocas de informação; e o enforcement das restrições (CADE, Ato de Concentração 53500.014598/2007, Voto do Conselheiro Relator Carlos Ragazzo, 2010, p. 1728).

As restrições contidas no item (i), acima, possuem natureza comportamental, e se resumem a exigir que a Telefônica se abstenha de adquirir ou ampliar sua participação acionária ou de qualquer outra maneira venha a obter o controle acionário que ela não detém sobre a TIM.

As restrições contidas nos itens (ii) e (iii) por sua vez, possuem natureza estrutural e constituem o ponto central das restrições impostas à Telefônica, com formalização nos respectivos estatutos sociais, acordos de acionistas e mesmo perante a CVM, das vedações ao exercício de voto, veto, participação em reuniões pertinentes ao mercado brasileiro, nomeação de diretores para órgãos administrativos e conselhos de empresas vinculadas ao grupo Telecom Itália. Dessa forma, garante-se efetivamente e de forma definitiva a separação negocial entre as duas empresas, dificulta-se o fluxo de informações sensíveis e impede-se a realização de *interlocking directorates.*

Ao mesmo tempo, importante mencionar que isso é alcançado com considerável grau de publicidade e com facilidade de monitoramento, na medida em que atas, relatórios e documentos pertinentes às situações mencionadas são regularmente submetidos à CVM, e à Anatel, com quem o CADE, que também deverá receber estes documentos, poderá compartilhar custos de monitoramento.

A redução dos custos de monitoramento é, aliás, uma das grandes vantagens do TCD firmado pelo CADE no presente caso e parte importante da razão pela qual deve ser considerado eficiente do ponto de vista de custos/benefícios. Vimos na seção anterior, que uma das maiores preocupações das autoridades concorrenciais em todo o mundo é justamente com a questão dos custos de implementação e monitoramento dos remédios. Muitas vezes essas preocupações são tão exacerbadas a ponto de levar a autoridade concorrencial a preferir a rejeição da operação, como vimos em trecho das notas da Comissão Europeia sobre Remédios aplicáveis no âmbito da ECMR já citado anteriormente.[48]

Contudo, a rejeição integral da operação no caso concreto em que, como vimos, não havia certeza quanto à efetiva ocorrência de prejuízos concorrenciais, mas apenas risco de sua ocorrência, não seria medida razoável ou proporcional. O CADE, no entanto, foi capaz de formular TCD apto a evitar a concretização dos riscos apontados com custos de monitoramento e implementação relativamente baixos.

Isso foi possível não apenas em razão do TCD ter seu foco principal em medidas estruturais (itens ii e iii descritos acima) mas também porque as me-

48. Comission Notice on Remedies Acceptable Under Council Regulation (EC) 139/2004 and under Comission Regulation (EC) 802/2004, publicado no *Official Journal of the European Union* em 22.10.2008.

didas comportamentais impostas podem ser monitoradas com relativa facilidade e de forma compartilhada, quer com a Anatel, ou até mesmo com a CVM.

Com efeito, o monitoramento do compromisso da Telefônica de não obter controle sobre a TIM é fácil e exercido naturalmente, dada a obrigação de notificação da Anatel e do CADE acerca de qualquer novo ato de concentração, o que, aliás, desencadearia novo procedimento de controle por parte dos dois entes.

As medidas estruturais impostas nos itens (ii) e (iii), como vimos, têm seu monitoramento facilitado pela obrigação da Telefônica de apresentar os documentos formais que comprovam o seu cumprimento de direito, bem como de submeter regularmente relatórios, atas e outros documentos à CVM, à Anatel e ao CADE, que comprovem o cumprimento de fato das medidas. O monitoramento será, portanto, compartilhado, o que reduz os custos e, sobretudo, os riscos de eventual descumprimento passar despercebido.

Da mesma forma, a regulação constante da Anatel sobre o setor de telecomunicações torna muito mais simples monitorar os compromissos comportamentais assumidos no item (iv), que determinam a separação completa das relações entre Telefônica e Telecom Itália no mercado brasileiro, naquilo que conflitivo com o disposto na regulamentação nacional.[49] Afinal, este monitoramento, conforme já antecipado em outra seção deste capítulo, constitui atribuição regular da Anatel e, portanto, não impõe ônus e custos adicionais.

O mesmo vale para as exigências comportamentais adicionais impostas pelo CADE por meio do TCD em questão e que não haviam sido previamente estabelecidas pela Anatel. Essas exigências adicionais, conforme

49. Essa separação da atuação das empresas diz respeito, sobretudo a: (a) a operações significativas, passivas ou ativas, de financiamento, sob qualquer forma; (b) a prestação de garantia real, pessoal ou de qualquer espécie; (c) a transferência de bens em condições, termos e valores distintos dos praticados no mercado; (d) a transferência de conhecimentos tecnológicos estratégicos; (e) a prestação de serviço de telecomunicações ou correlatos em condições favorecidas ou privilegiadas; (f) a acordo operacional que estipule condições favorecidas ou privilegiadas; (g) ao uso comum de recursos, sejam eles materiais, tecnológicos ou humanos; (h) a contratação em conjunto de bens ou serviços; (i) a assinatura de instrumento jurídico tendo por objeto transferência de ações entre as prestadoras ou cessão de direito de preferência relativamente à transferência recíproca de ações;(j) a adoção de marca ou de estratégia mercadológica ou publicitária comum. (art. 2.1.iii de TCD firmado no Ato de Concentração 53500.014598/2007, disponível em: <http://www.cade.gov.br/upload/TCD-AC-2007-53500-012487-Telefonica-RAGAZZO.pdf>, acesso em: 27 dez. 2010.

declarado em voto proferido nos autos do processo,[50] consistem, sobretudo, em esforço de limitação mais eficaz da troca de informações entre a Telefônica e a Telecom Itália. Isso foi alcançado por meio da criação das chamadas "Muralhas da China", que consistem na assinatura de compromissos de confidencialidade dos acionistas da Telco, (entre os quais se inclui a Telefônica), bem como dos principais executivos e administradores das partes envolvidas.

Embora esta seja mais uma medida de natureza comportamental, o monitoramento de seu cumprimento pode ser facilmente alcançado no desenrolar das atividades regulares de fiscalização da Anatel, já que grande parte da documentação necessária à sua verificação é de submissão obrigatória.

Como se viu, portanto, o TCD estruturado pelo CADE foi capaz de remediar todas as possíveis violações concorrenciais sem a necessidade de alteração das características fundamentais da operação e sem a imposição de pesados custos, quer para os envolvidos, quer para as autoridades concorrenciais (em razão do monitoramento). Constituiu, portanto, remédio eficiente, eficaz, proporcional e razoável, devendo-se os baixos custos de monitoramento, sobretudo, à participação da Anatel, a quem já cabe normalmente desempenhar todas as atividades fiscalizadoras necessárias para garantir o cumprimento do TCD.

Mais do que isso, o TCD firmado conta ainda com mecanismos bastante eficientes de desestimulo ao descumprimento, representados pela ameaça perene de revogação da autorização da operação com imposição de multa pelo CADE, além de outras sérias e reais sanções previstas pela Anatel no exercício de sua competência regulatória, capazes de prejudicar consideravelmente a atividade das partes envolvidas.[51]

50. CADE, Ato de Concentração 53500.012487/2007, voto do Conselheiro Relator, p. 1772.

51. Nesse sentido, aliás, o TCD firmado cumpre todas as orientações estabelecidas por documentos como o Guia de Políticas da Divisão Antitruste do Departamento de Estado norte-americano, segundo o qual um Consent Agreement (equivalente ao TCD) deve vincular as partes, prover meios de monitoramento, e ser acompanhado de mecanismos que permitam às autoridades concorrenciais forçar a implementação integral dos mesmos e coibir descumprimentos. Vide, a esse respeito: U.S. DEPARTMENT OF JUSTICE, Antitrust Division – *Antitrust Division Police Guide to Merger Remedies* – Antitrust Division, Out. 2004, disponível em: <http://www.justice.gov/atr/public/guidelines/205108.htm#3a>; acesso em: 27 dez. 2010.

Considerações finais

Este estudo buscou demonstrar como as aquisições de participação societária minoritária representam tema complexo para as autoridades concorrenciais e como, por outro lado, o TCD pode ser mecanismo eficaz de controle de possíveis efeitos anticoncorrenciais decorrentes desse fato.

Considerado o caso concreto selecionado como base para reflexão, dados empíricos acerca da concentração de mercado nos serviços de SMP e STFC comprovam as conclusões alcançadas na seção anterior. De fato, foram bem sucedidas as medidas impostas às partes do negócio com o intuito de garantir que o investimento realizado pela Telefônica ao adquirir participação minoritária na Telecom Itália permaneceria inteiramente passivo e sem influências relevantes na estrutura competitiva dos mercados.

Com efeito, a Telefônica detinha, quando da realização da operação, em 2007, 28,4% do Mercado de STFC no país, e 76,54% deste mercado no Estado de São Paulo.[52] Dados de junho de 2010 da Anatel revelam a manutenção desta participação em níveis praticamente constantes, até mesmo com alguma redução: 27,04% no mercado nacional e 73,96% no mercado paulista.[53]

O mesmo ocorre no mercado de SMP. É de se destacar que dados constantes da própria decisão do CADE já sinalizavam nessa direção, ao apresentar a participação de mercado no serviço de SMP da Vivo e da Tim em dez/2007; dez/2008; e jul/2009.[54] Esses revelavam que a participação da Vivo vinha caindo, desde a realização da operação, de 30,90% em 2007, para 29,39% em julho de 2009. Já a TIM viu sua participação cair de 25,85% para 23,75% no período.

Dados de novembro de 2010 apontam pouca modificação neste quadro, com a Vivo alcançando 29,80% do mercado e a Tim 24,91%.[55] Por outro lado, não há nenhum indício de que a prática de disputa acirrada via preços anteriormente existente no mercado de Telecomunicações tenha sido alterada,

52. CADE, Ato de Concentração 53500.012487/2007, voto do Conselheiro Relator, p. 1746.

53. Dados de concentração de Mercado em STFC disponibilizados pela Anatel em <http://www.anatel.gov.br/Portal/verificaDocumentos/documento.asp?numeroPublicacao=249213&assuntoPublicacao=Participa%E7%E3o%20Percentual%20de%20Mercado%20-%20Acessos%20em%20Servi%E7o&caminhoRel=null&filtro=1&documentoPath=249213.pdf>, acesso em: 27 dez. 2010.

54. CADE, Ato de Concentração 53500.012487/2007, voto do Conselheiro Relator, p. 1750.

55. Dados de concentração de Mercado em SMP disponibilizados pela Anatel em <http://sistemas.anatel.gov.br/SMP/Administracao/Consulta/ParticipacaoMercado/Tela.asp?acao=c&intMes=11&intAno=2010>, acesso em: 27 dez. 2010.

até porque dois dos quatro principais competidores não tem qualquer relação com a operação realizada. Assim, os dados empíricos reforçam a conclusão deste capítulo quanto ao acerto do CADE na implementação de TCD para a resolução dos problemas concorrenciais verificados na aquisição indireta de participação societária minoritária por parte da Telefônica na Telecom Itália.

Referências bibliográficas

ANATEL. Ato 3.804/2009. Disponível em: <http://www.anatel.gov.br/Portal/exibirPortalInternet.do#>. Acesso em: 13 nov. 2010.

______. Ato 51.666/2008. Disponível em: <http://www.anatel.gov.br/Portal/exibirPortalInternet.do#>. Acesso em: 13 nov. 2010.

______. Ato 68.276/2007. Disponível em: <http://www.anatel.gov.br/Portal/exibirPortalInternet.do#>. Acesso em: 13 nov. 2010.

BRASIL. Lei 8.884/1994. Disponível em: <http://www.planalto.gov.br/ccivil/leis/L8884.htm>. Acesso em: 20.12.2010.

CADE. Autos do Ato de Concentração 53500.012487/2007. Disponível em: <http://www.cade.gov.br/Default.aspx?a8889b6caa60b241d345d069fc>. Acesso em: 12 nov. 2010.

______. Termo de Compromisso de Desempenho relativo ao Ato de Concentração 53500.012487/2007. Disponível em: <http://www.cade.gov.br/upload/TCD-AC-2007-53500-012487-Telefonica-RAGAZZO.pdf>. Acesso em: 08.10.2010.

EUROPEAN UNION. Comission notice on remedies acceptable under Council Regulation (EC) n. 139/2004 and under Comission Regulation (EC) n. 802/2004. *Official Journal of the European Union*, 22.10.2008.

______. *European Council Merger Regulations* – EC 139/2004. Disponível em: <http://eur-lex.europa.eu/LexUriServ/LexUriServ.do?uri=CELEX:32004R0139:EN:NOT>. Acesso em: 10 dez. 2010.

______. *Treaty on the Functioning of the European Union.* Disponível em: <http://eur-lex.europa.eu/LexUriServ/LexUriServ.do?uri=OJ:C:2008:115:0047:0199:EN:PDF>. Acesso em: 15 dez. 2010.

EZRACHI, Ariel; GILO, David. EC Competition law and the regulation of passive investiments among competitors. *Oxford Journal of Legal Studies*, v. 26, n. 2, 2006, p. 327-349.

FONSECA, João Bosco Leopoldino da. *Lei de proteção da concorrência:* comentários à legislação antitruste. 2. ed. Rio de Janeiro: Forense, 2001.

GERADIN, Damien; SIDAK, J. Gregory. European and American approaches to antitrust remedies and the institutional design of regulation in telecommunications (December 18, 2003). *Handbook of Telecommunications Economics*, v. 2, Technology Evolution and the Internet, p. 517-553, Sumit K. Majumdar, Ingo Vogelsang, and Martin E. Cave, eds., Elsevier B.V., 2005.

GRAU, Eros Roberto; FORGIONI, Paula. *O Estado, a empresa e o contrato*. São Paulo: Malheiros, 2005.

OCDE. *Roundtable of the Competition Committee on Minority Shareholding, 2008*. Publicado em 23.06.2009.

REYNOLDS, Michael; ANDERSON, David. G. *Acquisitions of minority interests in competitors* - The EU perspective. American Bar Association - Mergers & Acquisitions Committee, Section of Antitrust Law Spring Meeting, 2005.

U.S. DEPARTMENT OF JUSTICE, Antitrust Division - *Antitrust Division Police Guide to Merger Remedies* - Antitrust Division, out. 2004. Disponível em: <http://www.justice.gov/atr/public/guidelines/205108.htm#3a>. Acesso em: 27 dez. 2010.